Alexander Bahar

Folter im 21. Jahrhundert

Auf dem Weg in ein neues Mittelalter?

Mit einem Vorwort von
Barbara Lochbihler, Generalsekretärin von
Amnesty International Deutschland

Deutscher Taschenbuch Verlag

FSC Mix
Produktgruppe aus vorbildlich bewirtschafteten Wäldern und anderen kontrollierten Herkünften
www.fsc.org Zert.-Nr. GFA-COC-001298
© 1996 Forest Stewardship Council

Der Inhalt dieses Buches wurde auf einem nach den Richtlinien des Forest Stewardship Council zertifizierten Papier der Papierfabrik Munkedal gedruckt.

Originalausgabe
April 2009

www.dtv.de

Umschlagkonzept: Balk & Brumshagen
Satz: Greiner & Reichel, Köln
Gesetzt aus der Concorde und Franklin Gothic
Druck und Bindung: Kösel, Krugzell
Gedruckt auf säurefreiem, chlorfrei gebleichtem Papier
Printed in Germany · ISBN 978-3-423-24713-9

Inhalt

»Ich glaube, dass den existierenden, kolossalen Widrigkeiten zum Trotz die unerschrockene, unbeirrbare, heftige intellektuelle Entschlossenheit, als Bürger die wirkliche Wahrheit unseres Lebens und unserer Gesellschaften zu bestimmen, eine ausschlaggebende Verpflichtung darstellt, die uns allen zufällt. Sie ist in der Tat zwingend notwendig.
Wenn sich diese Entschlossenheit nicht in unserer politischen Vision verkörpert, bleiben wir bar jeder Hoffnung, das wiederherzustellen, was wir schon fast verloren haben – die Würde des Menschen.«

Harold Pinter
(10. Oktober 1930 – 24. Dezember 2008)

Folter ist niemals akzeptabel

Die Antifolterkonvention von 1984 definiert Folter als jede Handlung, »durch die einer Person vorsätzlich große oder seelische Schmerzen zugefügt werden, zum Beispiel, um von ihr oder einem Dritten eine Aussage oder ein Geständnis zu erlangen, um sie für eine tatsächlich oder mutmaßlich von ihr oder einem Dritten begangene Tat zu bestrafen oder um sie oder einen Dritten einzuschüchtern oder zu nötigen, oder aus einem anderen, auf irgendeiner Art von Diskriminierung beruhenden Grund.« Amnesty International hat sich jahrelang für eine solche Konvention engagiert. Als Amnesty International 1972 die erste große Antifolter-Kampagne startete, waren Folter und Misshandlung weltweit verbreitet. Nur langsam verbreitete sich damals die Einsicht, dass Folter und Misshandlung schwere Menschenrechtsverletzungen darstellen. Als 1987 die UN-Antifolterkonvention in Kraft trat, verfügte die Staatengemeinschaft erstmals über eine rechtsverbindliche Konvention gegen Folter und Misshandlung.

Heute stellen wir fest, dass im Zuge des Kampfes gegen den Terrorismus Folter neu diskutiert wird und selbst einmal erreichte Standards gegen Aufweichung verteidigt werden müssen. Das Verbot der Folter und der grausamen, unmenschlichen oder erniedrigenden Behandlung ist eines der Menschenrechte, die absolut und ohne Ausnahme gelten. Neben der Antifolterkonvention von 1987 verbieten auch die Allgemeine Erklärung der Menschenrechte, das geltende Völkerrecht und das Kriegsrecht alle Formen von Folter und Misshandlung. All diese Konventionen erklären, dass Folter selbst in Notsituationen und in bewaffneten Konflikten nicht erlaubt ist.

Hinter dem absoluten Verbot von Folter und Misshandlung steht die Überzeugung, dass solche Methoden verabscheuungswürdig und unmoralisch sind. Die Erfahrung zeigt, dass die Anwendung von Folter niemals begrenzt ist. Wenn ein Verfassungsstaat Folter in eng umgrenzten Ausnahmefällen zulässt, wird das Tor zu weiterer Folter geöffnet. Wer den Einsatz von Folter oder Misshandlung in einer spezifischen Situation gestattet, etwa um ein Bombenattentat zu verhindern, wird bald auch Menschen foltern, die ein Bombenattentat planen könnten oder die jemanden kennen, der ein Bombenattentat plant. Die Intensität der angewandten Methoden nimmt in der Regel zu. Wenn Schläge nichts bewirken, muss der Schmerz verstärkt werden. Eine Grenze ist hier nicht mehr möglich.

Amnesty International setzt sich gegen jegliche Aufweichung des Folterverbots ein. Das absolute Folterverbot ist einer der Grundpfeiler unserer Rechtsstaaten. Wenn Staaten im Kampf gegen den Terror diese Werte außer Acht lassen, begeben sie sich auf die Stufe derjenigen, die sie wegen ihrer menschenverachtenden und menschenrechtsverletzenden Politik bekämpfen.

Barbara Lochbihler, Generalsekretärin von Amnesty International Deutschland, im August 2008

Einleitung:
Auf dem Weg in ein neues Mittelalter?

›Folter im 21. Jahrhundert. Auf dem Weg in ein neues Mittelalter?‹ lautet der Titel dieses Buches. Um keine falschen Erwartungen zu wecken, sei vorausgeschickt, dass den Leser keine umfassende Darstellung oder auch nur ein Überblick über die Verbreitung von Folter in unserer Zeit erwartet. Hier sei auf die einschlägigen Berichte und Dokumentationen von Menschenrechtsorganisationen wie Amnesty International verwiesen. Diese beweisen: Folter war und ist in weiten Teilen der Welt grausame Realität – in ihrem Jahresbericht 2008[1] hat Amnesty International in 81 Staaten Fälle von Folter oder entwürdigender und unmenschlicher Handlung dokumentiert. Nicht nur im NATO-Staat Türkei ist Folter nach wie vor notorisch, auch in den NATO- und EU-Mitgliedsstaaten Spanien und Griechenland sind politische Dissidenten von Folter bedroht. Für den zivilisierten und freien Westen war das Foltern von Menschen bekanntlich nie ein Hindernis, wenn es darum ging, mit dem folternden Staat Geschäfte zu machen oder sich seiner etwa als NATO-Vorposten zu bedienen. Im Bedarfsfall erteilte die westliche Führungsmacht den betreffenden Regimes sogar Nachhilfeunterricht im zeitgemäßen Quälen und Verschwindenlassen politischer Gegner oder billigte diese Praktiken stillschweigend, wenn sie nicht selbst, wie weiland in Vietnam, in großem Stil beim Foltern und Massakrieren mitmischte. Stets geschah dies jedoch gewissermaßen unter vorgehaltener Hand, irgendwie heimlich und im Verborgenen, auch wenn es sich allzu oft kaum verbergen ließ. Spätestens seit den Terroranschlägen vom 11. September 2001 in New York und Washington, mit den völkerrechtswidrigen Kriegen gegen Afghanistan und den Irak und der die nationalstaatliche Souveränität und völkerrechtliche Verträge offen verachtenden Bush-Doktrin hat sich dies geändert. Praktiken, die bislang offiziell mit einem Tabu belegt waren, fanden nun ganz offen Aufnahme in das strafrechtliche, militärische und polizeiliche Arsenal der letzten verbliebenen Supermacht. Sicher, Folter blieb auch weiterhin verboten (»diese Regierung foltert nicht«), sie wurde allerdings anders definiert, und ein Teil davon wurde als »verbesserte Verhörtechniken«, wie es in gut Orwell'schem Neusprech hieß, zwecks Verwendung im »globalen Krieg gegen den Terror« legalisiert. Die europäischen Verbündeten der USA waren davon nicht begeistert, genauso wenig wie von der sublim »extraordinary rendition« genannten Praxis, Menschen weltweit zu verschleppen, um sie der Folter zuzuführen, eine Praxis, die der US-Abgeordnete Edward Markey treffend als »Outsourcing von Folter«[2] bezeichnet hat. Aber sie machten mit: Schließlich habe man sich mit den Verbündeten auf eine »Zusammenarbeit im Stillen« geeinigt, so der frühere CIA-Europachef Tyler Drumheller.[3]

Die Aufweichung des nach 1945 etablierten Foltertabus im herrschenden Diskurs deutete sich hierzulande erstmals in der Debatte um die Folterandrohung des Frankfurter Polizeivizepräsidenten Daschner im Entführungsfall Metzler an. Sie setzte sich fort mit den Forderungen von »Sicherheits«-Politikern, durch Folter erpresste Aussagen juristisch verwerten zu dürfen. Dem vorausgegangen war eine Militarisierung der deutschen Politik (ausgerechnet unter einer SPD-Grünen-Regierung), die nach außen in der Beteiligung Deutschlands am NATO-Angriffskrieg gegen Ex-Jugoslawien im März 1999 gipfelte. Die Militarisierung der Politik aber schlägt auf die Gesamtgesellschaft zurück, sie spiegelt sich in der Verrohung der sie konstituierenden und ihr unterworfenen Individuen – die Folterexzesse bei der Bundeswehr und der Foltermord von Siegburg sind nur die Spitze eines Eisbergs, der durch die wissentlich herbeigeführte soziale und mentale Verelendung breiter Bevölkerungsschichten rapide wächst. Unter diesen Bedingungen findet die Vernunft, der Kern jedweder Aufklärung, schon seit langem nur noch als eine instrumentelle Akzeptanz und Duldung. Die »Zerstörung der Vernunft« (Georg Lukács), wie sie auch dem Aufkommen des europäischen Faschismus voraus- und mit diesem einherging, ist ein grassierendes Phänomen, das den – in jüngster Zeit beschleunigten – Niedergang unserer postbürgerlichen Gesellschaft und ihrer wirtschaftlichen Basis begleitet. Die sich seit Jahren steigernden Angriffe auf die Evolutionstheorie (die vielleicht am besten belegte naturwissenschaftliche Theorie überhaupt) durch kreationistische Fanatiker christlicher, jüdischer wie muslimischer Provenienz und ihr Vordringen in die offizielle Forschung und Lehre seien hier als markantestes Indiz genannt. Das unheilige Bündnis aus radikalen Neokonservativen und Neoliberalen sowie den Fanatikern der christlichen Rechten und der pro-zionistischen Lobby, das in der Bush-Regierung ihren adäquaten politischen Ausdruck fand, war alles andere als ein Zufall. Die gleichen Kräfte sind es im Übrigen, die seit Jahren auf einen Krieg gegen den Iran hinarbeiten. Als die indische Schriftstellerin Arundhati Roy im Jahr 2001 Al-Qaida-Führer Osama Bin Laden als den »dunklen Doppelgänger« des US-Präsidenten bezeichnete, da brachte sie eine grundlegende Wahrheit in ein einfaches Bild: den destruktiven Antagonismus der religiösen Fundamentalismen in Orient und Okzident. So wie der Westen den islamischen Fundamentalismus nährte und großzog, indem er seine eigenen Werte mehr und mehr preisgab und verriet, so diente dessen Erstarken wiederum den fundamentalistischen Kräften des Christentums zur Labung. Das gilt vor allem für die USA mit ihren mächtigen evangelikalen Kirchen – es gilt aber auch für Europa, und im Besonderen auch für die Bundesrepublik Deutschland. Hier konnte sich das Mittelalter z. B. in Form des Gotteslästerungs- und Kirchenschutzparagrafen 166 StGB und des zwischen Nazi-Regime und katholischer Kirche ausgehandelten Reichskonkordat von 1933 bis heute halten.

Noch nie war die Kluft zwischen dem technisch Möglichen und der Macht des Faktischen so groß wie heute. Noch nie klafften die herrschenden Ansichten über die gesellschaftliche Realität und diese selbst so weit auseinander wie heute. Die globale Wirtschafts- und Finanzkrise unserer Tage machte diesen himmelschreienden Antagonismus selbst für den Uninformiertesten sichtbar und führte unmittelbar zum Einbruch der neoliberalen Hegemonie. Die weitgehende Selbstentmachtung der nationalen Parlamente zur »Rettung« der Banken mittels milliardenschwerer Geschenke hat die dem niedergehenden Kapitalismus innewohnenden Tendenzen zur Diktaturbildung indes noch verschärft. Wo die herrschenden Meinungen die Welt nicht (mehr) erklären, da blüht auch das Irrationale, werden Logik und Vernunft gefoltert. Während einerseits in der Gefahr, in freier Interpretation des geflügelten Hölderlin-Wortes, die Möglichkeit der Erkenntnis wächst – Denken entzündet sich nun mal an Widersprüchen –, wächst andererseits auch die Notwendigkeit für die Nutznießer des Bestehenden, diese Widersprüche, wo nicht länger zu leugnen und zu verkleistern, gewaltsam zu unterdrücken. Am Ende bleibt nur noch die offene und entgrenzte Gewalt, der letzte Verrat der über sich selbst hinwegtrampelnden bürgerlichen Gesellschaft an den Werten, die schon längst nicht mehr die ihren sind. In der Folter stellt sich die bürgerliche Gesellschaft gegen sich selbst. Das Verhältnis zwischen Folterer und Gefoltertem ist dasjenige nackter Gewalt, in dem beide, Folterer und Gefolterter, ihres letzten Rests an Würde beraubt sind. Das ist die Lehre des Faschismus.

Kurze Geschichte der Folter

Aus gutem Grund war der Kampf gegen die Folter eines der zentralen Anliegen der europäischen Aufklärung. Das Ringen um die Abschaffung der Folter verband die europäischen Aufklärer über alle Nationen und trennenden Differenzen hinweg. So wie sich im Hexenwahn die auf schierer Gewalt basierende Anti-Vernunft der christlichen Ideologie und Kirche manifestierte, so stand die Tortur exemplarisch für den auf Willkür und Gewalt basierenden, von der Kirche gestützten mittelalterlichen und frühneuzeitlichen Feudalstaat. Der Kampf gegen die Vorherrschaft von Kirche, Theologie und Feudalherrschaft gegen Hexenwahn und Aberglauben und für einen selbstbestimmten Gebrauch der Vernunft war mit dem Kampf gegen die Folter inhaltlich untrennbar verbunden und lief auch historisch lange Zeit mit diesem parallel. Es ist ein Paradoxon der Geschichte, dass die Abschaffung der Folter im 18. Jahrhundert ausgerechnet von einem der mächtigsten Monarchen Europas eingeleitet wurde. Zu Beginn des 21. Jahrhunderts scheint nun diese Errungenschaft der Aufklärung erneut – nach Faschismus und Stalinismus – bedenkenlos preisgegeben zu werden.
Das Martern des menschlichen Körpers, das nach Foucault auf »einer quantifizierenden Kunst des Schmerzes«[1] beruht, ist ein aus nahezu allen geschichtlichen Epochen bekanntes Phänomen. Meist waren es Gefangene, Leibeigene oder Sklaven, die solchen Quälereien zur Strafe unterworfen wurden. Aber auch die Praxis, Menschen durch die Zufügung physischer Schmerzen zu bestimmten Handlungen zu zwingen, dürfte bis weit in die Frühzeit der Menschheit zurückreichen. In Europa blieb es den Römern vorbehalten, eine komplexe Rechtsdoktrin der Folteranwendung zu entwickeln. Das römische Recht kannte die Folter als probates Mittel zur Geständniserzwingung sowie zur Erpressung der Namen von Mittätern. Das Wort »Folter« leitet sich von dem lateinischen Wort »poledrus« ab, das seinerseits auf das spätgriechische Wort »polos« – Fohlen – zurückzuführen ist: ein scharfkantiges Martergerät, das eine gewisse Ähnlichkeit mit einem Pferd aufwies. Das römische Recht sah die Folter – vergleichbar dem griechischen Recht – ursprünglich nur gegenüber Sklaven vor. Seit dem

1. Jahrhundert unserer Zeit, unter Kaiser Tiberius, konnten bei sogenannten Majestätsverbrechen, also bei Hochverrat, auch Freie gefoltert werden. Als sich vor allem in der Zeit vom 2. bis zum 4. Jahrhundert die sozialen Gegensätze innerhalb der römischen Gesellschaft verschärften, wurde die Anwendung der Folter auf immer mehr – jeweils durch kaiserlichen Erlass festgelegte – Verbrechen ausgedehnt.

Die Kritik an der Folter ist so alt wie die Folter selbst. Schon in der Antike war der Nutzen der Folter trotz ihrer regen Anwendung umstritten. Selbst Kaiser Augustus hatte im ersten Jahrhundert unserer Zeitrechnung zur Vorsicht bei der Anwendung der Tortur gemahnt. Und noch im 3. Jahrhundert betonte der römische Jurist Ulpian, dass die Folter ein zweifelhaftes, weil unzuverlässiges Verfahren zur Feststellung der Wahrheit sei. So wurde die Problematik von erfolterten Aussagen zwar erkannt, doch diese Zweifel markierten auch schon die Grenzen der Besorgnis, die Kaiser, Redner und Juristen der Folter gegenüber an den Tag legten. Wie bereits die Griechen sahen auch die Römer in Verrat, Majestätsverbrechen und niedrigem sozialem Rang hinreichende Gründe für eine als höchst unzuverlässig erkannte Praxis. Die rechtlichen Einschränkungen, die die Römer entwickelten, entsprangen also keineswegs einer anachronistischen humanitären Gesinnung. In dem Maße, wie die Anwendung der Folter im christlichen Römischen Reich nicht nur auf immer mehr Delikte, sondern auch auf einen immer größeren Personenkreis ausgeweitet wurde, bis ihr schließlich nahezu jeder, ob Sklave, Bauer oder Patrizier, nach Gutdünken unterworfen werden konnte, verlor auch die Skepsis hinsichtlich der Verlässlichkeit von erfolterten Aussagen allmählich ihre Wirksamkeit als mäßigendes Element.

Gern verweisen Kirchen- und andere Historiker auf das offizielle Folterverbot und die angeblich durchgehende Ablehnung der Folter durch Kirchenväter und Päpste vor der Jahrtausendwende. Dieses Verbot war freilich mehr theoretischer als praktischer Natur. Bereits der große Kirchenvater Augustinus verwarf zwar grundsätzlich die Todesstrafe, »weniger aus humanen, sondern vielmehr aus theologischen und praktischen Gründen«[2], arrangierte sich aber schließlich mit ihr. Im Laufe des Kampfes gegen die Häretiker passte Augustinus seine Anschauungen den praktischen Erfordernissen der kirchlichen Ketzerbekämpfung an. Suchte er die Häretiker zunächst mit den Mitteln der Propaganda – auf dem Wege theologischer Polemik – zu überzeugen, empfahl er in einem zweiten Schritt ihre Unterdrückung mit »gemäßigter Strenge«, um schließlich zur Anwendung aller Repressivmaßnahmen zu raten, »einschließlich der Folter und der Todesstrafe, wodurch er sich vollends den ›Ruhm‹ des ersten Theologen der Inquisition verdiente«.[3] Auf Veranlassung der Kirche verbot der römische Kaiser Theodosius, unter dem das Christentum als alleinige Staatsreligion anerkannt wurde (380), die übrigen Religionen und konfiszierte den Landbesitz der heidnischen Tempel zugunsten der christlichen Kirche. In den achtziger Jahren und zu Anfang der neunziger Jahre jenes Jahrhunderts erließ Theodosius, von der Kirche nicht ohne Dank »der Große« genannt, eine Reihe von Edikten über die Verfolgung der Heiden und Häretiker (z.B. Manichäer). »Majestätsverbrecher« wurden mit dem Verlust der staatsbürgerlichen Rechte, der Einziehung ihrer Güter, Verbannung, Deportation und schließlich mit der Todesstrafe, sogar dem Feuertod, bestraft. Die Präfekten wurden verpflichtet, Inquisitoren (Untersuchungsrichter) sowie Denunzianten (Geheimagenten) zum Aufspüren verborgener Manichäer und anderer »Majestätsverbrecher« zu ernennen.[4] Bezeichnenderweise sollten sich in späterer Zeit alle kirchlichen Apologeten der Inquisition zu deren Rechtfertigung auf ebendieses Gesetz berufen. In weiteren kaiserlichen Erlassen wurden in der Folgezeit immer mehr gegen die Kirche oder den Klerus verübte Taten und die meisten Formen religiöser Abtrünnigkeit, allen voran die Abweichung von den von der Kirche sanktionierten Dogmen, zu öffentlichen Verbrechen erklärt. Der Kaiser und seine Richter waren damit verpflichtet, gegen sie vorzugehen.

Eine neue »Blüte« erreichte die Ausbreitung der Folter im europäischen Mittelalter. Seit ihrer Förderung unter Konstantin I. – dem Großen – war die christliche Kirche zur wichtigsten Verbündeten der römischen Kaiser avanciert. Kein Wunder, dass sie sich am römischen Recht orientiert. Doch anders als das römische Recht, das bei Majestäts- und anderen Kapitalverbrechen die Anwendung der Folter zuließ, akzeptierte das kanonische Anklageverfahren nur ein »freiwillig« abgelegtes, also nicht mit Gewalt erzwungenes Geständnis. Immer wenn sich ihre Vertreter durch das kanonische Recht an entsprechenden Maßnahmen gehindert sahen, wandte sich die Kirche daher an die weltliche Macht – Herrscher und Gerichte. Um das im kanonischen Recht vorgeschriebene Prinzip der »Freiwilligkeit« des Geständnisses zu wahren, verfiel man außerdem auf den Kunstgriff, den Beklagten sein erfoltertes Geständnis außerhalb des Folterkellers wiederholen zu lassen. Wer widerrief, was nicht selten geschah, musste freilich mit erneuter, noch schwererer Folter rechnen.

Allerdings hatte sich in der Kirche neben dem Anklageverfahren schon frühzeitig ein anderes Strafverfahren entwickelt, das der »inquisitio«. Diese Verfahrensform (Einleitung des Verfahrens durch einen Beamten, Sammeln von Tatsachenbeweisen, Anhören von Zeugen, das vom leitenden Richter gesprochene Urteil) war entstanden, um gegen Kleriker bei offensichtlichen Verfehlungen von Amts wegen einzuschreiten, auch wenn kein Ankläger aufgetreten war – das kanonische Recht ließ die Anklage gegen einen Geistlichen durch einen Laien oder gegen einen höherstehenden Geistlichen nicht zu. Die inquisitio, die schon seit Jahrhunderten von den kirchlichen Gerichten praktiziert worden war, kann als ein »Vorläufer« des späteren Inquisitionsprozesses angesehen werden.[5] An diese Verfahrensform knüpfte die Kirche bei den Ketzerverfolgungen des Hochmittelalters an. So erklärt es sich, dass die Wiederentdeckung des römischen Rechts samt seiner Folterdoktrin zuerst und vor allem in der Kirche auf fruchtbaren Boden fiel und auf das Kirchenrecht den unmittelbarsten Einfluss hatte. Mit dem weiteren Fortschreiten des 12. Jahrhunderts begann das römische Recht dann alle europäischen Rechtssysteme nachhaltig zu beeinflussen.

Wie anfänglich im Römischen Reich beschränkte sich die Anwendung der Folter im Mittelalter zunächst auf die untersten Schichten der Bevölkerung.[6] Noch im frühen 11. und 12. Jahrhundert bestraften die Bischöfe Häretiker, die sich selbst bezichtigten oder die auf andere Weise entdeckt worden waren, im Allgemeinen mit der Verbannung aus der Diözese oder der Exkommunikation. Diese blieb bis ins 11. Jahrhundert hinein die härteste Form der Bestrafung. Von entscheidender Bedeutung für den dann eintretenden Gesinnungswandel war die Zuspitzung der Glaubenskrise im 12. Jahrhundert – Resultat des ab dem 11. Jahrhundert in Bewegung geratenen widersprüchlichen sozialen Gefüges der feudalen Gesellschaft. Im 11. bis 13. Jahrhundert verbanden sich die städtischen und bäuerlich-plebejischen Häresien zu einer einheitlichen, antifeudalen Einstellung, die Kirche und Adelsherrschaft gleichermaßen bedrohte. Auf der anderen Seite zentralisierten Päpste, Könige und Landesfürsten zunehmend ihre Machtausübung. Mehr und mehr entstand bei den herrschenden feudalen Schichten das Bedürfnis nach allgemein anwendbaren, bindenden Gesetzen für das gesamte christliche Europa.

Da die gewöhnlichen Episkopalgerichte bei der Verfolgung der Ketzerei aus Sicht Roms zu lax vorgingen, drängten viele Päpste darauf, dass weltliche Herrscher und Gerichte sich der Ketzerei annehmen sollten. Im Zuge der Verfolgung des Ketzertums und der Entwicklung verschiedener Mittel zu dessen Bekämpfung passte die Kirche das Instrument des Inquisitionsprozesses den eigenen Erfordernissen an. Beginnend mit den dreißiger Jahren des 13. Jahrhunderts kam das römisch-kanonische Verfahren in kirchlichen wie in weltlichen Gerichten zur Anwendung. Seit der Mitte des 13. Jahrhunderts wurde die Folter schließlich zum festen Bestandteil des kirchlichen Inquisitionsverfahrens. Die Dekretale *Ad abolendam* von Papst Lucius III. vom 4. November 1184, gelegentlich die »Charta der Inquisition« genannt, ist das erste päpstliche Dekret gegen die Häretiker ganz Europas. Dieser päpstliche Brief forderte mit Nachdruck die Einrichtung bischöflicher Inquisitionstribunale in der ganzen Christenheit. Aufsässige Häretiker sollten exkommuniziert, dann dem »weltlichen Arm« ausgeliefert werden. 15 Jahre später verkündete Papst Innozenz III., der »Erfinder« des Inquisitionsverfahrens, in seiner Dekretale *Vergentis in senium*, Häretiker seien Verräter an Gott und in allem vergleichbar den Verrätern am Cäsar im römischen Recht, weshalb sie auch wie diese zu bestrafen seien. In der Gesetzgebung des 4. Laterankonzils von 1215 wurde das Verbrechen der Häresie weltlichen Verbrechen wie Ungehorsam, Auflehnung, Verrat und sogar Diebstahl gleichgesetzt, die mit schweren Strafen wie dem Einzug des Vermögens, mit Verbannung und Geldbußen zu belegen waren und die das Geständnis als Voraussetzung einer Verurteilung erforderten. Gleichzeitig wurde der Ketzer für »ehrlos« erklärt. Eine Reihe von juristisch geschulten Päpsten trieb in der Folge die Gleichsetzung von Ketzern mit anderen Verbrechern und ihre gnadenlose Verfolgung weiter voran.

Eine massive Verschärfung im Kampf der Kirche gegen religiöse Abweichler bedeutete der von Papst Innozenz III. 1208 ausgerufene

Kreuzzug gegen die Albigenser im Languedoc. Im Jahre 1231 machte Friedrich II. in den Konstitutionen von Melfi *(Constitutiones Regni Siciliae)* die Bestrafung mit dem Feuertod für Häresie in seinen neapolitanischen Besitzungen verbindlich. Das Edikt von Cremona im Jahre 1238 verlieh den sizilianischen Gesetzen allgemeine Gültigkeit und machte so reichsweit den Scheiterhaufen und den Pfahl zur anerkannten Strafe für Ketzerei. Die Ketzerei galt von jetzt an als eines der schlimmsten öffentlichen Verbrechen.[7] Die weltliche Macht wurde »zur Schergin des geistlichen Despotismus«.[8]

Zur vollständigen Vernichtung und zur Ausrottung aller antipäpstlichen Bestrebungen wurden nach Abschluss des Kreuzzuges gegen die Albigenser zunächst in Toulouse, dann nach und nach auch an anderen Orten ständige Inquisitionsgerichte gebildet. Die ständige Inquisition machte die Tortur zu ihrer Hauptwaffe. Nun entstand ein neuer Beamtentyp: Ermittler, die ihre Autorität direkt und allein vom Papst bezogen, gegen deren Urteil keine Berufung eingelegt werden konnte und die nach der traditionellen kirchlichen Variante des Inquisitionsprozesses verfuhren. Am 15. Mai 1252 erließ Papst Innozenz IV. seine berühmt-berüchtigte Bulle *Ad extirpanda*. Darin tat er kund, Ketzer seien Diebe und Mörder der Seele und sollten folglich nicht anders behandelt werden als diese. Die Kommunen Norditaliens hielt er an, die der Ketzerei beschuldigten Personen mit Hilfe der Folter zum Eingeständnis ihrer Irrtümer zu zwingen.

Da es sich bei der Ketzerei stets um ein Kollektivverbrechen handelte, galt das Interesse der Inquisitoren selbstredend nicht nur der »Errettung der Seele«, sondern auch den Namen aller anderen Ketzer. Das Ende des vierten Abschnitts aus der Dekretale *Ad extirpanda* deutet an, dass es Praxis der weltlichen Gerichte war, Angeklagte zu foltern, um ihnen die Namen ihrer Komplizen abzupressen. Von ganz grundlegender Bedeutung bei der Herausbildung des Inquisitionsverfahrens und der mit ihm verbundenen Folterdoktrin war die gewandelte Rolle, die das Geständnis im 12. Jahrhundert zu spielen begann – bald auch im Falle schwerer Delikte. Statt des bestätigten und überprüften Eides des freien Bürgers nahm nun das Geständnis, bislang kein Beweismittel für die Schuld des Beklagten, die höchste Stelle in der Beweishierarchie ein – Juristen erhoben es gar in den Rang einer »Königin der Beweise«. Akzeptiert wurden nur noch zwei Beweise, die allein für eine Verurteilung ausreichten: die Aussage zweier – »guter« – Augenzeugen oder das Geständnis des Angeklagten, das formal »freiwillig« zu erfolgen hatte. Um aber ein Geständnis zu erhalten, musste man auf die Folter zurückgreifen. Der Lüge und der falschen Bezichtigung der eigenen Person wie auch Dritter durch den Gefolterten waren damit Tür und Tor geöffnet.

Weitere Elemente kamen im 14. Jahrhundert hinzu: der öffentliche Ankläger, die eidliche Verpflichtung aller Erwachsenen zur Denunziation von Ketzern und die – dem Kirchenrecht abgeschaute – Praxis der anonymen Anzeige. Als Belastungszeuge konnte jeder gelten, mochten Herkunft, Stand, Ruf noch so anrüchig sein, auch das Alter spielte keine Rolle. Die Inquisitoren hatten somit völlig freie Hand, anzuklagen, zu verhaften, foltern zu lassen und zu verurteilen. Und sie machten von diesen Befugnissen Jahrhunderte hindurch den eifrigsten Gebrauch, in einem Verfolgungseifer, der neben dem Fanatismus auch der Habgier entsprang.

Über ihre Anwendung im Rahmen des kirchlichen Inquisitionsverfahrens breitete sich die Folter im 13. und 14. Jahrhundert über ganz Mittel- und Westeuropa aus und erreichte in den Ritualmordprozessen gegen Juden, in der spanischen Inquisition sowie in den Hexenverfolgungen des Spätmittelalters und der frühen Neuzeit weitere schändliche Höhepunkte. Die Professionalisierung des römisch-kanonischen Verfahrens im Zuge der kirchlichen Ketzerbekämpfung hatte zur Folge, dass immer mehr Menschen der Folter unterworfen werden konnten. Hierzu trugen die Entwicklung des Begriffs der Ehrlosigkeit und des »crimen exceptum«, des außergewöhnlichen Verbrechens, wesentlich bei. Als »crimina excepta« galten Delikte wie Häresie, Zauberei, Fälschung, bestimmte Arten von Mord und Verrat. Zwar benötigte man in der Regel zunächst noch wesentlich mehr Beweise, um einen angesehenen Bürger auf die Folter zu bringen, sobald die Folter aber als Bestandteil des Inquisitionsverfahrens akzeptiert war, verloren Privilegien an Bedeutung.[9]

Das Vorbild der um ihren Absolutheitsanspruch und ihre ideologische Vormachtstellung besorgten christlichen Kirche und die Notwendigkeit, die sich infolge der sozialen Deklassierung und Verarmung breiter Bevölkerungsschichten ausbreitende Kriminalität zu bekämpfen, sicherten der Folter allmählich einen festen Platz im Strafrecht des Mittelalters und trugen zu ihrer sittlichen Rechtfertigung in den Augen der Zeitgenossen bei.

Gegen Ende des Mittelalters und bis weit in die Neuzeit regte sich zwar vereinzelt Kritik an der Praxis der »peinlichen Befragung«, es erhob sich jedoch kaum eine Stimme, welche die Berechtigung der Folter grundsätzlich in Frage gestellt hätte. Hinzu kam die generell geringe Sensibilität des Mittelalters gegenüber körperlichen Schmerzen, wie sie auch in den äußerst grausamen Leib- und Lebensstrafen besonders gegenüber den sogenannten landschädlichen Leuten zum Ausdruck kam: Verstümmeln, Verbrennen, Vierteilen, Rädern, Lebendigbegraben, Ertränken, Sieden in Wasser oder Öl. Da der Körper des in seiner Individualität (noch) nicht erkannten Einzelnen lediglich als irdische Hülle betrachtet wurde, war mit Schonung und Rücksicht sowie Achtung und Respekt vor der physischen wie psychischen Existenz kaum zu rechnen.

Es war ein Schüler des Erasmus von Rotterdam, der Spanier Juan Luis Vives, der als Erster die Forderung nach einer völligen Abschaffung der Folter erhob. Über die Essays des französischen Philosophen und Juristen Michel Eyquem Montaigne wurden die Argumente von Vives auch über den kleinen Kreis der theologisch gebildeten Elite hinaus bekannt. Für Montaigne war die Folter eine gefährliche Erfindung; im zweiten Band seiner ›Essays‹ (ca. kurz vor 1580) verurteilte er sie als unmenschlich, grausam und unnötig. Thomas Morus prangerte im ersten Buch seiner ›Utopia‹ unter anderem das irrationale und grausame Strafrecht an; 1554 verlangte Sebastian Castellio in Basel die Abschaffung der Todesstrafe für die Häresie, nachdem Calvin in Genf den Antitrinitarier Michael Servet als Ketzer hatte hinrichten lassen.

Verfolgungen aus Religionsgründen gab es nicht nur in katholischen, sondern auch in protestantischen Territorien. Wie Luther hatte Calvin unter Berufung auf die Bibelpassage in 2. Buch Mose (Exodus) 22, 17 (»Die Zauberinnen sollst du nicht am Leben lassen«) erklärt, Gott selbst habe die Todesstrafe für Hexen festgesetzt. Am eigenen Leib erfuhr dies der Geistliche Johannes Grevius, der hauptsächlich in den sogenannten Generalstaaten der nördlichen Niederlande wirkte, einer Hochburg des Calvinismus. Grevius widmete der Folter und ihrer Abschaffung eine eigenständige Monografie. Sein ›Tribunal reformatum‹ (»Reformierter Strafprozess«) erschien erstmals 1624. Er wurde gefangen gesetzt, gefoltert und zu lebenslanger Haft verurteilt. Der französische Philosoph und Schriftsteller Pierre Bayle, kritisierte in einer 1682 erschienenen polemischen Schrift den Umgang der Franzosen mit den Calvinisten scharf, worauf sein ältester Bruder Jacques festgenommen und zu Tode gefoltert wurde. Zur Folter nahm Bayle in einem 1686 erschienenen großangelegten Bibelkommentar Stellung (›Commentaire philosophique sur ces paroles du Jesus-Christ Contrains-les d'entrer‹). Die Anwendung der Folter lehnte Bayle als ein Beispiel für unzulässige staatliche Gewalteinwirkung generell ab.

Auch die Gegner der im 16. Jahrhundert vor allem im deutschen Sprachraum einsetzenden Hexenverfolgungen wandten sich gegen die Folter. Charakteristisch für die Hexenprozesse waren die geringen Voraussetzungen, die zur Anwendung der »peinlichen Frage« genügten, und die Maßlosigkeit des – auch wiederholten – Foltergebrauchs: Eine einzige (anonyme) Denunziation genügte für die Anwendung der Folter, wenn sie durch ein zusätzliches Verdachtsmoment, gleich welcher Art, bestätigt wurde, zwei Denunziationen rechtfertigten die Folter in jedem Fall. Einer der frühesten und radikalsten Kritiker des Hexenwahns war der Mediziner Johann Weyer, der im Herzogtum Jülich-Kleve-Berg tätig war. In der Kurpfalz kämpfte der reformierte Pfarrer Anton Praetorius gegen den Hexenwahn. Mit dem angesehenen Innsbrucker Jesuiten und Professor der Theologie, Pater Adam Tanner, hatte sich im Süden des Reichs 1600/1601 erstmals ein führender jesuitischer Theoretiker den Argumenten der weltlichen Verfolgungsgegner angeschlossen. Tanner war fast die einzige katholische Autorität, auf die sich sein Ordensbruder und Nachfolger im Geiste, Friedrich von Langenfeld, genannt Friedrich von Spee, stützen konnte. 1630/31 schrieb Spee die berühmte gegen die Hexenprozesse gerichtete Schrift ›Cautio Criminalis oder Rechtliches Bedenken wegen der Hexenprozesse‹: eine mutige Replik auf den berüchtigten ›Hexenhammer‹ (Malleus Maleficarum) des Dominikaners Heinrich Kramer (Institoris). Spees Bedeutung liegt darin, dass er den Circulus vitiosus der Hexenprozesse offenlegte: Er erschütterte die Glaubwürdigkeit der erfolterten Geständnisse und Denunziationen und entkräftete damit das gewichtigste Argument der Verfolgungsideologen, die ja die Hexenjagd mit den erfolterten Geständnissen und Denunziationen der Verurteilten rechtfertigten.

Ob Spees leidenschaftlicher Protest gegen die Hexenprozesse Einfluss auf deren Ende nahm, ist zweifelhaft. In den schwedisch besetzten Gebieten Norddeutschlands hatte Königin Christina von Schweden bereits 1649 weitere Hexenprozesse verboten. Während in protestantischen Gebieten Hexenhinrichtungen nach 1700 fast schlagartig aufhörten, dauerten sie in den von der Frühaufklärung abgeschirmten katholischen Gebieten Deutschlands noch über das zweite Drittel des 18. Jahrhunderts hinaus an. Die letzte legale Hexenhinrichtung Europas datiert auf das Jahr 1782 – vollzogen im deutschsprachigen protestantischen Schweizer Kanton Glarus.

Durch mehrere Schriften trat der in Leipzig gebürtige Jurist und Philosoph Christian Thomasius als mutiger und entschiedener Kämpfer gegen die Hexenprozesse und jede Form von Aberglauben in Erscheinung. Thomasius sprach der Obrigkeit unverhohlen das Recht ab, die Ketzer zu bestrafen, und bestritt schlicht die Möglichkeit eines Verbrechens der Hexerei und des Teufelsbündnisses. Thomasius' Wirken hat bekanntlich wesentlich dazu beigetragen, dass die Hexenprozesse in Preußen, auch in Sachsen nachließen. 1728, in seinem Todesjahr, wurde in Preußen zum letzten Mal eine angebliche Hexe verbrannt. Was die gänzliche Abschaffung der Folter angeht, war Thomasius jedoch zögerlich. Berühmtheit erlangte indes eine von ihm als Doktorvater betreute Dissertation seines Schülers Martin Bernhardi, in der dieser vorbehaltlos für die Abschaffung der Folter plädierte.[10]

Das Ende der Hexenprozesse bedeutete nicht zugleich die Abschaffung der Folter und die Einführung staatlicher Toleranz in Religionsangelegenheiten. Auch nach Beendigung der Hexenverfolgung hielt man an der Folter vornehmlich für Vergehen wie Bandendiebstahl, schwere Diebstähle, Raub und politische Verbrechen aus Gründen der Staatsräson fest. Im Frankreich des 17. Jahrhunderts und bis zur Französischen Revolution 1789 war die Folter ebenfalls weiterhin ein wichtiges Herrschaftsmittel zur Sicherung der königlichen Macht.

Im fortgeschrittenen 18. Jahrhundert waren es die großen Philosophen und Aufklärer Montesquieu, Beccaria, Voltaire[11] und de Jaucourt, die sich für die Abschaffung der Folter einsetzten, hierbei auf die Vorarbeit der älteren Generation aufbauend. Zum Zeitpunkt ihres Wirkens hatten die Ideen der Aufklärung bereits weite Kreise der gebildeten Schichten in Adel und Bürgertum erreicht, und der Kreis der Rezipienten wuchs beständig. Mehr und mehr begann das Bürgertum, die Ideen der Aufklärung als Waffe im Kampf für seine

Emanzipation gegenüber der feudalen Oberschicht zu begreifen, so dass Forderungen nach einem Ende der Justizwillkür und für eine Reform des Strafrechts besonders in dieser Schicht einen geradezu begeisterten Widerhall fanden.

Im Sommer 1764 erschien in Livorno anonym die Erstausgabe des berühmten Werkes ›Dei delitti e delle pene‹ – ›Über Verbrechen und Strafen‹[12], ein von den Ideen Bacons, Montesquieus, Humes, Helvétius' und Rousseaus beeinflusster Appell gegen Folter und Todesstrafe und für ein gerechtes, willkürfreies, tat- und schuldangemessenes Strafrecht. Der Autor war der italienische Jurist Cesare Bonesana Conto di Beccaria aus dem damals habsburgischen Mailand. Der Folter widmete er ein eigenes Kapitel. Darin bezeichnete er sie unter anderem als »das sichere Mittel, kräftige Verbrecher freizusprechen und schwache Unschuldige zu verurteilen«. Beccarias Werk erregte ungeheures Aufsehen; wie ein Lauffeuer verbreitete es sich in ganz Europa, ja bis nach Amerika. Die russische Zarin Katharina II. (»die Große«) ließ sich davon ebenso inspirieren wie der deutsche Kaiser Leopold II. und der amerikanische Präsident Thomas Jefferson. Überall kamen Diskussionen über die Reform des Strafverfahrens in Gang. Natürlich rief Beccarias Schrift auch Widerspruch hervor, sogar wütende Ablehnung. Wegen seines aufklärerischen Impetus setzte die katholische Kirche das epochemachende Werk bereits zwei Jahre nach seinem Erscheinen, 1766, auf den Index der verbotenen Bücher.

Nach ersten Ansätzen zur Abschaffung der Folter gegen Ende des 17. und zu Beginn des 18. Jahrhunderts war es der Vorstoß eines Monarchen, der schließlich zu ihrer weitgehenden Abschaffung führen sollte. Am 3. Juni 1740, vier Tage nach seiner Thronbesteigung, unterzeichnete Friedrich II. (»der Große«) den Kabinettsbefehl, in dem er allen preußischen Gerichten die Anwendung der Folter untersagte, außer – und diese Einschränkung wird gerne unterschlagen – in Fällen von Majestätsverbrechen, Landesverrat und »großen Mordtaten« mit vielen Opfern. In allen übrigen Fällen, wenn die Verdächtigen aus »hartnäckiger Bosheit« ihre Tat leugneten, wiewohl »stärkste und sonnenklare Indizien und Beweise durch viele unverdächtige Zeugen« gegen sie sprachen, sollten diese nicht gefoltert, sondern ohne Geständnis bestraft werden (und selbst hier ließ der Monarch noch Ausnahmen zu). Diese – zweifellos durch Friedrichs Auseinandersetzung mit den

Werken von Bayle, Montesquieu, Montaigne und seines Freundes Voltaire beeinflusste – Entscheidung bedeutete eine Abkehr vom bislang gültigen Grundsatz, dass nur ein Geständnis oder die Aussage von zwei unmittelbaren Tatzeugen die Verhängung einer schweren Strafe begründen konnten.

Tatsächlich sollte es aber noch über hundert Jahre dauern, bis die gewaltsame Erpressung von Aussagen und Geständnissen aus der deutschen Gerichtspraxis endgültig verbannt wurde. Dennoch hatte Friedrichs Entscheidung bahnbrechenden Charakter. Preußen war zu dieser Zeit auf dem Weg, in die Reihe der europäischen Großmächte aufzusteigen, so dass dieser strafrechtlichen Neuerung nicht nur für Deutschland eine Art Vorbildfunktion zukam. Allmählich brach der Widerstand der Fürsten und ihrer Juristen, auch des Klerus, gegen die Abschaffung der Folter in deutschen Landen wie auch im übrigen Europa zusammen. Doch was sich wie die Geschichte eines unaufhaltsamen Erfolges liest, war in der Realität eher ein mühsames Ringen. Wie in Preußen stießen die Bemühungen zur Abschaffung der Folter auch in anderen Territorien des Heiligen Römischen Reiches Deutscher Nation auf erbitterten Widerstand. Um die Mitte des Jahrhunderts waren sogar noch wichtige Gesetzbücher erlassen worden, in denen die Folter ausdrücklich vorgesehen und ausführlich geregelt wurde. Und dort, wo die Folter formell beseitigt wurde, war ihre Abschaffung – nach preußischem Vorbild – anfänglich fast immer durch Ausnahmeregelungen eingeschränkt.

Doch trotz dieser anfänglichen Einschränkungen und der hartnäckigen Gegenwehr von Adel, Klerus und Juristen setzte gegen Ende des 18. Jahrhunderts die große Welle der Folterverbote in Deutschland ein. Im 19. Jahrhundert setzte sich ihre Abschaffung schließlich europaweit durch: 1815 wurde die Folter selbst im Kirchenstaat (Vatikan) abgeschafft. Zuletzt, 1851, wurde sie auch im Schweizerischen Glarus beseitigt – dort, wo 1782 Europas letzte vermeintliche Hexe verbrannt worden war.

Innerhalb dieser über 60 Jahre währenden Aufhebungswelle vollzog sich ein grundlegender politischer und gesellschaftlicher Umbruch. Die Französische Revolution veränderte europaweit die Verfassungen und die Gesellschaften und mit ihnen auch das Strafprozess- und Beweisrecht. Fragwürdig war nicht nur die Folter geworden, sondern das ganze alte System des Verfahrens und der

Strafen. Die Abschaffung der Tortur im 18. und 19. Jahrhundert war die Folge eines Paradigmenwandels, der lange im Vorfeld der Französischen Revolution, noch unter den Bedingungen des feudalen Absolutismus, eingesetzt hatte und der alle gesellschaftlichen Bereiche erfasste. Im Laufe dieses Prozesses bemächtigte sich das aufstrebende Bürgertum der Ideen der Aufklärung und setzte diese als Waffe gegen den feudalen Staat und seine Säulen, König, Adel und Klerus, ein. Die wichtigsten Prinzipien der Aufklärung waren die Vernunft und die Wissenschaft. Dies galt auch für das Verhältnis des Individuums zum Staat. Die ersten Formulierungen von Grundrechtskatalogen in der zweiten Hälfte des 18. Jahrhunderts zeigen, dass der Staat aus der Privatsphäre des Einzelnen herausgedrängt wurde. Gleichzeitig machten diese Kataloge deutlich, dass auch der menschliche Körper zum geschützten, unverletzbaren Bereich des Individuums gehörte, auf welchen der Staat nicht mehr bzw. nur unter besonderen Voraussetzungen einwirken durfte.

Im 19. Jahrhundert war die Folter, die Gewaltanwendung zur Erzwingung eines Geständnisses, aus den Strafordnungen nahezu aller europäischen Länder verschwunden.[13] Bereits in der zweiten Hälfte des 19. Jahrhunderts begann sich jedoch die Tendenz abzuzeichnen, die sich im beginnenden 20. Jahrhundert noch verstärkte: dass die Folter zwar aus den Strafgerichten verschwunden war, sich aber stattdessen in Verhörstuben, geheimen Polizeihauptquartieren, Polizeistationen oder Militärstützpunkten ausbreitete. Eine Entwicklung, die nicht zufällig mit dem Erstarken der sozialistischen Arbeiterbewegung parallel verlief. Weiterhin nach Lust und Laune gefoltert wurde zudem in den Kolonien und »Schutz«-Gebieten. Und selbst nach dem Grauen von Faschismus und Weltkrieg folterten westliche Nationen wieder. Den Beginn machte Frankreich im Algerien-Krieg (1954–1962).[14]

Verbot der Folter im Völkervertragsrecht

Allgemeiner Menschenrechtsschutz

Der Schutz der Menschenrechte war eines der erklärten Kriegsziele der Alliierten. In einer Botschaft an den US-Kongress vom 6. Januar 1941 bezeichnete Präsident F. D. Roosevelt – noch ohne von eigentlichen Menschenrechten zu reden – die Freiheit von Furcht als eine von vier unabdingbaren (Grund-)Freiheiten. In der Atlantik-Charta vom 14. August 1941 wurde dieser Gedanke wieder aufgegriffen. Unter Ziffer 6 wird dort als Ziel unter anderem festgehalten, »dass alle Menschen in allen Ländern der Welt ihr Leben frei von Furcht und Mangel leben können«. Diesem Ziel stimmten bis zum 1. März 1945 47 Staaten zu, indem sie die »Erklärung der Vereinten Nationen« unterzeichneten, deren Präambel die Notwendigkeit eines vollständigen Sieges über die Achsenmächte beschwor, »um Leben, Freiheit, Unabhängigkeit und Religionsfreiheit zu verteidigen und Menschenrechte und Gerechtigkeit zu erhalten.«[1] Implizit wurde damit auch die Folter geächtet, die darüber hinaus ein Kriegsverbrechen (Misshandlung, unmenschliche Behandlung etc.) im Sinne des Statuts (Art. 6) des Nürnberger Gerichtshofs darstellt.[2]

Auch in der Verfassung der Charta der Vereinten Nationen[3] vom 26. Juni 1945 kam diese Grundhaltung zum Ausdruck. Darin wurden die UN von den Mitgliedsstaaten beauftragt, »die Achtung vor den Menschenrechten und Grundfreiheiten für alle ohne Unterschied der Rasse, des Geschlechts, der Sprache oder Religion zu fördern und zu festigen« (Art. 1. Ziff. 3). Zugleich wurde die Verpflichtung der Organisation (Art. 55) und ihrer Mitgliedsstaaten (Art. 56) festgeschrieben, das Erreichen dieser Ziele anzustreben.

Ganz im Sinne einer unverbindlichen Förderung der Menschenrechte beschränkte sich das Mandat der vom Wirtschafts- und Sozialrat aufgrund Art. 68 der UN-Charta eingesetzten Menschenrechtskommission zunächst auf Empfehlungen und Studien sowie die Ausarbeitung universell anerkannter Menschenrechtsstandards und völkerrechtlich verbindlicher Konventionen.

In der am 10. Dezember 1948 auf Grundlage der Arbeit der Menschenrechtskommission verabschiedeten Allgemeinen Erklärung der Menschenrechte der Vereinten Nationen[4] (UN-Menschenrechtserklärung) wurde zum ersten Mal ein universelles Verbot von Folter- und Misshandlung ausgesprochen. Explizit fordert Artikel 5 (Verbot der Folter): »Niemand soll der Folter oder grausamer, unmenschlicher oder erniedrigender Behandlung oder Strafe unterworfen werden.« In der Folge befassten sich eine Vielzahl von UN-Resolutionen und Abkommen mit dem Schutz der Menschenrechte im Allgemeinen sowie mit der Ächtung der Folter im Besonderen.

Infolge des Kalten Krieges verzögerte sich allerdings die Ausarbeitung eines verbindlichen Schutzsystems der Vereinten Nationen. Der Internationale Pakt über bürgerliche und politische Rechte oder UN-Zivilpakt[5] vom 19. Dezember 1966, der 1976 in Kraft trat, schreibt das Verbot von Folter und anderer unmenschlicher oder erniedrigender Behandlung erstmals völkerrechtlich verbindlich und »notstandssicher« (Art. 4 Abs. 2) – auch für Friedenszeiten[6] – fest (Art. 7). Das heißt, das Folterverbot kann auch im Falle eines von dem betreffenden Staat erklärten öffentlichen Notstandes nicht außer Kraft gesetzt werden. Daneben wurden die Vetragsstaaten verpflichtet, Inhaftierte menschlich zu behandeln (Art. 10).

Ende der 1960er- und Anfang der 1970er-Jahre wurde auch die Menschenrechtskommission der UNO mit neuen Kompetenzen ausgestattet, die eine Behandlung von Eingaben wegen Menschenrechtsverletzungen ermöglichen sollten. Aufgrund der unter der Apartheidpolitik in Südafrika, Südwestafrika und Rhodesien begangenen Menschenrechtsverletzungen ermächtigte der Wirtschafts- und Sozialrat im Jahr 1967 in seiner Resolution 1235 die Kommission, schwere Menschenrechtsverletzungen – auch Folter – zu untersuchen und entsprechende Empfehlungen an den Wirtschafts- und Sozialrat auszusprechen. Ebenfalls auf der Grundlage der Resolution 1235 kam es zur Einsetzung von Arbeitsgruppen zur Behandlung der Menschenrechtsverletzungen in Israel[7] und der systematischen Folterungen und Morde durch das Pinochet-Regime in Chile 1974 und 1975. Nach der von verschiedenen Staaten vorgebrachten Kritik, sie trete nicht effektiv für den Schutz der Menschenrechte ein, da es den der Verletzung von Menschenrechten beschuldigten Staaten möglich sei, sich gegenseitig in der Kommission zu schützen, wurde die Menschenrechtskommission im Rahmen der Reform der Vereinten Nationen im Juni 2006 vom neu gebildeten – inzwischen ebenfalls mehrfach in die Kritik geratenen[8] – UN-Menschenrechtsrat (»Human Rights Council«) abgelöst.

Schon bald nach der Verabschiedung der Allgemeinen Erklärung der Menschenrechte unterzeichneten die zehn Gründungsmitglieder des Europarats am 4. November 1950 die europäische »Konvention zum Schutz der Menschenrechte und der Grundfreiheiten« (Europäische Menschenrechtskonvention, EMRK[9]). Sie regelt in Art. 3 (Verbot der Folter): »Niemand darf der Folter oder unmenschlicher oder erniedrigender Strafe oder Behandlung unterworfen werden.« Die Bestimmungen der Konvention sind in der Bundesrepublik Deutschland am 3. September 1953 als Bundesgesetz in Kraft getreten. Auch dieses Übereinkommen, dessen Unterzeichnung inzwischen als Beitrittsbedingung für Staaten gilt, die dem Europarat angehören wollen, ist notstandsfest (Art. 15 Abs. 2). Die Überwachung zur Einhaltung der Konvention obliegt dem 1959 eingerichteten Europäischen Gerichtshof.

Humanitäres Völkerrecht

Anders als in der Charta der Vereinten Nationen von 1948, deren Folterverbot eher appellativen (Gebots-)Charakter trägt (»niemand soll …«), findet sich im humanitären Völkerrecht schon früh die verbindliche Festschreibung eines allgemeinen Folterverbots. Implizit ist ein Verbot der Folter bereits Art. 4 der Ordnung über Gesetze und Gebräuche des Landkrieges,[10] einer Anlage zur Haager Landkriegsordnung,[11] zu entnehmen. Dieser schreibt vor, dass Kriegsgefangene mit Menschlichkeit zu behandeln sind. Aus dieser Bestimmung entwickelte sich das gewohnheitsrechtliche Verbot der Folterung von Kriegsgefangenen, das schließlich zur Aufnahme einer entsprechenden Bestimmung in die Genfer Rotkreuz-Konventionen von 1949 geführt hat.

Das Genfer Abkommen vom 12. August 1949[12] mit seinen vier Konventionen dient dem Schutz von jeweils einer Kategorie von Personen in bewaffneten Konflikten. Von praktischer Bedeutung sind vor allem die Konventionen III über Kriegsgefangene und IV über Zivilpersonen. Die Konventionen verbieten die Folter sowohl in Konflikten mit als auch in solchen ohne internationalen Charakter. Jeder Verstoß gegen dieses Folterverbot gilt als eine schwere Verletzung der Konvention und verpflichtet die Mitgliedsstaaten zur effektiven Strafverfolgung der Verantwortlichen. Folterhandlungen unterliegen damit keiner Verjährung.

Durch die beiden 1949 ausgearbeiteten und 1977 verabschiedeten Zusatzprotokolle I und II, die beide auf das Verbot von grausamer Behandlung und Folter ausdrücklich Bezug nehmen, wurde der Geltungsbereich der Genfer Konventionen auf anti-koloniale Befreiungskriege und Bürgerkriege ausgeweitet. Die – von den USA nicht ratifizierten – Zusatzprotokolle binden heute insgesamt weit über 100 Staaten.[13] Über die Einhaltung der Genfer Abkommen und ihrer Zusatzprotokolle wacht das Internationale Komitee des Roten Kreuzes.[14]

Spezielle völkerrechtliche Übereinkommen zum Schutz vor Folter und Misshandlung

1973 beschäftigte sich die UNO-Generalversammlung erstmals wieder ausdrücklich mit der Folterproblematik. Den Anlass hierzu bildeten die schweren Menschenrechtsverletzungen nach dem Militärputsch in Chile vom September 1973, insbesondere die systematische Folterpraxis sowie die großangelegte Kampagne von Amnesty International zur Abschaffung der Folter mit dem Appell an die UNO-Generalversammlung, die Folter zu ächten. Auf der Suche nach zusätzlichen Bündnispartnern wandte sich die Organisation an die Ärzteschaft. Eine Gruppe dänischer Mediziner untersuchte daraufhin griechische und chilenische Flüchtlinge auf »forensisch-medizinische Indizien für Nachwirkungen von Folter« und diagnostizierte erstmals eine heimtückische »posttraumatische Belastungsstörung«. Allerdings stellte sich heraus, dass die Opfer auf Therapie gut ansprachen. Diese Bemühungen führten zu einem umfassenderen medizinischen Verständnis der Folter und 1982 zur Gründung des Rehabilitations- und Forschungszentrums für Folteropfer in Kopenhagen, das innerhalb von zehn Jahren ein Netz von 99 Behandlungszentren in 49 Ländern aufbaute, in dem allein 1992 etwa 48000 Opfer behandelt wurden.[15] Zugleich trugen diese medizinischen Pionierarbeiten zu einer breiten internationalen Unterstützung für die Ächtung der Folter bei. Bereits 1981 hatte die UN-Generalversammlung den »United Nations Voluntary Fund for Victims of Torture« etabliert – einen internationalen Fonds zur humanitären Unterstützung von Folteropfern und ihren Familien.

Am 9. Dezember 1975 verabschiedete die UN-Generalversammlung die Erklärung zum Schutz aller Menschen vor Folter und anderer grausamer, unmenschlicher und erniedrigender Behandlung oder Bestrafung.[16] Mit dieser völkerrechtlich-unverbindlichen Deklaration war die Grundlage geschaffen für das Übereinkommen gegen Folter und andere grausame, unmenschliche oder erniedrigende Behandlung oder Strafe (UN-Antifolterkonvention),[17] die nach langjährigen Beratungen am 10. Dezember 1984 von der UNO-Generalversammlung verabschiedet wurde und am 27. Juni 1987 in Kraft trat.

In Art. 1. Abs. 1 der Konvention wird der Begriff Folter erstmals definiert: »Im Sinne dieses Übereinkommens bezeichnet der Ausdruck ›Folter‹ jede Handlung, durch die einer Person vorsätzlich große körperliche oder seelische Schmerzen zugefügt werden, zum Beispiel um von ihr oder einem Dritten eine Aussage oder ein Geständnis zu erlangen, um sie für eine tatsächlich oder mutmaßlich von ihr oder einem Dritten begangene Tat zu bestrafen oder um sie oder einen Dritten einzuschüchtern oder zu nötigen, oder aus einem anderen, auf irgendeiner Art von Diskriminierung beruhendem Grund, wenn diese Schmerzen oder Leiden von einem Angehörigen des öffentlichen Dienstes oder einer anderen in amtlicher Eigenschaft handelnden Person, auf deren Veranlassung oder mit deren ausdrücklichem oder stillschweigendem Einverständnis verursacht werden.«

Im Unterschied zu früheren Konventionen setzt der Folterbegriff der UN-Antifolterkonvention, der auch die USA beigetreten sind, nicht an den Folterwirkungen, sondern an der Folterhandlung an und hat zu einem völkerrechtlich bindenden, weit strengeren Folterverbot geführt. Weiterhin verpflichtet die Konvention die Vertragsstaaten, innerstaatlich und zwischenstaatlich wirksame Maßnahmen zu ergreifen, um Folterungen zu verhindern bzw. zu ahnden und die Opfer zu schützen. Zur Kontrolle wurde das »Committee Against Torture« (CAT) eingesetzt. Seit Anfang der 80er-Jahre wurden verschiedene UN-Sonderberichterstatter über Folter mit der weltweiten Untersuchung schwerer Menschenrechtsverletzungen beauftragt. Seit 1. Dezember 2004 bekleidet der österreichische Jurist Manfred Nowak dieses Amt.

Neben diesen internationalen Abkommen und Einrichtungen haben sich verschiedene regionale Abkommen ausdrücklich der Folterbekämpfung verschrieben, so z. B. die Inter-American Convention to Prevent and Punish Torture auf der Ebene der Organisation Amerikanischer Staaten (OAS) und das Europäische Übereinkommen zur Verhütung von Folter und unmenschlicher oder erniedrigender Behandlung oder Strafe[18] auf der Ebene der EU. Grundlage des Übereinkommens, das am 1. Februar 1989 in Kraft trat, sind die Bestimmungen der Menschenrechtskonvention. Das Übereinkommen enthält selbst kein Folterverbot, soll aber Übertretungen des in der Menschenrechtskonvention kodifizierten Verbots verhindern.

Strafverfolgung nach dem deutschen Völkerstrafgesetzbuch

Auch die Statuten des Internationalen Strafgerichtshofs in Den Haag, der 1988 mit der Annahme des *Rome Statute of the International Criminal Court* (von den USA nicht anerkannt) zur Verfolgung von Völkerrechtsverbrechen nach dem Weltrechtsprinzip geschaffen wurde und im Jahr 2002 seine Arbeit aufnahm, enthalten den Straftatbestand der Folter. Das gilt ebenso für die vom UN-Sicherheitsrat eingesetzten Ad-hoc-Strafgerichtstribunale zur Verfolgung von Menschenrechtsverletzungen im ehemaligen Jugoslawien (1993) und in Ruanda (1995). Entgegen einer weitverbreiteten und in den Medien vorherrschenden Auffassung handelt es sich bei diesen Einrichtungen um keine legalen UN-Gerichte, da sie nicht von der dafür – laut UN-Charta – allein zuständigen UN-Vollversammlung, sondern vom UN-Sicherheitsrat ins Leben gerufen wurden.[19] Die mit der Schaffung dieser Einrichtungen verbundene rasante, zweischneidige Entwicklung des Völkerstrafrechts führte in der Folge auch zur Verabschiedung des deutschen Völkerstrafgesetzbuchs (VStGB). Das VStGB, das nach breiter Zustimmung durch Bundestag und Bundesrat am 30. Juni 2002 in Kraft trat, ermöglicht deutschen Gerichten die Strafverfolgung von Verbrechen gegen die Menschlichkeit, Kriegsverbrechen und Völkermord nach dem sogenannten Weltrechtspflegeprinzip und damit unabhängig sowohl vom Ort der Tat als auch von der Nationalität von Täter und Opfer. Wie der Jugoslawien-Strafgerichtshof in Den Haag wurde das Völkerstrafgesetzbuch offenkundig in der Absicht geschaffen, die nationalstaatliche Souveränität von »Schurkenstaaten« nach Bedarf unter dem Vorwand »humanitärer Interventionen« bei tatsächlichen oder angeblichen schweren Verbrechen gegen Bevölkerungsgruppen auszuhebeln. Dass er mit dem VStGB auch eine rechtliche Handhabe schuf, um gegen die Verantwortlichen für Kriegsverbrechen und Folter in NATO-Bündnisstaaten vorzugehen, hatte der deutsche Gesetzgeber sicher so nicht bedacht, geschweige denn vorgesehen.

Erstmals am 30. November 2004 erstattete Rechtsanwalt Wolfgang Kaleck, Vorsitzender des Republikanischen Anwaltsvereins, für das amerikanische Center for Constitutional Rights (CCR) und vier irakische Staatsangehörige Strafanzeige gegen Donald H. Rumsfeld – damals noch amtierender Verteidigungsminister der USA – und weitere Personen bei der Bundesanwaltschaft in Karlsruhe wegen Beteiligung an Straftaten nach dem VStGB. Der Hauptgrund für das CCR, die Strafanzeige in Deutschland zu erstatten, war neben der Ausgestaltung des deutschen Völkerstrafgesetzbuches die Tatsache, dass viele US-Armee-Einheiten inklusive einiger der Hauptverantwortlichen in Deutschland stationiert waren.

Die Bundesanwaltschaft in Karlsruhe weigerte sich jedoch, ein Ermittlungsverfahren einzuleiten, und stellte das Verfahren mit Bescheid vom 10. Februar 2005 ein[20] – rechtzeitig vor dem Besuch von Donald Rumsfeld bei der Münchener Sicherheitskonferenz. Zur Begründung wurde wörtlich ausgeführt: »Hier bestehen keine Anhaltspunkte, dass die Behörden und Gerichte der Vereinigten Staaten von Amerika wegen der in der Strafanzeige geschilderten Übergriffe von strafrechtlichen Maßnahmen Abstand genommen hätten oder Abstand nehmen würden.«

Doch die amerikanischen Bürgerrechtsaktivisten und ihre deutschen Mistreiter ließen nicht locker. Am 14. November 2006 – zuletzt ergänzt am 28. März 2007 – erstattete Rechtsanwalt Kaleck für das inzwischen gegründete European Center for Constitutional and Human Rights (ECCHR) im Auftrag von insgesamt 44 Organisationen und Einzelpersonen (zwölf Folterüberlebenden: elf ehemaligen Insassen von Abu Ghraib sowie dem Guantánamo-Gefangenen Mohammed Al-Qahtani) erneut Strafanzeige in Karlsruhe.[21]

Die angezeigten Personen – neben Donald H. Rumsfeld, zu diesem Zeitpunkt immer noch US-Verteidigungsminister, dreizehn weitere namentlich benannte US-Verantwortliche für Folter und Gefangenenmisshandlungen – werden beschuldigt, Kriegsverbrechen und Folterstraftaten nach dem deutschen Völkerstrafgesetzbuch begangen sowie gegen das deutsche Strafgesetzbuch, die UN-Antifolterkonvention und die Genfer Konventionen verstoßen zu haben.

Begründet wurde die Strafanzeige im Wesentlichen mit dem offenkundigen Unwillen der US-Behörden, gegen die Verantwortlichen für die Folterungen und Misshandlungen im Irak und in Guantánamo Bay strafrechtlich vorzugehen. Hinzu kommt, dass der im Oktober 2006 verabschiedete Military Commissions Act die Immunität der Verantwortlichen in den USA festschreibt. Eine Verfolgung durch den Internationalen Strafgerichtshof komme, so die Anzeigenerstatter, ebenfalls nicht in Betracht, da die USA die Unterzeichnung des Römischen Statuts wirksam zurückgezogen und eine Ratifizierung ausgeschlossen haben.

»Es ist mithin genau der Fall eingetreten«, schreibt Wolfgang Kaleck, »den die Bundesanwaltschaft in ihrem [Ablehnungs-]Bescheid vom 10. Februar 2005 als Anwendungsfall des Völkerstrafgesetzbuches beschrieben hat: Weder im Heimatstaat von Täter und Opfer, noch im Tatortstaat oder durch einen zuständigen internationalen Gerichtshof werden Ermittlungen gegen die hier beschuldigten Täter geführt. Damit ist deutlich geworden, dass die nur komplementär zuständigen deutschen Strafverfolgungsbehörden nicht nur tätig werden können, sondern dem Geiste des Völkerstrafgesetzbuches nach tätig werden müssen, um den unerträglichen Zustand der Straflosigkeit schwerster Kriegsverbrechen zu beenden.«[22]

Die Verantwortung der Bush-Regierung für die im »globalen Krieg gegen den Terror« begangenen Verbrechen können auch führende Mitglieder der politischen Klasse der USA nicht länger leugnen. Rumsfelds Politik sei eine »direkte Ursache der Gefangenenmisshandlungen in Guantánamo« und habe mit zum »Missbrauch von Gefangenen« in Afghanistan und im Irak geführt, heißt es im Bericht des Verteidigungsausschusses des Senats vom Dezember 2008.[23] Ob diese verspätete Erkenntnis allerdings auch zu strafrechtlichen Ermittlungen oder gar zu einer Anklage führen wird, bleibt abzuwarten.

Folter im Kalten Krieg

Aktuelle Berichte von Folterungen und Misshandlungen in Guantánamo, Abu Ghraib oder anderen US-Einrichtungen lesen sich nur zu oft wie Schilderungen aus den Folterkellern der Inquisition oder aus den Zeiten der Hexenverfolgung. Dieser Eindruck ist richtig und täuscht doch zugleich. Während der grundlegende Mechanismus in vielerlei Hinsicht tatsächlich wie aus dem Mittelalter übernommen scheint – die Vorverurteilung des Opfers, seine Stigmatisierung, ja Entmenschlichung sowie die Bedeutung des »freiwilligen« Geständnisses und die Bedeutungslosigkeit der Wahrheit –, wurden die Techniken des Folterns erweitert und verfeinert. Die moderne Folter, wie sie vor allem die USA praktizieren, haben Psychologen, Neurologen und andere Wissenschaftler im Dienste der CIA oder des US-Militärs ersonnen und entwickelt. Das schließt freilich nicht aus, dass die Vernehmer der CIA und ihrer Verbündeten in der Praxis zusätzlich zu traditionellen Formen physischer Gewalt greifen.

Auch bei einem Vergleich des von der Bush-Regierung etablierten Arsenals an Verhörtechniken und Rechtskonstruktionen mit denen der NS-Zeit ergeben sich frappierende Ähnlichkeiten. Die unbefristete Internierung von sogenannten ungesetzlichen feindlichen Kämpfern etwa erinnert unwillkürlich an die »Schutzhaft«-Praxis der Nazis, und die von der US-Regierung ausgegebene Sprachregelung der »harschen« oder »verbesserten Verhörtechniken« findet im Nazi-Neusprech der »verschärften Vernehmung« ihr Analogon. Wer die Aussagen ehemaliger KZ-Insassen studiert, der findet auch hinsichtlich der angewandten Foltertechniken auffällige Übereinstimmungen mit den Schilderungen von Gefangenen in Guantánamo, Abu Ghraib oder Bagram. Die meisten dieser Foltertechniken wurden freilich ebenso wenig von SS und Gestapo wie von den US-Geheimdiensten erfunden. Hinter den »Stresspositionen« – erzwungenen, auf Dauer schmerzhaften, ja qualvollen Körperhaltungen – sind unschwer die historischen Vorbilder aus dem Mittelalter zu erkennen. So zwangen die Wachmannschaften in US-Gefängnissen in Afghanistan ihre Gefangenen etwa, mit an die Decke geketteten Händen und Fußfesseln dazustehen, wobei die Hände der Opfer verschiedentlich hinter dem Rücken zusammengebunden worden waren. Die Methode ähnelt der Praxis des »Baum-« oder »Pfahlhängens«, wie sie die SS beispielsweise im Konzentrationslager Dachau anwandte, und geht auf die vor allem im Mittelalter weit verbreitete Technik des »Pendels« zurück.[1]

Eine weitere beliebte Foltertechnik, die ebenfalls allein durch die Dauer ihrer Anwendung zu unerträglichen Schmerzen führte, ohne dass sich einer der SS-Aufseher dabei die Hände »schmutzig« machen musste, war der sogenannte Strafappell – eine verschärfte Form des täglichen »Zählappells«. Zum Zählappell mussten sich sämtliche Gefangene zweimal am Tag in Reih und Glied auf dem Appellplatz aufstellen. Fehlte ein Gefangener, so mussten die anderen so lange stehen bleiben, bis der Häftling gefunden war. Im KZ Auschwitz dauerte der längste Strafappell 19 Stunden. Während der Appelle wurden hier zur Abschreckung auch öffentliche Hinrichtungen entweder an einem tragbaren Galgen oder am Sammelgalgen durchgeführt.

Neben diesen verschiedenen Formen der Stehfolter gehörte auch das Scheinertränken von mutmaßlichen Regimegegnern bereits zum Folterarsenal der Gestapo. Wie das »Waterboarding« der CIA steht es letztlich in der Tradition der Inquisition, die bereits die sogenannte Wasserfolter kannte und in unterschiedlichen Variationen anwandte. Wenn das US-Militär in Abu Ghraib, Guantánamo und anderen US-Einrichtungen Gefangene nackt mit Plastiksäcken über dem Kopf aufmarschieren lässt oder gefesselt und vermummt mit schalldichten Ohrenschützern und dicken schwarzgetönten Brillen in Demutshaltungen zwingt, so scheint auch hier das historische Vorbild durch. Wurden doch im Mittelalter in ähnlicher Weise Häretikern sowie Leuten mit »ehrlosen« und »bösen Zungen« eiserne Schandmasken aufgesetzt und die Betreffenden dann auf öffentlichen Plätzen zur Schau gestellt. Einst und jetzt verbinden sich in diesen Strafen Demütigung mit physischer Beeinträchtigung (Atemnot) und sensorischer Desorientierung.

Von den Nazis bevorzugte Praktiken waren ferner der Einsatz von elektrischem Strom und die systematische Anwendung sexueller Quälereien wie das Zerquetschen der Genitalien. Diese Praktiken erinnern an den Sadismus, wie er sich bei den Hexen-Inquisitoren äußerte, einen Sadismus, der sich zentral gegen die Sexualität, den Kern der menschlichen Selbstbestimmung, richtete. Sowohl in den Konzentrationslagern nicht nur faschistischer Staaten, sondern auch, wie bekannt, in den modernen amerikanischen »black sites«, zielen die Folterungen häufig auf die Verstümmelung der Genitalien ab.

Mit dem Anwachsen der Blockkonfrontation im Kalten Krieg erforschten und entwickelten die USA unter dem Dach der CIA neue Foltermethoden und nahmen entgegen allen Konventionen und öffentlichen Erklärungen für sich das Recht in Anspruch, die Menschenrechte zu ignorieren, wenn es ihnen angebracht und notwendig erschien. Als die Bush-Regierung verkündete, nun würden »die Handschuhe ausgezogen«[2], konnten Pentagon und CIA demnach auf langjährige praktische und theoretische Erfahrungen zurückgreifen. Die US-Geheimdienste untersuchten in dieser Zeit einschlägige Praktiken auf ihre grundlegenden psychologischen und physiologischen Prinzipien und fassten sie in einem Handbuch zusammen, um sie in der Folge unter Praxisbedingungen zu erproben. Einige dieser Praktiken waren schon in den Verliesen der Inquisition angewandt worden, andere stammten aus den Arsenalen der Gestapo und der SS, und wiederum andere hatte man der Verhörpraxis der Geheimdienste der Sowjetunion, Chinas und Nordkoreas entnommen.

Bekanntermaßen hatten die USA nach dem Zweiten Weltkrieg keine großen Skrupel, sich die wissenschaftlichen Forschungen und Erkenntnisse der zuvor bekämpften Nazis zu eigen zu machen. Diese Art von »brain drift« erfolgte auch in der Folterforschung, was sich in der Anknüpfung an entsprechende Methoden und Experimente der Nazis in den Konzentrationslagern zeigt. Deutsche Nazi-Mediziner wurden als Berater engagiert, um gängige Foltermethoden zu verfeinern, zu variieren und miteinander zu kombinieren.[3]

Die Anfänge der US-Folterforschung

Nach dem Krieg interessierte sich die US-Navy ganz besonders für die medizinischen Menschenversuche der Nazis im KZ Dachau. Ihr vornehmliches Interesse galt den Experimenten des deutschen KZ-Arztes Sigmund Rascher. Bei seinen grausamen »terminalen

Versuchen« (Unterkühlungsexperimente sowie Experimente mit aus Zuckerrüben gewonnenen Pektinen zur Blutgerinnung), die oft mit dem einkalkulierten Tod der Probanden endeten, hatte Rascher auf russische oder polnische Kriegsgefangene zurückgegriffen.

Als ergiebiger für die Forschungen der US-Geheimdienste sollten sich jedoch die Menschenversuche von Raschers Kollegen und Nachfolger SS-Hauptsturmführer Kurt Plötner erweisen. Die Forschungen der US-Geheimdienste und des Pentagons knüpften nahtlos an Plötners Meskalin-Versuche an, schlossen aber auch Experimente mit Barbituraten, Amphetaminen und Heroin zur Anwendung bei Verhören mit ein. Die Operation erhielt von der CIA den Decknamen »Chatter« – »Geschnatter«. Mit von der Partie: der ehemalige NS-Mediziner Prof. Dr. Walter Schreiber, einer der Hauptverantwortlichen für die »Humanexperimente« in den Konzentrationslagern, die dieser als verantwortlicher NS-Chefarzt sanktioniert hatte.[4] Im September 1948 setzte sich Schreiber aus der Ostzone ab und floh in den amerikanischen Sektor Berlins, wo er sich und sein Wissen dem US-Armeegeheimdienst Counter Intelligence Corps zur Verfügung stellte. Im April 1949 erhielt er unter dem Decknamen »Fischer« einen Anstellungsvertrag im US-Verhörlager Camp King in Oberursel »für die medizinische Versorgung der Soldaten und der Gäste dieser Einrichtung«. Ebendort sollten im Mai 1952 – Schreiber traf gerade in seiner neuen Heimat Argentinien ein – die ersten amerikanischen Menschenversuche an sowjetischen Kriegsgefangenen beginnen.[5]

Mit Beginn des Kalten Krieges hatten die Drogenexperimente des KZ-Arztes Kurt Plötner, die Schreiber abgesegnet hatte, zusätzlich an Bedeutung gewonnen. Die Fähigkeit des stalinistischen Verfolgungsapparats, selbst kommunistischen Revolutionären der ersten Stunde in öffentlichen Schauprozessen die abenteuerlichsten und absurdesten Geständnisse zu entreißen, beunruhigte die CIA-Führung. Hatten die Sowjets »neuere, subtilere Techniken« wie Psychochirurgie, Schockverfahren oder »psychoanalytische Methoden« entdeckt? Auch China geriet ins Visier der CIA, nachdem zu Beginn der 1950er-Jahre Edward Hunter mit seinem 1951 veröffentlichten Buch ›Brain-Washing in Red China‹ eine öffentliche Hysterie über »Gehirnwäsche« durch die chinesischen Kommunisten ausgelöst hatte. Öffentliche Geständnisse amerikanischer Soldaten, die in Korea in Gefangenschaft geraten waren, schienen diese Sorge zu bestätigen. Was lag also näher, als an die Drogenexperimente des KZ-Arztes Plötner anzuknüpfen?

Korea und die Folgen

Vor dem Hintergrund des Kalten Krieges hatte sich der Bürgerkrieg auf der koreanischen Halbinsel 1950 in einen Stellvertreterkrieg verwandelt, in dem sich Westen und Osten, »freie Welt« und »kommunistische Unterdrückung« unversöhnlich gegenüberstanden. Die Vereinigten Staaten waren in diesem Krieg nicht zimperlich. So geht aus jüngst entdeckten Dokumenten in den einst geheimen Archiven Washingtons hervor, dass sich die USA in Südkorea des Massenmords an Gefangenen schuldig gemacht haben.[6]

Nach schweren und verlustreichen Kämpfen wurden die Verhandlungen zwischen den Kriegsgegnern über einen Waffenstillstand im April 1953 wieder aufgenommen. Zu dieser Zeit beschäftigte sich ein umfassendes CIA-Programm bereits seit einigen Jahren mit den stalinistischen Methoden der psychologischen Folter.

Die Forschungen der CIA konzentrierten sich dabei auf zwei zentrale Aspekte der Bewusstseinskontrolle: die Mechanismen der Massenmanipulation und die Auswirkungen von Zwang auf das individuelle Bewusstsein. Entsprechend verfolgte das Projekt zwei Ziele: eine verbesserte psychologische Kriegführung, um ganze Gesellschaften zu beeinflussen, und effektivere Verhörtechniken für ausgewählte Zielpersonen.[7] In den folgenden zehn Jahren flossen mehrere Milliarden Dollar aus dem Haushalt der CIA in diese Forschungen.

Der CIA, die man einer wirklichen Kontrolle durch den Kongress geschickt entzogen hatte, wurde die außerordentliche Befugnis eingeräumt, außerhalb des Gesetzes zu agieren, sei es bei verdeckten Operationen, Morden oder Folterungen. Fünf Monate nach Gründung der CIA im Juli 1947 erteilte der Nationale Sicherheitsrat dem Nachrichtendienst mit dem »streng geheimen« Erlass NSC 4-A die Genehmigung zu offenen Propagandaprogrammen, die »durch verdeckte psychologische Operationen zu ergänzen sind«.[8]

Das Projekt MKULTRA

Im Rahmen der »Operation Bluebird«, zu der CIA-Direktor Roscoe Hillenkoetter im April 1950 den Startschuss gab, und des ein Jahr später begonnenen »Projekts Artischocke« führte die CIA weitreichende Experimente mit psychoaktiven Substanzen, Hypnose und Elektroschocks durch, wobei ihr entsprechende Nazi-Studien als Grundlage dienten.[9] Die – möglichst totale – »künstliche Amnesie« war ein weiterer wichtiger Aspekt, der innerhalb des »Projekts Artischocke« intensiv erforscht und praktisch erprobt wurde.

Im April 1953 hatte die CIA ihre verschiedenen Forschungsprogramme zur Bewusstseinsmanipulation unter dem Dach des Projekts MKULTRA zusammengefasst. Im Rahmen von MKULTRA setzte eine intensive, aber weitgehend geheime Zusammenarbeit des Geheimdienstes mit den führenden amerikanischen Krankenhäusern, Universitäten und Forschungseinrichtungen ein. Daneben kooperierte man auch mit Einrichtungen außerhalb des Landes, insbesondere kanadischen und britischen Hochschulen. Ab 1963 wurde MKULTRA in reduziertem Umfang noch bis 1973 fortgesetzt. Die Ziele von MKULTRA gingen deutlich über die Entwicklung effektiver Verhörtechniken hinaus. Es ging vielmehr darum, ein umfassendes Programm der Bewusstseinskontrolle und -manipulation zu entwickeln, unter Einsatz aller Aspekte der Folter und Gehirnwäsche – durch psychoaktive Substanzen, Hypnose, Elektroschocks, Reizentzug bzw. Reizüberflutung sowie Verhaltens- und Schlafmanipulation.[10]

»Sensorische Deprivation«

Um den anfänglichen erheblichen Mangel an »menschlichen Versuchskaninchen« zu beheben, den CIA-Chef Allen Dulles beklagt hatte[11], »griff die CIA zu Forschungsmethoden, die von Grausamkeit, Illegalität und überraschend häufig von Scheitern geprägt waren«.[12] So testete der Geheimdienst im Rahmen des MKULTRA-Subprojekts 42 in Feldversuchen LSD und andere psychoaktive Substanzen an ahnungslosen Versuchspersonen in Gasthäusern und Bordellen in New York und San Francisco. Schon bald erkannten die Verantwortlichen in Langley das große Reservoir an potenziellen Versuchskaninchen, das nordkoreanische Kriegsgefangene und die Insassen von amerikanischen Strafanstalten boten. Während man Ersteren Injektionen verabreichte, versuchte man bei Letzteren zwangsweise Verhaltensänderungen herbeizuführen.

Da die Experimente mit LSD und anderen psychoaktiven Substanzen keine praxistauglichen Ergebnisse zeitigten – vor allem ließen sich Probanden damit keine zuverlässigen Informationen entlocken –, verlagerte die CIA ihren Forschungsschwerpunkt ab Mitte der 1950er-Jahre zunehmend auf das Terrain der Humanpsychologie, insbesondere auf Forschungen zur »sensorischen Deprivation«, die sie gemeinsam mit Briten und Kanadiern betrieb. Und auch hier fanden sich willfährige wissenschaftliche Koryphäen von internationalem Rang, die ungeachtet des ärztlichen Ethos, des Hippokratischen Eids oder des Nürnberger Ärzte-Kodex von 1947 dazu bereit waren, durch ihre Beteiligung an ethisch zweifelhaften und fragwürdigen Projekten die Erkenntnisse des US-Auslandsgeheimdienstes zu bereichern.

Donald Hebb, Leiter des Fachbereichs Psychologie an der McGill University in Montreal, bot 1951 der CIA und dem kanadischen Defense Research Board an, zu erforschen, ob es mittels Reizentzug möglich wäre, Menschen neue Überzeugungen einzutrichtern. Nur wenige Wochen nach dem Gespräch verabschiedete das Defense Research Board Kanadas einen geheimen Etat, um Hebb die Erforschung des »psychologischen Werkzeugs der sensorischen Isolation« zu ermöglichen. Umgehend begann der Wissenschaftler mit der Planung entsprechender Experimente. 22 Versuchspersonen, studentische Freiwillige seiner Fakultät, mussten rund um die Uhr in einer geschlossenen Box liegen. Bereits nach zwei oder drei Tagen in dieser »Isolationskiste« waren an den Probanden gravierende psychische Veränderungen zu beobachten: »die Identität der Versuchspersonen begann sich aufzulösen«.[13] Alle Teilnehmer bestätigten zudem, die Fähigkeit, systematisch zu denken, sei danach erheblich reduziert gewesen.

»Eine wechselnde sensorische Umgebung scheint für Menschen unverzichtbar zu sein«, befand Hebb nach Abschluss der ersten Versuchsserie. Das heißt umgekehrt: Fehlen solche äußeren Anreize, scheint sie das Gehirn selbst zu produzieren.[14] Einem Bericht des *Guardian* aus dem Jahr 2005 zufolge zeigen zeitgenössische »Fotos vermummte Freiwillige mit Schutzbrillen, die den in Guantánamo eintreffenden Gefangenen gespenstisch ähnlich sehen«.[15] Nach kritischen Berichten in der kanadischen Presse stellte das kanadische Verteidigungsministerium die Förderung des Projekts ein. Hebbs Experimente gingen dennoch weiter, finanziert über offizielle Fonds amerikanischer Stiftungen, die als Deckmantel für die CIA dienten.[16]

Über die Auswirkungen der Isolation auf die menschliche Psyche hieß es in einem im April 1956 im Auftrag von Allen Dulles verfassten Zwischenbericht zu den CIA-Forschungen zur Bewusstseinskontrolle: »Wer das erste Mal totaler Isolation ausgesetzt ist, entwickelt vorhersehbare Symptome [...] Nach verschiedenen Zwischenstadien wird er hochgradig ängstlich, hoffnungslos, entmutigt und völlig unsicher über seine Zukunft [...] Er leidet unter Albträumen und Halluzinationen [...] Die Wärter sagen, ein solcher Gefangener vegetiere nur noch wie ein Tier [...] Am Ende erreicht er ein Stadium tiefer Depression [...] Er hat nur noch den Wunsch, mit irgendjemand über irgendetwas zu reden.«[17]

In den folgenden Jahren unternahmen viele amerikanische Universitäten wie Harvard und Cornell weitere Tests, um das Phänomen zu erforschen. Dr. Donald Ewan Cameron vom Allan Memorial Institute an der McGill University, Hebbs Kollege und Konkurrent, führte die Experimente fort – anfangs auf eigene Faust, ab Anfang 1957 finanziert von der CIA (über eine Stiftung). Neben Drogen, Hypnose und Schlafentzug experimentierte er mit einer extremen Variante der Hebb-Methode, die eine Auflösung von Verhaltensmustern zum Ziel hatte. Bei den brutalen Experimenten wurden die Versuchspersonen zunächst mit zum Teil extremen Elektroschocks traktiert, bevor man sie in einem Zustand partieller sensorischer Isolation mit sich ständig wiederholenden, auf einer Tonbandschleife aufgezeichneten Satzfragmenten bombardierte und anschließend in ein medikamentöses »Koma« versetzte. Dutzende von Patienten wurden in Montreal auf diese Weise zu seelischen Wracks gemacht. Als die Zahlungen der CIA im Mai 1960 eingestellt wurden, erklärte Cameron bei einer Tagung der US Air Force, er sei über Hebbs frühere Experimente mit »selbst auferlegter« sensorischer Deprivation hinausgegangen und habe festgestellt, dass unbegrenzte »strikte sensorische Isolation« bei Patienten, die wie Gefangene behandelt wurden, »wesentlich verstörender« wirkte.[18]

Das Milgram-Experiment

Obwohl es dafür keine Beweise gibt, drängt sich der Verdacht auf, dass auch die legendären Gehorsamsexperimente des Psychologen Stanley Milgram an der Yale University Teil des umfassenderen CIA-Projekts zur Bewusstseinskontrolle gewesen sein können. Diese Vermutungen werden sowohl durch Thema und Zeitpunkt der Experimente als auch durch Milgrams Kontakte zum Office of Naval Research erhärtet, das in die CIA-Forschungen einbezogen war. Doch selbst wenn die CIA dieses Forschungsprojekt nicht direkt finanziert haben sollte, so hat der Geheimdienst bei der Entwicklung seines Folterparadigmas ganz sicher von Milgrams Erkenntnissen profitiert.

Anfang der 1960er-Jahre konzipierte Stanley Milgram ein Experiment, mit dem er das Phänomen der Gehorsamsbereitschaft gegenüber einer Autorität zu untersuchen hoffte – und zwar unter ausdrücklicher Berücksichtigung der Frage, wie das Handeln der Nazi-Täter sozialpsychologisch zu erklären sei. Als Milgram im Januar 1961 bei der National Science Foundation Gelder für seine Studie zur »Dynamik des Gehorsams« beantragte, war die CIA gerade dabei, den Schwerpunkt ihrer Bewusstseinsforschungen von Drogenexperimenten auf die Grundlagen der Humanpsychologie zu verlagern. Mit den bewilligten Fördermitteln testete Milgram vierzig »durchschnittliche« Einwohner von New Haven, Connecticut, um herauszufinden, ob sie einem hilflosen »Opfer« auf Befehl Elektroschocks versetzen würden.[19]

Die Resultate waren erschreckend: 65 Prozent der Versuchspersonen führten den Lerntest bis zum bitteren Ende durch. Das heißt, sie verabreichten dem »Schüler« (scheinbar) auch die höchste Dosis von 450 Volt, obwohl dieser zu diesem Zeitpunkt schon verstummt war, nachdem er zwischenzeitlich gejammert, geschrien und darum gefleht hatte, das Experiment abzubrechen. Wurde die Versuchsperson gebeten zu assistieren, ohne selbst tätig werden zu müssen, lag der Gehorsam sogar bei 100 Prozent. Das Experiment wurde vielfach variiert und in mehr als zehn Ländern wiederholt, doch die Ergebnisse fielen immer ähnlich aus.

Insgesamt zeigt der ganze Komplex des Milgram-Experiments laut Stanley Milgram, dass »ganz gewöhnliche Menschen, die einfach ihre Aufgabe erfüllen und keinerlei Feindseligkeit [gegenüber ihren Opfern] empfinden, Akteure in einem extrem destruktiven Prozess werden können.«[20] Die Vorstellung, die Versuchspersonen, die Elektroschocks der höchsten Stärke ausgeteilt hatten, »seien Ungeheuer gewesen, sadistische Randerscheinungen der Gesellschaft«, wies Milgram zurück. Er schloss vielmehr, die gesellschaftlichen Konventionen brächten normale Menschen dazu, Autorität zu akzeptieren und den Schmerz des Opfers zu ignorieren. »Gehorsam ist man nicht, sondern man entscheidet sich dafür, gehorsam zu sein.«[21]

Milgram selbst rechtfertigte sein – auch in Fachkreisen umstrittenes – Experiment zwar damit, er untersuche Theorien über folternde Nazis. Aber »rückblickend deuten der Zeitpunkt, das Thema, die militärischen Verbindungen, die umstrittene Finanzierung durch die NSF [National Science Foundation] und deren Ablehnung aller späteren Projekte [Milgrams] zusammengenommen darauf hin«, so Alfred McCoy, US-amerikanischer Professor und Autor des Buches ›Foltern und foltern lassen‹, »dass Milgrams Folterexperimente ein Nebenprodukt der CIA-Forschung zur Bewusstseinskontrolle waren. Woher die Forschungsgelder letztlich auch gekommen sein mögen, Milgrams veröffentlichte Ergebnisse beantworteten die Schlüsselfrage, vor die sich die CIA gestellt sah, als sie mit der globalen Verbreitung ihrer Verhörmethode begann: Wären normale Polizisten in Asien und Lateinamerika bereit, diese neuen Foltermethoden anzuwenden, wenn man sie dazu ausbildete?«[22]

Das Stanford-Prison-Experiment

Nicht die CIA, sondern die US Navy war Auftraggeber und Finanzier eines weiteren berühmt gewordenen sozialpsychologischen Experiments: des »Stanford-Prison-Experiments« von 1971, das nach Einschätzung seines Urhebers Philip Zimbardo gezeigt hat, wie leicht Menschen, bei denen keinerlei Disposition zu sadistischem Verhalten vorliegt, je nach der sozialen und situativen Versuchsanordnung zu brutalem und sadistischem Verhalten veranlasst werden können.

Im Stanforder Gefängnis-Experiment wurden 21 nach Persönlichkeitstests als »normal« ausgewiesene Personen nach dem Zufallsprinzip in »Gefängniswärter« bzw. »Gefangene« aufgeteilt, mit Uniformen bzw. Sträflingskleidung versehen und in eine räumliche Versuchsanordnung versetzt, die weitgehend einer normalen Gefängnissituation glich. Das Experiment sollte zwei Wochen dauern, musste aber bereits nach sechs Tagen abgebrochen werden.

Hatten die Wärter anfangs noch Mühe, sich gegen aufsässige Häftlinge zu behaupten, gewannen sie bald die Oberhand. Die Situation eskalierte innerhalb weniger Tage: sie schikanierten die Häftlinge mit willkürlichen Zählappellen, Schlafentzug, Demütigungen, Drohungen und schließlich mit manifester Gewalt – bis hin zu sadistischen Quälereien. Die Häftlinge ließen sich nach erfolglosem Widerstand einschüchtern und gegeneinander ausspielen; manche wurden zunehmend apathisch, und es kam zu psychosomatischen Reaktionen und Nervenzusammenbrüchen. In wenigen Tagen war eine von extremer Feindseligkeit und Aggressivität geprägte Situation entstanden, die gerade nicht auf vorgängige pathologische Eigenschaften der Versuchspersonen zurückgeführt werden konnte. In den gemeinsamen Nachgesprächen äußerten sich einige ehemalige »Häftlinge« und »Wärter« schockiert über ihr eigenes unterwürfiges bzw. grausames Verhalten.[23]

Die zentrale Erkenntnis, die Zimbardo aus diesen und anderen Untersuchungen ableitete, lautet: Grausamkeiten sind weniger das Resultat individueller Dispositionen oder Pathologien, sondern vielmehr das Ergebnis bestimmter sozialer Umstände und Konstellationen. »Gesunde« bzw. »normal« veranlagte Individuen können in einem Klima, das Gewalt und Missbrauch fördert, durchaus zu gewalttätigen Individuen werden. Zimbardo ging es in dem Experiment nach eigenen Angaben um eine Erforschung der Missstände im Strafvollzug, seinen Geldgebern in der US Navy offiziell um das Verständnis für die Entstehung von Missbrauch in den Gefängnissen der US-Kriegsmarine. Möglicherweise verfolgten sie aber noch andere Interessen. Immerhin wurde »Zimbardos Untersuchung im Rahmen eines Programms […] zur Erforschung der Aggression und verwandter Phänomene erstellt«, und die US-Navy dürfte »wohl eher an militärischen Formen der Aggression interessiert sein als am Verhalten von Gefängnisaufsehern«, schreibt der britische Psychologe und Journalist Peter Watson. »Was immer der erklärte Zweck des Experiments gewesen sein mag, die Ähnlichkeit mit der Kriegsgefangenensituation ist […] unübersehbar.«[24]

Milgrams und Zimbardos Gehorsams- bzw. Gefängnisexperimente lieferten der CIA und dem Militär die Bestätigung dafür, dass nahezu jeder normale Mensch zum Folterer bzw. brutalen Gefängniswärter ausgebildet werden konnte.

Die Entstehung der CIA-Verhördoktrin

Einen weiteren entscheidenden Baustein zur CIA-Folterdoktrin, wie sie später rund um den Globus im Kampf gegen die »kommunistische Subversion« zum Einsatz kommen sollte, legten Ende der 1950er-Jahre Sozial- und Verhaltensforscher sowie Neurologen im Dienste der CIA. Wie eine Studie[25] belegt, besaßen die CIA-Experten durch die Auswertung deutscher, sowjetischer, chinesischer und nordkoreanischer Verhörtechniken bereits 1956 detaillierte Erkenntnisse über jene Foltermethoden, die 50 Jahre später im »Krieg gegen den Terror« unter den Begriffen »sensorische Deprivation« und »Stresspositionen« zu den verbreiteten Praktiken gehören sollten. So waren den CIA-Experten bereits 1956 die zerstörerischen Folgen von über lange Zeit erzwungenem Stehen bekannt: »[Es] kommt zu einer Ansammlung von Flüssigkeit in den Beinen. Die Gelenke und die Füße schwellen auf die doppelte Größe an. Die Haut wird extrem empfindlich und schmerzhaft. Es bilden sich Ödeme und große Blasen [...] Der Herzschlag steigt an, es kann zu Ohnmacht kommen. Dann versagen die Nieren, das Blut wird nicht mehr gereinigt, [...] alle Flüssigkeit, die er [der in diese Position Gezwungene] zu sich nimmt, wird nicht ausgeschieden, sondern verschlimmert weiter die Ödeme in seinen Beinen. Am Ende kommt es zu einer Psychose, verursacht durch Kreislaufstörungen, Schlafentzug und Blutvergiftung.«[26] Schließlich geht der Bericht auch auf die Technik ein, Gefangene mittels Temperaturschocks zu foltern.

Anfang 1955 machte der Neurologe Harold Wolff der CIA den Vorschlag, die stalinistischen Foltertechniken grundsätzlich und umfassend zu analysieren und auszuwerten – und an passenden Versuchsobjekten zu überprüfen. Zusammen mit seinem Kollegen Lawrence E. Hinkle kam Wolff zu dem Ergebnis, die Techniken des KGB seien gar nicht so weit entwickelt wie vermutet, sie beruhten fast ausschließlich auf gängigen »Polizeipraktiken«, die der KGB von seinem zaristischen Vorgänger übernommen habe, und weniger auf Drogen und Elektroschocks. Besonderes Augenmerk richteten die Autoren auf die Methode des KGB, seine Opfer einfach 18 bis 24 Stunden lang strammstehen zu lassen – was schon nach wenigen Stunden »quälende Schmerzen« bereite. Dahinter stehe ein simples, aber effektives psychologisches Folterkonzept: das Opfer füge sich die Schmerzen gewissermaßen selbst zu. Am Ende könne der Gequälte seinem Peiniger nur bedingt die Schuld für die erlittenen Schmerzen zuweisen, weil der ihn ja noch nicht einmal berührt habe. Nach vier Wochen »Isolation, Angst, Schlafmangel, unbehaglichen Temperaturen und chronischem Hunger« litten die meisten russischen Gefangenen unter »tiefgreifenden Gemütsstörungen«, die sie willig machten, mit KGB-Vernehmern zu kooperieren. Ähnliches gelte auch für die chinesischen Praktiken.

Zu ähnlichen Ergebnissen wie die Neurologen Hinkle und Wolff kam der Verhaltens- und Sozialwissenschaftler Albert D. Biderman in Washington. In seiner 1957 für die US Air Force verfassten Untersuchung über Verhörmethoden der Chinesen im Koreakrieg räumte Biderman mit dem Mythos auf, dass die Chinesen im Koreakrieg geheimnisvolle Mittel und Methoden der Gehirnwäsche angewandt hätten. Stattdessen befand Biderman, psychische Folter sei offenbar »der ideale Weg, einen Gefangenen zu ›brechen‹«, da sich »Isolation auf die Hirnfunktion des Gefangenen weitgehend ebenso auswirkt, als wenn man ihn schlägt, hungern lässt oder ihm den Schlaf entzieht«.[27] Bidermans Bericht führte dazu, dass die USA ihre Soldaten und CIA-Agenten für den Fall einer Gefangennahme auf mögliche »Gehirnwäschen« vorbereiteten: mittels sogenannter SERE[28]-Techniken. Einem Artikel in der *New York Times*[29] zufolge diente Bidermanns Studie als direkte Vorlage für die Methoden in Guantánamo. 2002 soll das Trainingsprogramm auch zum Bestandteil der aggressiven Verhörmethoden von Militär und CIA geworden sein.

Im März 1959 legte der Soziologe der CIA einen Abschlussbericht mit dem Titel »Studie zur Entwicklung verbesserter Verhörtechniken« vor; er wurde sofort als »geheim« klassifiziert. Erfolgreiche Verhöre basieren dem Bericht zufolge auf einem Grundschema von Manipulationstechniken, die Biderman als »debility, dependency, dread«, kurz DDD, bezeichnete, also »Schwächung«, »Abhängigkeit« und »Schrecken«. Von der »Schwächung« über die »Abhängigkeit« führe der Weg zum »Schrecken«: vorrangig die Angst vor Schmerzen, deren Wirkung oft noch fataler sei als die Schmerzen selbst. Um diese Angst beim Gefangenen zu erzeugen, müsse dieser die Tortur aber zumindest einmal am eigenen Leib erlebt haben, so dass er deren Wiederholung fürchte, schrieb Biderman. Wenn das Klima der Angst ständig aufrechterhalten werde, so stelle sich über kurz oder lang blinder Gehorsam ein – selbst bei stärkstem Widerstand.

Das KUBARK-Handbuch – Leitfaden für Folterverhöre

Als der CIA-Generalinspekteur bei einer Routineprüfung auf das streng geheime MKULTRA-Projekt stieß und im Juli 1963 einen Bericht zusammenstellte, in dem er diese Experimente verurteilte, jedenfalls soweit sie im Inland und an amerikanischen Staatsbürgern vorgenommen wurden, stellte die CIA das Projekt gegen den Widerstand einflussreicher Befürworter und Hardliner-Antikommunisten ein.

Nach dem Stopp von MKULTRA sah sich die CIA veranlasst, die Ergebnisse ihrer zehnjährigen Folterforschungen in einem Verhör-Handbuch zusammenzufassen, dem sie den Titel »KUBARK Counterintelligence Interrogation«[30] gab und das in gewisser Weise den Schritt von der Folterforschung zur -anwendung markiert. Der im Juli 1963 verfasste, ursprünglich geheime Bericht sollte über die nächsten 40 Jahre die Verhörmethoden der CIA und ihre Schulungsprogramme in der gesamten Dritten Welt prägen.

Die »grundlegende Hypothese« des Handbuchs lautete: Erfolgreiche Verhöre erfordern eine Methode, »die eine Regression der Persönlichkeit auf die für das Brechen des Widerstands und die Schaffung von Abhängigkeit jeweils benötigte tiefere und schwächere Ebene bewirken«. Alle »Methoden, die zur Überwindung von Widerständen im Laufe eines Verhörs angewandt werden, die gesamte Bandbreite von einfacher Isolation bis hin zu Hypnose und Betäubung«, seien daher »im Grunde Methoden zur Beschleunigung dieses Regressionsprozesses. Der Vernommene wird immer unreifer und fällt in ein infantileres Stadium zurück, wobei er seine erlernten oder strukturierten Persönlichkeitsmerkmale in einer umgekehrt chronologischen Reihenfolge ablegt, so dass die zuletzt erworbenen Eigenschaften – die gleichzeitig die Eigenschaften sind, auf die der Vernommene bei seiner Verteidigung zurückgreift – als erstes verschwinden.«[31] Genau dieses Zurückfallen in ein »infantileres Stadium der Persönlichkeit« konnte James Yee, vormals muslimischer Gefängnisgeistlicher in Guantánamo, später auch an Gefangenen in Camp Delta beobachten. »Sie antworteten mir mit einer kindlichen Stimme und redeten kompletten Unsinn. Manche von ihnen sangen laut kindische Lieder, wobei sie das Lied immer und immer wiederholten.«[32]

Als »zwangfreie Methoden zur Herbeiführung von Regression« nennt das KUBARK-Handbuch unter anderem »die anhaltende Manipulation der Zeit [...], indem Uhren vor- oder zurückgestellt oder Mahlzeiten zu ungewöhnlichen Zeiten serviert werden« oder auch paradoxe Verhaltensweisen: »Halbherzige Bemühungen zur Kooperation werden ignoriert und stattdessen wird der Verdächtige für seine Nichtkooperation belohnt. (Zum Beispiel kann es eine sich erfolgreich widersetzende Quelle beunruhigen, wenn sie für einen von ihr geleisteten ›wertvollen Beitrag‹ belohnt wird.)« Das Ziel: »Der Vernommene kann sich nicht mehr wie ein Erwachsener verteidigen, da er in frühere Entwicklungsstufen zurückfällt. Während des Regressionsprozesses kann das Subjekt Schuldgefühle empfinden. Eine Verstärkung dieser Schuldgefühle ist fast immer hilfreich.«

Die drei grundlegenden Prinzipien, um dies zu erreichen, sind dem Handbuch zufolge: psychoaktive Substanzen und Medikamente (vornehmlich Narkosemittel), »sensorische Deprivation« durch Einzelhaft sowie selbstverursachte Schmerzen. Der Begriff »Schwächung« umfasst im CIA-Handbuch auch den Entzug der vertrauten Kleidung bei der Gefangennahme und den damit verbundenen Verlust persönlicher Identität, außerdem Demütigungen und Erniedrigungen. Die Isolation des Gefangenen ermögliche es dem Vernehmer, die Nahrungsaufnahme und den Schlafrhythmus seines Opfers so zu manipulieren, dass es zu dessen Desorientierung beitrage und Hilflosigkeit und Angst verstärke. Die Verweigerung jedweder verbalen Kommunikation (außer jener mit dem Vernehmer) und sensorischer Reize tue ein Übriges: Es wurde festgestellt, »›dass Isolation an sich auf die meisten Menschen einen enormen Stress ausübt‹ [...] Je vollständiger der Haftort Sinnesreize ausschließt, desto schneller und stärker fühlt sich der

Verdächtige beeinträchtigt. Ergebnisse, die sich erst nach Wochen oder Monaten der Gefangenschaft in einer normalen Zelle erzielen lassen, sind schon nach Stunden oder Tagen erhältlich, die das Subjekt in einer schallisolierten Zelle ohne Licht (oder mit schwachem, stets unverändertem Kunstlicht), in die keine Gerüche oder ähnliches eindringen kann, verbracht hat«. Die Folge: »Der Entzug von Sinnesreizen führt zu Regression, indem das Subjekt mental vom Kontakt mit der Außenwelt abgeschnitten wird und ganz sich selbst überlassen bleibt.«

Die Autoren des Handbuchs analysieren die Auswirkungen von Schmerz und warnen davor, dass »intensiver Schmerz ziemlich wahrscheinlich falsche Geständnisse auslöst, um der Situation zu entfliehen«. Mitunter könne die Androhung von Schmerz deshalb zu besseren Ergebnissen führen als der Schmerz selbst. Auf das zuerst von Hinkle/Wolff formulierte Prinzip der selbstverursachten Schmerzen Bezug nehmend, stellen die CIA-Psychologen fest: »Es besteht die plausible Annahme, dass der Widerstand einer Person eher durch Schmerzen geschwächt wird, die sie sich selbst zufügt, während Schmerzen, die ihr von außen zugefügt werden, ihren Widerstandswillen eher fokussieren oder intensivieren.«

Die CIA und der iranische Geheimdienst

Mit die verheerendsten Folgen hatten die auf KUBARK aufbauenden Folterschulungsprogramme im Iran. Nachdem die CIA den demokratisch gewählten Ministerpräsidenten Mossadegh 1953 mit einem Coup gestürzt, dessen Pläne zur Nationalisierung der im Iran tätigen anglo-amerikanischen Ölgesellschaften gestoppt und den Schah erneut an die Macht gehievt hatte, half sie ihm in den folgenden Jahrzehnten, seine Herrschaft zu konsolidieren. Mitarbeiter der CIA, aber auch des israelischen Geheimdienstes Mossad wirkten ab 1957 aktiv am Aufbau des für seine Grausamkeit berüchtigten iranischen Geheimdienstes SAVAK mit. Angaben des ehemaligen CIA-Analysten Jesse J. Leaf zufolge bildeten hochrangige CIA-Mitarbeiter den SAVAK in Verhörtechniken aus, »die auf deutschen Foltermethoden aus dem Zweiten Weltkrieg basierten [...] Und ich weiß, dass die Folterkammern besichtigt wurden und alles von den USA bezahlt wurde«.[33]

Als die Opposition gegen den Schah in den 1970er-Jahren anwuchs, verhaftete und folterte der SAVAK Dissidenten aufs Grausamste. Dabei kamen auch Hunde zum Einsatz, die speziell auf die Vergewaltigung von Gefangenen abgerichtet waren.

»Praxistest« Vietnam

KUBARK wurde zu einem »Exportschlager« der CIA im Kalten Krieg. Wo immer auf der Welt es galt, den »Kommunismus« zu bekämpfen und US-hörige Marionettenregimes zu installieren oder zu stützen, von Indochina bis Südamerika, diente das Folterhandbuch als Grundlage bei der Ausbildung von paramilitärischen Verbänden sowie von regulären Polizeikräften und Soldaten. Als Tarnung nutzte die CIA von 1962 bis 1974 das Office of Public Safety (OPS), eine Abteilung der Entwicklungshilfebehörde USAID (United States Agency for International Development), die überall in der Dritten Welt aktiv wurde.

Die südvietnamesischen Polizeikräfte der National Police Field Forces erhielten von den USA ein spezielles »Verhör«-Training, das sich an das KUBARK-Handbuch anlehnte.[34] Der Vietnamkrieg und später der Krieg in ganz Indochina eröffneten dem US-Auslandsgeheimdienst ein neues, ideales Terrain für die Fortsetzung seiner Folterforschungen – war man doch nun nicht länger auf amerikanische Staatsbürger als Versuchskaninchen und auf simulierte Experimente angewiesen. In Südostasien konnten die Folter- und Verhaltensforscher der CIA unbegrenzt über Versuchspersonen verfügen.

1967 fasste die CIA (gemeinsam mit anderen Behörden) sämtliche verstreuten Operationen des Anti-Guerilla-Kampfs in Vietnam zum »Phoenix«-Programm zusammen, das einen Geheimkrieg innerhalb des Krieges führte. Im Rahmen von »Phoenix« schwärmten Trupps der US Special Forces aus, um Vietnamesen zu entführen, zu foltern und/oder zu töten, die im Verdacht standen, mit dem Vietcong zusammenzuarbeiten. Alle diese »extralegalen, illegalen und verdeckten« Vorgehensweisen waren, so Barton K. Osborne, ein ehemaliger geheimdienstlicher Mitarbeiter im »Phoenix«-Programm, in dem *Defense Collection Intelligence Manual* zu finden, das man ihm während seiner nachrichtendienstlichen Ausbildung in Maryland gegeben hatte.[35] Osborne gab weiter zu Protokoll: »Es gab niemals eine überzeugende Begründung für die Behauptung, dass irgendeines dieser Individuen tatsächlich mit dem Vietcong zusammenarbeitete, aber sie starben alle, und die Mehrheit wurde entweder zu Tode gefoltert oder aus dem Helikopter geworfen. [Die Operation] wurde zu einem sterilen, unpersönlichen Mordprogramm [...] Der Horror von ›Phoenix‹ ist nur vergleichbar mit den Gräueltaten der Nazis.«[36] Die »Operation Phoenix« war ein systematisches Folter-, Vergewaltigungs- und Vernichtungsprogramm, dem laut offiziellen Statistiken zwischen 1968 und 1972 ca. 50 000 Menschen zum Opfer fielen.[37]

Eine Foltermethode des Feindes – des Vietcong in Vietnam und der Roten Khmer in Kambodscha – sollte auf die Amerikaner dabei nachhaltigen Eindruck machen: das Scheinertränken von Gefangenen. Bei dieser Praxis stopfte man dem auf einem Tisch festgebundenen Gefangenen einen Knebel in den Mund und goss ihm dann Wasser über Nase und Mund. Die ungewollten Schluckbewegungen durch das Tuch verstärkten die Angst, zu ertrinken. Einige Opfer wurden an den Füßen aufgehängt und mit dem Kopf voran immer wieder in einen Wasserbottich getaucht, wieder andere bekamen Wasser eingeflößt, bis ihre Bäuche anschwollen. Im Februar 1968 wurde ein amerikanischer Offizier von einem US-Kriegsgericht abgeurteilt, weil er geholfen hatte, einen vietnamesischen Gefangenen mit der Wassertechnik zu foltern.[38] Quod licet Jovi non licet bovi: Was der CIA erlaubt war, durfte die US-Armee noch lange nicht. Im »Krieg gegen den Terror« sollte das Verfahren nach dem 11. September unter dem Namen »Waterboarding« wieder auftauchen.

Schlachtfeld Südamerika

Auch in Mittel- und Südamerika erfolgte die verdeckte Entwicklungshilfe der USA für die Polizeikräfte rechtsgerichteter Militärregime vorrangig über die CIA-Tarnorganisation OPS im Entwicklungshilfeministerium. »Der Technical Services Staff der CIA versorgte über Büros in Panama und Buenos Aires die Niederlassungen des OPS auf dem ganzen Kontinent mit Polygraphen und Elektroschockgeräten, die sie in Diplomatengepäck ins Land brachte«, recherchierte Alfred McCoy.[39] Unterlagen deuten darauf hin, dass die CIA ihre Verhör- und Folterschulungen nach Auflösung des OPS 1975 lediglich von Polizeiberatern auf Ausbilder der US-Armee verlagerte.

Eine Schlüsselrolle bei der Verbreitung der CIA-Folterdoktrin spielte neben dem OPS die US Army School of the Americas (USARSA). Die 1949 errichtete Armeeschule mit Sitz in Panama diente der Ausbildung junger Offiziere aus befreundeten zentral- und südamerikanischen Regimes. Beim Rückzug der USA aus der Region um den Panamakanal zog die US Army School of the Americas 1984 nach Georgia um. Nach dem Ende des Kalten Krieges, als die Presse über US-Folterschulungen in Mittelamerika berichtete, brandmarkten Kritiker diese Einrichtung als »Schule der Mörder« und drängten in den 1990er-Jahren auf ihre Auflösung.

Nach einer Klage leitete das Intelligence Oversight Board – ein dem Präsidenten direkt unterstelltes Gremium zur Überwachung der Geheimdienste – im Juni 1996 eine Untersuchung ein und lieferte einen unfreiwillig enthüllenden Bericht ab. Ohne weitere Einzelheiten zu nennen, gab das Gremium in diesem Dokument zu: Die von der Schule verwendeten Lehrmaterialien enthielten Passagen, die »Exekutionen von Guerillas, Erpressung, körperliche Misshandlung, Zwang und unberechtigte Inhaftierung« billigten.[40]

Als 1973 in Chile der demokratisch gewählte linke Präsident Salvador Allende durch einen brutalen, von der CIA unterstützten Militärputsch gestürzt wurde, erlebte die Folter eine grandiose Blüte. Im Sommer 1974 wurden die Foltermethoden in Chile allmählich vereinheitlicht. Zwar blieben physische Gewalt, Elektroschocks und Scheinertränken im Repertoire des Geheimdienstes DINA, doch der Einfluss der CIA trat nun immer offensichtlicher zutage, wie damalige Berichte von Amnesty International belegen.[41] Viele chilenische Foltertechniken, dies belegen Zeugenaussagen, entsprachen den Empfehlungen des KUBARK-Handbuchs: Kapuzen und Isolation (»Entzug der Sinnesreize«), stundenlanges Stehen (»selbstzugefügte Schmerzen«), Schlafentzug, Hunger, schockartige Kälte und Hitze. Doch wie andernorts gingen die angewandten Praktiken weit darüber hinaus: Erzwungene Nacktheit, sexuelle Erniedrigungen (erzwungenes Masturbieren), Vergewaltigungen und sadistische Quälereien gehörten zur Spezialität der DINA, um ihre Opfer physisch und psychisch zu brechen. Dabei bediente sich der chilenische Geheimdienst auch der Hilfe von Ärzten und Psychologen. Zehntausende Chilenen fielen den Folterknechten des Pinochet-Regimes zum Opfer.

Abgesehen von den Aussagen der überlebenden Folteropfer stammen die »Erkenntnisse über die tatsächlichen Foltermethoden«, wie sie die vom CIA ausgebildeten Verhörexperten der Militärs in ganz Lateinamerika anwandten, aus einem einzigen Dokument der CIA,[42] dem »Human Resources Exploitation Manual – 1983«[43]. Das Handbuch lässt mit den Worten von Alfred McCoy »eindeutig die klare Kontinuität in den Verhörmethoden der CIA über vierzig Jahre hinweg erkennen [...]. Die Gegner, die Schauplätze und die Folterer mögen gewechselt haben, aber zwei entscheidende Elemente dieser Verhörmethoden sind durchgängig geblieben: die sensorische Desorientierung und der ›selbst zugefügte‹ Schmerz«.[44]

Vom 11. September nach Guantánamo und Abu Ghraib

Die Befehlskette

»Wenn wir in einer Diktatur leben würden, wäre es viel einfacher, jedenfalls solange ich Diktator wäre«, witzelte George W. Bush während des Präsidentschaftswahlkampfs im Oktober 2000. Die Terroranschläge vom 11. September 2001, deren genaue Umstände und Hintergründe bis heute im Dunkeln liegen, und die ominösen Milzbrand-Anschläge[1], die Amerika wenig später in Atem hielten und mehrere Menschen das Leben kosteten, lieferten der US-Regierung die willkommenen Vorwände, um Bushs Allmachtsphantasien Realität werden zu lassen. In dem Klima kollektiver Hysterie, das eine Folge der medialen Inszenierung dieser traumatischen Ereignisse war, schien das in einer Demokratie eigentlich Unmögliche plötzlich mit Händen greifbar.

Sieben Wochen nach dem 11. September 2001, am 25. Oktober 2001, verabschiedete der US-Kongress im Zuge des sogenannten »Kriegs gegen den Terror« den *USA Patriot Act*[2], der daraufhin Rechtskraft erlangte. Viereinhalb Jahre später wurden die wichtigsten Bestimmungen des Bundesgesetzes durch den *Patriot Improvement and Reauthorization Act* vom 9. März 2006 bestätigt. Viele Artikel des Bundesgesetzes schränken amerikanische Bürgerrechte massiv ein und unterminieren grundlegende rechtsstaatliche Prinzipien, wobei insbesondere das Recht auf Privatsphäre fast gänzlich ausgehöhlt wurde.

»Nationale Sicherheit« und »Kampf gegen den Terror«

Nachdem im April 2004 die Bilder von misshandelten und gefolterten irakischen Gefangenen im Gefängnis von Abu Ghraib bei Bagdad die Weltöffentlichkeit aufgeschreckt hatten, befand die amerikanische Menschenrechtsorganisation Human Rights Watch in einem Bericht[3] vom Juni 2004, die gravierenden Menschenrechtsverletzungen in der Folge des 11. September 2001 seien Resultat eines wohlüberlegten Plans der US-Regierung unter Präsident Bush und Vize-Präsident Dick Cheney, sich von den vertraglichen Bindungen an internationales Recht sowie vom Völkergewohnheitsrecht zu lösen. Die Analyse von Human Rights Watch lässt sich anhand einer Reihe von internen Memoranden der Bush-Regierung nachvollziehen, die mittlerweile – zumindest teilweise – freigegeben und als *Torture Papers*[4] (»Folterpapiere«) bekannt wurden.

All diese Dokumente zeigen, dass sich die Entwicklung des sogenannten »High-Value Detainee« (HVD)-Programms der CIA und damit die Durchsetzung von Folter, illegalen Vernehmungsmethoden und der Verschleppung und dem Verschwindenlassen von Terrorverdächtigen im Rahmen des »globalen Krieges gegen den Terror« in mehreren Etappen über einen Zeitraum von fünf Jahren, von September 2001 bis September 2006, vollzog. Dabei konnte sich die US-Regierung auf die Kooperation, zumindest aber auf die stillschweigende Duldung ihrer europäischen NATO-Partner stützen. Dies haben nicht zuletzt die Berichte des vom Europarat eingesetzten Sonderberichterstatters für Menschenrechtsfragen, Dick Marty, vom Juni 2006[5] und Juni 2007[6] aufgezeigt. Die europäischen Regierungen hätten »eine Neigung zur Doppelmoral an den Tag gelegt«, befindet auch Amnesty International in ihrem Jahresbericht 2008.[7]

Die Konzeption des »High-Value Detainee«-Programms reicht zurück in die Tage unmittelbar nach dem 11. September, als hochrangige Beamte der CIA (einschließlich ihres Direktors George Tenet) mit den politisch Verantwortlichen der Bush-Regierung (einschließlich Bush selbst) Strategien diskutierten und erarbeiteten, um Amerikas »frontline officials« mit außerordentlichen Vollmachten zur Bekämpfung der tatsächlichen oder vermeintlichen globalen terroristischen Bedrohung auszustatten.

Unmittelbar nach seiner Ansprache an eine noch unter Schock stehende Nation erteilte US-Präsident George W. Bush seinem Stab geheime Anweisungen, wobei er bereits öffentlich ankündigte, dass sich die USA in ihrem Handeln nicht von den Normen und Gepflogenheiten internationalen Rechts einengen lassen würden (»Es ist mir gleich, was internationale Juristen sagen, wir werden jemandem in den Arsch treten«). Drei Tage später, am 14. September 2001, erklärte Bush den Ausnahmezustand, und nach weiteren drei Tagen, am 17. September, unterzeichnete der US-Präsident ein geheimes *Presidential Finding,* in dem er der CIA weitreichende neue Befugnisse für verdeckte Aktionen im globalen »Krieg gegen den Terror« einräumte, konkret auch zum Verhör von Terrorverdächtigen, inklusive der Erlaubnis, Al-Qaida-Mitglieder festzunehmen, gefangen zu halten und zu töten, und zwar weltweit. Bushs vertrauliche Direktive ermächtigte die CIA sogar, Verdächtige zu Verhören außer Landes zu bringen, »ohne vorher die Genehmigung des Weißen Hauses oder des Justiz- beziehungsweise des Außenministeriums einholen zu müssen.«[8] Die *New York Times* berichtete später, dass solche Verschleppungen auch ohne das Vorliegen einer Anklage durchgeführt werden konnten.[9] Mit Bushs Direktive erteilte das Weiße Haus der CIA gewissermaßen einen Blankoscheck für die Intensivierung und Ausweitung ihrer klassischen Undercover-Aktionen sowie konkret für ein umfassendes Programm sogenannter »extraordinary renditions« (»Sonderüberstellungen«). Autorisiert durch diese geheime Direktive, hat der damalige Verteidigungsminister Donald H. Rumsfeld Ende 2001 in Zusammenarbeit mit der CIA und verbündeten Geheimdiensten unter strengsten Sicherheitsvorkehrungen ein Geheimprogramm zur Verfolgung der Al-Qaida-Führung aufgelegt.

Laut Seymour M. Hersh war dieses von Präsident Bush ausdrücklich genehmigte Programm weniger als 200 Mitarbeitern bekannt und wurde von Rumsfelds Assistenten Stephen Cambone geleitet, der später zum Unterstaatssekretär für Nachrichtendienste aufstieg. Eingeschlossen in Bushs Direktive war die Einrichtung geheimer Verhörzentren in verschiedenen Ländern, »in denen die Vernehmer freie Hand erhielten und an keine gesetzlichen Vorschriften gebunden waren«.[10] Das Programm sei im Pentagon als ein sogenanntes »Special Access Program« (SAP) »versteckt« worden. Hersh erinnert an eine Pressekonferenz vom September 2002, auf der Rumsfeld erklärte, eine »Menschenjagd« gehöre sicher nicht zu dem, wofür die Streitkräfte der Vereinigten Staaten organisiert, ausgebildet und ausgerüstet seien, und hinzusetzte: »Möglicherweise müssen wir das noch lernen, und wir lernen in der Tat, wie man das macht.«[11]

Rumsfeld, der sich laut Hersh bereits kurz nach dem 11. September mehrmals abschätzig über die Genfer Konventionen geäußert und unter anderem bemerkt hatte, die Klagen über die Behandlung von Gefangenen durch die USA kämen ihm vor »wie Anfälle von internationaler Hyperventilation«, wollte erreichen, dass anstelle der CIA das Pentagon die Führungsrolle im Kampf gegen den Terrorismus übernähme.[12]

Am Tag, als das *Presidential Finding* unterzeichnet wurde – der Sonntag nach den Anschlägen vom 11. September –, fand ein Treffen in Washington statt, bei dem ranghohe Mitglieder des »Counter-Terrorism Center« (CTC) der CIA und ausgewählte Mitarbeiter befreundeter Geheimdienste mit den Inhalten des Programms und seiner Umsetzung vertraut gemacht wurden. Bereits einen Tag später verabschiedete der US-Kongress eine Resolution (*Authorization for Use of Military Force,* AUMF)[13], die einer Kriegsermächtigung gleichkam. Die Resolution besagt wörtlich: »Der Präsident darf alle notwendige und angemessene Gewalt gegen Nationen, Organisationen oder Personen gebrauchen, bei denen er davon ausgeht, dass sie die Terrorakte vom 11. September 2001 geplant, autorisiert, dazu beigetragen oder verübt haben«.

Das »Überstellungs«-Programm der CIA ist nicht über Nacht entstanden, und es wurde auch nicht erst im Gefolge des 11. September 2001 aus der Taufe gehoben. Das globale Netz des US-Auslandsgeheimdienstes wurde im Laufe mehrerer Jahre gesponnen, wobei Methoden und Techniken zum Einsatz kamen, die für veränderte Kriegsszenarien sowie für eine neue Art von Kriegsführung entwickelt worden waren. Das ursprüngliche »Rendition«-Programm war in den 1990er-Jahren unter der Regierung von Bill Clinton aufgebaut worden; strategisches Ziel des Programms war von Anfang an das als »Al-Qaida« definierte mutmaßliche globale Terrornetzwerk.[14] Der Ansatz, Terrorverdächtige in die USA oder in ihre Heimatländer zu verbringen und dort inhaftieren zu lassen, wurde in Clintons Präsidentendirektive PDD-39 vom 21. Juni 1995 formuliert, mit der er die CIA ermächtigte, Überstellungen durchzuführen, wenn diese im Interesse der nationalen Sicherheit der USA lagen.[15] Die »Drecksarbeit« nach vollzogener Verschleppung in einen Heimatstaat, bevorzugt Ägypten, übernahm dann die örtliche Polizei oder ein örtlicher Geheimdienst. Nach dem 11. September kam nun allerdings eine weitere Option hinzu, die jedoch der Geheimhaltung unterlag: die als »extraordinay rendition« bezeichnte Verschleppung mutmaßlicher Al-Qaida-Mitglieder in einen

Drittstaat. In der Folge wurden diese »Sonderüberstellungen« zur allgemeinen Praxis.

Insgesamt soll es nach offiziellen Angaben des früheren CIA-Direktors Tenet[16] in den Jahren vor dem 11. September 70 Überstellungen gegeben haben, darunter »zwei Dutzend« zwischen Juli 1998 und 2000.[17] Allerdings sind und waren derartige Verschleppungen keine ausschließliche Spezialität der USA, wie etwa die Entführung des international gesuchten Terroristen »Carlos« durch Frankreich oder die Verschleppung des Führers der kurdischen Arbeiterpartei PKK Abdullah Öcalan mit Hilfe des israelischen Geheimdiensts Mossad belegen.

Bereits im Rahmen des ursprünglichen Rendition-Programms, wie es vor dem 11. September 2001 existierte, hatte die CIA eine Kategorie von »hochkarätigen« Terrorverdächtigen geschaffen, zu deren Ergreifung, Festnahme, Transfer und Befragung sie sich eines durchweg verdeckten Vorgehens bediente. Die Männer dieser Kategorie wurden zumeist als »High-Value Targets« (hochkarätige Ziele) oder »HVTs« bezeichnet – nach ihrer Ergreifung wurden sie dann zu »High-Value Detainees« (hochkarätigen Gefangenen) oder »HVDs«. Das Profil dieser HVTs war das von Planern, führenden Aktivisten und Logistik-Providern der Al-Qaida und ihrer Verbündeten.

Nach Dick Marty haben die Juristen aller drei Zweige (Präsidialverwaltung, Justizministerium, CIA) den sogenannten »K-C-D«-Befehlen (»Kill, Capture or Detain« – »Töte, Ergreife oder Inhaftiere«) für hochkarätige Ziele der CIA zugestimmt.[18] Die Kategorie »D« war dabei für Personen vorgesehen, die bei entsprechenden Antiterroraktionen, eventuell zusammen mit einem HVT, festgenommen wurden, deren nachrichtendienstlicher Wert für die CIA aber unsicher war. Bei ihren Aktionen griff die CIA neben eigenen Ressourcen insbesondere auf die Hilfe ihrer Freunde vom pakistanischen Militärgeheimdienst ISI zurück, der für seine enge Kooperation mit der CIA berühmt ist.

Nach dem 11. September 2001 nahmen die Rendition-Operationen sprunghaft zu und veränderten ihren Fokus. Vorrangiges Ziel war es nun, gefangen genommene »Terroristen« aus der Reichweite eines wie auch immer gearteten Rechtssystems zu schaffen und sie dort festzuhalten. Die Verweigerung von Menschenrechtsgarantien und die Einführung sogenannter erweiterter oder verbesserter Verhörtechniken (»enhanced interrogation techniques«) bedeuteten nicht weniger, als diese Gefangenen der Folter zuzuführen.[19]

Die Exekutive übte denn auch massiven politischen Druck auf sämtliche US-Geheimdienste aus, ganz besonders aber auf die CIA, die Intensität ihrer Anti-Terror-Aktivitäten zu erhöhen. Laut dem Programmleiter Michael Scheuer »bekam die Agentur die Hauptlast des Wunsches der Exekutive zu spüren, dem amerikanischen Volk Siege zu präsentieren«.[20]

Doch noch wichtiger war, dass die CIA nun die Befugnis erhielt, ihre eigenen Gefangeneneinrichtungen zu betreiben, sogenannte »black sites« an nicht spezifizierten Orten rund um den Globus. »Statt sie irgendeiner Form von Gesetzlichkeit zuzuführen, fing man sie in einem ›Spinnennetz‹«, so Dick Marty.[21] Den von Marty und seinen Mitarbeitern herangezogenen Quellen zufolge hätte die CIA ihre verdeckten Aktionen gar nicht ohne das ausdrückliche Wissen und die Zustimmung der amerikanischen Bündnispartner – insbesondere ihrer europäischen Alliierten – durchführen können. Auf der anderen Seite war die CIA von der US-Regierung abhängig, die sicherstellte, dass ihre Geheimdienste von den ausländischen Verbündeten und deren jeweiligen Geheimdiensten weitreichende Genehmigungen sowie die gleiche »robuste« Unterstützung erhielten, wie sie ihnen zu Hause gewährt wurde. Die Absprachen wurden allem Anschein nach am Rande eines NATO-Treffens am 4. Oktober 2001 getroffen. Viele der Vereinbarungen werden bis heute geheim gehalten. Verschiedene übereinstimmende Quellen lassen den Schluss zu, dass diese Vereinbarungen als eine Plattform für – ebenfalls geheime – bilaterale Verträge dienten.[22]

Erste Festnahmen und Folterungen

Im Zuge der Invasion in Afghanistan kam es zur Festnahme zahlreicher Personen; viele von ihnen hielt man in der CIA für hochrangige Verantwortungsträger von Al-Qaida. Ein Teil der Festgenommenen wurde später nach Guantánamo gebracht, andere wurden zur Vernehmung in ausländische Geheimgefängnisse überstellt oder in Afghanistan selbst interniert. Praktisch alle wurden der Folter oder anderen illegalen Vernehmungstechniken unterzogen.[23] Noch bevor die ersten Gefangenen Mitte Januar 2002 in Guantánamo eintrafen, hatte Präsident Bush »der CIA vor dem FBI und dem Pentagon den Vorzug bei der Behandlung wichtiger Al-Quaida-Gefangener« eingeräumt.[24]

Die CIA-Beamten, die mit den Verhören dieser Gefangenen befasst waren, konnten allerdings die hohen Erwartungen der politisch Verantwortlichen nicht erfüllen. Verschiedene CIA-Mitarbeiter äußerten zudem die Befürchtung, sie könnten bei der Anwendung härterer Verhörmethoden wegen der Verletzung nationalen und internationalen Rechts strafrechtlich belangt werden. Sie weigerten sich daher, bestimmte aggressive Verhörmethoden, die damals (auf höhere Anweisung) bereits praktiziert wurden, weiter anzuwenden.

Die Situation spitzte sich zu, als das bis dahin kooperative mutmaßlich hochrangige Al-Qaida-Mitglied Abu Zubaydah die Zusammenarbeit mit der CIA aufkündigte. Die politische Führung in Washington verstärkte nun den Druck auf die CIA, härtere und effektivere Verhörmethoden insbesondere bei den hochkarätigen Gefangenen einzusetzen. An diesen Verhören nahmen auch Angehörige der US-Streitkräfte teil. In die Diskussionen um die Gestaltung derartiger Verhörtechniken waren daher außer dem Rechtsberater der CIA, Scott W. Muller, dem Vizepräsidenten Dick Cheney, der damaligen Sicherheitsberaterin des Präsidenten Condoleeza Rice, dem damaligen Justizminister John Ashcroft sowie David S. Addington (damals oberster Rechtsberater von Cheney und später sein Stabschef) auch Mitarbeiter des US-Verteidigungsministeriums eingebunden. Als Muller Cheney über die rechtlichen Bedenken der CIA-Verhörbeamten unterrichtete, insbesondere hinsichtlich möglicher Verstöße gegen die UN-Antifolterkonvention, beauftragte der US-Vizepräsident seinen juristischen Berater David Addington mit der Klärung dieser Angelegenheit. In der Folge arbeitete das Office of Legal Counsel (OLC) im Justizministerium seine ersten rechtlichen Stellungnahmen aus, mit denen der Einsatz härterer Verhörtechniken formaljuristisch abgesegnet werden sollte.

Vier Monate nach den Terroranschlägen von New York und Washington, am 11. Januar 2002, flog das US-Militär die ersten zwanzig Gefangenen, mutmaßliche Al-Qaida- und Taliban-Kämpfer, von Afghanistan nach Guantánamo aus. Nur kurze Zeit darauf verweigerte Verteidigungsminister Donald Rumsfeld den Inhaftierten den rechtlichen Status als Kriegsgefangene. Der stand und steht ihnen jedoch gemäß den Genfer Konventionen sowie nach der übereinstimmenden Ansicht von Völkerrechtlern und Menschenrechtsorganisationen zweifellos zu. Die dritte Genfer Konvention legt die Regeln fest, nach denen zu entscheiden ist, ob es sich bei einem Gefangenen um einen regulären Soldaten, einen Spion oder Terroristen oder um einen zufällig aufgegriffenen Zivilisten handelt. Rumsfelds lakonische wie rechtlich unhaltbare Begründung: »Illegale Kämpfer haben nach der Genfer Konvention keine Rechte.«[25]

Am 19. Januar 2002 wies Rumsfeld den Chef der Vereinigten Streitkräfte, Richard B. Meyers, an, die Kommandeure in Afghanistan darüber zu informieren, dass Gefangene der Taliban und Al-Qaidas keinen Kriegsgefangenenstatus gemäß den Genfer Konventionen erhalten sollten und nur in dem »für die militärischen Erfordernisse notwendigen und angemessenen Maß« human zu behandeln seien.[26] Gleichzeitig berief er Militärkommissionen ein, die geltenden US-Gesetzen Hohn sprechen, und erteilte geheime Instruktionen für inhumane Verhöre. In seiner Ansicht, die Genfer Konventionen besäßen für den Afghanistankonflikt und damit auch für die Gefangenen auf Guantánamo keine Gültigkeit, wurde Rumsfeld durch ein Gutachten der damaligen Rechtsberater des Justizministeriums John C. Yoo und Robert J. Delahunty vom 9. Januar 2002 bestätigt.[27]

Wenige Tage später entschied Präsident Bush, die dritte Genfer Konvention sei auf die Gefangenen in Guantánamo nicht anwendbar. Ihr erstes Ziel auf dem Weg, die im »Krieg gegen den Terror« Gefangenen rechtlos zu stellen und der Verhörfolter den Weg zu ebnen, erreichte die Bush-Regierung mit einem weiteren von John Yoo verfassten und von Jay S. Bybee, Staatssekretär im Justizministerium, gezeichneten Memorandum des Office of Legal Counsel vom 22. Januar 2002.[28] In dem an den Rechtsberater des Präsidenten, Alberto Gonzales, gerichteten juristischen Leitfaden für harte Verhöre ohne rechtliche Komplikationen verkündeten die Verfasser: »Weder das Bundesgesetz über Kriegsverbrechen noch die Genfer Konventionen gelten für die Haftbedingungen von Al-Qaida-Gefangenen.« Weiter erklärten die Autoren, der Präsident habe »die uneingeschränkte verfassungsmäßige Amtsgewalt, unsere vertraglichen Verpflichtungen gegenüber Afghanistan für die Dauer des Konflikts auszusetzen«. Direkt an das Gutachten vom

9. Januar anknüpfend, entwickelten sie das Konzept der »fremden ungesetzlichen Kämpfer« (»alien unlawful combatants«) weiter und erklärten: die Genfer Konventionen, insbesondere die Dritte Konvention zum Schutz von Kriegsgefangenen, seien bei der Behandlung der Taliban-Kämpfer und Al-Qaida-Mitglieder generell nicht anwendbar.

Was aber ist ein »fremder ungesetzlicher Kämpfer«? Nach der allgemeinen Regierungsdefinition handelt es sich bei einem »fremden« oder »feindlichen Kämpfer« um »eine Person, die an feindlichen Handlungen gegen die Vereinigten Staaten oder ihre Verbündeten während eines bewaffneten Konflikts teilnimmt«. Eine Direktive des US-Verteidigungsministeriums zum Gefangenenprogramm vom 5. September 2006 fügte der Definition einen weiteren Satz hinzu: »Zum Zweck des Krieges gegen den Terrorismus wird der Begriff des ungesetzlichen feindlichen Kämpfers auf Individuen ausgeweitet, aber nicht begrenzt, die Mitglieder der Taliban- oder Al-Qaida-Streitkräfte oder verbündeter Milizen sind oder waren, die an Feindseligkeiten gegen die Vereinigten Staaten oder ihre Verbündeten teilnehmen oder diese unterstützen oder unterstützt haben.«[29]

Bereits mit der rechtlich unhaltbaren, weltweit kritisierten und methodisch geradezu bizarr begründeten Formel von den »Alien Unlawful Combatants« war der Weg zur Verhörsfolter im Zuge des ausgerufenen »globalen Kriegs gegen den Terrorismus« geebnet. Weiter wurde in dem Gutachten dargelegt, der Kampf gegen den Terrorismus sei eine »neue Form des Krieges«, Informationen von den gefangen genommenen Terroristen müssten daher so schnell wie möglich erlangt werden, um weitere Anschläge gegen amerikanische Staatsbürger zu verhindern. Die engen Vorgaben der Genfer Konventionen bei der Befragung von Kriegsgefangenen seien deshalb hinfällig. Damit war insbesondere der nach den Genfer Konventionen verbotene Einsatz von Zwangsmitteln bei Verhören gemeint.[30] Mit Ausnahme des Außenministeriums und der Vereinigten Generalstabschefs billigten die Juristen auf höchster Regierungsebene am 2. Februar 2002 die Haltung des Justizministeriums, dass den Genfer Konventionen für den Afghanistankrieg keine Geltung zukomme.[31]

In seinem Memorandum vom 26. Januar 2002 forderte der damalige US-Außenminister Colin Powell Präsident Bush auf, diese

Entscheidung zu revidieren, würde sie doch »über ein Jahrhundert US-Politik und -Praxis umkehren [...] und den durch das Kriegsrecht gewährten Schutz unserer Truppen unterminieren«.[32] Im Gegensatz zur Linie des OLC verlangte Powell, dass der Präsident die Anwendbarkeit der Konventionen jedenfalls im Zweifelsfall festlegen möge. Powell verwies auf die Möglichkeit, gefangenen Taliban zumindest in Einzelfällen den Kriegsgefangenen-Status zuzuerkennen.

Neues Paradigma und Immunität vor Strafverfolgung

Dieser Sichtweise mochte Gonzales nichts abgewinnen. Umgehend wies er die Kritik des Außenministeriums zurück. In einem Memorandum vom 25. Januar 2002[33], über das erstmals das US-Nachrichtenmagazin *Newsweek* Ende Mai 2004 berichtete, riet er dem Präsidenten, sich nicht länger an die Vorschriften dieser »verwunderlich kuriosen« und »längst überholten« Konventionen von Genf zu halten.[34] Das »neue Paradigma« mache die strengen Beschränkungen der Genfer Konventionen »obsolet«[35], weshalb allen Gefangenen im Krieg gegen Afghanistan die Rechte nach den Genfer Konventionen verweigert werden sollten.

Sämtliche Memoranden, die Bushs damaliger Rechtsberater Alberto Gonzales seinem Präsidenten vortrug, ob sie nun aus eigener Feder stammten oder von den Juristen des »Office of Legal Counsel« erstellt wurden, haben zwei Dinge gemeinsam: Sie legitimieren die Anwendung von Folter, unmenschlicher und entwürdigender Behandlung gegenüber Gefangenen in Guantánamo, und sie stehen im eklatanten Widerspruch sowohl zum Wortlaut der einschlägigen völkerrechtlichen Abkommen als auch zur weit überwiegenden Auffassung der US-amerikanischen wie internationalen Völkerrechtswissenschaft. Mit diesen Memoranden »wurde ein Grundstein für die Folterpraxis auf der einen Seite und die Immunisierung der Täter auf der anderen Seite gelegt«.[36]

Gestützt auf die Gutachten der Regierungsjuristen aus dem Justizministerium, nahm George W. Bush als Präsident und Oberbefehlshaber der USA in der Folge für sich das Recht in Anspruch, die Geltung der Genfer Konvention im »Krieg gegen den Terror« zwischen den Vereinigten Staaten und Afghanistan zu »suspendieren«.

In seinem unter wachsendem öffentlichem Druck am 22. Juni 2004 vom Weißen Haus veröffentlichten offiziellen Memorandum zur »Humanen Behandlung von Al-Qaida- und Taliban-Gefangenen«[37] vom 7. Februar 2002 an Vizepräsident Cheney, Verteidigungsminister Rumsfeld, Außenminister Powell und andere erklärte Bush ausdrücklich, dass er sich der Schlussfolgerung des Justizministeriums, das Gonzales' Argumentation übernommen hatte, anschließe. Mit seinem Einwand, die Aussetzung der Genfer Konventionen würde das Image der USA im Ausland beschädigen und »die öffentliche Unterstützung bei wichtigen Verbündeten untergraben«, konnte sich Außenminister Powell nur bedingt durchsetzen. So dekretierte Bush schließlich, abweichend von Gonzales' Argumentation, die Genfer Konventionen sollten zwar auf den Krieg in Afghanistan Anwendung finden, sie gälten aber nicht »für gefangene Taliban und Mitglieder von Al-Qaida«. Alle Fraktionen in der Regierung stimmten darin überein, dass angeblichen Mitgliedern von Al-Qaida keinerlei Rechte zustünden – womit sie der Folter Tür und Tor öffneten.

Ganz wie es Yoo und Bybee im OLC-Memorandum vom 22. Januar 2002[38] vorgeschlagen hatten, erklärte Bush die in Guantánamo internierten Gefangenen der Taliban, die er in einer Pressekonferenz am 28. Januar pauschal als »Mörder« bezeichnet hatte, zu »feindlichen ungesetzlichen Kämpfern«. Mit dieser im Völkerrecht nicht existierenden, von ihr selbst neu geschaffenen Kategorie glaubte die US-Regierung auch die im Krieg gefangenen Taliban dem Geltungsbereich der Genfer Konventionen entziehen und ihnen damit den rechtlichen Status von »Kriegsgefangenen« absprechen zu können.[39]

Allerdings, so ließ Bush großzügigerweise wissen, sollten Taliban- und Al-Qaida-Gefangene dennoch »humanly«, also »menschlich«, behandelt werden, »selbst solche, die ihren Rechtsanspruch auf eine derartige Behandlung verwirkt haben«. Nur: »solche Gefangenen gibt es nicht«, so Amnesty International. »Alle Gefangenen haben überall auf der Welt das Recht, vor Folter oder anderen Misshandlungen geschützt zu werden. Dies ist keine Entscheidung der Politik. Es ist eine rechtsverbindliche Verpflichtung, die für alle Regierungen gilt.«[40] Eine Behandlung gemäß den Prinzipien der Genfer Konventionen, schränkte Bushs Direktive außerdem ein, sei freilich nur geboten, insoweit sie sich mit »militärischen Notwendigkeiten« vertrage.[41]

Das Verteidigungsministerium hatte die neue Linie, wonach Amerikas neue Feinde vom Schutz der Genfer Konventionen ausgeschlossen und nur in dem »für die militärischen Erfordernisse notwendigen und angemessenen Maß«[42] human zu behandeln seien, schon zwei Wochen vor Bushs offizieller Entscheidung vom 7. Februar umgesetzt. Die von Bush verkündete angebliche Nichtanwendbarkeit der Genfer Konventionen auf den Konflikt mit Al-Qaida bedeutete in der Konsequenz unter anderem, dass der *War Crimes Act*, der »schwere Verletzungen« der Genfer Konventionen (wie zum Beispiel »vorsätzliche Tötung, Folterung oder unmenschliche Behandlung«, vgl. Art. 130 der dritten Genfer Konvention) als Kriegsverbrechen definiert, keine Anwendung findet. Damit hatte die Legalisierung der im globalen »Krieg gegen den Terror« fortan geltenden US-Politik die höchsten exekutiven Weihen erhalten. In der Folge wurden die in Afghanistan gefangen genommenen und in Guantánamo und anderswo internierten mutmaßlichen Feinde der USA von diesen in Theorie und Praxis rechtlos gestellt.

Die Invasion in Afghanistan und die Folgen

Bekanntlich lagen die Pläne für die amerikanische Militärintervention in Afghanistan bereits in den Tagen vor den Terroranschlägen des 11. Septembers 2001 auf dem Schreibtisch von George W. Bush. Für die Bush-Regierung stand daher sofort fest, dass als Täter nur das Terrornetzwerk Al-Qaida und dessen Führer Osama bin Laden in Frage kamen. Nachdem sich die US-Regierung in ihrem »Krieg gegen den Terror« der »uneingeschränkten Solidarität« (Bundeskanzler Gerhard Schröder) ihrer Bündnispartner versichert hatte, forderte sie das Taliban-Regime in Kabul ultimativ zur Auslieferung des – in Afghanistan asylberechtigten – mutmaßlichen Al-Qaida-Führers auf.

Doch wenn es ihr wirklich um die Auslieferung des von Washington jahrelang protegierten Bin Laden und seiner führenden Helfer ging, warum wies die US-Regierung dann das Angebot der Taliban ab, über eine mögliche Abschiebung der Al-Qaida-Führer zu verhandeln, und steuerte stattdessen schnurstracks und unbeirrt die militärische Option an? Anders als die Bush-Regierung der Welt weismachen wollte, ging es im Krieg gegen Afghanistan niemals vorrangig um die Zerschlagung von Al-Qaida, geschweige denn um die Befreiung des Landes von religiöser und politischer Unterdrückung.

Die zentrale Bedeutung der eurasischen Landmasse – in deren Zentrum Afghanistan liegt – hatte Zbigniew Brzezinski, der Sicherheitsberater des damaligen Präsidenten Jimmy Carter (1977–1981) und einer der einflussreichsten US-Vordenker, schon in den 1990er-Jahren zu der Feststellung veranlasst, Eurasien sei »das Schachbrett, auf dem der Kampf um globale Vorherrschaft auch in Zukunft ausgetragen wird«.[43] In der Tat kann das Land am Hindukusch wie eine Art terrestrischer Flugzeugträger eingesetzt werden, mit den strategischen Zielen in unmittelbarer Reichweite: Pakistan und Indien im Süden, Russland und China im Osten. Nicht zuletzt aus diesem Grund und um der Sowjetunion »ihren Vietnamkrieg [zu] bereiten« (Brzezinski), hatten die USA spätestens seit 1979 den islamischen Fundamentalismus in Afghanistan politisch unterstützt und militärisch aufgerüstet.

Die Terroranschläge vom 11. September 2001 waren ein wichtiges Glied in der Kausalkette, die zum Angriff der USA auf Afghanistan – und in der Folge den Irak – führte. Die US-Regierung hatte den Krieg von langer Hand vorbereitet, doch erst der Schock des 11. September ermöglichte seine politische Umsetzung, indem er die öffentliche Meinung im eigenen Land paralysierte und Washington ein wichtiges Druckmittel gegen zögernde Bündnispartner im Ausland an die Hand gab.

Schon bald nach der Einnahme Afghanistans durch die Vereinigten Staaten und ihre »Anti-Terror-Koalition« wurde deutlich, was die Formulierung bedeutete, die Gefangenen der USA im globalen »Krieg gegen den Terror« sollten in einem »für die militärischen Erfordernisse notwendigen und angemessenen Maß« human behandelt werden. Ende 2001 berichteten die Medien erstmals über Folter an Gefangenen, wobei diese Praktiken oft fälschlicherweise als Misshandlung oder Missbrauch von Gefangenen verharmlost wurden. Nachdem die Invasion Afghanistans weitgehend abgeschlossen war, folterten und misshandelten US-Streitkräfte Gefangene in mehreren Einrichtungen. Ende November 2001 wurden in der internationalen Presse erste Beschuldigungen laut, dass die Bestimmungen der Genfer Konventionen beim Umgang mit gefangenen Taliban-Kämpfern systematisch gebrochen worden waren. Von den gefangen genommenen Taliban- und Al-Qaida-Kämpfern erhoffte sich Washington Hinweise auf das Versteck von Taliban-Führer Mullah Mohammed Omar und Al-Qaida-Chef Osama bin Laden.

Bereits während der Invasion hatten sich die US-Streitkräfte zahlreicher Vergehen schuldig gemacht, die man durchaus als Kriegsverbrechen bezeichnen kann. Erinnert sei hier nur an die zahlreichen »Kollateralschäden« unter der Zivilbevölkerung (vorzugsweise Hochzeitsgesellschaften) sowie an das Blutbad in der Festung Kala-i-Dschanghi. Um einen angeblichen Gefangenenaufstand in der bei Masar-i-Scharif gelegenen Festung niederzuschlagen, hatten amerikanische Flugzeuge und Hubschrauber das Gefängnis aus der Luft bombardiert. Bis zu 800 Gefangene wurden dabei getötet, lediglich 86 überlebten. Bei den Opfern in Kala-i-Dschanghi handelte es sich um Taliban, die sich am 21. November 2001 in Kundus, der letzten Taliban-Hochburg in Nordafghanistan, den Truppen des mit den USA verbündeten – und für seine Grausamkeit bekannten – usbekischen Generals Raschid Dostum ergeben hatten, also in jeder Hinsicht den Status von Kriegsgefangenen erfüllten. Von den rund 8000 Kämpfern, die in Kundus kapituliert hatten, waren jedoch nur 500 bis 800 nach Kala-i-Dschanghi gebracht worden. Bald tauchten Informationen auf, dass auch andere Kämpfer massakriert worden seien.

Im Januar und Februar 2002 besuchte ein Team der in Boston ansässigen Menschenrechtsorganisation Physicians for Human Rights (PHR) mehrere Gräber in der Gegend von Masar-i-Scharif und Shibarghan und gelangte zum Schluss, dass zwei der untersuchten Massengräber jüngeren Datums seien. In seinem Untersuchungsbericht[44] zitierte das Team Zeugenaussagen von Anwohnern, die Containerlastwagen beim Entladen und Bulldozer beim Verscharren von Leichen beobachtet hatten. In einem Brief an den damaligen afghanischen Interimspräsidenten Hamid Karzai vom 1. März 2002 schrieb die Organisation über ihr zu Ohren gekommene »Vermutungen von gut informierten internationalen Beobachtern, dass eine dieser Stätten nahe der Stadt Shibarghan möglicherweise benutzt wurde, um Taliban-Gefangene loszuwerden, die sich im November und Dezember 2001 der Nordallianz ergeben hatten«.[45]

Anfang Juni 2002 führte dann der irische Dokumentarfilmer Jamie Doran an verschiedenen Orten in Europa seinen damals noch unvollendeten Film »Massaker in Scharif« vor, in dem er wesentlich präzisere Zeugenaussagen über ein Massaker an bis zu 3000 Taliban präsentierte. In dem Film berichten Zeugen, dass sich amerikanisches Militär an dem bewaffneten Angriff der Nordallianz auf die in der Festung Kala-i-Dschangi gefangen gehaltenen Taliban beteiligt hätte. Den Zeugen zufolge war definitiv amerikanisches Militär anwesend, als das Massaker stattfand. Afghanische Soldaten bezeugen, dass die überlebenden Kriegsgefangenen nach ihrer Ankunft im Gefängnis von Shibarghan gefoltert und einige von US-Soldaten willkürlich getötet worden seien.[46]

Unter den 86 Kämpfern, die das Massaker überlebten, weil sie sich in unter der Festung gelegenen Tunneln versteckt hatten, befand sich auch der damals 20-jährige zum Islam konvertierte US-Amerikaner John Walker Lindh. Nach seiner Verhaftung zog man ihn nackt aus, fesselte ihn mit Klebeband und band ihn auf einer Trage fest. US-Soldaten machten Fotos von Lindh, die später in der Öffentlichkeit verbreitet wurden. Sie bedrohten ihn mit dem Tod durch Erhängen, tagelang wurden ihm der Schlaf und die Nahrung entzogen; seine Schussverletzung am Fuß wurde zunächst nicht behandelt. Aus den später in den USA von seinem Verteidiger veröffentlichten Dokumenten des Justizministeriums geht hervor, dass der Kommandeur der Basis vom Rechtsberater des Verteidigungsministeriums, William J. Haynes II, autorisiert worden war, »die [Samt-]Handschuhe während Lindhs Befragung auszuziehen« (»to take the gloves off«).[47] Unbestätigten Berichten zufolge soll der damalige Verteidigungsminister Donald Rumsfeld hierzu den mündlichen Befehl erteilt und Haynes diese Order weitergegeben haben.

Mehrere Monate nach den Terroranschlägen vom 11. September 2001 war es den USA noch immer nicht gelungen, einen einzigen hochrangigen Al-Qaida-Führer lebendig in ihre Gewalt zu bringen. Zayn al-Abidin Mohammed Hussein Abu Zubyadah, ein in Saudi-Arabien geborener Palästinenser, war schließlich einer der ersten mutmaßlichen Al-Qaida-Führer, die den USA in die Hände fiel. Die mit dem angeblichen Vertrauten von Osama Bin Laden durchgeführten Verhöre dienten den US-Geheimdiensten als Testfall, um durch aggressive Verhörtechniken weitere Informationen über die Terroranschläge vom 11. September und ihre Hintermänner in Erfahrung zu bringen.

Am 22. Juni 2008 veröffentlichte die *New York Times* einen ausführlichen Bericht[48] über die Verfolgung, Festnahme und Folterung der angeblichen Drahtzieher und Hintermänner der Terroranschläge vom 11. September 2001 – Khaled Sheich Mohammed, Abu Zubaydah und Ramzi Binalshibh –, die sich seit Anfang Juni 2008 vor sogenannten Militärkommissionen verantworten müssen, sowie des Saudis Abd al-Rahim al-Nashiri, den die US-Regierung beschuldigt, die Bombardierung des US-Zerstörers USS Cole im Jahr 2000 geplant zu haben.

In der Nacht zum 28. März 2002 wurde Zubaydah in einer gemeinsamen Aktion von CIA, FBI, pakistanischem Geheimdienst und örtlicher Polizei festgenommen. Bei der Aktion wurde Zubaydah durch mehrere Schüsse in der Lendengegend schwer verwundet, so dass man ihn eilig in ein pakistanisches Krankenhaus brachte. Nach ein paar Tagen, als sich sein Zustand stabilisiert hatte, wurde der Schwerverletzte von der CIA nach Thailand ausgeflogen, in eines der ersten »black sites« der CIA für mutmaßliche Al-Qaida-Führer.[49] Thailand war die erste Wahl, weil CIA-Offiziere eine sehr enge Beziehung zu ihren Geheimdienstkollegen in Bangkok hatten, erzählte ein amerikanischer Geheimdienstbeamter der *New York Times*.[50] In einem thailändischen Gefängnis fanden schließlich die ersten Verhöre mit Abu Zubaydah statt.

In dem eindeutigen Bewusstsein, sich rechtlich auf dünnem Eis zu bewegen, hatte das CIA-Hauptquartier in Langley die rechtliche Absicherung seiner in die Befragung von Abu Zubaydah eingebundenen Mitarbeiter verlangt. In kryptisch formulierten Botschaften insistierten CIA-Beamte darauf, dass jeder neue Schritt genehmigt werden müsse. Eine von der CIA speziell im Fall Abu Zubaydah angeforderte – und als Verschlusssache eingestufte – rechtliche Stellungnahme des Office for Legal Counsel soll »die wohl wichtigste schriftliche Genehmigung« beinhaltet haben, »auf die sich die CIA für ihre verschärften Vernehmungsmethoden berufen konnte«.[51]

Noch während man in Thailand auf das angefragte CIA-Verhörteam wartete, bedrängten die CIA-Agenten, die sich um Zubaydahs Wunden kümmerten, den Gefangenen, preiszugeben, was er wisse.[52] Einem CIA-Beamten zufolge habe Zubaydah die beste medizinische Behandlung der Welt erhalten. Doch nur aus einem Grund: »Wir haben ihn wieder auf die Beine gebracht, damit wir anfangen konnten, ihn zu foltern.«[53] Die Instruktionen aus Langley waren eindeutig: Zubaydah musste mit allen Mitteln am Leben erhalten werden, ein Arzt war ständig zur Stelle. Die dem Schwerverwundeten abgerungenen Bruchstücke an Informationen habe das Team an das CIA-Hauptquartier weitergeleitet.

Dem Verhörteam der CIA, das bald darauf in Thailand eintraf, gehörte auch James Elmer Mitchell an. Der klinische Psychologe arbeitete gemeinsam mit seinem Kollegen Bruce Jessen im sogenannten SERE-Trainingsprogramm. Das SERE-Programm wurde von der US Air Force gegen Ende des Koreakrieges entwickelt, nachdem die ersten gefangenen GIs unter Folter Informationen preisgegeben hatten. Es diente ursprünglich dem Zweck, US-Spezialkräfte für den Fall ihrer Gefangennahme gegenüber Misshandlungen und Folter resistent zu machen. Nach dem Vietnamkrieg wurde das Programm auf Army und Navy ausgeweitet. Mitchell und Jessen sollen maßgeblich an der Weiterentwicklung des SERE-Programms beteiligt gewesen sein. Eine abgespeckte Version des SERE-Programms wurde der *New York Times* zufolge lange Zeit in einem Schulungszentrum der CIA in Virginia betrieben.[54] Der Großteil der Programminhalte unterliegt der Geheimhaltung. Während eines SERE-Trainingslehrgangs werden die Teilnehmer unter anderem dem berüchtigten »Waterboarding«, erzwungener Nacktheit, extremen Temperaturen, sexuellen und religiösen Demütigungen, qualvollen Stresspositionen und Hungerrationen ausgesetzt. Beim »Waterboarding« wird der Gefangene fixiert und sein Gesicht mit einem Tuch verhüllt, das mit Wasser begossen wird – unweigerlich setzen ein Würgereflex und eine Sauerstoffpanik ein. Die in den Medien übliche Beschreibung eines »simulierten Ertrinkens« ist daher so falsch wie verharmlosend. »Das Opfer ist am Ertrinken […] Waterboarding ist ein langsames Ersticken«, so Malcolm Nance, vormals leitender Ausbilder an der SERE-Schule der US-Navy in San Diego.[55]

Durch den zunehmenden Druck aus Washington, Ergebnisse zu präsentieren und die Gefangenen im globalen »Krieg gegen den Terror« zum Sprechen zu bringen, kamen Psychologen im Dienst des US-Militärs und der Geheimdienste nun auf die Idee, das SERE-Programm in sein Gegenteil zu verkehren und den neuen militärischen Bedürfnissen anzupassen. Einem Bericht von *Vanity Fair* zufolge spielten Mitchell und Jessen bei der Umfunktionierung des SERE-Programms eine Schlüsselrolle.

Abu Zubaydah sollte eines der ersten Versuchskaninchen für die praktische Erprobung von Mitchells Theorien werden. Sofort nach ihrem Eintreffen stoppten die CIA-Vernehmer die bisher eingeleiteten vertrauensbildenden Maßnahmen. Mitchell hatte ein »robusteres« Vorgehen im Sinn.[56] Noch bevor man mit der Anwendung der scheußlichen Techniken begonnen hatte, zog auch das FBI seine Beamten ab und verbot ihnen jede weitere Teilnahme an Verhören, bei denen Zwang angewandt wurde. Es war eine folgenschwere Entscheidung, die der CIA die komplette Kontrolle über die Befragungen in die Hand gab.

Die CIA wollte Mitchells und Jessens Rolle gegenüber *Vanity Fair* nicht kommentieren.[57] Ein CIA-Sprecher meinte lediglich, das Verhörprogramm des Geheimdienstes sei den Gesetzen entsprechend durchgeführt worden und habe wichtige Erkenntnisse zutage gefördert.[58] Während es FBI-Agenten geschafft haben wollen, mit Abu Zubaydah ohne Gewaltanwendung, allein durch vertrauensbildende Maßnahmen, ins Gespräch zu kommen, reklamierte die CIA für sich, sie hätte Zubaydah mit ihren »erweiterten Verhörtechniken« gebrochen.[59] Diese Version präsentierte auch Präsident Bush der Öffentlichkeit, als er am 6. September 2006 erklärte, Zubaydah habe nur überlebt, weil er von der CIA medizinisch behandelt worden sei. Um ihn zum Reden zu bringen, habe die CIA eine »alternative Verfahrensweise« angewandt, die zwar hart, aber sicher, legal und notwendig gewesen sei, so Bush. Mit Hilfe dieser Verfahren habe Zubaydah dann weitere Informationen über führende Al-Qaida-Mitglieder preisgegeben, die zur Festnahme von Ramzi Binalshibh, einem angeblichen Mitglied der Hamburger Gruppe um Mohammed Atta, geführt hätten. Nach Binalshibhs Verhör sei auch Khalid Scheich Mohammed gefasst worden, der ein umfassendes Geständnis über seine Rolle als angebliches »Hirn« der Verschwörung sowie als Drahtzieher zahlreicher weiterer geplanter und tatsächlich ausgeführter terroristischer Attentate abgelegt habe. Soweit die Darstellung des ehemaligen US-Präsidenten.

Der Wert der Zubaydah unter Folter abgepressten Aussagen ist indes selbst unter den US-Geheimdiensten umstritten. Während die CIA mit Rückendeckung aus dem Weißen Haus offiziell den nachrichtendienstlichen Wert dieser Aussagen betont, hält man sie nicht nur im FBI für nahezu wertlos, wenn nicht sogar für schädlich.

Zubaydahs Bedeutung für Al-Qaida sei maßlos überschätzt worden, schreibt auch der Autor und Pulitzer-Preisträger Ron Suskind. Unter Berufung auf CIA-Quellen berichtet Suskind, Zubaydah sei unter anderem dem berüchtigten »Waterboarding« unterzogen worden.[60] Seine Vernehmer hätten Abu Zubaydah ferner mit dem Tode bedroht, ihm Medikamente vorenthalten, mit betäubendem Lärm und blendendem Licht bombardiert. Unter solchem Zwang habe er begonnen, über Verschwörungen jeder Art zu sprechen: gegen Kaufhäuser, Banken, Supermärkte, Wasserwerke, Atomkraftwerke, Wohnhäuser, die Brooklyn-Brücke, die Freiheitsstatue. »Die Vereinigten Staaten«, so Suskind weiter, »folterten einen mental zerstörten Mann und sprangen dann schreiend bei jedem Wort auf, das er äußerte«.[61]

Kurz nachdem es US-Präsident Bush am 6. September 2006 angekündigt und damit das geheime CIA-Programm erstmals öffentlich bestätigt hatte, wurde Abu Zubaydah zusammen mit dreizehn weiteren sogenannten »High-Value Detainees«, darunter Khalid Scheich Mohammed, nach Guantánamo verlegt. Alle vierzehn waren zuvor bis zu viereinhalb Jahre ohne Kontakt zur Außenwelt in geheimen CIA-Hafteinrichtungen gefangen gehalten worden.

»Warum sprechen wir darüber im Weißen Haus?«

Anfang Mai 2008 hatte das US-Magazin *Vanity Fair* darüber berichtet, dass die Folterspur direkt ins Weiße Haus führt.[62] Einem Beitrag des Fernsehsenders *ABC*[63] zufolge haben hochrangige Mitglieder der Regierung Bush u. a. im Fall Abu Zubaydah die Anwendung sogenannter »erweiterter Verhörmethoden« sogar im Detail gebilligt. Auf Dutzenden von Treffen des sogenannten »Principals Committee« des Nationalen Sicherheitsrats unter Vorsitz der damaligen Sicherheitsberaterin Condoleezza Rice sei über derartige Verhörmethoden beraten worden, so *ABC News*. Dabei sei beispielsweise festgelegt worden, wie oft ein Terrorverdächtiger in US-Gewahrsam dem »Waterboarding« unterzogen werden sollte.

Dem Komitee gehörten laut *ABC News* neben Rice auch Vizepräsident Dick Cheney, Verteidigungsminister Donald Rumsfeld, Außenminister Colin Powell, CIA-Direktor George Tenet sowie Justizminister John Ashcroft an. Die Treffen hätten in den Jahren

2002 und 2003 im Weißen Haus stattgefunden. Ungenannten Quellen zufolge hätten »bei sämtlichen Diskussionen alle anwesenden Principals [die Mitglieder des Komitees; A. B.] zugestimmt«. Die so direkte und offensichtliche Verwicklung des Weißen Hauses in die Organisierung von Folter scheint allerdings einige der Mitglieder des »Principals Committee« nervös gemacht zu haben. Laut einem von *ABC* zitierten Beamten fragte Justizminister Ashcroft bei einem Treffen: »Warum sprechen wir darüber im Weißen Haus? Die Geschichte wird das nicht freundlich beurteilen.«

Sprecher Tenets, Rumsfelds und Powells lehnten es ab, zum Bericht von *ABC* Stellung zu nehmen, da die Beratungen des Komitees »privat« gewesen seien. In einem Interview mit *ABC* vom 11. April 2008 verteidigte Präsident Bush die Treffen. »Ja, wir haben begonnen, die Punkte miteinander zu verbinden, um das amerikanische Volk zu schützen«, erklärte er gegenüber der *ABC*-Korrespondentin Martha Raddatz. »Und, ja, ich war mir bewusst, dass unser nationales Sicherheitsteam sich mit dieser Sache beschäftigte. Und ich habe zugestimmt.«

Bis heute konzentriert sich die öffentliche Aufmerksamkeit weitgehend auf die Misshandlung und Folterung von Gefangenen auf der US-Marinebasis in Guantánamo Bay, Kuba, sowie im Gefängnis in Abu Ghraib im Irak. Aber zu sadistischen Gewaltakten gegen Gefangene war es bereits lange zuvor in den vom US-Militär eingerichteten Gefängnissen in Afghanistan, vor allem auf dem Luftwaffenstützpunkt in Bagram, außerdem in einem vergleichbaren Internierungslager auf dem Flughafen von Kandahar im Süden Afghanistans sowie in einer Einrichtung in der Nähe von Kabul gekommen.

Die *Washington Post* veröffentlichte am 26. Dezember 2002 auf ihrer Titelseite einen ausführlichen Bericht von Dana Priest und Barton Gellman[64] über das Schicksal afghanischer und arabischer Kriegsgefangener. Der Bericht schilderte auch ausführlich die Methoden, deren sich die CIA beim Verhör dieser Gefangenen vor allem in den Hochsicherheitseinrichtungen des Flugplatzes von Bagram bediente. Außer der Einrichtung in Bagram betrieb die CIA verschiedenen Angaben zufolge unter anderem ein geheimes Gefängnis in der Nähe von Kabul. Es war als »Gefängnis der Dunkelheit« bekannt, da Gefangene dort rund um die Uhr Dunkelheit und lauter Musik ausgesetzt waren. Häftlinge berichteten, sie seien über längere Zeiträume an die Decke gekettet worden und man habe sie am Schlafen gehindert sowie tagelang verhört.

In einem Bericht von Human Rights Watch »Enduring Freedom – Misshandlungen durch US-Streitkräfte in Afghanistan«[65] listete die US-Menschenrechtsorganisation eine Reihe erschreckender Zeugnisse von Missbrauch durch die US-Streitkräfte und das mit ihnen kooperierende afghanische Militär in den Militärstützpunkten in Bagram, Kandahar, Jalalabad und Asadabad auf. Der Bericht dokumentierte auch Fälle von willkürlichen und brutalen Verhaftungen, vielfach aufgrund falscher oder fehlerhafter Informationen, sowie Schusswaffengebrauch in unbedrängten Situationen bei der Festnahme von Zivilpersonen in Wohngebieten. Ehemalige Häftlinge berichteten, dass US-Soldaten sie verprügelt oder mit kaltem Wasser überschüttet und frierend in der Kälte stehen gelassen hätten. Viele seien zudem gezwungen worden, wach zu bleiben oder über längere Zeit in schmerzhaften Stellungen zu verharren.

Mitte Juni 2008 publizierte die renommierte US-Zeitung *McClatchy Newspapers* eine Artikelserie,[66] die auf einer eigens von der Zeitung durchgeführten mehrmonatigen Studie basiert. Gegenstand der Untersuchung war das Schicksal von Gefangenen, die in Afghanistan, in Guantánamo, im Irak und anderswo in Haft gehalten wurden. Acht Monate lang reisten zwei Reporter der Zeitung, Tom Lasseter und Matthew Schofield, in elf Länder – von England bis Pakistan –, wo sie Interviews[67] mit 66 ehemaligen Gefangenen führten. Sie sprachen außerdem mit Vertretern aus Politik und Militär in den betreffenden Ländern und wälzten mehrere Tausend Seiten Dokumente von US-Militärtribunalen sowie andere Aufzeichnungen.

Tom Lasseter zufolge brachte die Untersuchung zutage, dass »US-Soldaten viele Gefangene geschlagen und misshandelt haben«, viele davon (»vielleicht Hunderte«) wurden »fälschlicherweise gefangen genommen […] auf der Grundlage von fadenscheinigen oder fabrizierten Beweisen, alten persönlichen Rechnungen oder gegen großzügige Bezahlung«. Bei den meisten Gefangenen, die Schofield und Lasseter interviewten, habe es sich um »niederrangige Taliban-Dienstgrade, unschuldige afghanische Bauern oder gewöhnliche Kriminelle« gehandelt.[68]

In den Interviews gaben die meisten ehemaligen Gefangenen an, dass sie in Bagram oder Kandahar geschlagen, getreten oder auf andere Art und Weise missbraucht worden seien. Die physischen Misshandlungen in diesen Einrichtungen seien, insbesondere in der Zeit von Ende 2001 bis 2004, weit schlimmer gewesen als in Guantánamo, berichteten die Interviewpartner. Die Aussagen der ehemaligen Gefangenen werden von Vernehmern bestätigt, die in den beiden Gefängnissen Dienst taten. Ihren Aussagen zufolge haben sie die Wachen dazu benutzt, um Gefangene vor den Verhören »weich« zu machen. Laut *McClatchy* wurde die Misshandlung von Gefangenen in den Zellenkomplexen und Verhörräumen der Luftwaffenstützpunkte in Bagram und Kandahar, den beiden afghanischen Haupt-Durchgangsstationen auf der Route nach Guantánamo, irgendwann zur Routine.

Bagram war der Untersuchung von *McClatchy* zufolge das brutalste der großen US-Gefangenenlager. 28 der 66 interviewten ehemaligen Guantánamo-Gefangenen, also ca. 42 Prozent, sagten, dass sie in Guantánamo tätlich angegriffen wurden. Aber 28 der 41 Interviewten, die man in Bagram gefangen gehalten hatte, also ca. 68 Prozent, gaben an, sie seien misshandelt worden. Der Prozentsatz war sogar noch größer unter denjenigen, die auf dem Flugplatz Kandahar eingekerkert waren, wo 32 von 42 dort ehemals Internierten (d.h. ca. 76 Prozent), die *McClatchy* interviewte, bezeugten, dort geschlagen worden zu sein.[69] Allerdings berichteten ehemalige Gefangene auch, die Gewalt in Bagram sei noch grausamer gewesen. Außer über erlittenen Missbrauch in Kandahar, Bagram und Guantánamo sprachen verschiedene Ex-Gefangene auch über Misshandlungen in den »Forward Operation Bases« im Osten und Süden von Afghanistan, wo man sie vor ihrem Transfer nach Kandahar/Bagram festgehalten hatte.[70]

Die schlimmste Periode in Bagram waren die sieben Monate von Sommer 2002 bis Frühjahr 2003. Nachdem im Jahr 2002 zwei Afghanen auf dem Luftwaffenstützpunkt Bagram zu Tode geprügelt worden waren, seien die Gefangenen oft wegen der kleinsten Übertretung geschlagen worden, bezeugten verschiedene ehemalige amerikanische Wachen gegenüber der Zeitung. Bis heute wurden die dafür verantwortlichen Soldaten nicht ernsthaft bestraft.[71]

Wenn Tom Lasseter das Verhalten des US-Militärs in Bagram schildert, fühlt man sich unwillkürlich an Berichte aus den Konzentrationslagern der Nazizeit erinnert: »Amerikanische Soldaten trieben die Gefangenen in Verschlägen zusammen, wo sie von rasiermesserscharfem Natodraht eingezäumt waren ...«[72] »Die Wachen schlugen, traten und stießen viele der Männer, bis sie vor Schmerz zusammenbrachen.«Das Pentagon weigerte sich nicht nur, einen Katalog von fünfzehn detaillierten Fragen von Lasseter über den Missbrauch in den Einrichtungen in Guantánamo, Bagram und Kandahar zu beantworten, es war auch nicht bereit, irgendjemanden, einschließlich Verteidigungsminister Robert Gates, seine Stellvertreterin für Gefangenenangelegenheiten Sandra Hodgkinson oder den früheren obersten Rechtsberater im Verteidigungsministerium William Haynes, für ein Interview mit der Zeitung zur Verfügung zu stellen.[73]

Die afghanische Regierung stationierte schließlich eine Gruppe von Geheimdienstoffizieren in Bagram, die aber von den US-Truppen wieder hinausgeworfen wurden. Mohammed Arif Sarwari, von Ende 2001 bis 2003 Chef des Nationalen Sicherheitsdirektoriums von Afghanistan, sagte, er habe Mitte 2002 einen Brief von US-Kommandeuren erhalten, die ihm mitteilten, er solle seine Männer von Bagram abziehen. Sarwari hielt dies für ein schlechtes Zeichen. Die Amerikaner, so dachte er, schufen eine Insel, wo sie niemand überwachen konnte.

Beinahe zeitgleich mit der Artikelserie der *McClatchy Newspapers* veröffentlichte die angesehene Menschenrechtsorganisation Physicians for Human Rights einen umfassenden Untersuchungsbericht, »Broken Laws, Broken Lives«[74], über elf ehemalige Gefangene der USA im »Anti-Terror«-Krieg. Die Studie ist PHR zufolge die bislang profundeste medizinische und psychologische Untersuchung von ehemaligen US-Gefangenen. Sie kommt zu dem Ergebnis, dass US-Personal Gefangene im Irak, in Afghanistan und in Guantánamo gefoltert und missbraucht hat: durch Schläge, Elektroschocks, sexuelle Demütigungen und andere grausame Praktiken.

Das Vorwort zu dem Bericht hat kein Geringerer als Generalmajor a. D. Antonio Taguba verfasst, der seinerzeit die Untersuchung über den Folterskandal im Gefängnis von Abu Ghraib leitete und dafür seinen Abschied nehmen musste. »Jahre nach der Aufdeckung durch regierungsinterne Untersuchungen, Medienberichte und Berichte von Menschenrechtsorganisationen bestehen keine Zweifel mehr, dass die gegenwärtige Administration Kriegsverbrechen begangen hat«, schreibt Taguba. »Die einzige Frage, die noch beantwortet werden muss, ist, ob diejenigen, die die Anwendung von Folter angeordnet haben, zur Verantwortung gezogen werden.«[75] Und weiter: »Der Oberbefehlshaber und diejenigen unter ihm autorisierten ein systematisches Regime der Folter«.

Ärzte, Psychiater und Psychologen von PHR untersuchten elf Gefangene, die über einen längeren Zeitraum in dem von den USA nach dem 11. September etablierten Gefängnissystem gefangen gehalten worden waren. Alle von ihnen wurden schließlich ohne Anklage freigelassen. Die Experten stellten fest, dass die Männer Grausamkeiten ausgesetzt waren, darunter Isolation, Schlafentzug, Elektroschocks, Schlägen und, in einem Fall, dem erzwungenen Trinken von Urin. Die Experten von PHR – die Erfahrung mit der Evaluation von Folter-Nachwirkungen haben – verbrachten zwei Tage mit jedem der ehemaligen Gefangenen, wobei sie diesen intensiver Prüfungen und Interviews unterzogen. Sie führten Tests durch, um Übertreibungen auszuschließen. In zwei von elf Fällen war die Gruppe außerdem in der Lage, medizinische Aufzeichnungen einzusehen und zu überprüfen. Die Untersuchung kam zu dem Ergebnis, dass es vor allem in den Gefängnissen in Afghanistan, wo Gefangene auf dem Weg nach Guantánamo Station machen mussten, zu Missbrauch und Misshandlungen kam und dass viele der Gefangenen aufgrund falscher Anschuldigungen festgehalten wurden.

Die Brutalität in Bagram erreichte ihren Höhepunkt im Dezember 2002, als US-Soldaten in einem infamen Akt der Brutalität zwei afghanische Gefangene, Habibullah[76] und Dilawar, zu Tode prügelten, nachdem sie diese zuvor an ihren Handgelenken aufgehängt hatten. Beide starben nur wenige Tage nach ihrer Inhaftierung, ganz offensichtlich an den Folgen von Folter. Über diese Todesfälle wurde in den folgenden Jahren vielfach berichtet. Die nach der Autopsie von der US-Militärpathologin Elizabeth Rouse, damals Oberstleutnant der US-Luftwaffe, ausgestellten Totenscheine nennen als Todesursache Mord.[77]

Der 30-jährige Mullah Habibullah[78] kam Anfang Dezember 2002 ums Leben. Er war immer wieder Ziel sogenannter peronealer[79] und anderer Schläge und wurde häufig gefesselt. Habibullahs Tod »ist auf die schweren Verletzungen an seinen Beinen zurückzuführen, die wahrscheinlich ein Blutgerinnsel hervorriefen, das bis zum Herz wanderte und die Blutzufuhr der Lunge blockierte«.[80] Der Verteidiger eines im Falle Habibullah angeklagten Soldaten sagte: »Mein Mandant hat stets in Übereinstimmung mit den Standardverfahrensregeln gehandelt, die in den Einrichtungen in Bagram galten.«[81]

Dilawar, ein 22-jähriger Zivilist, wurde festgenommen, als er mit seinem Taxi in der Nähe einer amerikanischen Basis unterwegs war. Dilawar starb am 10. Dezember, sieben Tage nach dem Tod von Habibullah. Seine Beine wiesen vielfache Verletzungen auf, hervorgerufen ebenfalls durch »peroneale« Schläge. Ein Militärpolizist sagte aus, dass Dilawar innerhalb von 24 Stunden mehr als hundertmal auf diese Art und Weise geschlagen worden sei. Er wurde »während der letzten vier Tage an den Handgelenken an der Zellendecke angekettet, was dann zu seinem Tod geführt« habe.[82] Die Verletzungen, die ihm zugefügt wurden, werden im Totenschein so beschrieben: »Verletzungen durch Gewaltanwendung mit stumpfen Gegenständen gegen seine unteren Extremitäten, die eine Erkrankung der Herzschlagader verstärkten.«[83] Ein an der Obduktion beteiligter Militärpathologe sagte aus, dass das Gewebe der Beine regelrecht »zu Brei zermahlen worden sei«. Laut seiner Kollegin Elizabeth Rouse war das Gewebe »am Auseinanderfallen«. Sie gab an, »vergleichbare Verletzungen bei von Bussen überrollten« Personen beobachtet zu haben.[84] In einer beeidigten Zeugenaussage sagte Elizabeth Rouse, dass die Verletzungen der Beine »so ausgeprägt« gewesen seien, dass aller Wahrscheinlichkeit nach »eine Amputation nötig gewesen wäre«.[85]

Nach dem Tod von Habibullah und Dilawar bezeugten US-Soldaten bei der Militäruntersuchung, dass der Missbrauch von Gefangenen in Bagram von Sommer 2002 bis Frühjahr 2003, also über eine Zeitspanne von sieben Monaten, angedauert habe. Brian Cammack, ein früherer Verhörspezialist der 377. Militärkompanie, erzählte den Militäruntersuchern: »Ob man Schwierigkeiten bekam oder nicht, ab einem gewissen Zeitpunkt schlug jeder einen Gefangenen«.[86] Cammack wurde zu drei Monaten Militärhaft verurteilt und unehrenhaft entlassen, weil er Habibullah geschlagen hatte.[87] *McClatchy*-Autor Tom Lasseter zufolge sagte Specialist Jeremy, der von August 2002 bis Januar 2003 in der 377. Militärpolizeikompanie diente, zu den Taten der US-Soldaten: »›Ich denke, man kann das Folter nennen‹«[88]

Guantánamo – »rechtsfreier Raum« und Versuchslabor

»Wir haben dieses Lager für Leute errichtet, die für alle Zeiten hier sein werden. Ihr solltet nicht davon ausgehen, je wieder nach Hause zu kommen. Ihr werdet den Rest eures Lebens hier verbringen [...] Keine Sorge. Wir werden euch am Leben halten, damit ihr weiter leiden könnt.«[89]

Ein von 28 Kilometern Stacheldraht umzäuntes Gelände an der Spitze der Guantánamo Bay im Süden Kubas – das ist Guantánamo, US-Militärgefangenenlager, bevorzugt für sogenannte illegale feindliche Kämpfer: von Washington rechtlos gestellte mutmaßliche islamistische Terroristen. Brütende Hitze, gezielte Unterkühlung, »Stresspositionen«, Isolationshaft und Schläge. Dazu die Patrouillen der Wachtposten und zusätzliche Aufseher, die auf den Wachtürmen postiert sind. Nachts geht das Neonlicht in den Zellen nie aus, die Gefangenen stehen rund um die Uhr unter Beobachtung.

Am 16. Februar 2006 bezeichneten fünf Berichterstatter der Vereinten Nationen die Hafteinrichtungen in Guantánamo Bay als »Foltercamp« und forderten die US-Regierung auf, diese zu schließen sowie »von Praktiken wie Folter oder grausamer, unmenschlicher oder erniedrigender Behandlung Abstand zu nehmen«.[90] Im Mai 2006 stellte der UN-Ausschuss gegen Folter gegenüber den USA klar, dass schon allein die zeitlich unbefristete Inhaftierung von Gefangenen ohne Anklageerhebung einen Verstoß gegen die Antifolterkonvention der UNO darstellt. Das Expertengremium rief die USA dazu auf, das Gefangenenlager Guantánamo zu schließen. Gleichlautende Forderungen erheben Menschenrechtsorganisationen in aller Welt schon seit Jahren.

Guantánamo wurde neben Abu Ghraib zu *dem* Symbol für den »globalen Krieg gegen den Terror« schlechthin, zu einem Platz totaler Willkür und Rechtlosigkeit, wie ihn sich selbst ein Franz Kafka nicht schlimmer hätte ausmalen können. Für den hohen britischen Richter Lord Johan Steyn ein »ungeheuerliches Versagen der Justiz« und ein »juristisches Schwarzes Loch«, ist Guantánamo in den Augen einer wachsenden Zahl von Menschen ein »wahrhaftiges Konzentrationslager« – so etwa Prof. Marjorie Cohn von der Thomas Jefferson School of Law in San Diego, Vizepräsidentin der National Lawyers Guild und US-Repräsentantin des Vorstands der

American Association of Jurists.[91] Die Bush-Regierung zeigte sich von diesen Kritiken jedoch unbeeindruckt. Immer wieder trafen neue Gefangene auf der US-Militärbasis ein, die meisten davon wurden aus geheimen Gefängnissen (»black sites«) überstellt, die die CIA rund um den Globus, zumeist in befreundeten (Folter-) Staaten, betreibt.

Der einheimischen und internationalen Öffentlichkeit wurde Guantánamo als extraterritoriales Gebiet präsentiert, das sich der amerikanischen wie auch jeder anderen Jurisdiktion entziehe. Tatsächlich jedoch berühren Einschränkungen oder der Ausschluss nationaler Gerichte durch US-Recht, derentwegen Guantánamo vermutlich als Gewahrsamsort gewählt worden ist, keineswegs die Völkerrechtspflichten der USA nach den Genfer Konventionen. Das gilt für die Bindung der Vereinigten Staaten an die Antifolterkonvention der UNO, an ihre eigene Verfassung sowie an die Bill of Rights. Die amerikanische Verfassung und die Bill of Rights beschränken ihren Geltungsbereich nicht auf Gebiete, die sich formell im Hoheitsbereich der USA befinden, d.h. also, dass auch amerikanische Militärbasen im Ausland davon nicht ausgenommen sind. Tatsächlich hatte das Bezirksgericht für den östlichen Bezirk des Staates New York den Schutz der Bill of Rights auf die während der 1990er-Jahre in Guantánamo internierten haitianischen Flüchtlinge erweitert.[92] »Der Status von Guantánamo als Pachtgebiet ist folglich wohl für amerikanisches Prozessrecht, nicht hingegen für die einschlägigen Völkerrechtspflichten der USA erheblich«[93] – Pflichten, die von den USA bis heute straflos missachtet werden. Die Organisation »Collectif Guantanamo« definierte das US-Gefangenenlager in ihrem Gründungsaufruf vom Februar 2003 denn auch als das »erste Off-shore Konzentrationslager des Imperiums«.[94]

Genau vier Monate nach den Terroranschlägen von New York und Washington, am 11. Januar 2002, flog das US-Militär die ersten zwanzig Gefangenen des »Antiterrorkrieges« von Afghanistan auf die amerikanische Militärbasis in der Karibik aus. Nach ihrer Ankunft in Guantánamo wurden sie, eingepfercht in provisorischen Maschendrahtkäfigen, in einem als »Camp X-Ray« bezeichneten Bereich interniert. Von Camp X–Ray gingen die ersten entsetzlichen Bilder um die Welt: Häftlinge in orangefarbenen Kitteln, gefesselt und auf den Knien vor ihren schwer bewaffneten Wärtern, in völliger Isolation, mit schalldichten Ohrenschützern und Kapuzen über dem Kopf. In den folgenden Jahren wurden in Guantánamo insgesamt rund 800 »feindliche Kämpfer« unter menschenunwürdigsten Bedingungen gefangen gehalten. Nach ihrer Verhaftung durch Soldaten, Polizisten oder Söldner der USA oder ihrer Verbündeten waren sie ohne Anklage und jegliches rechtliches Verfahren nach Guantánamo ausgeflogen worden. Unter den Inhaftierten befanden sich selbst zehnjährige Kinder und 80-jährige Greise.

Etwa 500 Gefangene wurden nach jahrelanger unrechtmäßiger Haft entlassen, ohne dass man sie eines Verbrechens auch nur angeklagt oder über den Grund ihrer Inhaftierung aufgeklärt, geschweige denn sie für das ihnen zugefügte Unrecht entschädigt hätte. Rund 245 Gefangene befanden sich Mitte Januar 2009 noch immer in Guantánamo in Haft.[95] Von diesen sollen etwa 60 laut Angaben des Pentagons entlassen oder in ein anderes Land abgeschoben werden. Für einige von ihnen könnte die Rückkehr in ihre Heimatländer jedoch weiteren Gefängnisaufenthalt oder Folter bedeuten. Etwa 80 Gefangene sollen vor den vom US-Kongress im Jahr 2006 eingerichteten Militärkommissionen angeklagt werden. Zirka 125 Gefangene fallen durch das Raster – man hält sie für zu gefährlich, um sie zu entlassen, aber für nicht schuldig genug, um sie anzuklagen. Bereits während des Präsidentschaftswahlkampfs hatte Barack Obama versprochen, das Internierungslager Guantánamo zu schließen und die Gefangenen vor US-Gerichte zu stellen anstatt vor Militärkommissionen. Doch selbst wenn Obama dieses Versprechen in seiner Präsidentschaft umsetzen sollte, ist das grundlegende Problem damit nicht behoben: die US-Kriegspolitik und die der CIA und anderen Geheimdiensten im »globalen Krieg gegen den Terror« erteilten Sondervollmachen.

Hinter den Stacheldrahtbarrieren präsentiert sich Guantánamo längst als eine typisch amerikanische Kleinstadt: mit Starbucks- und McDonalds-Filialen, Golfplatz und Freiluftkino, gut besuchten Restaurants und einer netten Korallenbucht. Als Amnesty International das Gefangenenlager Guantánamo vor einiger Zeit als »unseren zeitgenössischen Gulag« bezeichnete, konterte Vize-Präsident Dick Cheney zynisch: »They are in the tropics« – sinngemäß übersetzt: »Die Gefangenen genießen ein tropisches Paradies!«[96]

US-Gefängnisse als Modell

Auch wenn die US-Regierung Guantánamo gerne als juristisches Niemandsland betrachtet, ist nicht zu übersehen, dass das Gefängnissystem auf der US-Militärbasis aus den Vereinigten Staaten exportiert wurde. »Es gibt große Ähnlichkeiten zwischen US-Gefängnissen und Guantánamo Bay«, sagt Bonnie Kerness, Koordinatorin des Prison-Watch-Programms des American Friends Service Committee (AFSC). Die Gefangenenhilfsorganisation der Quäker beobachtet seit 1975 Misshandlungen in US-Gefängnissen. »Die USA haben eine lange Geschichte der Menschenrechtsverletzungen in Gefängnissen – sowohl vor als auch nach der Unterzeichnung internationaler Verträge zum Verbot der Folter«, so Kerness weiter. Menschenrechtsverletzungen in US-Gefängnissen, das sind Schläge, Isolation, Elektroschockgürtel und sexuelle Demütigungen sowie das sogenannte »Hooding«: das Überstülpen undurchsichtiger Kapuzen – wie man es von den Bildern aus Abu Ghraib und Guantánamo kennt. In Gefängnissen in den USA werde täglich gefoltert, erklärt Kerness, die durchschnittlich zehn Briefe am Tag von Männern, Frauen und jugendlichen Gefangenen bekommt. Folter und andere Menschenrechtsverletzungen in US-Gefängnissen seien »eine Gesinnung und ein Normalzustand, und dieser Geisteszustand hat zu Guantánamo und Abu Ghraib geführt«, sagt die AFSC-Aktivistin. »Die Strategie der Folter kann nicht isoliert gesehen werden. Das alles geschieht mit dem Wissen der Leute an der Macht, sowohl auf Ebene der Bundesstaaten als auch des Gesamtstaates, und keiner gibt es jemals zu«.

»Die Taktiken und Praktiken aus US-Gefängnissen werden exportiert«, meint auch die Direktorin des Strafjustizprogramms der AFSC, Tonya McClary. Ein Bericht der Organisation enthält zahlreiche Zeugnisse von Insassen über Folter in den ganzen Vereinigten Staaten. Einzig wegen der Bilder aus Abu Ghraib ist Folter kein »schmutziges Geheimnis Amerikas mehr«, so Bonnie Kerness.[97]

Das US-Verteidigungsministerium hat die Identität der Gefangenen in Guantánamo lange Zeit geheimgehalten, mit dem absurden Argument, sonst werde die Privatsphäre der Betroffenen verletzt, sie und ihre Familien würden in Gefahr gebracht – ein Vorgehen, das mit den Prinzipien eines Rechtsstaates unvereinbar ist. Abgesehen davon, dass die Geheimhaltung einer Inhaftierung Verwandte und Freunde des Betreffenden in Angst und Sorge stürzt, leistet sie schwersten Menschenrechtsverletzungen bis hin zu Folter Vorschub und trägt mit dazu bei, das volle Ausmaß der Menschenrechtsverletzungen zu verschleiern. Schon bald nach Errichtung des Internierungslagers in Guantánamo hatten Menschenrechtsorganisationen wie Amnesty International und internationale Menschenrechtsbeobachter Zugang zu den Gefangenen beantragt, die im Rahmen des »Krieges gegen den Terror« von den US-Behörden inhaftiert worden waren. Dieser Zugang wurde ihnen jedoch verweigert, die Namen der Verschleppten hielt Washington lange Zeit geheim.

Erst über vier Jahre nach den ersten Überstellungen, nachdem es infolge einer Klage der Nachrichtenagentur *The Associated Press* aufgrund des »Freedom of Information Act« per Gerichtsbeschluss dazu verpflichtet worden war, sah sich das Pentagon veranlasst, eine Liste mit den Namen der in Guantánamo Internierten herauszugeben.[98] Allerdings gab es nicht alle (seinerzeit noch 490) Gefangenen an, was den US-Streitkräften die Möglichkeit verschafft, weiterhin Gefangene von und nach Guantánamo bzw. an unterschiedliche US-Behörden zu überstellen, ohne dass die Öffentlichkeit davon erfährt. Nicht eingerechnet sind außerdem die »Geisterhäftlinge«, die die CIA in Geheimgefängnissen in Ländern wie Ägypten, Jordanien und Syrien oder auf der Pazifikinsel Diego Garcia festhält.

Die zweite Phase des Folterprogramms

Im Laufe des Jahres 2002 entbrannte unter den mit der Verfolgung und Vernehmung mutmaßlicher Terroristen betrauten US-Dienststellen ein Streit um die konkrete Durchsetzung bestimmter aggressiverer Behandlungs- und Verhörrichtlinien. Der Streit spiegelte im Wesentlichen den Interessenkonflikt zwischen Strafverfolgungsbehörden und nachrichtendienstlichen Vernehmern wider. Dabei kollidierte »auf der einen Seite das Interesse der Ermittler an der Überführung von Straftätern und dem Sammeln von Beweisen, die vor Gericht standhalten würden, sowie auf der anderen Seite das von Militärs und Nachrichtendiensten betonte Interesse an einer Verhinderung weiterer Anschläge«.[99] Im Gegensatz zu ihren Vorgesetzen in der Bush-Regierung, für die a priori feststand, dass es sich bei den Gefangenen in Guantánamo ausnahmslos um »Terroristen« und »Mörder« handelte, mussten die Ermittler der vom Pentagon eingesetzten »Criminal Investigation Task Force« (CITF) unter Oberst Brittain P. Mallow zunächst einmal herausfinden, ob diese Menschen sich überhaupt an Straftaten beteiligt hatten. Tatsächlich zweifelten sie daran, dass der Verdacht, eine Straftat begangen zu haben, im Falle aller Internierten auch wirklich begründet war. Laut einer Studie[100] der Seton Hall Law School in Newark, New Jersey, waren 86 Prozent der Gefangenen nicht von den US-Streitkräften und nicht bei Kriegshandlungen festgenommen worden, sondern afghanischen und pakistanischen Söldnern in die Hände gefallen. Deren einziges Motiv: die 5000 Dollar Kopfgeld, die aus der Luft abgeworfene Flugblätter für Hinweise zur Ergreifung mutmaßlicher Taliban- oder Al-Qaida Mitglieder versprachen. Nur 8 Prozent der Gefangenen werden laut der Studie als Al-Qaida-Kämpfer eingestuft. Die Untersuchung basiert auf Unterlagen, die das Pentagon nach einer erfolgreichen Klage der Nachrichtenagentur *Associated Press* hatte herausgeben müssen.

Informanten aus der CIA beschrieben gegenüber *ABC* eine Liste von sechs »verbesserten Verhörtechniken«[101], die angeblich Mitte März 2002 eingeführt wurden.[102] Die Techniken seien den Quellen zufolge an einem Dutzend führender Al-Qaida-Mitglieder angewandt worden, die von der CIA auf Militärbasen von Asien bis Osteuropa in geheimer Isolationshaft gefangen gehalten werden. Laut den Informanten war nur eine Handvoll CIA-Vernehmer dazu ausgebildet und autorisiert, diese Techniken anzuwenden.

Das Bybee-Memorandum: Lizenz zum Foltern

Zur weiteren Absicherung der Verhörpraxis von US-Militär und CIA und um die Widerstände gegenüber illegalen Verhörmethoden innerhalb der CIA zu brechen, beauftragte Cheneys Rechtsberater David Addington im Sommer 2002 das Office of Legal Counsel mit der Erstellung eines entsprechenden Memorandums für den

Präsidenten – zu Händen von dessen Rechtsberater Alberto Gonzales. Das Gutachten sollte für die CIA klären, welche rechtlichen Grenzen bei Verhören gefangener Terroristenführer einzuhalten wären.[103] Regierungsbeamte erklärten gegenüber dem *Wall Street Journal* unverblümt: »Wir brauchten eine weniger verkrampfte Vorstellung davon, was Folter ist und was nicht.«[104]

Yoo machte sich in dem sogenannten Folter-Memorandum vom 1. August 2002 (Bybee-Memorandum)[105] daran, den Folterbegriff, wie er im US-Gesetzbuch in den Paragrafen 2340 und 2340a definiert ist, einer eigenen – von völkerrechtlichen Grundsätzen unbeleckten – historischen und lexikalischen Begriffsauslegung zu unterziehen. Diese Gesetze hatte die US-Regierung 1994 in Übereinstimmung mit der UN-Antifolterkonvention erlassen. In dem Gutachten postulierten Yoo und Bybee, ganz im Sinne ihrer Auftraggeber in der Regierung, harte Verhörmethoden seien »rechtlich umfassend gedeckt«. Sie schlossen, die Strafvorschrift zur Ahndung von Folter nach den genannten Paragrafen sei auf die diskutierten härteren Verhörmethoden nicht anwendbar, weil diese nicht als Folter im Sinne des Gesetzes anzusehen seien. Das amerikanische Strafrecht schränke das Verbrechen der Folter auf »extreme Handlungen« ein, die »schwer zu ertragende Schmerzen« hervorrufen. Die Verfasser schreiben: »Körperlicher Schmerz, der als Folter bezeichnet werden kann, muss in seiner Intensität dem Schmerz gleichkommen, der eine ernste Körperverletzung begleitet, wie etwa Organversagen, eine Beeinträchtigung der Körperfunktionen oder sogar der Tod. Damit rein psychischer Schmerz oder psychisches Leiden nach Paragraf 2340A als Folter bezeichnet werden kann, muss daraus ein bedeutender psychischer Schaden von bedeutender Dauer resultieren, d. h. einer, der Monate oder gar Jahre anhält.«

Aber noch nicht einmal das Zufügen großer körperlicher Schmerzen stellt nach diesem Memo eine Gesetzesverletzung dar, muss dazu nach Auffassung der Autoren doch ein »bestimmter Vorsatz« des Individuums, das die Schmerzen verursacht, gegeben sein. Selbst »wenn der Beschuldigte in dem Wissen handelte, dass große Schmerzen oder Leiden ein ziemlich wahrscheinliches Resultat seines Handelns sind, aber mehr nicht, hätte er nur mit allgemeinem Vorsatz gehandelt«. Es sei doch so, dass sich aus dem Wissen allein, dass ein bestimmtes Resultat wahrscheinlich eintritt, noch »kein bestimmter Vorsatz ergibt«: so folgern die Autoren in abgründiger Logik. Der verdrehten und spitzfindigen Rabulistik der Verfasser zufolge ist »Folter« also eine »Handlung mit dem spezifischen Vorsatz, große körperliche oder seelische Schmerzen zuzufügen«, weshalb ein gewalttätiger Vernehmungsbeamter, dem es doch um Informationsbeschaffung und nichts anderes gehe, sich gar nicht der Folterung schuldig machen könne.[106]

Schon das US-Gesetzbuch hat das klare und unmissverständliche Verbot psychischer Folter, wie es die UN-Antifolterkonvention fordert, stark verwässert und die Definition entsprechend eingeengt. Yoo und Bybee grenzten die Definition strafbarer psychischer Folter noch weiter ein, so dass diese praktisch zu einer vernachlässigbaren Größe wurde. Der Zweck dieser und anderer Spitzfindigkeiten liegt auf der Hand: Hiermit sollte das juristische Arsenal zur präventiven Abwehr von Foltervorwürfen aufgerüstet und die rechtliche Verfolgung derartiger Taten so gut wie unmöglich gemacht werden. In einem von der *Canadian Broadcasting Company* am 16. November 2005 ausgestrahlten Fernsehinterview sagte John Yoo auf Nachfrage: »Ich denke, es gibt einen weiten Spielraum für Dinge, die Leute tun können, die grausam, inhuman und erniedrigend sind, und nur bei den extremen Versionen davon handelt es sich um Folter.«[107]

In Yoos und Bybees Foltermemorandum wird darüber hinaus die abenteuerliche Prämisse weiterentwickelt, der Präsident verfüge als Oberster Feldherr in Zeiten des Krieges über uneingeschränkte Macht. Stand für die Autoren doch fest, dass sich die USA in Folge der Anschläge vom 11. September im Krieg befanden – obwohl es keine Kriegserklärung gab und noch nicht einmal der Feind genau feststand. In einem Interview mit der Zeitschrift *The New Yorker* aus dem Jahr 2005 sprach Yoo dem Kongress explizit die Befugnis ab, »dem Präsidenten bezüglich der Folter als Verhörmethode die Hände zu binden«. Und weiter: »Dies ist der Kern seiner Funktion als Oberbefehlshaber. Sie können den Präsidenten nicht davon abhalten, Folter zu befehlen.«[108] Beamte, die Folter einsetzten, so führte das Memo weiter aus, wären vor Verfolgung sicher, wenn sie Befehle des Präsidenten als »Oberstem Befehlshaber« befolgten. Falls ein Vernehmungsoffizier später der Folter angeklagt würde, könne er außerdem geltend machen, die Folter sei nötig gewesen, um einen terroristischen Angriff zu verhindern, oder, sie habe der

Selbstverteidigung gedient. Die rechtlich absolut unhaltbare Behauptung, der Präsident verfüge in Kriegszeiten über unbegrenzte Machtbefugnisse, um die »nationale Sicherheit« zu gewährleisten, impliziert nicht nur, dass die Exekutive nach Gutdünken im Ausland Krieg führen darf. Sie spricht dem Präsidenten auch das Recht zu, mit diktatorischen Befugnissen im Innern zu regieren. Damit konterkariert sie sowohl den in der US-Verfassung garantierten Schutz von Bürgerrechten als auch die Kontrolle von Legislative und Judikative über die Exekutive, wie sie seit der Französischen Revolution in allen demokratischen Verfassungen, auch der amerikanischen, festgeschrieben ist.

Die zusammenfassende juristische Beurteilung des Folter-Memorandums fällt entsprechend verheerend aus: »Das Folter-Memorandum vom 1. August 2002 genügt sowohl formal wie auch inhaltlich in keiner Weise dem Anspruch an eine qualifizierte objektive Rechtsberatung [...] Es wurde die subjektive Ansicht der Verfasser so dargestellt, als ob es sich um die objektive Rechtslage handeln würde. [...] Ihre mit Hilfe höchst dubioser methodischer Ansätze gefundenen Rechtsansichten stellen die Verfasser als geltendes Recht dar.«[109] Als das Weiße Haus das Bybee-Memorandum zwei Jahre später, im Sommer 2004, veröffentlichte, mokierten sich prominente Rechtsexperten über seine durchsichtige tendenziöse Auslegung des Rechts. »Wenn der Präsident als Oberbefehlshaber von Amts wegen befugt ist, foltern zu lassen, hat er auch die Amtsgewalt, einen Völkermord anzuordnen, die Sklaverei zu genehmigen, die Apartheid zu fördern und Hinrichtungen ohne Gerichtsverfahren zu erlauben«, spottete Harold Hongju Koh, der Dekan der Yale Law School.[110]

Eine solche Kritik blieb 2002 innerhalb der Bush-Regierung aus. Die offensichtlich absurde Logik des Folter-Memorandums wurde zur Grundlage der Politik des Weißen Hauses und lieferte der Bush-Regierung die pseudolegale Rechtfertigung für die Genehmigung aller möglichen aggressiven Verhörmethoden. Sein Zweck bestand in der Schaffung einer Scheinlegitimation, um bestehende Anti-Folter-Gesetze auszuhebeln und der Regierung eine Art juristischen Deckmantel für Handlungen zu liefern, die nach dem Völkerrecht eindeutig als Kriegsverbrechen einzustufen sind – oder anders ausgedrückt: in der Verrechtlichung staatlichen Gegen-Terrors.

Zur gleichen Zeit, im August 2002, als Bybees Memorandum in

Umlauf kam, erließ das Justizministerium streng geheime – und offenbar bis heute nicht freigegebene – Richtlinien über die Zulässigkeit von CIA-Methoden. Laut *New York Times* billigte diese Direktive »bestimmte Befragungen mit härteren Zwangsmaßnahmen, als sie beim Militär erlaubt sind«. Ausdrücklich gehörte dazu auch das »Waterboarding«.[111] Doch trotz der Absegnung dieser Methoden durch die Juristen des Justizministeriums war man innerhalb der CIA weiterhin über das Fehlen einer ausdrücklichen schriftlichen Ermächtigung des Weißen Hauses beunruhigt. Wie die *Washington Post*[112] berichtete, erließ die US-Regierung unter George W. Bush auf Drängen des damaligen CIA-Chefs George Tenet schließlich in den Jahren 2003 und 2004 zweimal entsprechende geheime Anordnungen, in denen die bereits angewendeten Methoden, darunter »Waterboarding«, explizit genehmigt wurden.[113]

Die Untersuchung des Armed Services Committee des Senats brachte außerdem an den Tag, wie hohe Pentagon-Beamte gegen die Einwände von Top-Militärjuristen auf schärfere Verhörmethoden drängten. Dabei gaben weder der frühere Verteidigungsminister Donald H. Rumsfeld noch das Weiße Haus klare Grenzen vor, wie weit Militär und Geheimdienste bei der Vernehmung von Gefangenen gehen durften.[114]

»Jack Bauer hatte viele Freunde auf Guantánamo«

Neben dem SERE-Programm soll auch die auf dem US-Kanal *Fox TV* laufende Fernsehserie *24* mit Kiefer Sutherland als rücksichtslosem Geheimagenten Jack Bauer inspirierend auf die Verhörspezialisten von Guantánamo gewirkt haben.[115] Die erste Staffel dieser Serie, deren Protagonisten häufig mit »ticking-bomb«-Szenarien – Anschläge mit atomaren, biologischen und chemischen Waffen – konfrontiert werden und dabei regelmäßig gegen die Gesetze verstoßen, war am 6. November 2001 gestartet. Eine unmissverständliche Botschaft dieser Serie lautet: Folter funktioniert! »Wir sahen es über Kabel. Die Leute hatten bereits die ersten Folgen gesehen«, erinnert sich Diana Beaver, damals Rechtsberaterin des Oberkommandierenden von Guantánamo. »Es war ungemein populär. Jack Bauer hatte viele Freunde auf Guantánamo«. Und sie fügte hinzu: »Er gab den Leute eine Menge Ideen.«[116]

Im Juni 2002 richtete sich das Augenmerk Washingtons zunehmend auf Mohammed Al Qahtani, einen damals 26-jährigen saudi-arabischen Staatsbürger. Al Qahtani war nach der Invasion Afghanistans als mutmaßlich hochrangiges Al-Qaida-Mitglied im pakistanisch-afghanischen Grenzgebiet festgenommen und nach Guantánamo überführt worden, wo er seitdem gefangen gehalten wird. Er wurde beschuldigt, der 20. Flugzeugentführer der Terroranschläge vom 11. September 2001 zu sein. Generalmajor Michael E. Dunlavey, der Oberkommandierende von Guantánamo, wurde von den Spitzen in Washington unter Druck gesetzt, herauszufinden, was Qahtani wusste.[117] Anfänglich bewegten sich die Vernehmungen Al Qahtanis noch im Rahmen der etablierten, vom Feldhandbuch der US-Armee (Army Field Manual)[118] sanktionierten Verhörrichtlinien für FBI und Militär. Als man damit nicht weiterkam, wurde Al Qahtani am 8. August 2002 von den übrigen Gefangenen isoliert. Der Druck aus Washington wuchs und kam nun direkt aus dem Weißen Haus, wie Dunlavey im Gespräch mit dem Magazin *Vanity Fair* zum Ausdruck brachte.[119]

Während Militärnachrichtendienstoffiziere ein besonderes Verhörprogramm für Al Qahtani ausarbeiteten, weigerten sich sowohl die Beamten des FBI als auch die Mitglieder des Naval Criminal Investigative Service (NCIS) und der Criminal Investigative Task Force (CITF) des Verteidigungsministeriums, an aggressiven Verhören mitzuwirken. Der Kommandant der CITF, Oberst Brittain P. Mallow, und sein Mitarbeiter Fallon hielten diese Methoden nicht nur für unzweckmäßig und falsch, sondern auch für illegal. Sie wiesen ihre Agenten daher im September 2002 in einem Memorandum schriftlich an, sich nicht an Vernehmungen zu beteiligen, in denen Zwang, insbesondere die SERE-Techniken, angewandt wurden. Mallow und Fallon unterrichteten darüber hinaus nach eigenen Angaben Dunlavey mündlich über ihre rechtlichen Bedenken. Weiterhin wollen sie im August und September 2002 gegenüber dem Chefjuristen des Pentagons, William J. Haynes II, beinahe wöchentlich ihre Besorgnis über die aus ihrer Sicht illegalen Vernehmungsmethoden zum Ausdruck gebracht haben: diese führten weder zu verlässlichen Ergebnissen, noch bestehe für die Anwendung derartiger Methoden eine Notwendigkeit.[120]

Grünes Licht von ganz oben

Am 25. September 2002, als die Auseinandersetzungen über die Anwendung härterer Vernehmungsmethoden bei Al Qahtani einen kritischen Punkt erreicht hatten, traf eine Delegation hochrangigster Regierungsjuristen aus Washington im Gefangenenlager Guantánamo ein. Der Gruppe gehörten neben William J. Haynes II, Präsidentenberater Alberto R. Gonzales und dem Berater von Vizepräsident Dick Cheney, David S. Addington, die Juristen John Yoo vom OLC (Stellvertreter von Justizminister Ashcroft), Timothy Flanigan (ein Stellvertreter von Gonzales) und John Rizzo von der CIA an. Die Delegation traf sich mit General Dunlavey und seinem Stab, vermied es aber, mit jenen Vernehmungsbeamten zu sprechen, die, wie Mallow und Fallon, die Anwendung illegaler Zwangsmethoden ablehnten.

Die Gruppe zeigte großes Interesse am Fall Al Qahtani. Die Botschaft, die Dunlavey und sein Stab von den Besuchern erhielten, lautete: »Tut, was auch immer getan werden muss«, erinnert sich Diane Beaver. Von dieser Zeit an, so Dunlavey, war Rumsfeld »direkt und regulär involviert«. Dies bedeutete zweifellos »grünes Licht von ganz oben – den Juristen von Bush, Cheney, Rumsfeld und der CIA«.[121]

Am 11. Oktober 2002 übersandte General Dunlavey einen Vernehmungsplan (Phifer-Memorandum)[122] zusammen mit einem juristischen Gutachten seiner Rechtsberaterin Diane Beaver an seinen Vorgesetzten, den Oberkommandierenden des United States Southern Command, General James T. Hill mit der Bitte um Autorisierung.[123] In dem Memorandum wird die Sachlage eingangs wie folgt skizziert: »Problem: Die derzeitigen Richtlinien für die Vernehmungsmethoden in GTMO [Guantánamo] beschränken die Möglichkeiten der Vernehmungsbeamten, anspruchsvollen Formen des Widerstands zu begegnen.«[124]

General Hill leitete den Plan an General Myers, den Vorsitzenden des Vereinigten Generalstabs in Washington, weiter.[125] Hills Anschreiben enthält einen bemerkenswerten Satz, der eindeutig belegt, dass die Liste mit den vorgeschlagenen Techniken in Absprache mit Rumsfelds Büro entstanden war. Der Satz lautet: »Unsere jeweiligen Stäbe, das Büro des Verteidigungsministers und die Joint Task Force 170 haben versucht, widerstandsbrechende Techniken zu identifizieren, die wir von Rechts wegen anwenden können«. Hill machte darüber hinaus ernste rechtliche Bedenken geltend, ob »alle Techniken der dritten Kategorie nach amerikanischem Recht legal seien«, und forderte ausdrücklich, dass das »Justizministerium die dritte Kategorie der Techniken überprüfe«.

Der übermittelte Befragungsplan sah insgesamt 18 widerstandsbrechende Techniken vor, die nicht im *Army Field Manual* erfasst sind. Diese waren in drei Kategorien unterteilt. Die dritte Kategorie beinhaltete Methoden wie den Einsatz von Kälte oder Wasser, die Drohung mit der Tötung oder Folterung des Gefangenen und seiner Familie wie auch das »Waterboarding«. Der Plan sah keine Begrenzungen darüber vor, wie viele Techniken und welche jeweils kombiniert angewandt werden konnten und über welchen Zeitraum am Stück. Im frühen November 2002 wurde die Anwendung dieser Techniken vom Southern Command in Miami bestätigt.

Wechsel im Lager-Regime

In Afghanistan soll sich Dunlavey bei den CIA-Agenten vor Ort über die Auswahl der nach Guantánamo überstellten Gefangenen beschwert haben: »Hört endlich damit auf, uns Mickey Mäuse zu schicken! Unter denen befindet sich kein einziger Terrorist!«[126] Im Oktober 2002 war Generalmajor Dunlavey seines Postens enthoben worden. Dunlaveys Nachfolger, Rick Baccus, machte sich bei seinen Vorgesetzten im Pentagon sofort unbeliebt, weil er den Gefangenen Respekt zollte und sie beispielsweise mit »Salam Aleikum« begrüßte. Im Unterschied zu seinen Vorgesetzten in Washington vertrat Baccus die vom Völkerrecht gedeckte Meinung, dass es sich bei den »illegalen feindlichen Kämpfern« gemäß den Genfer Konventionen um Kriegsgefangene handele. Das Pentagon klärte ihn umgehend über seinen »Irrtum« auf. Noch im selben Monat wurde der General seines Postens enthoben. Als seinen Nachfolger bestimmte das Pentagon im November 2002 den Zwei-Sterne-General (Generalmajor) Geoffrey Miller, der die Anweisung erhielt, robust vorzugehen und sich von den Gefangenen Informationen zu verschaffen. In dieser Funktion hatte er die Aufsicht sowohl über den militärischen Nachrichtendienst als auch über die Militärpolizei, deren Einheiten er unter einem Kommando vereinigte und die er zur Zusammenarbeit anhielt, um die Gefangenen für Vernehmungen »weich zu machen«. Während seiner Tätigkeit in Guantánamo, von November 2002 bis April 2004, entwickelte Miller, der seine Befehle direkt aus dem Pentagon erhielt, neue Doktrinen für verschärfte Vernehmungstechniken.

Am 12. November 2002 genehmigte Miller auf der Basis der neuen Vernehmungstechniken einen eigens für Al Qahtani erstellten detaillierten Vernehmungsplan. Dieser Plan wurde laut General Hill direkt an Rumsfeld geschickt, der ihn persönlich absegnen sollte. Ein alternativer Vernehmungsplan, der die Anwendung traditioneller nicht-aggressiver Verhörtechniken vorsah, wurde zehn Tage später abgelehnt. Inzwischen hatte das FBI seine Bedenken hinsichtlich der Entwicklung in Guantánamo dem Büro von William J. Haynes mitgeteilt. Am 23. November erhielt General Miller einen mündlichen Befehl (offenbar direkt von Rumsfeld), der ihn zum sofortigen Start der aggressiven Befragung von Al Qahtani ermächtigte.[127]

Ausgestattet mit der Argumentation des Folter-Memorandums, segnete Verteidigungsminister Donald Rumsfeld am 2. Dezember 2002 ein »Action Memo«[128] seines Rechtsberaters William Haynes II ab, mit dem 15 von insgesamt 18 vorgeschlagenen widerstandsbrechenden Techniken des Vernehmungsplans für Al Qathani und andere hartnäckige Guantánamo-Häftlinge freigegeben wurden. In dem Memo erklärte Haynes, dass er das Thema mit dem Stellvertretenden Verteidigungsminister Paul Wolfowitz, mit Staatssekretär Douglas Feith sowie dem Vorsitzenden der Vereinigten Stabschefs, Richard Myers, erörtert habe.

Alle von Rumsfeld im »Action Memo« abgesegneten Techniken gingen über die bis dahin nach dem Standard-Verhör-Handbuch der US-Army erlaubten 17 Techniken hinaus.[129] In einer handschriftlichen Notiz, die sich darauf bezog, dass man Gefangene bis zu vier Stunden in einer Stressposition stehen ließ, hatte der Zyniker Rumsfeld am Ende des Memos angemerkt: »Ich stehe 8–10 Stunden täglich. Warum also ist es auf 4 Stunden begrenzt?«[130]

Innerhalb einer Woche soll die Joint Task Force Guantánamo ein Dokument mit dem Titel »JTF GTMO ›SERE‹ Interrogation Standard Operating Procedure« zusammengestellt haben. In diesem Dokument, das die Zeitschrift *Vanity Fair* im Juli 2007 erstmals öffentlich machte, heißt es:[131] »Beachten Sie, dass diese Methoden auf keinen Fall tödlich sind und es entscheidend ist, dass die Verhörenden bei der Anwendung der Methoden die Grenzen überschreiten«. Das Wort »nicht« wurde (versehentlich?) ausgelassen.

Vanity Fair zufolge ist nicht klar, ob diese Richtlinien jemals offiziell in Kraft traten. Allerdings zeigen diese Anweisungen, dass es im Sinne der Militärführung war, Psychologen einzusetzen, um die Verhörenden an Grenzen heranzuführen, deren Überschreitung zwar formal nicht intendiert, aber praktisch kaum auszuschließen war. Zusammengefasst war also klar, dass die SERE-inspirierten Verhöre gewaltsam sein würden. Dass der Einsatz von Psychologen dazu gedient haben soll, »diese gefährlichen Verhörmethoden sicherer zu machen«[132], wie die Autorin von *Vanity Fair* treuherzig unterstellt, erscheint vor dem Hintergrund der nachfolgenden Ausführungen indes eher unwahrscheinlich. Auf ihr erstes Opfer Al Qahtani entfalteten die von Rumsfeld gutgeheißenen aggressiven Verhörtechniken jedenfalls ihre ganze Zerstörungskraft.

Mitte Januar 2003 zog Donald Rumsfeld seine Blankovollmacht für die härtesten Verhörtechniken wieder zurück,[133] hielt diese aber im Einzelfall weiterhin für genehmigungsfähig. Der Pentagon-Chef reagierte damit auf die heftige Kritik von Militärjuristen, insbesondere dem Chefjuristen der US-Navy, Alberto Mora, und dem FBI. So hatten FBI-Beamte in einem Bericht vom 27. Dezember 2002 keine Zweifel daran gelassen, dass Teile des Verhörplanes gegen die US-Verfassung verstießen und sogar möglicherweise den Tatbestand der Folter erfüllten. Später wurde es den Verhörbeamten doch wieder erlaubt, den Gefangenen für mehr als 16 Stunden pro Tag an vier aufeinanderfolgenden Tagen den Schlaf zu entziehen.[134] Zu diesem Zeitpunkt gehörten diese Methoden längst zur gängigen Praxis in Afghanistan.

Zum Fall Al Qahtani wurde später eine offizielle Untersuchung (Schmidt-Report) eingeleitet.[135] In einer eidesstattlichen Erklärung sagte General Schmidt, der diese Untersuchung leitete, am 24. August 2005 aus: Rumsfeld sei in die Vernehmungen von Mohammed Al Qahtani »persönlich involviert« gewesen, der Verteidigungsminister habe »wöchentlich Gespräche« mit Geoffrey D. Miller, dem Kommandanten von Guantánamo, geführt. Die Anweisungen seien von Rumsfeld gebilligt worden, und der offenkundige Mangel an Kontrolle habe missbräuchlichen Praktiken Vorschub geleistet.[136] Eine im Jahr 2006 beim Bundesgerichtshof in Karlsruhe eingereichte Strafanzeige gegen Rumsfeld et al. nach dem Völkerstrafgesetzbuch, auf die in diesem Buch mehrfach Bezug genommen wird, kommt zu dem eindeutigen Befund: »Die gegenüber dem Anzeigenerstatter Al Qathani begangenen Handlungen verstoßen in vielfältiger Weise gegen das absolute Folterverbot und das Verbot von grausamer, entwürdigender und unmenschlicher Behandlung [...]«[137]

160 Tage seiner ersten beiden Jahre der Gefangenschaft in Guantánamo verbrachte Al Qahtani in strenger Isolationshaft. Die einzigen Personen, zu denen er Kontakt hatte, waren die Vernehmungsteams und die Wachen des Militärs. Mit Ausnahme einiger weniger Briefe, die er von seiner Familie durch das Internationale Komitee des Roten Kreuzes erhielt, war Al Qahtani von Januar 2002 bis September 2005 (zu diesem Zeitpunkt erhielt er erstmals Besuch von seiner Anwältin) komplett von der Außenwelt und von seiner Familie abgeschnitten. Anfang 2006 gab die US-Regierung ein Vernehmungslogbuch[138] frei. In dem Dokument, einer Art modernem Folterprotokoll, ist der »Verhöralltag« bzw. der Tagesablauf des Gefangenen Al Qahtani zwischen dem 23. November 2002 und dem 11. Januar 2003 detailliert festgehalten. Danach wurde Al Qahtani von Ende 2002 bis Mitte Januar 2003 in einer sehr kleinen, nur mit künstlichem Licht beleuchteten Zelle in extremer Isolationshaft gefangen gehalten, davon 64 Tage in einer Zelle, die rund um die Uhr hell erleuchtet war.[139] Dabei wurde er mit lauter Musik bzw. undefinierbarem Lärm (»white noise«) beschallt. Über 54 Tage, die er in kompletter Einzelhaft verbrachte, wurde der Gefangene an 48 Tagen jeweils 18 bis 20 Stunden lang verhört.[140] Sowohl tagsüber als auch während der Nacht war Al Qahtani für längere Zeiträume mit sehr eng sitzenden Handschellen in einer äußerst schmerzhaften Stressposition gefesselt. Bei den Verhören wurde er mit Hunden bedroht, der Gang zur Toilette wurde ihm verweigert, und es wurden ihm gegen seinen Willen mehrmals Kopf- und Barthaare abrasiert.[141] Auch wurde er gezwungen, Hundekunststücke zu vollführen.

Nach den Aussagen seiner Anwältin Gitanjali S. Gutierrez, die Mohammed Al Qahtani seither mehrmals in Guantánamo besuchte, wurde ihr Mandant während der Befragungen physisch und psychisch gebrochen. Es falle ihm schwer, zu sprechen, schlafen könne er kaum noch, und er lebe noch immer in Einzelhaft. In den bis zu 20-stündigen Verhören, die sich von November 2002 bis Januar

2003 hinzogen, gab Al Qahtani mehrfach die ihm vorgeworfenen Handlungen zu und nahm die Geständnisse anschließend wieder zurück. Später hat Al Qahtani alle seine Aussagen widerrufen.

Der offizielle Schmidt-Report kam zu dem Schluss, dass die Behandlung von Mohammed Al Qahtani zwar insgesamt »erniedrigend und missbräuchlich« war, aber »nicht das Niveau der verbotenen unmenschlichen Behandlung [sprich Folter] erreicht« habe.[142] »Dies sollte stets berücksichtigt werden«, so Amnesty International, »wenn ein Behördenvertreter äußert, dass Gefangene in US-Gewahrsam in Guantánamo human behandelt würden – die Vorstellung dieser Behördenvertreter von einer humanen Behandlung deckt sich offensichtlich nicht mit internationalen Standards.«[143]

Klartext hingegen kam von Al Qahtanis Militärverteidiger Oberstleutnant Bryan Broyles, der im Mai 2008 gegenüber dem *Wall Street Journal* sagte: »Die Beweise der Regierung wurden durch Folter gewonnen. Ich sage dies offen und ohne Einschränkung.«[144]

Der »Working Group Report«

Auf Anweisung seines Chefs und aufgrund des internen Drucks von Militärjuristen, die nicht mit den im Folter-Memorandum von Yoo und Bybee geäußerten Rechtsansichten übereinstimmten, hatte Rumsfelds Rechtsberater William Haynes im Januar 2003 eine Arbeitsgruppe eingesetzt, der Regierungs- und Militärjuristen sowie Vertreter sämtlicher Bereiche des US-Militärs angehörten. Aufgabe dieser Arbeitsgruppe war es, einen Leitfaden zur Anwendung von Verhörtechniken in Guantánamo, Afghanistan und im Irak zu erstellen.[145]

Im »Working Group Report« vom 4. April 2003 mit dem Titel »Gefangenenverhöre im globalen Krieg gegen den Terrorismus«[146] listeten die Autoren US-Gesetze und internationale Vereinbarungen gegen Folter auf und legten dar, wie diese unter Hinweis auf die nationale Sicherheit und juristische Formalitäten umgangen werden könnten. Der auf das Foltermemorandum von Yoo und Bybee aufbauende Bericht führte (in einem als »secret« klassifizierten Anhang) die zukünftig für die Vernehmung sogenannter ungesetzlicher Kämpfer »außerhalb der USA« zulässigen Verhörmethoden auf. Zunächst wurden 26 Verhörtechniken geringerer Intensität genannt, die teilweise im Feldhandbuch der Armee genauer beschrieben werden. Dann listete der Report sogenannte aggressivere widerstandsbrechende Techniken auf, die zum Schutz aller Beteiligten (gemeint wohl: auf Seiten des Verhörpersonals) ein spezielles Training voraussetzten und schriftlich fixiert werden sollten. Als derartige widerstandsbrechende Techniken führte der Bericht auf: Isolation; Dauervernehmungen von 20 Stunden täglich; Zwangsrasuren; sogenanntes »Non-Stress«-Dauerstehen in normaler Position bis zu vier von 24 Stunden; Schlafentzug an bis zu vier aufeinanderfolgenden Tagen; Zwangsbelastung durch 15-minütigen Ausdauersport innerhalb von zwei Stunden; schnelle Schläge ins Gesicht und auf den Bauch ohne Verletzungsfolgen; vollständige Zwangsentkleidung und erzwungenes Nacktsein; Angstszenarien (z. B. Scheinangriff eines Hundes).[147]

In einem Memorandum für den Kommandeur des US Southern Command billigte Rumsfeld eine überarbeitete Liste von ungefähr 20 (im »Working Group Report« empfohlenen) widerstandsbrechenden Verhörtechniken für den Gebrauch in Guantánamo.[148] Dazu gehörten nunmehr alle psychologischen Methoden sowie: »negativer Szenenwechsel – Transfer des Häftlings aus dem normalen in ein weniger angenehmes Vernehmungsmilieu« und »Manipulation durch Ernährung«, sprich: Entzug der regelmäßigen Mahlzeiten. Alle Einrichtungsgegenstände, der Koran eingeschlossen, sollten den Gefangenen von nun an weggenommen werden können.

Ohne Frage handelt es sich beim »Working Group Report« um ein Grundsatzdokument zur Rechtfertigung von Folter. Aus diesem Bericht wird ersichtlich, wie die zivilen Rechtsberater des Pentagons mit spitzfindigen juristischen Tricks die Folter für den amerikanischen Gebrauch »verrechtlicht« haben, um so, wie es hieß, »an Informationen von vitaler Bedeutung zum Schutz ungezählter Tausender amerikanischer Bürger zu kommen«. Die Autoren definieren Folter in einer so engen Weise, dass Tatbestände, die bisher unzweifelhaft als Folter galten, nicht mehr unter diesen Begriff fallen, sondern als »legale« Praktiken zu gelten haben. Der »Working Group Report« und das Folter-Memorandum wurden zur offiziellen Grundlage der Verhörpolitik des Verteidigungsministeriums mindestens in der Zeit zwischen März und Dezember 2003.[149] Sie bestimmten das Handeln von Generalmajor Miller, dem Kommandanten von Guantánamo, und von General James Hill, dem Leiter des US Southern Command.[150]

Das Regime Miller: ein perfektioniertes Modell

Wie es in dem Lager unter General Millers Ägide zuging, erfuhren die Mitglieder des US-Senats aus eher beiläufigen Bemerkungen am Rande der späteren Anhörungen zum Folterskandal in Abu Ghraib. Dauerverhöre nackter und oft stundenlang in »Stresshaltung« gefesselter Internierter waren demnach in Guantánamo an der Tagesordnung. Der Einsatz von extremer Hitze und Kälte, Schlafentzug sowie ein »Angriff auf die Sinne« der Gefangenen mit lauter Musik oder grellem Licht, auch sexuelle Demütigungen, verschärfte Isolationshaft und simulierte Ertränkungen wurden laut den Aussagen später freigelassener Häftlinge systematisch angewendet. Mittlerweile liegen zahlreiche Zeugenaussagen von (ehemaligen) Guantánamo-Häftlingen vor. Ihnen wurde der Zugang zu medizinischer Versorgung versagt sowie adäquate Ernährung vorenthalten, systematisch der Schlaf entzogen und die Kommunikation mit Familie und Freunden unmöglich gemacht. Zudem wurden ihnen jegliche Informationen über ihren rechtlichen Status verweigert.[151]

Wie sich die Situation der Gefangenen veränderte, als General Geoffrey Miller Ende 2002 das Kommando in Guantánamo übernahm, hat Murat Kurnaz in seinem Erfahrungsbericht anschaulich geschildert: »Die Lage verschärfte sich dramatisch für uns. Die Verhöre wurden brutaler, häufiger, länger. Das Erste, was General Miller anordnete, war die ›Operation Sandmännchen‹. Das bedeutete, dass wir alle ein bis zwei Stunden in eine neue Zelle verlegt wurden. Das Ziel der Operation war, dass wir überhaupt keinen Schlaf mehr fanden. Dieses Ziel erreichte der General.«[152] Dem Vorgehen in Guantánamo lag nach den Beobachtungen von Murat Kurnaz das Prinzip zugrunde, die den Gefangenen auferlegten Regeln ständig umzuwerfen und willkürlich zu verändern – und die Gefangenen auch dann zu bestrafen, wenn sie diese Regeln befolgten. Es war »das geheime Gesetz« Guantánamos – so Murat Kurnaz –, »alle Gesetze ständig zu brechen«[153].

Die Brutalität ist durch zahlreiche Zeugenaussagen ehemaliger Guantánamo-Häftlinge belegt: Am 24. Januar 2003 wurde ein Mann in einem orangefarbenen Overall in Guantánamo so erbarmungslos zusammengeschlagen, dass er eine Hirnverletzung davongetragen haben soll. Es handelte sich hierbei nicht etwa um einen Gefangenen, sondern um einen US-Militärwachmann, der sich bereiterklärt hatte, bei einer Übung einen unkooperativen Häftling zu spielen. Der aus fünf Mann bestehenden Straftruppe, die zu ihm geschickt wurde, war allerdings nicht mitgeteilt worden, dass es sich um eine Übung handelte.[154]

Miller führte ein Sicherheits- und Kontrollregime im Lager ein, das auf einem System von Bestrafungen und Belohnungen basierte, wobei die Belohnung von einem Schokoriegel oder anderem besonderen Essen bis zum Transfer in einen Schlafsaal mit neun Mitgefangenen reichen konnte.Generalmajor Miller perfektionierte das Modell von Guantánamo. Innerhalb von achtzehn Monaten hatte er ein effektives Gefängnisregime errichtet, das er später als Modell und Labor bezeichnen sollte – und mit dem das Pentagon offensichtlich hochzufrieden war.

Dieses perfektionierte, auf Bestrafungen und Belohnungen basierende System fand in der in Guantánamo herrschenden »Kleiderordnung« ihren sichtbarsten Ausdruck. Gefangene, die als renitent, besonders gefährlich oder nicht kooperationswillig eingestuft werden, haben die Guantánamo-typischen orangefarbenen Häftlingsanzüge zu tragen. In den ihnen vorbehaltenen Einzelzellen der Zellenblöcke von Lager 2 und 3 gilt die höchste Sicherheitsstufe.[155] Wer sich bei den Vernehmungen durch Mitarbeiter der militärischen und zivilen Geheimdienste kooperationswillig zeigt und sich auch sonst anzupassen weiß, bekommt außer einem weißen Gewand – die Farbe der »Reinheit« im Islam – Bücher aus der Bibliothek, Gesellschaftsspiele wie Schach und Backgammon sowie weitere »Komfortartikel«, zum Beispiel einen eigenen Trinkbecher oder eine ganze Rolle Toilettenpapier. Die Männer in den orangefarbenen Anzügen dagegen müssen die Wachen jeweils um Papier bitten, wenn sie ihre Notdurft in den Toiletten verrichten wollen, die in der Ecke jeder Zelle in den Boden eingelassen sind.[156]

Wie sein Vor-Vorgänger Dunlavey bediente sich auch Miller außerdem eines »Behavioral Science Consultation Teams«, BSCT (»Biscuit«), um neue Strategien zur Informationsgewinnung erarbeiten zu lassen.[157] Laut Angaben des späteren Lagerleiters, Brigadegeneral Jay Hood, erstellten die BSCT-Teams psychologische

Profile der Gefangenen, mit deren Hilfe die Befragungen optimiert werden sollten. Außerdem nahmen sie verschiedentlich auch selbst an Befragungen teil, wobei sie meist, für die Befragten unsichtbar, hinter einem Verhörspiegel saßen und den Vernehmern Hinweise gaben. Gewichtige Indizien sprechen dafür, dass das BSCT-Team in Guantánamo Zugang zu den Patientenakten der Gefangenen hatte (siehe auch das Kapitel »Ärzte als Foltergehilfen«).[158]

Bei einem Treffen Millers mit Vertretern des Internationalen Komitees des Roten Kreuzes (IKRK) im Oktober 2003 wiesen ihn die Repräsentanten des IKRK darauf hin, dass der Einsatz vieler Techniken in Kombination miteinander oder unmittelbar hintereinander einen »nachteiligen Effekt« auf die Gesundheit der Gefangenen habe. Miller machte jedoch explizit deutlich, genau dies sei seine Taktik: die Inhaftierten durch Militärpolizisten für die Vernehmungen »weich machen« zu lassen. Im Übrigen gingen seine Vernehmungstaktiken das IKRK nichts an, so der Lagerkommandant. Soldaten, die in Guantánamo unter Millers Befehl standen, bestätigten, dass sie »harte Techniken« anwandten, um Inhaftierte in Angst zu versetzen und deren Verstand zu kontrollieren. Diesen Soldaten hatte man zu verstehen gegeben, Misshandlungen seien zumindest solange zulässig, solange die Medien keine Kenntnis davon hätten.[159]

Als Miller im August 2003 in den Irak beordert wurde, wo ihm die Zuständigkeit für die amerikanischen Gefängnisse übertragen wurde, um diese, wie er es selbst formulierte, zu »guantánamoisieren« (»gitmo-ize«), führte der neue Kommandant General Jay Hood das Lager ganz im Geiste Millers weiter.

Frühzeitige Kritik des FBI

Anfang 2006 erreichte die US-Bürgerrechtsorganisation American Civil Liberties Union (ACLU) die Freigabe von FBI-Dokumenten. Aus dem Material geht hervor, dass sich FBI-Beamte bereits in den Jahren 2002 bis 2004 über die »illegalen und aggressiven Verhörmethoden« der in Guantánamo Bay stationierten Fahnder des US-Militärgeheimdienstes sowie des Ministeriums für Heimatschutz beklagt hatten. Ihre Beschwerden, so heißt es darin weiter, seien jedoch auf führender Ebene zurückgewiesen worden.[160]

In den Memos halten FBI-Mitarbeiter dem US-Militär ebenso gezielte wie systematische Misshandlungen von Gefangenen vor. In vielen Fällen sollen sich die Militärfahnder als FBI-Beamte ausgegeben haben. In einem im Januar 2007 auf Antrag der ACLU veröffentlichten Bericht dokumentierte das FBI mehr als zwei Dutzend Fälle möglicher Häftlingsmisshandlungen in Guantánamo.[161] Die Unterlagen basieren auf der Befragung von insgesamt 493 FBI-Beamten.

Verantwortlich für die Misshandlungen waren dem Bericht zufolge Militärbeamte, aber auch die privaten Wachdienste in Guantánamo. Einige von ihnen erklärten den FBI-Beamten, die Verhörpraktiken seien von Vertretern des Pentagons gebilligt worden, darunter dem damaligen Verteidigungsminister Donald Rumsfeld. Erst im Juni 2008 gelangte ein Untersuchungsbericht an die Öffentlichkeit, den das Büro des Generalinspektors im Justizministerium erstellt hatte.[162] Der Bericht enthüllt unter anderem, dass Agenten der Bundespolizei FBI eine förmliche »Kriegsverbrecher-Akte« angelegt hatten. Darin dokumentierten sie Fälle von Folter durch CIA und US-Militär, die sie in Guantánamo beobachtet hatten. Die FBI-Agenten kritisierten diese Methoden hauptsächlich deshalb, weil sie nicht zu »verwertbaren Erkenntnissen« geführt hätten. Sie sorgten sich außerdem darum, dass der Einsatz von Folter zukünftige Verfahren unterminieren und das FBI und die USA allgemein in ein schlechtes Licht rücken könnte. Die im Jahr 2002 begonnene Akte wurde von höheren Dienststellen im darauffolgenden Jahr geschlossen und die Agenten wurden angehalten, ihre Aufzeichnungen der illegalen Handlungen, die sie beobachtet hatten, zu stoppen.

Hungerstreik, Zwangsernährungen und Freitode

Seit Errichtung des Gefangenenlagers in Guantánamo kam es dort zu etlichen Hungerstreiks, mit denen die Gefangenen gegen ihre Haftbedingungen und Misshandlungen sowie gegen ihre unbefristete Inhaftierung ohne Gerichtsverfahren protestierten. Anwälte der in den Hungerstreik getretenen Gefangenen beschuldigten das US-Militär wiederholt, Kanülen ohne Narkose als Teil des »force-feeding-process« gewaltsam durch die Nase in den Magen ihrer

Mandanten eingeführt zu haben. Dieser Vorgang führte bei den Gefangenen zu Würgereflexen sowie zu Erbrechen und Blutungen. Während Guantánamo-Sprecher die Praxis der Zwangsernährung als »sicher und human« bezeichneten, wurde sie von zahlreichen Menschenrechtsgruppen wegen ihrer Brutalität vehement verurteilt. So zitierte Amnesty International in einem Bericht einen Gefangenen, der beschrieb, wie »die Schläuche dreimal in die falsche Röhre gingen und in der Lunge endeten«.[163] US-Ärzte sind an den Artikel 5 der Tokyo Declaration der World Medical Association von 1975[164] gesetzlich gebunden, der die Zwangsernährung von Personen unter allen Umständen verbietet. Die UN-Menschenrechtskommission bezeichnete die Zwangsernährung in Guantánamo denn auch als mit Folter vergleichbar. Etliche Guantánamo-Häftlinge gingen freiwillig in den Tod, Hunderte sollen versucht haben, sich das Leben zu nehmen oder mussten wegen schwerer Depressionen behandelt werden.[165] Der Kommandant der Militärbasis bezeichnete die Selbsttötungen als »Akt des asymmetrischen Kriegsführung«, eine leitende Mitarbeiterin des US-Außenministeriums tat die Todesfälle – ähnlich zynisch – als »guten PR-Schachzug« ab.[166]

Der Krieg gegen den Irak und der Folterskandal von Abu Ghraib

Seit dem 28. April 2004 ist offenkundig, dass amerikanische Soldaten im »Krieg gegen den Terror« foltern. An diesem Tag zeigte der amerikanische Fernsehsender *CBS News* in seiner Nachrichtensendung »60 Minutes II«[167] Bilder, die US-Soldaten im Gefängnis Abu Ghraib bei Bagdad selbst aufgenommen hatten: von Kapuzen verhüllte, am Boden kriechende Gefangene, die von feixenden US-Soldaten nackt an Hundeleinen durch den Zellengang gezerrt werden, Gefangene, die nackt zu »menschlichen Pyramiden« aufgeschichtet, die genötigt wurden, sexuelle Akte zu simulieren oder mit Elektroden versehen auf einer Kiste zu stehen. Häftlinge wurden zusammengeschlagen, mit Säure verätzt, mit Gegenständen vergewaltigt, mit dem Tod durch Elektroschocks bedroht und mit Hunden angegriffen.

Die Fotos und Berichte, die in den nächsten Wochen und Monaten um die Welt gehen sollten, ließen keinen Zweifel: US-amerikanische Mitarbeiter von Militär- und Geheimdiensten sowie von privaten Militärunternehmen haben Gefangene im Gefängnis von Abu Ghraib systematisch misshandelt und gefoltert. In Abu Ghraib wurden darüber hinaus zahlreiche Häftlinge ermordet, was die CIA zu vertuschen suchte und was nicht zur Anklage kam. Unmittelbar nach der Veröffentlichung der Fotos behauptete General Richard B. Myers, der damalige Chef des Vereinigten Generalstabs der USA, die Folterungen seien das Werk bösartiger Einzeltäter, während 99,9 Prozent der US-Soldaten ihren Dienst vorbildlich verrichteten. Auf ausdrücklichen Wunsch von Myers hatte *CBS* die Bilder volle zwei Wochen zurückgehalten. Als der Bericht schließlich doch gesendet wurde, erfolgte dies in Zusammenarbeit mit dem Pentagon, das sich um Schadensbegrenzung bemühte, bevor die ausländischen Medien Zugang zu den Aufnahmen erhielten.

Im Mai 2004 gelangten darüber hinaus auch Aussagen und Bilder von Vergewaltigungen an weiblichen irakischen Gefangenen in Abu Ghraib durch US-Soldaten in die Medien.[168] Hinzu kamen nach übereinstimmenden Medienberichten ca. 100 Todesfälle. Dabei handelte es sich keineswegs um Unfälle, wie zunächst dargestellt wurde, sondern um systematische Folter bis zum Tod.[169] Die Aufnahmen der sadistischen und demütigenden Misshandlungen und Folterungen irakischer Gefangener waren in der Woche nach ihrer ersten Veröffentlichung auf den Titelseiten der Zeitungen in aller Welt zu sehen. Weitere Fotos tauchten 2005 und 2006 auf. Nur in zwei Ländern wurde die Berichterstattung über die Vorgänge im Gefängnis von Abu Ghraib niedergehalten – in den USA und im besetzten Irak selbst.

Ausgerechnet den bereits unter Saddam Hussein berüchtigten Gefängnis-Komplex von Abu Ghraib hatten die US-Besatzer, die den Irakern Freiheit und Demokratie versprachen, im Sommer 2003 wieder zu einem Foltergefängnis gemacht. Selbst die winzigen Betonverliese, die kaum einen Quadratmeter maßen und in denen die Gefangenen nur im Stehen schlafen konnten, waren wieder belegt worden – mit Saddam-loyalen Soldaten, ehemaligen hochrangigen Mitgliedern der Baath-Partei und Aufständischen, aber auch mit harmlosen Zivilisten, die zufällig in die Fänge des US-Militärs geraten waren.

»Operation Iraqi Freedom«

Am 29. Januar 2002 hatte Präsident George W. Bush den Irak, Iran und Nordkorea medienwirksam zur »Achse des Bösen« erklärt. Washington würde nicht tatenlos zusehen, so verkündete er, wenn diese Staaten versuchten, die USA mit Massenvernichtungswaffen zu bedrohen. Insbesondere der Irak geriet in der Folge zunehmend ins Fadenkreuz der amerikanischen Außenpolitik.

Am 6. März 2003 begann die anglo-amerikanische »Operation« zur »Befreiung des Irak« (»Operation Iraqi Freedom«) von der Gewaltherrschaft Saddam Husseins, den Politik und Medien des Westens jahrelang zur Inkarnation des »Bösen« aufgebaut hatten. Sie endete bekanntlich mit der Verwandlung des Irak in ein US-amerikanisches Protektorat. In einem dreiwöchigen Massaker – anders kann man die Zermalmung eines zuvor mit dem Segen des UN-Sicherheitsrats wehrlos gemachten Landes durch die gewaltigste High-Tech-Kriegsmaschinerie aller Zeiten nicht nennen – wurden Hunderttausende Iraker abgeschlachtet oder verstümmelt sowie Millionen aus ihrer Heimat vertrieben.

Als Donald Rumsfeld unmittelbar nach seiner Ernennung zum »Verteidigungsminister« gefragt wurde, worin denn das Programm der Regierung Bush bestehe, antwortete er mit dem ihm eigentümlichen Grinsen: Das Programm dieser Regierung bedeutet Krieg! – Krieg nach innen und nach außen! Nach den Worten des früheren NATO-Oberkommandierenden Wesley Clark ist die »Entscheidung, militärisch gegen den Irak vorzugehen«, »bereits kurz nach dem 11. September 2001« gefallen.[170] Die heuchlerische und verlogene Behauptung von den angeblichen »Massenvernichtungswaffen« des Irak, die Konstruktion einer allen Fakten widersprechenden Verbindung zwischen dem säkularen Regime Saddam Husseins und den Fundamentalisten von Al-Qaida etc. pp. – dies alles war niemals etwas anderes als fadenscheinige Propaganda, um die rohstoffreiche Region mit militärischer Gewalt unter US-Kontrolle zu bringen. Die Behauptungen der amerikanischen Regierung, bei ihrem Angriff auf den Irak handele es sich um Selbstverteidigung, waren in jeglicher Hinsicht unglaubwürdig und rechtlich schon gar nicht haltbar. Selbst wenn der Irak solche Waffen besessen hätte, hätte dies allein und für sich genommen nach dem Völkerrecht keine Invasion gerechtfertigt – und dies gilt prospektiv auch für den

Iran sowie für jedes andere Land, das zukünftig noch ins Visier der einzig verbliebenen Supermacht und ihrer jeweiligen Verbündeten geraten sollte.

Es war von Anfang an offensichtlich, dass die USA nicht die Absicht hatten, den Irak den Irakern zu überlassen. Die amerikanischen Kriegsziele erforderten die langfristige Kontrolle über das Land und die Installierung einer vom US-Militär geführten Marionettenregierung. Der Irak sollte zum Aufmarschgebiet für zukünftige Kriege werden. Die gesamte US-Industrie, das schon damals deutlich angeschlagene, heute – auch infolge zweier, Unsummen verschlingender Kriege – komplett aus den Fugen geratene amerikanische Finanz- und Geldsystem und dessen dominierende Rolle in der Welt waren und sind vom ungehinderten Zugang und der Kontrolle der großen Öl- und Gasressourcen abhängig: am Persischen Golf genauso wie im Kaspischen Becken.

Obwohl sie den Krieg verbal ablehnten, haben auch die Regierungen in Paris, Berlin und Moskau letztlich gute Miene zum bösen Spiel gemacht. So ebnete der UN-Sicherheitsrat mit seiner verhängnisvollen, auch von der rot-grünen Bundesregierung unterstützten Resolution 1441 des UN-Sicherheitsrats[171], die »viele Wege zum Missbrauch offen [ließ]«[172], dem Kriegskurs der Bush-Regierung regelrecht den Weg. Darüber hinaus leistete die Bundeswehr (sowie der auch nach Kriegsbeginn in Bagdad präsente BND) der US-geführten Invasion im Irak vielfältige logistische Unterstützung. Die Völkerrechtswidrigkeit des Krieges und der deutschen Unterstützungsleistungen hat das Bundesverwaltungsgericht in Leipzig in einem bemerkenswerten Urteil[173] vom 22. Juni 2005 festgestellt, nachdem die Bundesanwaltschaft in Karlsruhe es zuvor abgelehnt hatte, auf die von besorgten Bürgern vorgebrachten Strafanzeigen[174] hin zu ermitteln.

Der Hintergrund der Invasion im Irak wurde geschildert, weil nur so erklärbar ist, was sich im Gefängnis von Abu Ghraib und anderswo abspielte. Der als massiver Völkerrechtsbruch begonnene Krieg, das Abschlachten völlig wehrloser Zivilisten aus der Luft und die furchtbaren Geschehnisse in den vom amerikanischen Militär kontrollierten Gefängnissen – Folter und Missbrauch – stehen in einem direkten inneren Zusammenhang.

Der Folterskandal von Abu Ghraib

Als am 30. April 2004 Menschen in aller Welt die Abscheulichkeiten auf den Titelseiten ihrer Zeitungen sehen konnten, berichtete in den USA keine einzige große Tageszeitung in ähnlicher Weise. Die US-Medien, die den Feldzug gegen den Irak bis dahin zumeist propagandistisch unterstützt hatten, waren darum bemüht, die Wirkung dieser Enthüllungen auf eine kriegsmüde und zunehmend gegen den Krieg eingestellte amerikanische Bevölkerung zu dämpfen. So gefielen sich auch die renommiertesten amerikanischen Tageszeitungen wie die *New York Times* und die *Washington Post* in äußerst fadenscheinigen Versuchen, das US-Militär und die politische Führung von ihrer Schuld an den aufgedeckten Misshandlungen und Folterungen von Abu Ghraib freizusprechen.

Während die republikanische Rechte und Bush-Getreue forderten, die Bilder vor der amerikanischen Öffentlichkeit geheim zu halten, um nicht »die Sache der Freiheit« aufs Spiel zu setzen (so Senator John Warner aus Virginia), drängten andere Kongressangehörige wie der demokratische Senator Carl Levin aus Michigan darauf, die Bilder sollten der Öffentlichkeit überlassen werden. Doch obwohl Levin versprach, den Misshandlungen »auf den Grund zu gehen«, und auf die Enthüllung von weiteren Fotos aus Abu Ghraib zu drängen schien, geschah nichts dieser Art. Politiker und Medien ließen das Thema Abu Ghraib schnell wieder fallen. Der Fernsehsender *ABC* brachte am 19. Mai zwei neue Fotos, *Washington Post* und *New York Times* druckten eine weitere Handvoll ab – und damit war der Fall fürs Erste abgeschlossen.

Doch auch die großen europäischen, namentlich die deutschen Medien bekleckerten sich bei der Aufdeckung des Folterskandals von Abu Ghraib nicht mit Ruhm. Wie war es möglich, dass die USA ein Jahr lang im Irak foltern konnten, ohne dass auch nur eine große deutsche Zeitung, Zeitschrift oder ein Fernsehmagazin ernsthaft darüber berichtete? Während die deutschen Medien davor eifrig über die Gräueltaten des Regimes von Saddam Hussein, insbesondere auch über die Folterungen und Massenhinrichtungen im Gefängnis von Abu Ghraib, berichtet hatten, ignorierten sie das Thema nun weitgehend. Tatsächlich haben die meisten Medien mit der Berichterstattung so lange gewartet, bis ihnen das von den Folterknechten selbst erstellte Bildmaterial angeboten wurde. Während sich für die fundierten schriftlichen Aussagen der Geschundenen nahezu ein Jahr lang kaum jemand interessiert hatte, stürzten sich auf die Bilder der Folterer alle sofort. Dabei hatten Menschenrechtsorganisationen bereits zuvor unvorstellbare Grausamkeiten im besetzten Irak dokumentiert. In zwei ausführlichen Berichten, veröffentlicht am 23. Juli 2003[175] und am 18. März 2004[176], hatte Amnesty International auf die Zustände in den Kerkern der Besatzer im Irak hingewiesen. Sie enthielten Aussagen über Folterungen von Gefangenen durch Elektroschocks, Schlafentzug sowie Schläge auf die oder Fesselungen der Geschlechtsteile.

Anfang 2006, mitten im Streit über die dänischen Mohammed-Karikaturen, tauchten Hunderte weitere Bilddokumente mit Fotos und Videos von bislang ungeahnter Brutalität auf. Auf den bis dahin unveröffentlichten Fotos aus Abu Ghraib werden Menschen während Misshandlungen und in erniedrigenden Posen gezeigt. Sie enthüllten, dass die Misshandlungen – sexuelle Erniedrigung, Verstümmelung und Folter bis hin zum Tod – verbreiteter und viel schlimmer waren als bisher angenommen. Weitere Fotos stellte die australische Tageszeitung *Sydney Morning Herald* ins Internet. Dort waren unter anderem auch Leichen sowie Körperteile mit Brandwunden und anderen Verletzungen zu sehen. In den USA waren es nicht die großen Medien und Nachrichtenorganisationen, sondern das Online-Magazin *Salon.com*, das eine Auswahl der schockierenden Aufnahmen veröffentlichte. Es ist die bislang wohl umfassendste visuelle und schriftliche Dokumentation des Folterskandals.

Seitdem die Existenz der Fotos und Videoaufnahmen im April 2004 der Öffentlichkeit bekannt wurde, haben sich das Pentagon und die Bush-Regierung ihrer Veröffentlichung strikt entgegengestellt. Zuerst argumentierten sie in einem Prozess, den die American Civil Liberties Union (ACLU) angestrengt hatte, die Veröffentlichung der Bilder käme nur einer weiteren Erniedrigung der Gefangenen gleich und würde die ihnen durch die Genfer Konvention zugestandenen Rechte verletzen! Als die ACLU einwandte, die Gesichter der Gefangenen könnten verhüllt werden, und das Gericht das Argument der Regierung zurückgewiesen hatte, kam diese im Juli 2005 in letzter Minute mit einem neuen Einwand daher: Die Bilder sollten nicht veröffentlicht werden, da hierdurch amerikanische Truppen und Zivilisten in Übersee gefährdet würden.

Tatsächlich bemühte sich die Bush-Regierung um die Unterdrückung des Materials, weil dieses ein *echtes und wahrheitsgetreues* Bild der US-amerikanischen Operationen zeigt. Die Folter-Fotos von Abu Ghraib haben die Bevölkerung des Irak und der gesamten arabischen Welt erzürnt und der Unterstützung des Krieges durch die US-Bevölkerung den Boden entzogen. So bemerkte der damalige Pentagon-Chef Donald Rumsfeld: »Wenn diese Bilder der Öffentlichkeit vorgelegt werden, dann wird hierdurch offensichtlich alles nur noch schlimmer.«[177] Im September 2005 schließlich entschied ein Bundesrichter, die Bilder müssten freigegeben werden, die Bush-Regierung legte dagegen Einspruch ein. Die Enthüllungen durch das australische Fernsehen und *Salon.com* versetzten diesen konzertierten Bemühungen um die Unterdrückung der Wahrheit einen schweren Schlag.

Bereits in dem oben erwähnten Bericht vom 23. Juli 2003[178] hatte AI zu den Zuständen in den von den Besatzern kontrollierten irakischen Gefängnissen erklärt: »Viele Häftlinge erheben den Vorwurf, dass sie während des Verhörs von Soldaten der USA und Großbritanniens gefoltert und misshandelt wurden.« Die Organisation dokumentierte eine ganze Reihe von Fällen, in denen Häftlinge zu Tode geprügelt oder gequält wurden. Das Internationale Komitee vom Roten Kreuz informierte die US-Army im Herbst 2003, nach seinen Besuchen in Abu Ghraib, über Fälle von Missbrauch und hielt die US-Behörden nach eigenen Angaben an, gegen die Misshandlungen irakischer Häftlinge einzuschreiten.[179] Die US-Regierung wusste nach Angaben des Roten Kreuzes schon seit Monaten über die Misshandlung irakischer Häftlinge Bescheid. Dem IKRK zufolge war die Lage in den anderen irakischen Gefängnissen noch schlimmer, als auf den bekannten Bildern aus Abu Ghraib zu sehen war.

Am 4. Mai 2004 veröffentlichte die Website der Zeitschrift *The New Yorker* einen Artikel von Seymour M. Hersh.[180] Der weltberühmte Enthüllungsjournalist wies darauf hin, dass viele der Tausenden Gefangenen, die in Abu Ghraib einsitzen, sich nur deshalb dort befinden, weil sie bei Razzien in Wohnvierteln oder an militärischen Checkpoints ins Schleppnetz der Besatzer geraten waren. Zu einem vergleichbaren Befund war auch das IKRK gelangt. Hershs Artikel ließ außerdem erkennen, in welchem Maß die Militärführung der USA den Soldaten vermittelt hatte, die Iraker – bzw. alle

Araber und Muslime – seien Untermenschen, die man nach Gusto ungestraft grausam behandeln dürfe. Hersh zitierte aus der Aussage eines Soldaten gegen andere Angehörige seiner Einheit: Er habe gesehen, so der Zeuge, wie Sergeant Frederick »einen Häftling in die Seite seines Brustkorbs schlug«. Dabei verwendete der Zeuge das Pronomen »*its* ribcage« anstatt »*his* ribcage« – der Gefangene wurde nicht als Mensch, sondern als Ding wahrgenommen.[181]

Hershs Indizienreport, der sich auf die Aussagen zahlreicher, meist anonym bleibender Insider, interne Dokumente und Faktenabgleiche stützt, sein Buch ›Chain of Command. The Road from 9/11 to Abu Ghraib‹[182], die Artikel der Journalistin Dana Priest in der *Washington Post* sowie der Bericht der Menschenrechtsorganisation Human Rights Watch vom Juni 2004 (»The Road to Abu Ghraib«) machten klar: der Folterskandal von Abu Ghraib war kein einmaliger Ausrutscher. Abu Ghraib wie auch das Gefangenenlager Guantánamo, die vermeintlichen »Pannen« bei der Aufklärung des 11. September und die Vorbereitung des Irakkrieges, die geheimen Operationen in Afghanistan, die enge Verbindung der Bush-Regierung mit Figuren wie Achmed Tschalabi oder dem irakischen Übergangsregierungschef Ijad Allawi, die brutale Vernichtung Falludschas und Hadithas sowie anderer irakischer Städte und die damit verbundenen Massaker an der Zivilbevölkerung waren Teil einer einheitlichen Kriegsführungsstrategie: Je schwieriger die militärische Situation, desto massiver die Liquidierungsaktionen und desto geringer zugleich das Interesse an Fakten oder völkerrechtlichen Normen.

Wären die Fotos aus Abu Ghraib nicht den Medien zugespielt worden, so wäre es womöglich bei einer internen Untersuchung geblieben. Diese Untersuchung hatte das Pentagon am 16. Januar 2004 auf eine derart verklausulierte Weise gemeldet, dass fast niemand den brisanten Inhalt der Mitteilung wirklich bemerkte.[183] Gleichzeitig hatte man sich auf diese Weise aber bereits für den Fall rückversichert, dass dieser Skandal doch an die Öffentlichkeit gelangen sollte.

Konkrete Hinweise auf Folterungen und Missbrauch im Gefängnis von Abu Ghraib hatte es bereits im November 2003 gegeben.[184] »Einer der am meisten vernachlässigten Berichte in der Geschichte von Abu Ghraib«[185] wurde einen Monat später, am 12. Dezember 2003, von dem Oberst a. D. Stuart Herrington verfasst. In dem vertraulichen Untersuchungsbericht listete Herrington eine Reihe von Missbrauchsfällen auf. Er fährt fort: »Ich fragte den Offizier, ob er dieses Problem gemeldet habe. Er antwortete, dass ›jeder davon wisse‹. Ich wies den Offizier zurecht, dass dies nicht angemessen sei. Er müsse dieses Problem schriftlich dokumentieren«.[186]

Herrington erkannte eine Reihe struktureller Defizite, darunter die primitiven Lebensbedingungen von Häftlingen und Soldaten, der »Mangel an den notwendigsten Waren und Equipment«, die zu große Zahl der Internierten (»sowohl kriminelle als auch Sicherungs-Gefangene«) sowie die generelle Überbevölkerung in Abu Ghraib, wo neben annährend 6000 Gefangenen zusätzlich 1000 bis 1200 Mitarbeiter des Militärgeheimdienstes zum Teil in Zelten, zur anderen Hälfte in Teilen des Gefängnistraktes untergebracht wären. Herrington warnte vor den möglichen Folgen (auch für das US-Personal) und schloss: »Die Einrichtung von Abu Ghraib ist unbrauchbar für die [Unterbringung und] nachrichtendienstliche Ausforschung von hochkarätigen Häftlingen«.[187]

Konkret kritisierte er die Praxis unüberlegter Massenverhaftungen wie auch die stellvertretende Inhaftierung von Familienmitgliedern, wenn man des eigentlichen Zielobjekts einer Razzia nicht habhaft werde. Diese Praxis, so Herrington, schmecke nach »Geiselnahme«.[188] Dass Frauen und Kinder ebenfalls inhaftiert und neben den Männern in Abu Ghraib gefangen gehalten und als Geiseln und Werkzeuge der emotionalen Erpressung benutzt wurden und werden, wird von den Medien bis heute weitgehend ausgeblendet. Übereinstimmend mit dem bereits erwähnten vertraulichen Bericht des IKRK vom Februar 2004 kritisierte Herrington auch, dass über die Hälfte der Häftlinge nicht freigelassen würde, obwohl ihre Inhaftierung ganz offensichtlich von keinerlei nachrichtendienstlichem Wert sei.[189] Herringtons Empfehlungen fanden bei der militärischen Führung jedoch keinen Widerhall.[190]

Nachdem zunächst intern und später öffentlich über die Foltervorfälle in Abu Ghraib berichtet worden war, untersuchten das Internationale Komitee des Roten Kreuzes[191] sowie verschiedene US-Dienststellen die Vorfälle – im Einzelnen: der Taguba-Report[192] (ein interner Untersuchungsbericht der in die Vorfälle verwickelten 800. Militärpolizeibrigade vom März 2004), der Mikolashek-Report[193] vom Juli 2004 (ein interner Armee-Bericht), der Schlesinger-Report vom August 2004[194] (der Bericht einer Untersuchungskommission im Auftrag des US-Verteidigungsministeriums unter Vorsitz des ehemaligen US-Verteidigungsministers James R. Schlesinger) und schließlich der interne Untersuchungsbericht der 205. Militärnachrichtendienstbrigade vom 23. August 2004, bekannt als Fay/Jones-Report[195]. Quellen des Fay-Jones-Reports sind die von Vorgesetzten der einzelnen beteiligten Einheiten verfassten Berichte sowie insgesamt 170 Vernehmungen.

Der Taguba-Report

Der Taguba-Report, ein interner – ursprünglich vom Pentagon als »geheim« eingestufter – Untersuchungsbericht, war der erste regierungsoffizielle Bericht, der nach der Enthüllung der Fotos verfasst wurde. Autor des im Mai 2004 veröffentlichten Berichts ist Generalmajor Antonio Taguba. Taguba hatte bereits zehn Monate als stellvertretender Kommandierender General für Versorgung in Kuwait gedient, als man ihn am 31. Januar 2004 mit der Untersuchung der Misshandlungs- und Foltervorwürfe im Gefängnis von Abu Ghraib beauftragte.[196] Seit 3. März lag sein Bericht dem Pentagon vor. Anlass für die Untersuchung war die Beschwerde eines namentlich nicht genannten Soldaten. Taguba kam in seinem Bericht, auf den sich Hersh in seinem Artikel im *New Yorker* ausführlich bezog, zu dem Schluss, dass zwischen Oktober und Dezember 2003 »zahlreiche sadistische, krasse und mutwillige kriminelle Misshandlungen an verschiedenen Häftlingen verübt wurden«.[197] Er schreibt: »Dieser systematische und illegale Missbrauch von Häftlingen wurde absichtlich von verschiedenen Mitgliedern der Militärpolizei-Wache begangen.«[198]

An anderer Stelle stellte der Verfasser klar, dass die Mitglieder der Militärpolizei die Misshandlungen nicht auf eigene Faust verübt hatten. »Vernehmer des Militärgeheimdiensts (MI) und anderer US-Regierungsorganisationen (OGA) [ein Synonym für den Auslandsgeheimdienst CIA – Anm. A. B.] haben ausdrücklich darum ersucht, dass MP-Wachen die physischen und psychischen Voraussetzungen für günstige Zeugenbefragungen schufen.«[199] In dem Bericht heißt es weiter, Mitarbeiter privater Sicherungsdienste, die Seite an Seite mit Angehörigen der militärischen Geheimdienste arbeiteten, seien für die Misshandlungen durch Militärpolizisten in dem Gefängnis verantwortlich. Einem Bericht der *Los Angeles Times* zufolge sollen Angestellte des Unternehmens CACI International, eines der privaten Söldnerunternehmen im Dienst des US-Militärs, die Militärpolizisten ermutigt haben, die Gefangenen vor den Verhören »weichzuklopfen«.[200]

Generalmajor Tagubas Bericht kommt weiterhin zu dem Schluss, dass die Reservisten der Militärpolizei – einschließlich der sechs Personen, die in diesem Zusammenhang angeklagt wurden – vom militärischen Geheimdienst und den für Verhöre zuständigen CIA-Beamten aufgefordert worden waren, die »physischen und mentalen Voraussetzungen für eine erfolgreiche Zeugenvernehmung« zu schaffen. Mit anderen Worten, die Häftlinge sollten mit Folter und Misshandlungen »gebrochen« werden. Die Zeugen, auf die sich der Bericht beruft, zitieren lobende Äußerungen von Offizieren des Militärgeheimdienstes für diejenigen, die sich dieser Verbrechen schuldig machten. »Gute Arbeit, sie knicken echt schnell ein«, sagte einer.

Taguba verlangte die Bestrafung eines Leutnants und eines Oberstleutnants, die für die Verhöre des militärischen Geheimdienstes zuständig waren. Nach der Veröffentlichung seines kritischen Untersuchungsberichts war Tagubas Karriere faktisch beendet.[201] Noch im selben Monat wurde er ins Pentagon versetzt, wo er fortan den Posten des stellvertretenden assistierenden Verteidigungsministers für Bereitschaft, Ausbildung, Training und Mobilisierung im Büro des assistierenden Verteidigungsministers für Reserveangelegenheiten bekleidete. Im Januar 2006 wurde Taguba vom stellvertretenden Stabschef der US-Army, Richard A. Cody, nahegelegt, im Januar 2007 in den Ruhestand zu treten.[202]

Der Export der Folter: die »Gitmoisierung« von Abu Ghraib

Bereits im Sommer 2003 hatte sich die US-Armee in einem Bericht darüber beklagt, dass die irakischen Gefangenen in Bagdad nicht »angemessen« behandelt würden.[203] Um das Problem zu lösen, ordnete Verteidigungsminister Rumsfeld im August 2003 an, Generalmajor Miller, der als Kommandeur der Joint Task Force-Guantánamo die Aufsicht über die Vernehmungen in Guantánamo innehatte, in den Irak zu entsenden. Miller wurde daraufhin noch im selben Monat vom Vereinigten Generalstab in den Irak beordert, um dort im Auftrag der politischen Führung der USA »die Möglichkeiten zu erkunden, von den im Irak Internierten schnell verwertbare Informationen zu erlangen«[204], also im Klartext: die von ihm in Guantánamo erprobten illegalen Verhörmethoden auch im Irak einzuführen.

Im August/September und November reiste Miller an der Spitze einer Expertengruppe, darunter seine Rechtsberaterin Diane Beaver, von Guantánamo nach Bagdad, wo er das Gefängnis von Abu Ghraib und andere US-Haftanstalten besuchte. Als Ergebnis erstellte Miller einen Bericht für Generalleutnant Ricardo Sanchez, damals Kommandeur der Streitkräfte der US-geführten Kriegskoalition im Irak. Millers Bericht konzentrierte sich auf die Integration, Synchronisation bzw. Zusammenlegung von Gefangenen, auf Verhöroperationen, Haftverfahren und die Zuständigkeit von Vernehmungsbehörden. Er sollte als zukünftige Grundlinie im Irak gelten.[205]

In dem Bericht empfahl Miller die bereits in Guantánamo praktizierten Verhörmethoden als mögliches Modell für eine »starke und kommandoweite« Politik und Verhörtaktik im besetzten Irak.[206] Unter anderem forderte Millers Gruppe, dass ab sofort US-Militärgeheimdienstler die Gefängnisse leiten sollten; außerdem sollten die Militärpolizisten angewiesen werden, die Verhöre »zu ermöglichen«. Diesen Forderungen wurde entsprochen, und danach, so Miller, hätten sich auch die »Ergebnisse verbessert«. Im Gegensatz zu dem etablierten Verfahren, bei denen die Rollen von Militärgeheimdienst und Militärpolizei strikt nach den Vorschriften des Army Field Manuals voneinander getrennt werden, befürwortete Miller die Unterordnung der militärpolizeilichen unter die nachrichtendienstlichen Kompetenzen.[207] An anderer Stelle in seinem Bericht wird Miller noch deutlicher: »Es ist essentiell, dass die Wachmannschaften aktiv eingebunden werden, um die Bedingungen für die erfolgreiche Ausbeutung der Internierten zu schaffen.«[208]

Miller forderte also bereits im September 2003, dass Soldaten der Militärpolizei aktiv in »Verhör«-Prozeduren eingebunden werden sollten: ein Wechsel in der Politik, der eine signifikante Abweichung von der traditionellen Trennung zwischen Angehörigen des Militärgeheimdienstes und der Militärpolizei in der US-Army signalisierte. In der Folge wurden Haft- und nachrichtendienstliche Funktionen in den irakischen Gefangenenlagern weitgehend integriert und die Vernehmungsmethoden neu justiert. »Das unvermeidliche Resultat war, dass die Soldaten am unteren Ende der Befehlskette mit einer ungesetzlichen Situation konfrontiert wurden, die er oder sie nicht gewählt hatte und die sie nicht kontrollieren konnten – namentlich das illegale einverständliche Zusammenwirken von MPs und MIs, die sich an der Anwendung ungesetzlicher Verhör-›Techniken‹ beteiligten.«[209] Kurz nach Millers Besuch im August/September 2003 erfolgten denn auch die schwersten Misshandlungen in Abu Ghraib.

In einem Interview vom August 2005 berichtete die damalige Brigadegeneralin und Kommandeurin der Militärpolizei in Abu Ghraib Janis Karpinski, an einem Pfeiler draußen in Abu Ghraib habe ein Plakat mit einer Order von Rumsfeld geklebt: »Es war eine vom [ehemaligen] Verteidigungsminister Rumsfeld unterschriebene Kurzmitteilung mit einer Liste von etwa sechs oder acht genehmigten Techniken: Verwendung von Hunden, Stress-Stellungen, laute Musik, Entziehung von Nahrung, Anlassen des Lichts; diese Sorte Sachen. Und dann eine handgeschriebene Botschaft an der Seite, die nach derselben Handschrift wie die Unterschrift aussah, und die Unterschrift war von [dem ehemaligen] Minister Rumsfeld. Und da stand mit zwei Ausrufezeichen: ›Stellen Sie sicher, dass dies geschieht‹.«[210]

Bereits Anfang August 2003 waren Einheiten der zuvor in Bagram (Afghanistan) stationierten 519. Military Intelligence Brigade in Abu Ghraib eingetroffen – darunter auch die im Fay/Jones-Bericht[211] mehrfach negativ erwähnte Captain Carolyn Wood. Als diensthabender Offizier bzw. Einsatzleiterin »war sie in der Position, in der sie Schritte hätte unternehmen können, um weiteren Missbrauch zu verhindern«, was sie indessen dem Fay/Jones-Bericht wie auch Amnesty International zufolge nicht tat. Auf der Basis ihrer Erfahrungen in Afghanistan ergriff Wood im Gegenteil die Initiative zur Einrichtung der »Hard Site«, des Hochsicherheitstrakts im Gefängnis von Abu Ghraib, der am 25. August 2003 eröffnet wurde. Wood sollte in der Folge bei der Umsetzung der von General Geoffrey Miller empfohlenen aggressiven Verhörrichtlinien eine Schlüsselrolle spielen.[212] Laut Janis Karpinski sind die Fotos, die später um die Welt gingen, »nicht während Verhöroperationen« in den dafür vorgesehen Vernehmungszentren entstanden. »Die Fotos wurden im Inneren des ›Hard Site‹ gemacht, in den Gängen von Zellenblock 1A. Diese Fotos wurden inszeniert und orchestriert auf Anweisung von zivilen Verhörspezialisten, zur Verwendung bei zukünftigen Vernehmungen.«[213]

In den für »hochkarätige« bzw. mutmaßlich gewalttätige und gefährliche Gefangene reservierten Zellenblöcken 1A und 1B, den Hochsicherheitstrakten in der sogenannten »Hard Site«, wo ein Großteil des Missbrauchs stattfand, leitete Oberst Thomas Pappas – auf »Anweisung oder Befehl«[214] von Generalmajor Miller – die nachrichtendienstlichen Operationen innerhalb des Gefängnisses. De facto führten hier die »Tiger-Teams« des Militärs, der Eliteeinheit Navy Seals und der CIA das Kommando. Diese bestanden aus je einem Verhörexperten, einem Analysten und einem Übersetzer; Letztere waren häufig Mitarbeiter von privaten Militärunternehmen, die im Auftrag des Pentagon arbeiteten. Jede Gruppe war eifersüchtig darauf bedacht, dass ihre Gefangenen nicht von der konkurrierenden Truppe ausgequetscht wurden. Es gab einen internen Wettbewerb um die besseren Teams und die effektiveren Techniken, wobei die CIA-Leute deutlich im Vorteil waren, weil sie in der Wahl ihrer Mittel viel freier waren als ihre Kollegen aus dem Pentagon. Zumindest offiziell. Tatsächlich verwischten sich die Grenzen zunehmend.[215]

Am 14. September 2003 autorisierte ein von Generalleutnant Ricardo Sanchez unterzeichnetes und zuvor von seinem Rechtsberater überprüftes Memorandum[216] 29 Verhörmethoden für den besetzten Irak. Zwölf der bewilligten Techniken, die sich auch im »Action Memo« von William J. Haynes II finden und diesem offenbar entnommen sind, gingen weit über die vom Feldhandbuch der Armee[217] erlaubten Methoden hinaus und verstießen eindeutig gegen die Genfer Konventionen, die unmenschliche Behandlung verbieten.[218]

Das ursprüngliche Memo vom 14. September autorisierte den Vernehmer nicht nur dazu, alle Aspekte des Verhörs zu kontrollieren, es ging noch einen Schritt darüber hinaus, indem es dekretierte: »Vernehmungen sind so angelegt, dass sie die Gefühle und Schwächen der [Informations-]Quelle manipulieren, um ihre Bereitschaft zur Kooperation zu erlangen. Verhöroperationen werden nie in einem Vakuum geführt; *sie sind in enger Kooperation mit den Einheiten zu führen, in deren Gewahrsam sich die Indivi-*

duen befinden. Die Maßnahmen, die von den Gefängniseinheiten angewendet werden, um die Häftlinge zu durchsuchen, zur Ruhe zu bringen und voneinander zu isolieren, spielen ebenfalls eine Rolle bei deren Vernehmungen.«[219] Das Memo verdeutlicht die Verwischung der Rollen von Militärgeheimdienst und Militärpolizei im Irak, die direkt zu der Konfusion unter den Soldaten führte, die in den Untersuchungsberichten der US-Regierung ausführlich diskutiert wurde. Diese Verwischung war offensichtlich eine direkte Folge von Millers Besuch.

Als das Zentralkommando der Streitkräfte Sanchez' Septemberdirektive für zu aggressiv und in Teilen als mit geltenden Grundsätzen nicht vereinbar erklärte, hob Sanchez diese kurzerhand auf und erließ am 12. Oktober 2003[220] eine neue, nur unwesentlich entschärfte Version, der das Pentagon seine Zustimmung erteilte. Doch auch Sanchez' modifizierte Direktive enthält noch eine Reihe von Einsatzregeln, deren Anwendung Misshandlung und Folter begünstigten.[221] Unter dem Kommando von Sanchez beging das US-Militärpersonal zahlreiche Kriegsverbrechen.[222] Der Schlesinger-Bericht vom August 2004 benannte ungefähr 300 Fälle, von denen 155 untersucht wurden. Der Taguba-Bericht kommt zu dem Schluss, US-Soldaten hätten »ungeheuerliche Taten« und schwerwiegende Verstöße gegen internationales Recht in Abu Ghraib/BCCF und im Lager Bucca, ebenfalls Irak, begangen. Der Fay/Jones-Bericht dokumentiert 44 Kriegsverbrechen. Einem ursprünglich vertraulichen Bericht des IKRK vom Februar 2004 zufolge war die brutale Behandlung Gefangener durch Militärpersonal nicht die Ausnahme, sondern erfolgte systematisch, wenn die betreffenden Personen im Zusammenhang mit mutmaßlichen Sicherheitsverstößen verhaftet wurden oder einen »nachrichtendienstlichen Wert« besaßen.

Zwar ließ die Bush-Regierung einerseits verlauten, die Genfer Konventionen seien, anders als im »rechtsfreien Raum« von Guantánamo und in Afghanistan, im Irak »vollständig anzuwenden«.[223] Andererseits sorgte sie aber dafür, dass die von Rumsfeld am 16. April 2003 für Guantánamo zugelassenen besonderen Vernehmungstechniken, die die CIA zuvor bereits in ihren Geheimgefängnissen in Übersee an »Geisterhäftlingen« erprobt hatte, nach Afghanistan und in den Irak exportiert wurden.[224] Auf direkte Anweisung Rumsfelds wurde damit ein Programm, das ursprünglich speziell für die Vernehmung von Al-Qaida-Verdächtigen gedacht war, auf die Verhöre von Kriegsgefangenen im Irak ausgedehnt.[225] Rumsfeld entschied zudem, diese Maßnahme vor dem US-Kongress geheim zu halten.[226]

Oberst Thomas Pappas, von November 2003 bis Februar 2004 Kommandeur von Abu Ghraib, gab im Schlesinger-Report in einer Aussage vom 11. Februar 2004 zu den Misshandlungen in Abu Ghraib zu Protokoll: »Taktiken und Verfahren, die vom Gemeinsamen Verhör- und Einsatzzentrum in Bezug auf Häftlingsoperationen festgelegt wurden, wurden als spezifisches Ergebnis nach einem Besuch von Generalmajor Miller erlassen«. An anderer Stelle sagte Pappas, Miller habe ihm erzählt, dass sie in Guantánamo Militärhunde einsetzten. Diese Hunde hätten effektiv dazu beigetragen, eine Atmosphäre für Befragungen zu schaffen. Die Hundeteams seien von Oberst Pappas angefordert worden. »[...] Pappas erinnert sich nicht mehr daran, wie er die Befugnis zum Einsatz von Hunden erhielt, sondern nur, dass er sie erhalten habe.« Generalleutnant Sanchez hingegen habe nach seiner eigenen Aussage »nie den Einsatz von Hunden genehmigt«. Das Verhörpersonal sei zudem durch verschiedene Dokumente[227] beeinflusst worden, »in denen die Angst der Araber vor Hunden und das Ausnutzen derselben thematisiert wird [...] Der Einsatz von Hunden in Verhören mit dem Ziel, die Gefangenen zu terrorisieren, wurde im Allgemeinen nicht hinterfragt«, so der Schlesinger-Report.

Während die Hundeführer der Navy einen missbräuchlichen Einsatz der Hunde bei Verhören abgelehnt hätten, heißt es im Fay/Jones-Bericht, »beteiligten sich im Laufe der folgenden Wochen die Hundeteams des Heeres [...] sowohl auf Anweisung der Militärpolizei als auch des Nachrichtendienstes [...] in einer Atmosphäre der Duldung und mangelnden Aufsichtsführung an verschiedenen Fällen von Misshandlung«.

Als Kommandeurin der US-Militärpolizei im Irak war Janis Karpinski seit Juni 2003 für den Aufbau des Gefängnissystems im Irak und damit auch für das Gefängnis von Abu Ghraib zuständig. In ihrem 2005 erschienenen Buch beschreibt Karpinski, wie ihre Rolle als Kommandeurin von ihren Vorgesetzten allerdings systematisch unterminiert wurde.[228] Die Probleme, so Karpinski, hätten »während des Besuchs von Generalmajor G. Miller« begonnen und »verschlimmerten sich mit der Ankunft der zivilen Verhörspezialisten«.[229] Generalmajor Miller habe ein sogenanntes »Tiger Team« von circa 20 bis 22 Leuten mitgebracht und ihr dargelegt, dass Häftlinge wie Hunde behandelt werden sollten.[230] Miller habe ihr gegenüber ferner explizit von seinem Anliegen gesprochen, die Haftbedingungen im Irak zu »gitmoisieren«.[231]

Als Zeugin einer Strafanzeige verschiedener Bürger- und Menschenrechtsorganisationen gegen Donald Rumsfeld et al. nach dem Völkerstrafgesetzbuch beim Bundesgerichtshof in Karlsruhe schilderte Janis Karpinski diese Vorgänge wie folgt: Kurz nach der Ankunft Generalmajor Millers und seines Teams in Abu Ghraib habe dieser im »geschlossenen Zirkel eine Unterweisung« durchgeführt. Dabei »[…] antwortete er auf die Frage eines Vernehmungsspezialisten des Militärischen Nachrichtendienstes. ›Meine erste Beobachtung ist, dass Sie bei den Vernehmungen nicht die totale Kontrolle haben.‹ ›Er sagte, dass sie zu nett zu den Gefangenen seien […], die Vernehmungsspezialisten seien nicht aggressiv genug. […], und dann sagte er: ›Schauen Sie, Sie müssen sie wie Hunde behandeln. Wenn sie sich jemals besser als Hunde fühlen, dann haben Sie tatsächlich die Kontrolle über die Vernehmung verloren.‹«[232]

Janis Karpinski ist die einzige hochrangige US-Soldatin, die für die Misshandlungen in Abu Ghraib und für das Fehlverhalten der Soldaten, die auf den Fotos zu sehen waren, zur Verantwortung gezogen und dafür gewissermaßen bestraft wurde. Im März 2004 wurde Karpinski, die bis dahin das Kommando über die 800. US-Militärpolizeibrigade innegehabt hatte, suspendiert und das Kommando Generalmajor Miller als stellvertretendem Kommandierendem General für Gefangenenoperationen der Koalitionstruppen im Irak übertragen. In dieser Position war Miller direkt Generalleutnant Ricardo S. Sanchez unterstellt, der die Koalitionstruppen bis zum Juli 2004 befehligte. Janis Karpinski dagegen wurde zum Oberst degradiert. Von den Vorfällen in Abu Ghraib will sie nichts gewusst haben. In einem BBC-Interview[233] verwies sie auf die Verantwortung von Generalleutnant Sanchez. Einen Tag nach dem BBC-Interview bestätigte das Pentagon, dass Sanchez im Rahmen einer »normalen Rotation« von seinem Posten im Irak abgelöst werde.[234]

Generalleutnant Sanchez war spätestens seit Spätsommer 2003 durch den Ryder-Bericht und die Berichte des IKRK über die Misshandlungen informiert, die in Haftanstalten unter seinem

Kommando begangen wurden. Sanchez hatte im Jahr 2003 auch mehrmals das Gefängnis Abu Ghraib besucht und soll sogar bei einigen Vernehmungen bzw. Gefangenenmisshandlungen persönlich zugegen gewesen sein. Den offiziellen Militäruntersuchungen zufolge unterließ er es jedoch, diese Misshandlungen und andere Kriegsverbrechen zu unterbinden sowie die in den Berichten ausgesprochenen Empfehlungen umzusetzen.

Die Verantwortung für den Haftbetrieb delegierte Sanchez weitgehend an seinen Stellvertreter, Generalmajor Wojdakowski. Laut Janis Karpinski wusste auch Generalmajor Wojdakowski von den Misshandlungen, die in verschiedenen Einrichtungen unter seinem Kommando begangen wurden. Dem Fay/Jones-Bericht zufolge sagte Karpinski aus, sie habe alle Anweisungen von Generalmajor Wojdakowski erhalten. Wojdakowski wiederum hatte nicht nur persönlich die gesetzeswidrigen Verhörmethoden autorisiert: Innerhalb der militärischen Befehlskette war er der Vorgesetzte des Militärpersonals, das die Misshandlungen begangen hatte, er hätte diese Verbrechen also verhindern können und müssen, was ihn für diese »unmittelbar verantwortlich macht«.[235] Nach einem Bericht der *Washington Post* vom 26. Mai 2004 folgten die Verhörpläne, die den Einsatz von Hunden, Fußfesseln, die Entkleidung der Gefangenen oder ähnliche aggressive Maßnahmen vorsahen, zwar der Politik von Sanchez, wurden aber oft von Generalmajor Wojdakowski oder von Oberst Thomas Pappas genehmigt. Als Kommandeur der 205. Brigade des Militärgeheimdienstes und Befehlshaber des militärischen Nachrichtendienstes im Gefängnis von Abu Ghraib zwischen November 2003 und Februar 2004 hatte Oberst Pappas die effektive Befehlsgewalt über die für die Misshandlungen verantwortlichen Mitarbeiter des Nachrichtendienstes. Der Tabuga-Bericht kommt zu dem Schluss, dass Pappas verantwortlich für die Taten all seiner Untergebenen sei – nicht zuletzt, weil ihm bekannt war, dass in Abu Ghraib Kriegsverbrechen begangen wurden. Pappas besuchte selbst regelmäßig das Gefängnis und verweigerte zweimal Teams des IKRK Zugang zu bestimmten Häftlingen.

Die Nachtschicht bei der Arbeit

Am 20. September 2003, kurze Zeit, nachdem die Misshandlungen im Gefängnis von Abu Ghraib begonnen hatten, schrieb die Gefreite (Specialist) Sabrina Harman von der 800. Militärpolizeibrigade den folgenden Brief an ihren Partner: »Okay. Ich mag das nicht mehr. Am Anfang war es lustig, aber diese Leute gehen zu weit. Habe Deinen Brief letzte Nacht beendet, weil es Zeit war, die MI[nachrichtendienstlichen]-Gefangenen zu wecken und ›sie zu hänseln‹, aber es ging zu weit, so dass ich nicht mehr im Griff hatte, was passiert. Ich krieg' es nicht mehr aus dem Kopf. Ich gehe die Treppe hinunter, nachdem ich Alarm geschlagen und mit einem Stock an die Zellen geklopft hatte, um den ›taxi cab driver‹ zu finden, in Handschellen mit dem Rücken an sein Fenster gefesselt, nackt, mit seiner Unterwäsche über Kopf und Gesicht. Er sah aus wie Jesus Christus. Zunächst musste ich lachen, schnappte dann die Kamera und machte ein Foto. Einer der Jungs nahm meinen Stock und fing an, auf seinen Schwanz zu ›klopfen‹. Wieder dachte ich, okay, das ist lustig, dann traf es mich: Das ist eine Form der Belästigung. Man kann das nicht tun. Ich machte mehr Bilder, nun um zu ›dokumentieren‹, was vorgeht. [...] Dieser Mann wurde so fertiggemacht, dass er zu weinen und zu schreien anfing, als sie seinen Fuß durch die Zellenstäbe ergriffen. Nachdem er zu Allah gebetet hatte, stöhnte er immer wieder kurz auf, ah, ah, alle paar Sekunden über den ganzen Rest der Nacht. Der erstere verblieb in Handschellen für etwa 1 ½ Stunden, bis er anfing zu Allah zu flehen. Sie gingen also zurück und fesselten ihn mit Handschellen an die obere Schlafstelle an beide Seiten des Bettes. Dort blieb er etwas über eine Stunde, als er wieder nach Allah zu schreien beginnt. Nicht viele Leute wissen, dass so ein Mist überhaupt passiert. Der einzige Grund, warum ich da sein möchte, ist, um die Fotos zu machen und zu zeigen, dass die U.S. [Army] nicht das ist, was sie denken. Aber ich weiß nicht, ob ich das psychisch durchstehe. Was wäre, wenn ich in ihrer Haut stecken würde? Diese Leute werden unsere zukünftigen Terrorist[en] sein. Kelly, es ist furchtbar, und Du kannst Dir vorstellen, wie beschissen mir zumute ist – beide Seiten von mir denken, es ist falsch. Ich denke, ich könnte alles in den Griff kriegen. Ich habe mich geirrt.«[236]

Die Misshandlungen, die Sabrina Harman im Brief an ihren

Partner Kelly so anschaulich schildert und an denen sie sich selbst nur widerstrebend (und zu »Dokumentationszwecken«) beteiligt haben will, gingen in der Folge weiter und nahmen an Intensität und Brutalität zu. Harman, die von Kollegen und Vorgesetzten als »gutherzig« beschrieben wurde,[237] gehörte zur Nachtschicht der Truppe von Corporal Charles Graner und Stabsunteroffizier Ivan Frederick. Ihre Aufgabe war es, jene Gefängnisinsassen während der Nacht »weichzuklopfen«, die für den folgenden Tag von den Spezialisten des Militärischen Nachrichtendienstes und der CIA zu Vernehmungen auserkoren wurden. Das war genau die Art von Arbeitsteilung zwischen Militärpolizei und Geheimdiensten, die Generalmajor Miller in Abu Ghraib eingeführt und Generalleutnant Sanchez mit seinem Memorandum abgesegnet hatte.

Bei den Ereignissen in der Nacht vom 7. auf den 8. November 2003, die darin gipfelten, dass die Gefangenen nackt zu Pyramiden aufeinandergeschichtet und zum gegenseitigen Masturbieren gezwungen wurden, handelte es sich nicht um die pathologischen Entgleisungen einzelner sadistisch veranlagter Militärpolizisten. In beiden Blocks der »Hard Site« gab es eine klare Arbeitsteilung: Das Wachpersonal der Militärpolizei »schuf die Bedingungen«, unter denen vor allem der Militärgeheimdienst seine Verhöre führen konnte – ganz so wie es Generalmajor Miller gelehrt hatte. Alles das hatte Methode. Charles Graner beispielsweise war vor seinem Einsatz im Irak Gefängniswärter im Hochsicherheitstrakt von Pennsylvania gewesen und Beschuldigter etlicher Misshandlungsklagen, die Insassen der Gefängniseinrichtung angestrengt hatten. »Ist es bloßer Zufall, dass einige der brutalsten, bösartigsten Akteure in Abu Ghraib US-Reservisten waren, die in ihrem zivilen Leben Gefängniswärter waren? Wo sonst hätten sie es so gut lernen können?«, schrieb der in der Todeszelle einsitzende Journalist Mumia Abu-Jamal in einer seiner Kolumnen im April 2005.

Ein Mann wie Charles Graner sei nicht zufällig in der Nachtschicht eingesetzt worden, räumte auch Ex-Brigadegeneralin Janis Karpinski ein, »man wusste ja, welche Probleme er als Gefängniswärter zu Hause gehabt hatte«, »er wurde für seine schmutzige Arbeit gelobt, sogar schriftlich«.[238] Das bestätigte auch Graners Kumpel von der Nachtschicht, Sergeant Javal S. Davis: »Sie sagten [zu Corporal Graner und Staff Sergeant Frederick], macht diesen Kerl für uns locker, sorgt dafür, dass er eine schlechte Nacht hat, sorgt dafür, dass er seine Behandlung bekommt, [...] und sie machten Graner Komplimente, wie er die Fälle behandelt hatte, sie lobten ihn, das war gute Arbeit, die sind schnell zusammengebrochen, die beantworten alle Fragen, die liefern uns gute Informationen. Macht weiter so!«[239]

»Mit Abstand am schlimmsten«, befindet denn auch der Fay/Jones-Bericht, »sind die körperlichen und sexuellen Misshandlungen von Gefangenen in Abu Ghraib. [...] Die Militärpolizisten, gegen die ermittelt wird, behaupten, auf Anweisung des Nachrichtendienstes gehandelt zu haben. Auch wenn diese Behauptungen eine gewisse Entlastungstendenz aufweisen, entbehren sie dennoch nicht jeglicher Grundlage. Das in Abu Ghraib herrschende Klima schuf den Boden für diese Misshandlungen und ihre von den Vorgesetzten unbemerkte Fortdauer über einen langen Zeitraum hinweg.«

Erzwungene Nacktheit

Erzwungener Nacktheit kommt im Rahmen der Gefangenenmisshandlungen und -folterungen im Gefängnis von Abu Ghraib eine Schlüsselrolle zu, »da dies«, so der Fay/Jones-Bericht »vermutlich zur eskalierenden ›Entmenschlichung‹ der Gefangenen beitrug und den Boden für weitere und noch schlimmere Misshandlungen bereitete.« Der Fay/Jones-Bericht widmet dem Thema denn auch breiten Raum: »Nach zahlreichen Aussagen, und dies dokumentiert auch der Bericht des IRK, ist es offenbar gängige Praxis, Gefangene in entkleidetem Zustand in Gewahrsam zu halten. Vieles deutet demnach darauf hin, dass Kleidungsstücke zur Strafe für mangelnde Kooperation mit den Vernehmungsbeamten oder der MP weggenommen wurden. Zudem wurden nackte Personen bewusst Soldatinnen vorgeführt. Den betroffenen Soldaten wurde mitgeteilt, dass es sich hierbei um eine anerkannte Gepflogenheit handele.«

An anderer Stelle führt der Bericht aus: »[...] Die Methode der Entkleidung wurde nicht erst in Abu Ghraib entwickelt, sondern vielmehr aus Afghanistan und GTMO übernommen. [...] Das Entfernen der Kleidung sowohl zu nachrichtendienstlichen wie auch militärpolizeilichen Zwecken wurde in Afghanistan und Guantánamo gestattet, gebilligt und angewendet.«[240] »Die Tatsache«, so der Bericht weiter, dass derartige »Methoden im Verhörbericht aufgeführt sind, legt nahe, dass sich die Vernehmer im Glauben befanden, sie seien befugt, Kleidung wie auch Stresssituationen als Anreize einzusetzen und insofern gar nicht versuchten, dies zu vertuschen. [...] Es ist zu vermuten, dass der Einsatz von Nacktheit auf irgendeiner Ebene innerhalb der Weisungslinie bewilligt wurde.« Verschiedene Fotos vom 17., 18. und 19. Oktober 2003, die nackte, angekettete Gefangene mit Kapuzen bzw. Unterwäsche auf dem Kopf (Vorfall Nr. 33) zeigen, »verdeutlichen noch einmal die Tatsache«, so der Bericht, »dass Demütigung und Nacktheit so routinemäßig angewendet wurden, dass sie an drei aufeinanderfolgenden Tagen Gelegenheiten zum Fotografieren boten.«

Folter, Missbrauch, Mord – nicht nur in Abu Ghraib

Der weit verbreitete Missbrauch von irakischen Gefangenen unter US-Aufsicht hat an den Toren von Abu Ghraib nicht haltgemacht. Im März 2005 berichtete die Nachrichtenagentur *The Associated Press*, neu veröffentlichte Regierungsdokumente besagten, dass der Missbrauch von Gefangenen in irakischen Gefängnissen durch US-Streitkräfte weiter verbreitet war als ursprünglich angenommen.

In einem Bericht von Human Rights Watch vom September 2005[241] wird ebenfalls der Nachweis dafür erbracht und durch zahlreiche Beispiele dokumentiert, dass Misshandlungen und Folterungen von Gefangenen in US-Gewahrsam nicht auf Abu Ghraib beschränkt waren, sondern auch in den anderen amerikanischen Hafteinrichtungen im Irak vorkamen. Demnach herrschte in diesen Hafteinrichtungen ein regelrechtes Klima des Missbrauchs, das letztlich Todesopfer forderte.

Auch nachdem sich der Rauch des Skandals von Abu Ghraib verzogen hatte, setzten die Koalitionstruppen die Misshandlungen an Gefangenen fort. Circa 600 Angehörige des US-Militärs sowie des zivilen Personals sollen in diese Misshandlungen verwickelt und mehr als 460 Gefangene davon betroffen sein.[242] Im Juni 2006 berichtete die *New York Times* über eine Untersuchung durch das Pentagon, die Gefangenenmisshandlungen im Irak auch nach den genannten Enthüllungen aufdeckte: »Amerikanische Spezialkommandos entwickelten während einer mehrmonatigen Phase im Frühjahr 2004 eine Reihe von strengen, nicht autorisierten Verhörmethoden, lange nachdem die Billigung solcher Techniken widerrufen worden war.«[243]

Aufarbeitung oder Vertuschung? Abu Ghraib und die Folgen

Im Juni 2004, einen Monat nach Bekanntwerden des Skandals von Abu Ghraib und der Veröffentlichung der Fotos, leugneten die politischen und militärischen Führer in Washington immer noch hartnäckig, dass irgendeine dieser Misshandlungen angeordnet gewesen sei, verurteilten sie als illegal und »verabscheuungswürdig« und versicherten der Welt, dass die Übeltäter zur Verantwortung gezogen würden. Auf einer Pressekonferenz im Pentagon erklärte der damalige US-Verteidigungsminister Donald Rumsfeld, die »Handlungen der Soldaten auf diesen Fotos sind völlig inakzeptabel und unamerikanisch«. Rumsfeld versprach, er werde »als höchster offizieller Verantwortlicher dieses Ministeriums alles Notwendige veranlassen, um herauszufinden, was geschehen ist, und Sorge dafür tragen, dass angemessene Schritte eingeleitet werden.«[244] Dann aber gelangten im selben Monat in einer Serie von Enthüllungen die sogenannten »Folter-Memos« aus dem Justizministerium an die Öffentlichkeit, die auf eine Legalisierung brutaler Verhörtechniken hinausliefen. Diese zeigten, warum eine Abkehr von den Genfer Konventionen stattgefunden hatte: um Gefangene härter und ohne Rücksicht auf internationale Menschenrechtsstandards verhören zu können.[245]

Nur »ein paar faulige Äpfel«?

Strafrechtlich verfolgt und gerichtlich verurteilt für die schockierenden Missbrauchs- und Folterpraktiken im Gefängnis von Abu Ghraib wurden allerdings nur untere Ränge – getreu der Sprachregelung, welche die US-Regierung schon bald nach dem Publikwerden dieser Praktiken ausgegeben hatte: dass es nämlich nur ein »paar faulige Äpfel« (»a few bad apples«) seien, die diese Verbrechen zu verantworten hätten.

Wie der Taguba-Report legen auch die anderen von der US-Regierung in Auftrag gegebenen offiziellen Untersuchungsberichte eine Verantwortung höherer, ja höchster Dienststellen für die im Gefängnis von Abu Ghraib wie auch in anderen US-Einrichtungen begangenen Verbrechen geradezu nahe. Doch abgesehen von der direkten Verwicklung von Oberst Pappas und Oberstleutnant Steven Jordan in den Tod eines Inhaftierten wurde kein Soldat mit einem Rang über dem Stabsunteroffizier beschuldigt, an Gefangenenmisshandlungen teilgenommen zu haben. Die Ermittlungen der Militärgerichtsbarkeit beschränkten sich auf ganze elf Soldaten, von denen keiner einen höheren Rang hatte als »staff sergeant«, was dem deutschen Feldwebel/Oberfeldwebel-Rang entspricht. Der einzig angeklagte Offizier, Oberstleutnant Steven Jordan, kam mit einem verwaltungsrechtlichen Verweis davon.[246] Laut der Nachrichtenagentur *Associated Press* wurde mit diesem Urteil ein Schlussstrich gezogen. Es ist demnach davon auszugehen, dass auch künftig kein Offizier oder ziviler Vorgesetzter strafrechtlich für den Missbrauch und die Folterung von Gefangenen zur Verantwortung gezogen werden wird.

Die Vorgesetzten der sogenannten »bad apples« wurden allenfalls – und dies nur ausnahmsweise – im Rang degradiert, wie die zum Oberst herabgestufte ehemalige Bridagegeneralin und Kommandeurin der Militärpolizei Janis Karpinski, oder kamen mit geringfügigen außergerichtlichen Geldstrafen davon, so der frühere Befehlshaber des militärischen Geheimdienstes in Abu Ghraib, Oberst Thomas M. Pappas.[247] Gegen Generalmajor Geoffrey D. Miller sind keine strafrechtlichen Ermittlungen in den Vereinigten Staaten bekannt, sei es wegen Pflichtvernachlässigung, Verletzung des Kriegsrechts oder anderen völkerrechtlichen Bestimmungen. Im Verfahren gegen die Hundeführer berief sich General Miller zeitweise auf sein Recht, sich nicht selbst zu belasten.[248] Miller trat am 31. Juli 2006 auf seinen eigenen Wunsch in den Ruhestand. Er wurde in Ehren entlassen und bekam die Distinguished Service Medal verliehen.[249] Belohnt für ihren Dienst fürs Vaterland wurde auch Captain Carolyn Wood. Wood hatte seit Juli 2002 in Bagram die Verhörtechniken ausgeweitet: unter anderem durch den Einsatz von Stresspositionen, bis zu 30 Tage dauernder Isolationshaft, die Wegnahme von Kleidungsstücken und die Ausbeutung von Ängsten der Gefangenen wie etwa vor bellenden Hunden. Wood wurde im Sommer 2003 ins Gefängnis Abu Ghraib abkommandiert, wo sie ihre Erfahrungen aus Bagram zur Anwendung brachte. Für ihren Einsatz in Afghanistan und Irak wurde Wood von der US-Army mit zwei »Bronze Stars« ausgezeichnet.[250]

Auch im Falle des US-Oberstabsfeldwebels Lewis Welshofer, der sich 2006 wegen der brutalen Tötung eines irakischen Gefangenen, des Generalmajors Abed Hamed Mowhoush, verantworten musste, verzichtete das zuständige Militärgericht auf eine Gefängnisstrafe.[251] Erstmals war hier ein Militärvertreter mittleren Ranges wegen der von US-Truppen im Irak begangenen Verbrechen angeklagt. In der Verhandlung argumentierte Welshofer, es habe keine klaren Vorschriften für Verhörmethoden im Irak gegeben. Er bestritt außerdem, dass sein Vorgehen brutal war.[252] Gleich zu Beginn des Prozesses sagte Welshofer aus, er habe in dem Bewusstsein gehandelt, seine militärischen Vorgesetzten hätten die von ihm angewendeten Vernehmungstechniken (darunter Schläge mit Kabeln und Hämmern) genehmigt. Die »Schlafsacktechnik« (bei der das Opfer mit dem Kopf voran in einen Schlafsack gesteckt und dann »bearbeitet« wird) habe er, so Welshofer weiter, als eine der nicht weiter definierten Stresspositionen verstanden, die General Sanchez in seinem Memorandum[253] gebilligt hatte. Welshofers direkte Vorgesetze Oberst Jessica Voss wurde als Zeugin gehört. Major Voss sagte aus, sie habe gewusst, dass die »Schlafsacktechnik« als Stressposition, auch an anderen Gefangenen, angewandt worden sei; allerdings sei das Sitzen auf dem Brustkorb des Gefangenen, jedenfalls nach ihrem Verständnis, nicht Bestandteil dieser Praxis. Offenbar wurden die gegen Mowhoush angewandten Methoden auch häufig gegen andere Gefangene eingesetzt. So hatte Welshofer bei einer Vorvernehmung von drei am Tod von Mowhoush beteiligten Soldaten im März 2005 ausgesagt, der Einsatz des Schlafsacks sei ein »geeignetes Mittel«, das er auch selbst angewandt habe, wie auch das Einsperren in Spinde, gegen die dann geschlagen und getreten werde.

Letztendlich wurde nur Welshofer verurteilt – aber nicht wegen Mordes; eine Jury aus sechs Offizieren verurteilte den Verhörspezialisten nur wegen fahrlässiger Tötung und Pflichtverletzung, sprach ihn aber vom Vorwurf der Körperverletzung frei. Der 43-Jährige, der ursprünglich unter Mordanklage stand, kam mit einer Strafe von 6000 Dollar, 60 Tagen Arrest und mit einem offiziellen schriftlichen Tadel davon (anstelle des bei fahrlässiger Tötung möglichen Strafmaßes von drei Jahren Gefängnis sowie der unehrenhaften Entlassung aus den Streitkräften). Welshofers Vorgesetzte Jessica Voss erhielt lediglich eine Abmahnung. Ermittlungen gegen CIA-Angehörige oder Angehörige der Spezialkräfte wurden nicht eingeleitet, auch die an der Ermordung Mowhoushs beteiligten Mitglieder der »Scorpions« blieben unbehelligt.

Mit dem US-Militär und der irakischen Regierung kooperierende paramilitärische Verbände wie die »Scorpions«, die »Wolf-Brigade« oder die »Tiger« sind nach Ansicht von Experten für einen Großteil der im Irak begangenen (Folter-)Morde verantwortlich.[254] Diese Taten werden vielfach zu Unrecht religiösen Rivalitäten zwischen Sunniten und Schiiten zugeschrieben. Ein Großteil der Morde geht Experten zufolge auf das Konto schiitischer Gruppen wie der Badr-Brigaden, die unter Kontrolle des Innenministeriums stehen. Viele der 110 000 Polizisten und der paramilitärischen Polizeikommandos sind mutmaßliche Mitglieder dieser paramilitärischen Gruppe. Ganz nach dem Motto ›divide et impera‹ bedienen sich Regierung und Besatzer bei der Bekämpfung des Widerstands inzwischen zunehmend auch sunnitischer Stammesmilizen.[255] Doch die USA und ihre britischen Verbündeten unterhalten im Irak wie seinerzeit in El Salvador und in Vietnam auch eigene Todesschwadronen, geheime Einheiten, denen Mitglieder der amerikanischen Delta Forces und der britischen SAS angehören. Mehrere hundert Aufständische mit mutmaßlichen Kontakten zu Al-Qaida sollen von diesen Einheiten allein zwischen 2006 und 2008 gezielt getötet worden sein.[256] Im Januar 2005 hatte das US-Magazin *Newsweek* weitreichende Planungen des Pentagons enthüllt, irakische Mord- und Entführungskommandos durch US-amerikanische Spezialkräfte trainieren und unterstützen zu lassen.[257] Im Pentagon selbst soll man für diese Pläne den Namen »Salvador Option« gewählt haben – in Anknüpfung an die Anwendung des Einsatzes von staatlichem Terror, Folter und Todesschwadronen gegen oppositionelle Kräfte in Mittelamerika.

Von Januar bis September 2005 fanden in Fort Hood, Texas, die Militärgerichtsverfahren gegen vier der sogenannten »fauligen Äpfel« statt: gegen den »Rädelsführer« Corporal Charles Graner (Januar 2005), Stabsfeldwebel Javal Davis (Februar 2005), Spezialist Sabrina Harman (Mai 2005) und die Obergefreite Lynndie England (September 2005). In den Verfahren gegen Davis, Harman und England wirkte Stjepan Gabriel Mestrovic, zuvor bereits Soziologischer Gutachter am Internationalen Kriegsverbrechertribunal in Den Haag, als Sachverständiger der Verteidigung mit. In seinem Buch[258] über die Militärgerichtsverfahren in Fort Hood hat Mestrovic die von der US-Regierung bis heute aufrechterhaltene Theorie, wonach die Misshandlung und Folterung von irakischen Gefangenen im Gefängnis von Abu Ghraib das ausschließliche Werk von »ein paar fauligen Äpfeln« gewesen sei, umfassend widerlegt.

In seinem Buch weist er nach, dass Folter und Missbrauch im Gefängnis von Abu Ghraib weder auf eine kleine Schar fauliger Äpfel beschränkt waren, egal, wie viele neue Äpfel der Liste verrotteter Äpfel zukünftig noch hinzugefügt würden, noch auf die von der Regierung verfolgten Fälle. Folter und Missbrauch waren vielmehr allgegenwärtig. Sie beschränkten sich auch nicht auf Abu Ghraib und auch nicht auf den Irak. Sie waren Teil eines weit verbreiteten *Musters* von Folter und Missbrauch des US-Militärs und der CIA im »globalen Krieg gegen den Terror«. Zeugnisse enthüllten, dass einzelne Offiziere einige der Folter-Techniken von dem Moment an in Frage stellten, als sie in Abu Ghraib eintrafen. Doch ihre Vorgesetzten machten ihnen klar, dies sei der Weg, wie der militärische Geheimdienst die Dinge erledigen wolle. So sei es auch nicht wahr, dass die Soldaten den Missbrauch spontan und aus eigenem Antrieb verübt hätten. Bei den sogenannten fauligen Äpfeln handele es keineswegs um moralisch besonders korrumpierte Charaktere. Psychiatrische Tests hätten erwiesen, dass diejenigen, deren Verfahren der Soziologe beobachtete, über keine spezifische sadistische Neigung oder kriminelle charakterliche Veranlagung verfügten.[259] Insbesondere ein psychologisches Gutachten von Oberst Henry Nelson, Militärpsychiater bei der U.S. Air Force, im Anhang des Taguba-Reports[260] straft die Bestrebungen der Anklage in den Militärgerichtsverfahren Lügen, alle Schuld auf die Nachtschicht abzuwälzen.

Schon das erste Verfahren brachte Mestrovic zu der Überzeugung, dass die von den offiziellen Untersuchungsberichten der US-Regierung enthüllten Fakten und Schlussfolgerungen »weitgehend aus dem Verfahren herausgehalten wurden«.[261] So habe es das Gericht tunlichst vermieden, einen Zusammenhang zwischen dem Folterskandal von Abu Ghraib und dem Gefangenenlager

Guantánamo herzustellen: »diese zwei Wörter, *Afghanistan* und *Guantánamo*, schienen im Gerichtssaal tabu zu sein.«[262] Mestrovic urteilt: »Die Militärgerichtsverfahren in Fort Hood waren eine Bühne, auf der die paar fauligen Äpfel zu Sündenböcken für eine Politik des viel weitergehenden Missbrauchs wurden. Die Wächter des Obstgartens (Zivilisten und Militärs hoch oben in der Befehlskette) wurden aus dem Bild des Missbrauchs herausgeschnitten, das die Regierung der Welt präsentiert.«[263]

Kein Interesse an den Opfern

Die irakischen Gefangenen spielten nach Mestrovic »keine große Rolle in diesem amerika-zentrischen Drama. Die Opfer traten nicht persönlich als Zeugen vor Gericht in Fort Hood auf, und was man ihnen angetan hatte oder wer sie waren, schien nicht von Bedeutung zu sein.«[264] Bezeichnenderweise wurden in den Verfahren auch nicht die richtigen Namen der irakischen Gefangenen gebraucht, stattdessen wurden sie bei ihren Spitznamen genannt, die Charles Graner und andere ihnen gegeben hatten: »Gus«, »Gilligan«, »Taxi Driver«, »Big Bird«, »Shit Boy« und so weiter. Bei anderen Gelegenheiten wurden manche Gefangene mit ihren Nummern bezeichnet. »Der enthumanisierende Aspekt dieses Vorgehens wurde während der gesamten Prozesse niemals zur Sprache gebracht, sondern im Gegenteil von Abu Ghraib in den Gerichtssaal übertragen«, schreibt Mestrovic. So korrigierte Richter Oberst James Pohl, der jedem einzelnen Verfahren vorsaß, einen Special Agent der Army, als dieser die Gefangenen als »Opfer« bezeichnete. Der Richter insistierte stattdessen darauf, dass sie mit dem Euphemismus »Häftlinge« bezeichnet würden.[265]

Überhaupt war das Gericht bemüht, das US-Militär wie auch die US-Regierung, gegen die sich der Vortrag der Verteidigung richtete, komplett aus der Schusslinie zu nehmen. Als besonders bemerkenswerte Äußerungen des Militärrichters zitiert Mestrovic dessen Sätze: »Die Army steht hier nicht vor Gericht«[266] und (während der Anhörung in einer Voruntersuchung): »Ich wünsche diese lange Diskussion über die Verwicklung des Weißen Hauses nicht«.[267]

»Hölle auf Erden«

Die Angeklagten in Fort Hood beschrieben die Atmosphäre, die im Gefängnis von Abu Ghraib geherrscht habe, sämtlich mit ähnlichen Worten. Charles Graner nannte Abu Ghraib eine »bizarre Welt«[268]; Stabsfeldwebel Javal Davis wurde noch deutlicher, wenn er sagte: »Abu Ghraib war die Hölle auf Erden«.[269] Diese Charakterisierung des in Abu Ghraib herrschenden Klimas stimmt mit der Beschreibung anderer Soldaten überein. Alle beschrieben sie Abu Ghraib »in Alltagsausdrücken, die extremen Stress anzeigen«.[270] Janis Karpinski bestätigt dieses Gefühl, wenn sie in ihrem Buch schreibt: »Soldaten, die nach Abu Ghraib abkommandiert waren, hatten den Eindruck, als wären sie in die Hölle geschickt worden«.[271] Mestrovics Schlussfolgerung nach den von ihm beobachteten Verfahren: »Die Soldaten sagten die Wahrheit, als sie aussagten: sie hätten Anweisungen des Militärgeheimdienstes befolgt, den Gefangenen ›unheimliche‹ [weird] Dinge anzutun. [...]«[272] Dieses »vergiftete« soziale Klima, das von allen regierungsoffiziellen Untersuchungsberichten übereinstimmend konstatiert wird,[273] und das den Missbrauch und die Folterung von Gefangenen geradezu begünstigte, wird an verschiedenen – externen wie internen – Parametern festgemacht: Das Abu-Ghraib-Gefängnis befand sich inmitten eines Kriegsgebiets und stand unter regelmäßigem Granatenbeschuss, das Problem der Überbevölkerung war gravierend. Es mangelte an den notwendigsten Waren und Equipment, und der Lebensstandard war ärmlich.[274] So gab es kein Abwassersystem, unzulängliche Stromaggregate, zu wenig Toiletten, Duschen und Seife. Infektionskrankheiten breiteten sich aus. Der Militärpolizist Ivan Frederick beaufsichtigte um die 1000 Gefangene und Untergebene. Er arbeitete zwölf Stunden täglich und sieben Tage in der Woche, sein Schlafplatz war eine Gefängniszelle. Die Angst vor Häftlingsrevolten war allgegenwärtig.

Basierend auf den Ergebnissen des Stanford-Gefängnis-Experiments und ihrer Anwendung auf den Irak-Krieg hat der amerikanische Sozialpsychologe Philip Zimbardo ein Buch[275] verfasst. Darin analysiert er die Umstände, unter denen sich »gute« Menschen in »böse«, d.h. in Folterer oder Massenmörder in Uniform, verwandeln. Zimbardo, emeritierter Professor an der Stanford Universität, war als psychologischer Sachverständiger von der Verteidigung von

Ivan Frederick hinzugezogen worden. Stabsunteroffizier Frederick (siehe oben) musste sich 2004 vor einem Gericht der US-Armee in Bagdad wegen der Beteiligung an Folterungen und Misshandlungen in Abu Ghraib verantworten und hatte sich schuldig bekannt. Zimbardo, der per Liveübertragung zugeschaltet worden war, erklärte, er entschuldige keineswegs die Taten des Angeklagten, wenn er in den Bedingungen des Gefängnisses von Abu Ghraib und im Irakkrieg insgesamt die wesentliche Ursache für die dortigen Exzesse sehe. Auch wenn Fredericks Schuld nicht zu leugnen sei, müssten diese Bedingungen doch als entscheidend berücksichtigt werden. Der Sozialpsychologe sah die Fehler in einem System, das die Folterer hervorgebracht habe und auch weiterhin hervorbringen werde. Seine Expertise gründete Zimbardo nicht nur auf eine genaue Recherche der Ereignisse in Abu Ghraib, sondern auch auf jahrzehntelange eigene Forschungen über Gefängnisse und Folter in den USA und im Polizeiapparat der Militärdiktaturen Brasiliens und Griechenlands.

Parallelen zur sozialen Dynamik im Stanford-Gefängnis-Experiment, dessen relativ harmlose Situation mit der von Abu Ghraib sicher nicht gleichzusetzen ist, sieht Zimbardo in der Anonymisierung der Wärter, der Deindividualisierung und Entmenschlichung der Häftlinge, der Delegation der Verantwortung an Autoritäten, dem Gruppendruck und der Abwesenheit von moralischer Opposition, alles um ein Vielfaches potenziert. Hinzu kamen rassistische Ressentiments, die offensichtlich von Vorgesetzen geschürt wurden. Das bereits zitierte psychologische Gutachten von Oberst a. D. Nelson erwähnt explizit »die Assoziation von Muslimen mit Terrorismus«, was Nelson zufolge »falsche Wahrnehmungen« zur Folge hatte, »die zur Furcht vor der Bevölkerung oder zu deren Abwertung führen können«.[276] Zimbardo nannte außerdem Vergeltungswünsche für getötete Kameraden und nicht zuletzt die Ermutigung zu Grausamkeiten durch Vorgesetzte.

Ursachen für das unmenschliche Verhalten der US-Soldaten

Übereinstimmend halten die Untersuchungsberichte der Regierung die ungenügende Personalausstattung, die mangelhafte Unterweisung und Ausbildung der in Abu Ghraib und anderen Hafteinrichtungen stationierten Soldaten im Umgang mit Gefangenenverhören sowie die mangelhafte Kenntnis der Genfer Konventionen fest.[277] Das deckt sich mit dem Befund eines Berichts von Human Rights Watch vom September 2005.[278] Alle Berichte machen mehr oder weniger deutlich, dass die US-Armee es unterließ, ihre Soldaten in den zahlreichen Normen, Werten, Lehren und Gesetzen auszubilden, die sowohl laut ihren eigenen Dienstvorschriften als auch nach den Genfer Konventionen für legale Verhör- und Haftmethoden kennzeichnend sind.

»Die Moral hatte Schaden genommen« in Abu Ghraib, schreibt Taguba.[279] Es gab »Reibungen« und einen »Mangel an effektiver Kommunikation« zwischen dem Militärgeheimdienst und den Brigaden der Militärpolizei. Es existierte ein »unklares Verhältnis auf der Befehlsebene«.[280] Verwirrungen über die Rangordnung beklagt auch der Fay/Jones-Report. Die Angehörigen des US-Militärs in Abu Ghraib hätten nicht gewusst, wer was zu sagen hatte. »In den Militärgerichtsverfahren bezeugten Soldaten, sie wären sich nicht sicher gewesen, wer der Chef war.«[281]

»In dieser Atmosphäre der Gefahr, Promiskuität und Negativität traten die schlimmsten menschlichen Eigenschaften in den Vordergrund und eine *perversive* [sic] Dominanz gewann die Oberhand, insbesondere in Abu Ghraib.« Darüber hinaus »schien die Einheit des MI [Militärgeheimdienst] in einer Verschwörung der Stille zu operieren«,[282] heißt es im Bericht von General Antonio Taguba.

Offenbar hatten manche Soldaten tatsächlich den Verdacht oder wussten, dass der Einsatz von Hunden als Waffe bei Verhören[283] wie auch andere aggressive Verhörtechniken Missbrauch bzw. Folter darstellten. Gleichzeitig wurden sie jedoch durch illegale Anweisungen ihrer Vorgesetzten sowie den von ihren Mit-Soldaten ausgeübten Druck dazu veranlasst, sich an diesen Verbrechen zu beteiligen. Sie wurden damit einer Situation ausgesetzt, die Sozialwissenschaftler als »double-bind«-Situation bezeichnen: Man wird getadelt, wenn man etwas tut (in diesem Fall Folter und Missbrauch verübt), und man wird getadelt, wenn man es nicht tut – wobei die Strafe im letzteren Fall zudem noch unmittelbar eintritt. »Der extreme Stress, dem sowohl die Gefangenen als auch die Soldaten in Abu Ghraib ausgesetzt waren«, befindet Mestrovic, »kann durchaus als ein Resultat von Double-bind-Situationen verstanden werden.«[284]

Einem extremen Anpassungsdruck sahen sich insbesondere jene Soldaten ausgesetzt, die an der Folterung und Misshandlung von Gefangenen durch ihre »Kameraden« Anstoß nahmen. Soldaten bezeugten vor Gericht, »dass sie Furcht und Einschüchterung voneinander erfahren hatten – insbesondere, dass Mitsoldaten ihnen Schaden zufügen könnten, falls sie über den von ihnen beobachteten Missbrauch berichteten oder versuchten, ihn zu stoppen. Manche Soldaten berichteten auch über Furcht und Einschüchterung durch die U.S. Army gegen ›whistle-blowing‹«.[285] Ähnlich konstatiert der Bericht[286] von Human Rights Watch: Soldaten, die ihren Vorgesetzten Missbrauchsfälle meldeten, wurde deutlich zu verstehen gegeben, dass dies nicht erwünscht war. Die Soldaten ließen ihren Ärger und ihre Frustration an den Gefangenen aus und gaben denen, die Zeugen dieser Misshandlungen wurden, zu verstehen (mit den Worten von Ivan Frederick): »Du hast die Scheiße nicht gesehen«. Der Reservist Joe Darby, der die Folterungen im Gefängnis von Abu Ghraib einer armeeinternen Ermittlungsbehörde gemeldet und damit letztlich dafür gesorgt hatte, dass der »Skandal« an die Öffentlichkeit gelangte, musste sich aufgrund mehrerer Morddrohungen von »Kameraden« und aus der »Heimat« später jahrelang verstecken.

Die Untersuchungsberichte der US-Regierung legen nahe, dass die US-Armee das extreme Nacktheits-Tabu des Islam ebenso für ihre Zwecke instrumentalisierte wie sie dem Fay/Jones-Report zufolge »die Angst der Araber vor Hunden ausbeutete«.[287] Dennoch schlossen die Militärgerichtsverfahren in Fort Hood das Verbrechen, Gefangene zur Nacktheit zu zwingen, das eine eindeutige Verletzung der Genfer Konventionen darstellt, komplett aus. So wie die erzwungene Nacktheit »offensichtlich als Routine im Glauben angewandt wurde, es sei keine Form des Missbrauchs«[288], so wurden offenkundig auch andere Formen des Missbrauchs, wie die Benutzung einer Hundeleine, Gefangene zum Masturbieren zu zwingen sowie auf andere Art und Weise sexuell zu nötigen und zu demütigen, von den einfachen Soldaten im Glauben eingesetzt, es handle sich dabei um akzeptierte Techniken, »weil der Missbrauch als ›normal‹ angesehen wurde«[289].

Der Fay/Jones-Bericht macht deutlich, »dass [...] die ganze Unterscheidung zwischen autorisierten und unautorisierten Techniken prinzipiell zusammengebrochen [war]«.[290] Doch scheint dieser

Zusammenbruch kein zufälliger, sondern vielmehr ein gewollter gewesen zu sein. Dabei haben die für die Situation in Abu Ghraib Verantwortlichen die Grenzen zwischen gesetzlichen »Verhörtechniken« und Missbrauch/Folter systematisch verwischt. Die gleiche Konfusion wie hinsichtlich der Frage, welche Techniken nun autorisiert sind, welche Dienstanweisungen Gültigkeit haben, herrschte ja auch hinsichtlich der »Auslegung« bestimmter Schlüsselbegriffe wie desjenigen der »menschenwürdigen« Behandlung. Auch hier hatte die Bush-Regierung mit verbalen Taschenspielertricks gezielt Konfusion verbreitet. Zum einen definierten die sogenannten Folter-Memoranden Folter in einer Weise neu, dass nur noch die extremsten Formen »grausamer, inhumaner und erniedrigender Behandlung« unter diesen Begriff fielen, andere Formen also als erlaubt gelten mussten. Andererseits unterließen sie es, die Termini »grausam«, »inhuman« und »erniedrigend« näher zu definieren.

Noch chaotischer wurde die derart künstlich erzeugte Konfusion durch die willkürliche Verschmelzung der ursprünglich grundverschiedenen Rollen von Militärpolizei und Militärgeheimdienst. In einer derartigen Umgebung war es für den Durchschnittssoldaten kaum mehr möglich, betont Mestrovic, Missbrauch von »normalem Verhalten« zu unterscheiden. Und er sollte es – jedenfalls aus Sicht der Verantwortlichen – wohl auch gar nicht können. Die Schwierigkeit der Soldaten, (erlaubte) »Verhörtechniken« von Misshandlungen zu unterscheiden, wurde auch während der Verfahren in Fort Hood immer wieder deutlich. Vor Gericht konnten jedenfalls sowohl die Angeklagten als auch die als Zeugen auftretenden Soldaten den Unterschied nicht nennen.[291]

Oberst Henry Nelson, Militärpsychiater bei der U.S. Air Force, bemerkt in seinem Untersuchungsbericht: »Dies ist ein klassisches Beispiel für die legale Formel: ›Prädisposition + Gelegenheit = kriminelles Verhalten‹. Prädisposition schließt psychologische Faktoren wie Negativität, Wut, Hass und den Wunsch, zu dominieren und zu demütigen, ein. Und, infolge eines unbeaufsichtigten Arbeitsplatzes, wo keine angemessene Bestrafung unmittelbar droht, ergab sich die Gelegenheit […]«.[292]

Man kann sogar noch einen Schritt weiter gehen und behaupten, dass derartige Situationen systematisch geschaffen und »kriminelles Verhalten« nicht nur stillschweigend geduldet, sondern systematisch gefördert wurde. Das heißt, die Verantwortlichen in den oberen Etagen der Befehlskette haben die »Gelegenheit« zum Ausleben der oben beschriebenen negativen psychologischen Faktoren geradezu geschaffen. Sie haben in Abu Ghraib und anderen Orten ideale Bedingungen kreiert, damit sich entsprechende Prädispositionen unter den Soldaten entfalten konnten. Die in der permanenten US-Propaganda deindividualisierten und entmenschlichten irakischen Gefangenen waren die Zielobjekte, auf welche die derart verwirrten Soldaten ihre negativen Emotionen projizieren und an denen sie ihre Aggressionen abarbeiten durften – und sollten. Dass man ihnen hierbei einen verhältnismäßig großen Spielraum ließ – »der Phantasie des Agenten sind keine Grenzen gesetzt«[293], heißt es im Folterhandbuch »Projekt X« der USARSA – gehörte zur perfiden Strategie. Oder anders ausgedrückt: die – gewollte – Improvisation der Gewalt war Teil der Inszenierung, indem sie einfache, uneingeweihte Soldaten zu Folterknechten und damit zu »Komplizen« der eigentlichen Täter machte.

»Verantwortung auf höheren Ebenen«

Für die Ausübung von Herrschaft, insbesondere in komplexen Organisationen, ist die ideologische Ausrichtung und Indoktrination der ihr unterworfenen Subjekte zentral und unabdingbar. So sieht es auch der Sozialpsychologe Philip Zimbardo, wenn er schreibt: »In der Ära, als in vielen Ländern der Welt […] faschistische Militärjuntas regierten, in den 60er und 70er Jahren, pflegten die jeweiligen Diktatoren ihren Ruf zu den Waffen als notwendige Verteidigungsmaßnahme gegen die angebliche ›Bedrohung der nationalen Sicherheit‹ durch Sozialisten und Kommunisten zu begründen. Die Eliminierung […] erforderte staatlich sanktionierte Folterungen […]. Zudem legitimierte sie die Ermordung aller als ›Staatsfeinde‹ verdächtigen Personen durch Todesschwadronen. In den USA der Gegenwart haben dieselben angeblichen Bedrohungen die Bürger so weit verunsichert, dass sie bereitwillig ihre grundlegenden Bürgerrechte aufgeben […]. Diese Ideologie wiederum war der Kern der Rechtfertigungen für einen […] Angriffskrieg gegen den Irak.«[294] Bei aller Kritik an Militärgefängnissen macht Zimbardo in seinem Buch denn auch deutlich, dass das Grundproblem nicht die dortigen Missstände sind und waren, sondern dass es das Verbrechen des Krieges ist, das Menschen zu Folterern und Mördern macht. Und Zimbardo zögert nicht, die obersten Repräsentanten des Staates als Hauptverantwortliche für dieses und alle daraus folgenden Verbrechen klar zu benennen. Damit spricht er aus, was auch die regierungsoffiziellen Untersuchungsberichte nahelegen, die, etwa wie der Schlesinger-Bericht, zu dem Ergebnis kommen: »[...] es gibt sowohl institutionelle als auch persönliche Verantwortung auf höheren Ebenen [...]«.[295] »Personen hoch oben in der Befehlskette«, so Mestrovic, »müssen diese giftige, importierte Politik angeordnet oder von ihr gewusst haben [...]. Das ist die logische Schlussfolgerung, die sich aus den in den Berichten zusammengetragenen Fakten und der geltenden Lehre von der Verantwortung des Befehlshabenden ziehen lässt.«[296]

Weil sie selbst an der Spitze dieser Befehlskette steht, »schützte die Regierung die hohen Offiziere im Militär und wälzte die Schuld auf niederrangige Soldaten ab als magische Erklärung für den Missbrauch in Abu Ghraib.«[297]

Die Straflosigkeit der Angestellten privater Militärunternehmen

Doch nicht nur Angehörige des US-Militärs, auch sogenannte »civil contractors« – Mitarbeiter privater Militärunternehmen im Dienst der US-Streitkräfte – haben sich der Misshandlung und Folterung von Gefangenen im Irak schuldig gemacht. Im Irak stellen private Militärunternehmen mittlerweile das größte Militärkontingent überhaupt.[298] Das Hauptproblem bei der juristischen Aufarbeitung von Verbrechen, die von Mitarbeitern privater »Sicherheitsdienste« begangen wurden, ist die unklare Rechtslage. Als Zivilisten fallen »civil contractors« nicht unter die Militärgerichtsbarkeit, und US-Gerichte haben bis auf wenige Ausnahmen aufgrund des Territorialitätsgrundsatzes keine Jurisdiktionsgewalt über auf irakischem Boden begangene Verbrechen; im Irak selbst werden sie nicht verfolgt. Von den insgesamt 180000 Mitarbeitern privater Sicherheitsdienste im Irak wurde so gut wie keiner strafrechtlich verfolgt oder zur Verantwortung gezogen.[299] Bereits 2003 hatte der zweite US-Statthalter in Bagdad, Paul Bremer, zudem die »Order 17« erlassen, nach der das gesamte ausländische Zivilpersonal im Dienst der »Coalition Provisional Authority« und der US-Besatzer im Irak nicht strafrechtlich verfolgt werden konnte.[300] Einer von Bremers engsten früheren Mitarbeitern wird mit der Äußerung zitiert: »Wir wollten sicherstellen, dass unser Militär, Zivilisten und Auftragnehmer vor irakischem Recht geschützt sind.«[301] Diese Bestimmung wurde später in irakisches Recht überführt.[302] Seither haben zahlreiche Gewaltverbrechen im Irak, für die US-Militärunternehmen wie Blackwater verantwortlich waren, zur Verstärkung anti-amerikanischer Ressentiments unter der irakischen Bevölkerung beigetragen. Die Iraker sehen in ihnen zu Recht Privatarmeen, die straflos in ihrem Land schalten und walten können.[303]

Unter dem Druck der Ereignisse verabschiedete das US-Repräsentantenhaus am 5. Oktober 2007 ein Gesetz, das es ermöglicht, Mitarbeiter von privaten Militärunternehmen, die im Auftrag der US-Streitkräfte in Krisengebieten operieren, künftig auch in den USA vor Gericht zu stellen. Doch selbst wenn das Gesetz in Kraft treten sollte, gilt es nicht rückwirkend.[304] Auch das vom irakischen Parlament nach langwierigen Verhandlungen Anfang Dezember 2008 verabschiedete Truppenstationierungsabkommen mit den USA enthält einen Artikel, der die Immunität von US-Amerikanern im Irak einschränkt. Söldner und sonstige US-Bürger, die über Privatfirmen engagiert wurden, sollen demnach in Zukunft vollständig der irakischen Gerichtsbarkeit unterstehen, Soldaten und Zivilangestellte der US-Armee wenigstens bei vorsätzlich und außerhalb des Dienstes begangenen Schwerverbrechen.[305]

Das US-Außenministerium und die US-Armee hatten im Übrigen von den zahlreichen Gesetzesbrüchen privater »Sicherheitsfirmen« durchaus Kenntnis. Doch sie unternahmen nicht nur nichts dagegen, sondern unterstützten etwa Blackwater sogar dabei, Verbrechen zu vertuschen.

Ärzte als Foltergehilfen

An den Misshandlungen und Folterungen von Gefangenen in US-Gewahrsam nach dem 11. September 2001 haben sich zahlreiche Mediziner und Psychologen beteiligt. »[...] das medizinische Personal, einschließlich Ärzte und Psychologen, wurde zu Komplizen bei der vorsätzlichen Schädigung jener, zu deren Schutz sie der Hippokratische Eid verpflichtet«[306] – zu dieser traurigen Bilanz gelangte die Menschenrechtsorganisation Physicians for Human Rights (PHR) in ihrem im Juni 2008 erschienenen Bericht »Broken Laws, Broken Lives«.[307]

Während einige frühere Häftlinge angaben, vom US-Gesundheitspersonal korrekt oder sogar human behandelt worden zu sein, berichteten andere ehemalige Gefangene, das medizinische Personal habe bei der Anwendung von Folter und Misshandlung auf mehreren Ebenen eine Rolle gespielt: durch die Beobachtung entsprechender Praktiken bei den Verhören, durch die Verweigerung von angemessener medizinischer Versorgung sowie dadurch, dass es keine Anstalten machte, diese Praktiken zu stoppen und/oder den Missbrauch von Gefangenen zu dokumentieren.[308]

Insgesamt neun der von PHR untersuchten und befragten früheren Gefangenen berichteten, sie seien von medizinischem Personal auf ihren Gesundheitszustand hin untersucht worden, während man sie gefoltert oder physisch missbraucht habe. Die medizinischen Mitarbeiter hätten aber nichts unternommen, um die Misshandlungen zu stoppen. Ein Mann gab an, während seines abschließenden Verhörs auf dem Flughafen in Bagdad habe eine Person, anscheinend ein Arzt, seine Herzfrequenz und seinen Blutdruck gemessen. Dann habe er den Vernehmern gesagt, sie könnten »weitermachen«. Ein ehemaliger Insasse des Gefängnisses von Abu Ghraib erinnerte sich, dass er nach der Verabreichung von Elektroschocks ohnmächtig geworden war. Eine Person, von der er annahm, es handle sich um einen Arzt, habe ihn wiederbelebt und offenbar den Vernehmern bedeutet, sie könnten das Verhör fortsetzen.[309] Andere Ex-Häftlinge berichteten, dass ihnen trotz gesundheitlicher Beschwerden und Verwundungen sowie auch auf mehrmalige Bitten hin Medikamente und medizinische Versorgung verweigert wurden. Weiter berichteten alle früheren Guantánamo-Gefangenen, die PHR befragte, dass ihnen ohne ihre Einwilligungen Injektionen oder Medikamente verabreicht sowie medizinische Maßnahmen gegen ihren Willen an ihnen angewandt worden seien.[310]

Zur grundsätzlich problematischen Rolle des medizinischen Personals in Guantánamo heißt es in dem Bericht: »Selbst jene medizinischen Mitarbeiter, die glaubten, sich auf ihre klinische Rolle zu beschränken, und es vermieden, bei Vernehmungen zu helfen, wurden Teil der Foltermaschinerie. PHR verfügt über keine Informationen, dass Ärzte oder anderes medizinisches Personal die Behörden über Folterpraktiken unterrichteten, sicher ist aber, dass sie nicht einschritten, um Folter zu stoppen, wenn sie diese beobachteten oder wenn sie diejenigen untersuchten, die ihr ausgesetzt waren.«[311]

Laut Human Rights Watch haben die USA seit 2002 systematisch psychologische Folter an Guantánamo-Häftlingen angewandt. Diese Praktiken, so hieß es in einem von HRW-Ärzten erstellten Bericht weiter, könnten »bei jedem Einzelnen zu verheerenden gesundheitlichen Folgen führen«. Zwei frühere Guantánamo-Gefangene äußerten gegenüber PHR den Verdacht, Psychologen hätten vertrauliche Informationen an Vernehmer weitergegeben.[312] Dieser Verdacht wird durch die Berichte ehemaliger in Guantánamo tätiger Verhörexperten bestätigt, die der *New York Times* zufolge angaben, Ärzte hätten unter Bruch des Hippokratischen Eides den Militärs dabei geholfen, die Häftlinge psychisch zu brechen.[313] Sie hätten unter anderem Ratschläge gegeben, wie sich Ängste der Gefangenen schüren und effektiv ausnutzen ließen, um diese kooperativer und auskunftsbereiter zu stimmen. In einem Fall zum Beispiel sei den Verhörexperten unter Hinzuziehung der Patientenakte mitgeteilt worden, dass ein Gefangener krankhafte Furcht vor der Dunkelheit habe. In einem weiteren Fall habe man versucht, die Sehnsucht eines Häftlings nach seiner Mutter auszunutzen. »Sie sollten uns dabei helfen, die Gefangenen zu brechen«, sagte ein ehemaliger Verhörexperte der *New York Times* über die Aufgabe der Ärzte.[314]

Das US-Verteidigungsministerium reagierte auf diese Kritik, indem es erklärte, dass die Vertraulichkeit medizinischer Informationen niemals absolut sei, und im Übrigen auf einen feinen Unterschied hinwies: Zu den Gefangenen-Verhören hätten die Ermittler immer nur solche Ärzte herangezogen, die als Verhaltenswissenschaftler in Guantánamo eingesetzt und nicht für die Betreuung von Patienten zuständig gewesen seien. Ihre Aufgabe habe darin bestanden, den Charakter der Häftlinge einzuschätzen.[315]

Über entsprechende Vorgänge berichtete auch die Zeitschrift *The New England Journal of Medicine.*[316] Danach ging es bei dem Einsatz der Ärzte ausdrücklich darum, den Stress und die Ängste von Gefangenen zu erhöhen, um an geheime Informationen zu gelangen. »[...] seit Ende 2002 waren Psychiater und Psychologen Teil einer Strategie, die extremen Stress, kombiniert mit Anreizen für ein kooperatives Verhalten, zur Gewinnung von brauchbaren Informationen einsetzte.«[317] Die Autoren des Artikels, M. Gregg Bloche, Professor für Recht, und Jonathan H. Marks, Rechtsanwalt und Bioethiker, beide an der Georgetown University, Washington, D. C., bezeichneten das Vorgehen der Militärärzte nicht nur als ethisch verwerflich, sondern auch als Bruch internationaler Gesetze. Sie kritisierten, in Guantánamo sei die Grenze zwischen Informationsgewinnung und medizinischer Versorgung der Gefangenen unter Verstoß gegen internationales Recht und gegen die Ethikregeln für Mediziner aufgehoben worden.[318]

Die Autoren verwiesen auf eine bis dahin unbekannte Stellungnahme des U. S. Southern Command, laut der medizinisches Personal mit Wirkung vom 6. August 2002 wie folgt angewiesen wurde:[319] Mitteilungen von »feindlichen Personen unter US-Kontrolle« auf Guantánamo »sind nicht vertraulich und gehören nicht zu den Privilegien«, die den Gefangenen zustünden. Die Richtlinie weist das medizinische Personal darüber hinaus an, »alle Informationen, die sie während der Behandlung von Gefangenen erlangen und die [...] für die Aufrechterhaltung der militärischen oder nationalen Sicherheit von Bedeutung ist, [...] auch nicht-medizinischem Militär- oder anderem US-Personal zur Verfügung zu stellen, das ein offensichtliches Bedürfnis an dieser Information hat.« Die einzige Beschränkung, die dem medizinischen Personal bei seiner nachrichtendienstlichen Tätigkeit auferlegt wurde: Es kann nicht selbst Verhöre führen. »Die Stellungnahme, die zwischen Richtlinien zu Themen wie Alkohol und Parken in der Personal-Ecke der Website *SouthCom* [Southern Command] versteckt ist«, schreiben Bloche und Marks, »verpflichtet Mediziner und Pfleger nicht nur, den Verhörteams des Militärs und der Central Intelligence Agency auf Verlangen Patientendaten zur Verfügung zu stellen; es fordert sie darüber hinaus auf, freiwillig Informationen weiterzugeben, wenn sie glauben, diese seien von Wert. Damit macht es sie zu einem Teil des Überwachungs-Netzwerks von Guantánamo, womit die vom Pentagon behauptete Trennung zwischen Nachrichtenermittlung und Patientenfürsorge aufgehoben wird.«[320]

Auch an den Gefangenenmisshandlungen und Folterungen im irakischen Gefängnis Abu Ghraib sollen den Angaben eines US-Wissenschaftlers zufolge Ärzte beteiligt gewesen sein. Mit ihrem

Verhalten hätten diese ethische medizinische Normen gebrochen und Menschenrechte verletzt, schreibt der amerikanische Bioethiker Steven Miles im Fachmagazin *The Lancet*.[321] Der Doktor der Medizin und Professor an der Universität von Minnesota verlangte eine offizielle Untersuchung über die Rolle der Ärzte beim Folterskandal sowie eine umfassende Untersuchung des Verhaltens des gesamten medizinischen militärischen Systems als Basis für zukünftige Reformen. Miles wertete Regierungsdokumente und Protokolle des US-Kongresses, Aussagen von Inhaftierten und Soldaten, ärztliche Berichte sowie Medienberichte aus. Ein Militärsprecher bestätigte, die meisten der in dem Artikel beschriebenen Vorfälle und Anschuldigungen seien von den Streitkräften selbst dokumentiert worden. Miles schreibt, laut Aussagen von Verantwortlichen der US Army hätten ein Psychiater und ein weiterer Arzt die Befragungsmethoden in Abu Ghraib entworfen und genehmigt sowie die Verhöre überwacht. Außerdem gebe es Berichte, wonach Ärzte Gefangene sogar persönlich misshandelt hätten.[322]

Sehr wahrscheinlich wurden auch die Angaben über Todesursachen in Sterbeurkunden gefälscht, um die fatalen Folgen der Folter zu verschleiern.[323] Miles zitiert ferner einen Offizier der Militärpolizei: Ein Arzt habe einem unter Folter gestorbenen Inhaftierten eine Infusion in die Vene gelegt, damit es so aussehe, als hätte der Mann im Krankenhaus noch gelebt. Medizinische Berichte und Totenscheine von Gefangenen in Afghanistan und im Irak seien gefälscht worden. »Die Ärzte bestätigten routinemäßig den Tod durch Herzinfarkt, Hitzschlag oder andere natürliche Todesursachen«, schreibt Miles. Als Beispiel nennt Miles den Fall des zu Tode geprügelten und erstickten irakischen Generalmajors Mowhoush. Ein Chirurg bestätigte, dass er aufgrund natürlicher Ursachen verstorben sei. Monate später stellte das Pentagon einen Totenschein aus, in dem nun als Todesursache Mord durch Ersticken angegeben war. Obwohl die Folterung und erniedrigende Behandlungen von Gefangenen in Abu Ghraib vielfach auch dem medizinischem Personal bekannt waren, hat vor den Untersuchungen der Armee im Januar 2004 kein Bericht des medizinischen Gesundheitspersonals auf Missbrauch, Erniedrigung oder Misshandlungen hingewiesen.

Ebenfalls schwer versagt haben Mitarbeiter des medizinischen Stabs Miles zufolge unter anderem, indem sie notwendige medizinische Berichte nicht anfertigten, medizinische Routineuntersuchungen nicht durchführten und es an der ausreichenden Versorgung behinderter oder verletzter Häftlinge fehlen ließen. Medizinisches Personal sowie medizinische Informationen wurden auch dazu benutzt, Befragungen unter psychischem und physischem Zwang durchzuführen.[324]

Das medizinische Personal im Gefängnis von Abu Ghraib hat wohl die Folgen von Gefangenen-Misshandlungen behandelt und dokumentiert, doch haben Ärzte derartige Vorfälle in der Regel weder gemeldet, noch sind sie dagegen eingeschritten. Auf diesen Umstand machte auch Robert Jay Lifton, Psychiater an der Harvard Medical School, mit einem Artikel in dem angesehenen *New England Journal of Medicine* aufmerksam.[325] Lifton hat sich in verschiedenen Büchern u. a. mit der Psychologie des Völkermords sowie der Rolle der Ärzte im Dritten Reich befasst.

Ärzte und medizinisches Personal, so Lifton mit Verweis auf Informationen aus Medienberichten, mussten Stichwunden, zusammengebrochene Gefangene oder Patienten mit verletzten Genitalien versorgen, ohne dass sie dies offensichtlich höheren Stellen gemeldet hätten. Einem Artikel in der *New York Times* zufolge gaben zwei Ärzte einem Gefangenen Schmerzmittel wegen einer verzerrten Schulter, wobei sie wussten, dass die Verletzung daher stammte, dass man den Mann gezwungen hatte, lange Zeit in einer schmerzhaften Position mit gefesselten und über den Kopf gestreckten Händen zu verbringen. Und als eine Krankenschwester zu einem Gefangenen mit einer Panikattacke gerufen wurde, sah sie eine Pyramide mit nackten Gefangenen, deren Köpfe verhüllt waren, aber das erzählte sie erst, als der Taguba-Bericht erstellt wurde.

Schwere Vorwürfe erhob Lifton vornehmlich gegen jene Ärzte, die durch die Duldung oder gar Unterstützung von Misshandlungen eine psychologisch und militärisch »Gewalt erzeugende Situation« potenziell mit verursachten. Ärzte, so Lifton, seien nicht nur »Teil der Kommandostruktur, die Folter zuließ, verstärkte und manchmal inszenierte«, sondern sie unterstützten allein schon durch die ihnen zugestandene (moralische) Autorität Folter und Misshandlungen, auch wenn sie daran selbst nicht aktiv beteiligt gewesen seien, sondern sie nur geduldet hätten. Die Teilnahme von Ärzten am Missbrauch von Gefangenen, so Lifton, könne eine Aura der Legitimität herstellen.

Im Juni 2005 erließ das Pentagon einen neuen ethischen Leitfaden mit dem Titel »Medical Program Principles and Procedures for the Protection and Treatment of Detainees in the Custody of the Armed Forces of the United States«. Dieses Dokument betont die Bedeutung »der humanen Behandlung von Gefangenen«. Es besagt ausdrücklich, dass »das mit der medizinischen Versorgung der Gefangenen betraute Gesundheitspersonal« nicht an Verhören teilnehmen darf. Diese Formulierung enthält offensichtlich eine eklatante Lücke, denn wissenschaftliche und medizinische Mitarbeiter, die nicht direkt für die Gesundheit der Gefangenen zuständig sind, werden von ihr nicht erfasst. Zwar heißt es an anderer Stelle, Militärärzte dürften nicht an der missbräuchlichen Behandlung von Gefangenen mitwirken. Die Richtlinien gestatten aber dem Vernehmen nach die Mitwirkung an »gesetzmäßigen« Verhören.[326]

Entgegen der Behauptung des Pentagons, die Patientenakten könnten nur unter strengen Auflagen von Personen eingesehen werden, die nicht mit der medizinischen Versorgung der Gefangenen betraut sind, erklärten frühere Guantánamo-Vernehmer gegenüber der *New York Times*, sie hätten freien Zugang zu Patientenakten gehabt. Nach dem April 2003, als Verteidigungsminister Rumsfeld die Regeln im Umgang mit den Gefangenen verschärfte, sollen sich die BSCT-Ärzte (»Behavioral Science Consultation Teams«) laut einem früheren Verhörspezialisten bei der Herausgabe der Daten stets als gefällig erwiesen haben.[327]

Nachdem ruchbar wurde, in welchem Ausmaß Psychologen beratend an Folter-Verhören beteiligt waren, herrschte in der 180 000 Mitglieder zählenden American Psychological Association (APA) große Aufregung. Die Psychologen sahen ihre moralische Verpflichtung, Schutzbefohlenen zu helfen, systematisch verletzt. Bislang hat sich der Verband allerdings geweigert, eine unmissverständliche Resolution zu verabschieden, wie es z. B. die Organisationen der Mediziner, Krankenschwestern und die in der American Psychiatric Association organisierten Psychiater längst getan haben: deren Mitgliedern, die an den Hippokratischen Eid gebunden sind, ist es strikt untersagt, an Verhören der Armee oder der Geheimdienste teilzunehmen.

Noch im Sommer 2005 war eine von der APA eingesetzte Arbeitsgruppe zum Studium der ethischen Grenzen von Psychologen, die in Verhörzentren wie Guantánamo arbeiten, in einem Bericht zu dem Schluss gelangt, dass es für Psychologen »akzeptabel sei, als Verhaltensberater (behavioral consultants) an Verhören von dort festgehaltenen Gefangenen aus Afghanistan teilzunehmen«.[328] Zur Frage, ob Psychologen dem Vernehmungspersonal Ratschläge geben dürften, wie der Druck auf Gefangene erhöht werden könne, um diese kooperativer zu machen, äußerte sich der Bericht nicht explizit. Zwar heißt es in dem Bericht, Psychologen dürften sich nicht an Folter oder an der grausamen, unmenschlichen und erniedrigenden Behandlung von Gefangenen beteiligen. Zu den dokumentierten Fällen in Guantánamo bemerkt der Bericht jedoch lediglich, diese erforderten »besondere ethische Überlegungen«.[329] Die Arbeitsgruppe (sechs der Mitglieder hatten Kontakte zu den Streitkräften) legte ebenfalls fest, dass sich Psychologen in solchen Fällen, in denen internationale Menschenrechtsstandards dem US-Recht widersprächen, an die weniger verbindlichen US-Standards halten könnten – so Dr. Jean Maria Arrigo, Mitglied jener Arbeitsgruppe, die dies als »Rumsfeld definition« der menschenwürdigen Behandlung bezeichnete.[330]

Auf der APA-Jahresversammlung im Sommer 2007 in San Francisco demonstrierten Psychologen öffentlich gegen die zwielichtige Rolle ihrer Berufskollegen. Bei der Tagung beschloss die APA, dass Psychologen künftig bei bestimmten drastischen Verhörtechniken nicht mehr anwesend sein dürften. Der Vorschlag, sie generell von solchen Verhören auszuschließen, fand jedoch keine Mehrheit – viele Psychologen stehen beim amerikanischen Militär im Dienst und sind daher auch dessen Zielen verpflichtet.[331]

Damit haben sich Psychologen sehr wahrscheinlich auch in einem juristischen Sinn strafbar gemacht. Ein von der Menschenrechtsorganisation Physicians for Human Rights im Jahr 2007 veröffentlichter Bericht legt dar, dass die als »innovativ« beschönigten SERE-Praktiken mit sehr hoher Wahrscheinlichkeit gegen geltendes amerikanisches Recht verstoßen.[332] Zudem sei es, wie der Sozialpsychologe Philip Zimbardo aus San Francisco darlegte, für einen Psychologen ein Spiel mit dem Feuer, sich auf Verhöre einzulassen: »Man unterschätzt die Gruppendynamik solcher Situationen«, so der frühere Präsident der APA. »Wird der Psychologe einschreiten, wenn ihm gesagt wird, Tausende Menschenleben hingen von einer bestimmten Information ab?«[333] Zimbardo sieht ebenfalls die Problematik, dass die Anwesenheit des Psychologen dem Prozess Legitimität verleihe: »Es ermöglicht den Vernehmungsbeamten, dreist bis an die Grenze des Erlaubten zu gehen«, zeigte sich Zimbardo überzeugt.[334]

Die Legalisierung der Folter

> *»Die Vereinigten Staaten haben sich weltweit der Abschaffung der Folter verschrieben. Und wir werden dabei Vorbild sein.« (George W. Bush im Juni 2003)*[335]

Im Sommer 2004, nur kurze Zeit nach der Aufdeckung des Folterskandals von Abu Ghraib, wurde öffentlich bekannt, dass im US-Justizministerium unter Verantwortung des damaligen General Attorney John Ashcroft mehrere Memoranden für Präsident Bush abgefasst worden waren, in denen Folterverhöre »unter bestimmten Bedingungen« als legal dargestellt wurden. Einen Aufschrei der Empörung löste insbesondere das Bekanntwerden des »Foltermemorandums« von Yoo und Bybee aus. Es wurde daraufhin zurückgezogen und durch das am 30. Dezember 2004 veröffentlichte »Levin-Memorandum«[336] (von Daniel Levin, Abteilungsleiter im Justizministerium) ersetzt.

Das Levin-Memorandum resultierte aus den Bemühungen der Bush-Regierung, die öffentliche Kritik an ihren Verhörmethoden, die durch die Nominierung des für die US-Willkürjustiz mitverantwortlichen Alberto Gonzales zum neuen US-Justizminister zusätzlichen Auftrieb erhalten hatte, durch ein etwas gemäßigteres Gutachten zu entschärfen. Im März 2005 klassifizierte die Bush-Regierung den »Working Group Report« – und mit ihm das Foltermemorandum vom 1. August 2002 – als historisches, nicht mehr verbindliches Dokument, das als methodisch und juristisch falsch verworfen wurde.[337] Dennoch flossen einige Überlegungen des Foltermemorandums in das neue Rechtsgutachten ein.

Zwar stellte das neue Gutachten des Office of Legal Counsel eindeutig fest, »dass Folter sowohl nach amerikanischem Recht und Werten als auch nach internationalen Normen verabscheuungswürdig ist«. Es verbot Misshandlungen und Folter, die »schweren Schmerz« verursachen. Tatsächlich unterscheidet sich die Definition von Folter im Levin-Memorandum aber nur graduell von der des Foltermemorandums. Die von Yoo und Bybee seinerzeit aufgestellte Bedingung, wonach zugefügte »physische Schmerzen ähnlich intensiv sein [müssen] wie jene, die mit ernsthaften körperlichen Verletzungen wie dem Versterben oder Organversagen einhergehen«, wurde zwar fallengelassen, aber es blieb bei der Position, dass psychische Folter rechtlich gesehen nur dann vorliegt, wenn diese zu Langzeitschäden führt; auch das Verbot grausamer, unmenschlicher und entwürdigender Behandlung im Sinne der UN-Antifolterkonvention sowie der Genfer Abkommen findet sich darin nicht.

Eine Fußnote nimmt alles zurück

Eine unscheinbare Fußnote ließ ganz im Gegenteil keinen Zweifel daran, dass sich an der früheren Auffassung des Justizministeriums von der »Legalität« gewisser Verhörmethoden auch durch die »revidierte« Linie nichts geändert hatte. Die entsprechende Fußnote 8 lautet: »Obwohl wir verschiedene Abweichungen zum Memorandum vom August 2002 ausmachen konnten, haben wir die früheren Ansichten des hiesigen Büros [OLC] hinsichtlich der Behandlung von Gefangenen überprüft und glauben nicht, dass irgendeine Beurteilung nach den Standards, die in diesem Memorandum dargelegt werden, anders ausfallen würde.«

Die in enigmatischem Amtsjargon abgefasste Formulierung lässt nur eine Interpretation zu: Die vom Justizministerium seinerzeit gebilligten und praktizierten aggressiven Verhörtechniken und die Anweisungen hoher Beamter, Gefangene entsprechend zu behandeln, sollten zu dem neuen Memorandum nicht im Widerspruch stehen und waren nach der Einschätzung des Justizministeriums ungeachtet der neuen modifizierten Richtlinien immer noch rechtmäßig. Der Zweck dieser logischen wie juristischen Absurdität war so offenkundig wie perfide: Beamte, die sich auf der Grundlage des Foltermemorandums von Yoo und Bybee an entsprechenden Folter-Verhören beteiligt oder diese angeordnet hatten, sollten nicht wegen Folter angeklagt werden können.

Trotz seiner nur eingeschränkten Rücknahme der zuvor mehr als zwei Jahre lang gültigen aggressiven Verhörtechniken führte das Levin-Memorandum bei den amerikanischen Verhör- und Folterspezialisten zu Verunsicherungen, widerrief das Ministerium darin doch immerhin die bis dahin gültige enge Auslegung des Folterbegriffs. Die hatte praktisch alle Methoden erlaubt, die nicht zu Organversagen oder Tod führten. Beinahe täglich klingelten Anfang 2005 besorgte Mitarbeiter aus den geheimen Gefängnissen in Afghanistan, Thailand und Osteuropa in der CIA-Zentrale an, die rechtliche Konsequenzen ihres Handelns im Auftrag des Staates befürchteten. Verunsichert durch das neue Memorandum aus dem Justizministerium, wollten die nervösen Verhörspezialisten etwa wissen, ob genehmigte Methoden wie »Waterboarding«, die Verweigerung von Nahrung und extreme Temperaturen nach wie vor o.k. seien und sie diese weiterhin miteinander kombinieren dürften.

Doch schon mit dem Amtsantritt von Justizminister Alberto Gonzales legte das Ministerium dann wieder den Rückwärtsgang ein. Kurz nach seinem Amtsantritt ließ dieser im Februar 2005 eilends ein weiteres, aber geheimes Gutachten erstellen.[338] In Gonzalez' geheimer Dienstanweisung werden »die härtesten Verhörtechniken« gebilligt, »welche die CIA je angewendet hat«. Wie Informanten der *New York Times* mitteilten, wurde den US-Verhörspezialisten damit »erstmals ausdrücklich die Ermächtigung erteilt, Terrorverdächtige einer Kombination von schmerzhaften physischen und psychischen Maßnahmen auszusetzen«. Dasselbe Spiel sollte sich nach dem Folterverbot im Haushaltsbewilligungsgesetz des Pentagons Ende 2005 wiederholen.

Aushebelung des Habeas-Corpus-Prinzips

Das Vorgehen der Bush-Regierung im »globalen Krieg gegen den Terror« hat zahlreiche rechtliche Fragen aufgeworfen, die Heerscharen von Juristen nicht nur in den USA, sondern weltweit beschäftigen: Darf die Regierung vermeintliche Terroristen als sogenannte feindliche Kämpfer ohne ordentliches Gerichtsverfahren in Lagern und Gefängnissen rund um den Globus internieren? Und verfügt der US-Präsident überhaupt über die Autorität zur Anordnung dieser Maßnahme? Wenn ja, auf welchem Weg können die Internierten die Rechtmäßigkeit der Freiheitsentziehung gerichtlich überprüfen lassen?

In verschiedenen Entscheidungen verurteilten US-Bundesgerichte eine Reihe der von der Bush-Regierung angewandten Praktiken und Methoden als unvereinbar mit der amerikanischen Verfassung. Der Begriff des »ungesetzlichen feindlichen Kämpfers« entspricht nach Ansicht der US-Regierung weder der Gruppe der »gesetzlichen Kämpfer« (*lawful combatants*), die als Kriegsgefangene unter den Schutz der 3. Genfer Konvention fallen, noch den »ungesetzlichen Kämpfern« (*unlawful combatants*), die zumindest durch die Mindestgarantien der 4. Genfer Konvention geschützt sind.[339] Die Bush-Regierung sprach diesen mutmaßlichen Helfern des Terrors damit grundsätzlich jedes subjektiv-öffentliche Recht ab. Im Besonderen verweigerte sie ihnen das in der US-Verfassung verankerte Recht jedes Bürgers auf Haftprüfung (habeas corpus) durch einen Richter.

Das Habeas-Corpus-Gesetz ist seit der Magna Charta von 1215 Bestandteil des englischen Rechts. Der *Habeas Corpus Act* von 1679, bisher auch in den USA geltendes Recht, besagt: Jeder Festgenommene oder Inhaftierte hat das Recht, ohne Verzug und öffentlich vor einem Richter zu erscheinen und angehört zu werden, damit der Richter entscheidet, ob die Festnahme rechtmäßig war oder nicht. In den USA hat die sogenannte *Power To Grant Writ of Habeas Corpus*[340] Verfassungsrang.[341] Zwar kann der Kongress das Habeas-Corpus-Gesetz im Falle einer Rebellion oder Invasion suspendieren. Eine solche Suspension ist nach den Terroranschlägen vom 11. September 2001 aber nicht erfolgt – und diese wurden auch nicht als »Invasion« eingestuft.

Bereits mit der »Authorization for Use of Military Force (AUMF)«[342] vom 18. September 2001 hatte der US-Kongress Militärgewalt gegen die Verursacher der Anschläge des 11. September 2001 für zulässig erklärt. Mit seiner Military Order vom 13. November 2001[343] erklärte Präsident Bush die sogenannten »Military Commissions« als zuständig für die Verfahren gegen terrorverdächtige Personen. Mit der Military Commission Order No. 1[344] vom 21. Februar 2002 entzog die Bush-Regierung die Angeklagten vor derartigen Militärtribunalen zugleich der ordentlichen Gerichtsbarkeit und verweigerte ihnen das Recht, die Beweise gegen sie zu hören oder einzusehen. Auch konnten sie ganz von ihren Verfahren ausgeschlossen werden. Am 22. März 2002 stellte Washington nach monatelangen Vorbereitungen die Regeln für die umstrittenen Militärtribunale gegen mutmaßliche Taliban- und Al-Qaida-Mitglieder vor. Nach massiver Kritik aus dem Ausland und von Bürgerrechtlern sah sich die US-Regierung veranlasst, die

Verfahren etwas offener zu gestalten als ursprünglich geplant. Verteidigungsminister Donald Rumsfeld teilte mit, die Verhandlungen würden entgegen ersten Plänen nun zum Teil öffentlich stattfinden, Todesurteile könnten zudem nur einstimmig gefällt werden. Die Öffentlichkeit könne aber von Verfahren ausgeschlossen werden, wenn es die »nationale Sicherheit« verlange. Die Staatsanwaltschaften setzen bei den Prozessen die Drohung, den Beschuldigten als »feindlichen Kämpfer« einzustufen und in militärischen Gewahrsam zu überstellen, gezielt als Mittel zur Erzwingung von Absprachen ein, die in der Regel ein Schuldeingeständnis beinhalten.[345]

Die Urteile des U.S. Supreme Court vom 28. Juni 2004

Am 28. Juni 2004 traf der Oberste Gerichtshof der USA in den Fällen »Rasul et al. v. Bush et al.«, »Hamdi et al. v. Rumsfeld et al.«, »Rumsfeld v. Padilla et al.« Grundsatzentscheidungen über die Inhaftierung angeblicher Terroristen, sogenannter ungesetzlicher feindlicher Kämpfer, durch die Bush-Regierung.

Padilla gegen Rumsfeld

José Padilla, ein amerikanischer Staatsbürger, wurde im Mai 2002 bei der Einreise in die USA auf dem internationalen Flughafen von Chicago festgenommen. Die Regierung hielt ihn zunächst als »wichtigen Zeugen« für die Anschläge vom 11. September fest. Am 9. Juni 2002 jedoch erklärte US-Präsident George W. Bush Padilla zum »feindlichen Kämpfer« und ließ ihn in ein Militärgefängnis in South Carolina verlegen, wo er dreieinhalb Jahre lang, ohne offizielle Anklage und ohne Zugang zu einem Anwalt, in einer Isolationszelle gefangen gehalten wurde. Man beschuldigte ihn, in den USA ein Attentat mit einer radioaktiv verseuchten – »schmutzigen« – Bombe geplant zu haben.

Padilla wurde jeglicher Kontakt zur Außenwelt verweigert, das Recht auf Haftprüfung verwehrt, und er wurde systematischer physischer und psychischer Folter unterworfen. Rasch wurde indes klar, dass die Anschuldigungen gegen Padilla nicht nur aufgebauscht, sondern auch im Kern wenig plausibel waren. Padilla hatte zwar Verbindungen zu islamischen Fundamentalisten, aber selbst der damalige stellvertretende US-Verteidigungsminister Paul Wolfowitz musste einräumen, es habe damals »keine konkreten Pläne« gegeben, ein Attentat mit einer »schmutzigen Bombe« auszuführen.[346]

Padilla verlangte die Überprüfung der Rechtmäßigkeit seiner Internierung auf dem Wege des Habeas Corpus. Als Beleg für die angebliche Rechtmäßigkeit seiner Internierung führte das beklagte Justizministerium lediglich eine offizielle Stellungnahme *(affidavit)* der intern zuständigen Verwaltungsperson an. Ohnehin, so die Regierung, seien Internierungen von sogenannten feindlichen Kämpfern grundsätzlich nicht gerichtlich überprüfbar. Der Oberste Gerichtshof in Washington vermochte sich dieser Auffassung nicht anzuschließen, sondern stellte klar, dass Padilla einen Anspruch auf Habeas-Corpus-Prüfung hat. Ob eine legale Ermächtigungsgrundlage für die von der Bush-Regierung betriebene Internierungspraxis besteht, ließ die Entscheidung des Obersten Gerichtshofs allerdings offen.

Hamdi gegen Rumsfeld

Im Fall »Hamdi« sah der Oberste Gerichtshof in der AUMF eine hinreichende Autorisierung des Präsidenten.[347] Yaser Esam Hamdi ist ebenfalls amerikanischer Staatsbürger, wurde aber – anders als Padilla – im Herbst 2001 in Afghanistan während laufender Kriegshandlungen festgenommen. Das Gericht beschränkte seine Aussage ausdrücklich auf diese spezielle Tatsachenlage und entschied nicht generell über die Legalität der Internierung von »feindlichen Kämpfern« und deren rechtliche Grenzen. Dem Antragsteller wurde lediglich ein Recht auf Überprüfung seines Status als »feindlicher Kämpfer« durch ein Militärgericht eingeräumt.[348] Außerdem sprach sich der Oberste Gerichtshof auf Hamdis Antrag hin explizit für dessen Recht auf anwaltlichen Beistand aus.

Die federführende Richterin Sandra Day O'Connor wies zwar den Standpunkt der US-Regierung zurück, wonach die Justiz kein Recht habe, die Inhaftierung von US-Bürgern und Ausländern zu überprüfen, die als feindliche Kämpfer eingestuft wurden. Allerdings akzeptierte sie ausdrücklich die Berechtigung des »Krieges gegen den Terror« und bestätigte, dass die AUMF dem Präsidenten vermutlich für die gesamte Dauer des Krieges außerordentliche Vollmachten zugestehe. Diese erstreckten sich auch auf die Ergreifung von Menschen, US-Bürger eingeschlossen, und deren unbegrenzte Inhaftierung als »feindliche Kämpfer«.[349]

Rasul gegen Bush

Shafiq Rasul war einer von fünf Briten, die die USA im März 2004 an die britischen Behörden überstellt hatten. Das Gericht urteilte: »Die Gerichte der Vereinigten Staaten sind zuständig, die Rechtmäßigkeit der Haft von ausländischen Gefangenen zu überprüfen, die bei Kampfhandlungen im Ausland gefangen und auf der Basis Guantánamo inhaftiert wurden.« Dem Urteil des Obersten Gerichtshofs zufolge erstreckt sich die Zuständigkeit von US-Gerichten auch auf Ausländer, die auf einem Territorium festgehalten werden, auf dem zwar nicht in vollem Umfang US-Hoheitsrechte gelten, wo aber US-Gerichtsbarkeit herrscht. Entscheidend für die Gerichtsbarkeit US-amerikanischer Gerichte auf Guantánamo sei schließlich, dass die USA laut Pachtvertrag »exklusive Gerichtsbarkeit und Kontrolle« über den Stützpunkt haben, selbst wenn die letztendliche Souveränität bei Kuba verbleibe. Der Supreme Court wies damit die – zuvor von verschiedenen Bundesgerichten übernommene – Argumentation der US-Regierung zurück, Guantánamo liege außerhalb der Gerichtsbarkeit der Bundesgerichte,[350] weshalb Anträge auf Habeas-Corpus-Prüfung unzulässig seien, da die Verfassung der USA diesen Häftlingen ohnehin keine Rechte gewähre. Mit seinem Urteil im Fall »Rasul« eröffnete das oberste US-Gericht nicht zuletzt auch den Hunderten auf Guantánamo festgehaltenen Ausländern den Weg vor die US-Bundesgerichte.[351] Demnach können auch solche »feindlichen Kämpfer« vor Bundesgerichten gegen ihre Inhaftierung klagen, die am Ort bewaffneter, kriegerischer Auseinandersetzungen (Afghanistan) gefangen genommen wurden und der aktiven Teilnahme auf Seiten der Taliban bezichtigt werden.

Diese unbestreitbaren prozessualen Erfolge können allerdings nicht darüber hinwegtäuschen, dass sich der Oberste Gerichtshof der USA um eine grundsätzliche Stellungnahme zu dem Rechtsschutzbegehren drückte, mit der sich die Kläger an das Gericht gewandt hatten. Alle hatten sich nach zwei- bis dreijähriger Internierung ohne Zugang zu ihren Familien, Freunden oder Anwälten auf ihr individuelles Freiheitsrecht berufen. »Der Supreme Court nahm sich dieser fundamentalen materiell-rechtlichen Frage zu keiner Zeit an, obgleich er dazu prozessrechtlich durchaus die Möglichkeit gehabt hätte. [...] Diese Zurückhaltung muss enttäuschen, denn letztlich dient Habeas Corpus dem Schutz des fundamentalsten aller Freiheitsrechte. § 9 des Artikels I der US-Verfassung garantiert den *writ of habeas corpus* als das klassische, historisch überlieferte Mittel zur Überprüfung der Legalität einer staatlichen Freiheitsentziehung.«[352]

»Der Rechtsspruch gegen die Machtanmaßung des Weißen Hauses ließ George W. Bush und Konsorten einigermaßen ungeschoren«[353], urteilte denn auch der Berliner *Tagesspiegel.* Immerhin billigte eine Mehrheit der neun Richter dem US-Präsidenten das Recht zu, Ausländer und US-Bürger ohne Anklage oder Prozess zu »feindlichen Kämpfern« zu erklären, womit er ihnen mit höchstrichterlichem Segen weiterhin den Status von Kriegsgefangenen verwehren konnte. Nach wie vor bestimmte kein Strafgesetz die Haftdauer für einen »feindlichen Kämpfer«, ja, der Begriff des »feindlichen Kämpfers« blieb weiterhin undefiniert.

Hinsichtlich der Guantánamo-Häftlinge nutzten mehrere Gerichte den ihnen vom Obersten Gerichtshof eingeräumten Freiraum und bestätigten der Regierung, dass die Gefangenen überhaupt keine verfassungsmäßigen Rechte hätten,[354] die sie mit dem vom Supreme Court als zulässig erkannten Rechtsbehelf des Habeas Corpus geltend machen könnten. Damit wurden die verbindlichen Regeln des Völkerrechts und des internationalen Paktes über die bürgerlichen und politischen Rechte von den USA erneut mit Füßen getreten.

Militärtribunale zur Statusüberprüfung

Nach der Entscheidung des obersten US-Gerichts im Fall Hamdi gegen Rumsfeld, wonach die Gefangenen von Guantánamo einen Anspruch auf minimale Rechte haben und ihre Einstufung als »feindliche Kämpfer« zumindest von einer Art Militärgericht überprüft werden muss, richtete das Verteidigungsministerium der USA die sogenannten »Combatant Status Review Tribunals« (CSRT)[355] ein, Militärtribunale zur Überprüfung des Status als feindliche Kämpfer. In den nächsten sechs Monaten jagte die Bush-Regierung alle Gefangenen durch eilige Anhörungen zur Überprüfung ihres

Kombattantenstatus. Damit sollte der Anschein erweckt werden, dass die Prinzipien des Habeas Corpus sowie des Artikels 5 der Genfer Konventionen eingehalten werden, der die Gefangenen berechtigt, ihren Status als »feindliche Kämpfer« anzufechten. Dass die Häftlinge von den CSRTs in der Paxis daran gehindert werden, einen Rechtsanwalt einzuschalten, und sie weder Beweise oder Zeugen zu ihrer Verteidigung vorbringen noch gegen sie vorliegende Beweise hören oder einsehen dürfen, wurde und wird ihnen eine adäquate Verteidigung verwehrt. Letztlich dienen diese Tribunale vor allem dazu, eine bereits feststehende Einordnung eines Häftlings als feindlicher Kämpfer durch das Militär abzusegnen. Der US Supreme Court hat die CSRTs in einer Entscheidung vom 12. Juni 2008 denn auch als »unangemessen« bezeichnet.[356] Ergänzend zu den CSRTs richtete die US-Regierung ab Dezember 2004 sogenannte »Annual Administrative Review Boards« (ARBs), Jährliche Überprüfungskommissionen, ein. Diese sollten feststellen, ob die Häftlinge immer noch eine Gefahr für die USA darstellten, und über deren weitere Internierung oder Freilassung entscheiden. Nur ein kleiner Teil der Gefangenen, der Guantánamo danach verlassen konnte, wurde nicht länger als »feindliche Kämpfer« angesehen. Alle anderen wurden ausdrücklich weiterhin als »feindliche Kämpfer« eingestuft. Guantánamo konnten sie nur verlassen, um in ihrem Heimat- oder einem Drittland weiter eingesperrt zu bleiben.

Absolution für CIA-Vernehmer

Foltern wird verboten, aber unter Folter zustande gekommene Geständnisse sind vor US-Gerichten juristisch verwertbar – widersprüchlicher hätten die zwei Initiativen nicht sein können, denen der US-Kongress im Dezember 2005 schließlich Gesetzeskraft verlieh. In beiden Fällen handelt es sich um Bestandteile des *Detainee Treatment Act of 2005* (DTA)[357] bzw. um Zusätze zum Haushaltsbewilligungsgesetz für das Verteidigungsministerium für das Jahr 2006[358]: das *McCain Amendment* und das *Graham-Levin-Kyl Amendment on detainees*.

Darüber hinaus machte die Bush-Regierung kein Geheimnis daraus, dass sie Folter auch weiterhin in völligem Gegensatz zum Völkerrecht so eng auszulegen gedenke, dass fast alle missbräuchlichen Methoden nicht darunterfielen. Nur Stunden nach der Bekanntgabe der Vereinbarung zwischen McCain und dem Weißen Haus machte Justizminister Alberto Gonzales »glasklar«, so ein Leitartikel der *New York Times* vom 16. Dezember 2005,[359] »dass die Regierung Folter völlig nach ihren eigenen Vorstellungen definieren werde«.

Während das von Senator John McCain eingebrachte relative (weil de facto Ausnahmen zulassende) Folterverbot weltweite Aufmerksamkeit erregte, nahm vom *Graham-Levin-Kyl-Amendment* (auch Graham-Levin-Amendment oder Graham-Amendment) zur juristischen Verwertbarkeit von Foltergeständnissen kaum jemand Notiz. Benannt nach den Senatoren Lindsey Graham, Carl Levin und Jon Kyl war dieser Anhang zum Haushaltsbewilligungsgesetz des Verteidigungsministeriums für das Jahr 2006 Anfang Dezember 2005 vom US-Senat mit großer Mehrheit verabschiedet worden. In der House-Senate-Conference, in der sich Vertreter beider Häuser auf einen gemeinsamen Gesetzestext einigten, wurde die ursprüngliche Senatsversion noch zusätzlich verschärft.[360] Am 30. Dezember 2005 unterzeichnete US-Präsident Bush den Zusatz Nr. 2516 betreffend den Umgang mit Gefangenen. Nach diesem Zusatz sollen »Ausländer, die im Ausland als feindliche Kämpfer inhaftiert wurden«, keine Verfassungsrechte der USA in Anspruch nehmen dürfen. Das Gesetz nimmt den Gefangenen in Guantánamo außerdem das Recht auf Habeas-Corpus-Klagen, das ihnen erst durch die Entscheidung des Obersten Gerichtshofs vom Juni 2004 im Fall Rasul gegen Bush zugestanden worden war. »Mit dem Graham-Amendment wird der in ›Rasul‹ eröffnete Rechtsschutz faktisch zunichte gemacht.«[361] Das heißt, Guantánamo-Gefangene konnten die Rechtmäßigkeit ihrer Inhaftierung nun nicht mehr vor US-Gerichten überprüfen lassen. Stattdessen sollten sie nur noch die Möglichkeit haben, die Einstufung als »feindliche Kämpfer« vor einem Berufungsgericht anzufechten. Die in Guantánamo Internierten sollten also weiterhin rechtlos bleiben, was auch bedeutete, dass US-Angehörigen, die im Ausland Menschen entführen und inhaftieren, selbst dann keine Strafe drohte, wenn sie diese misshandeln und foltern. Gefangene konnten weiterhin nur vor Militärtribunalen gegen ihre Inhaftierung klagen. Ebenfalls am 30. Dezember 2005 betonte Präsident Bush erneut, dass ihm seine Macht als Oberkommandierender und Chef der »einheitlichen

Exekutivgewalt« den Spielraum lasse, »alles zu tun, was zur Verteidigung Amerikas erforderlich ist«.[362]

Wie die *New York Times* Anfang Oktober 2007 enthüllte,[363] hatte Justizminister Alberto Gonzales darüber hinaus bereits kurz nach der Verabschiedung des Haushaltsbewilligungsgesetzes für das Pentagon im Dezember 2005 ein weiteres geheimes Gutachten in Auftrag gegeben. In diesem Dokument des Justizministeriums wurde erklärt, »dass keine der von der CIA angewandten Verhörtechniken diesen Standard verletzte«. Von der Existenz dieses Dokumentes – so die *New York Times* – wüssten die Abgeordneten bis heute nichts. Trotz aller Interventionen seien die Geheimanweisungen von Justizminister Gonzales von 2005 bis heute in ihren wesentlichen Bestandteilen bestehen geblieben.

Das Weiße Haus reagierte mit der üblichen Sprachregelung auf die Enthüllungen der *New York Times*: »Diese Regierung foltert keine Menschen«, verkündete George W. Bush zum wiederholten Mal, und seine Sprecherin Dana Perino erklärte: »Alle Methoden, die wir einsetzen, sind hart, sicher, notwendig und gesetzlich.«[364]

Hamdan gegen Rumsfeld

Ein halbes Jahr nach der halbherzigen und im Kern verlogenen Ächtung der Folter durch den US-Kongress, am 29. Juni 2006, bereitete der Oberste Gerichtshof in Washington Präsident George W. Bush eine schwere Niederlage. Im Fall »Hamdan v. Rumsfeld et al.«[365] befand das oberste amerikanische Gericht, dass die Sondermilitärgerichte, die das Pentagon für die Häftlinge in Guantánamo Bay im Jahr 2001 eingerichtet hatte, verfassungswidrig sind und sowohl gegen das amerikanische Militärrecht wie auch gegen die Genfer Konventionen verstoßen. Zugleich stellte der Supreme Court klar, dass die als »ungesetzliche feindliche Kämpfer« festgehaltenen Terrorverdächtigen im US-Gewahrsam unter den Schutz von Artikel 3 der Genfer Konventionen fallen.

Unabhängig davon, ob der jemenitische Staatsbürger Hamdan als »Kriegsgefangener« im Sinne von Artikel 2 der Genfer Konventionen gelten könne (was die Bush-Regierung bestritt, die argumentierte, er habe für Al-Qaida und nicht für Afghanistan gekämpft und deshalb keinem Unterzeichnerstaat der Genfer Konventionen angehört), falle er in jedem Fall unter den Schutz von Artikel 3. Dieser gebietet einen Mindestschutz für Personen, die »im Falle eines bewaffneten Konflikts, der keinen internationalen Charakter aufweist und der auf dem Gebiet einer der Hohen Vertragsparteien entsteht, außer Kampfes gesetzt wurden«. Zu dieser geschützten Personengruppe gehören auch Gefangene. Richter Stevens unmissverständlich: »Das vom Präsidenten zur Verurteilung Hamdans eingerichtete Tribunal erfüllt diese Anforderungen [die Anforderungen der 3. Genfer Konvention] nicht.«

Indem Stevens klarstellte, dass eine Regierungsentscheidung, Menschen dem Schutz der Strafjustiz zu entziehen und sie der Militärjustiz zu unterwerfen, notwendigerweise bedeutet, dass das Kriegsvölkerrecht voll angewendet werden muss, durchbrach der dienstälteste Oberste Richter den Zirkelschluss der Bush-Regierung, die »feindliche Kämpfer« in ein rechtliches Niemandsland verbannt hatte, in welchem sie weder durch US-Strafprozessrecht noch durch internationales Recht geschützt sind.

Obwohl die Entscheidung des Supreme Court einen juristischen Rückschlag für die Bush-Regierung bedeutete, enthielt sie doch keinerlei Anweisung, einen der seinerzeit noch mehr als 400 Häftlinge auf dem Militärstützpunkt in Guantánamo freizulassen. Die Entscheidung des Supreme Court war also keineswegs, wie es mitunter in den Medien dargestellt wurde, ein Frontalangriff auf das Gefangenenlager Guantánamo oder auf die rechtliche Zulässigkeit des Vorgehens der Bush-Regierung, Menschen weltweit gefangen zu nehmen und auf unbestimmte Zeit einzusperren. Diese Fragen hatte das Gericht offengelassen.[366]

Allerdings hatte der Oberste Gerichtshof den Bemühungen der Bush-Regierung einen Riegel vorgeschoben, Scheingerichte einzuberufen, vor denen die Angeklagten weder das Recht haben, die Beweise gegen sie zu einzusehen noch Zeugen zu befragen, und gegen deren Urteile, die im Falle angeblicher Kriegsverbrechen bis zur Todesstrafe reichen können, sie nicht in Berufung gehen können.

Der Military Commissions Act[367]

Nachdem der Oberste Gerichtshof die Behandlung von im »Krieg gegen den Terror« gefangen genommenen Personen durch die US-Regierung in mehreren Präzedenzfällen, vor allem im oben geschilderten Fall Hamdan, für ungesetzlich befunden hatte, wurden die international umstrittenen Verhöre des US-Geheimdienstes offiziell zunächst ausgesetzt, unter anderem, um die Vernehmungsbeamten vor einer etwaigen Strafverfolgung zu schützen. Die Bush-Regierung befand sich in einem Dilemma. Sie musste einen Weg finden, die bis dahin weithin betriebene Praxis des unbegrenzten und ungesetzlichen Festhaltens von als »feindlich« eingestuften Ausländern auf eine scheinbar legale Basis zu stellen und zugleich dem Präsidenten die Befugnis einzuräumen, die Genfer Konventionen nach Gusto zu »interpretieren« sowie entsprechende Vorgaben für CIA-Verhöre anzuordnen. Im Ergebnis machte sie faktisch Praktiken zum Gesetz, die das oberste amerikanische Gericht zuvor als grundsätzlich illegal bewertet hatte: Am 27. und 28. September 2006 verabschiedeten Repräsentantenhaus und Senat mit den Stimmen der Demokraten das Gesetz über Militärkommissionen[368], ein Gesetzespaket, das den Umgang mit Terrorverdächtigen und die Einsetzung von Militärkommissionen regelt und letztlich eine kaum abgeschwächte Version von George W. Bushs ursprünglichem Entwurf darstellt.

Mit der Verabschiedung des *Military Commissions Act*, nach dem sogenannte ungesetzliche feindliche Kämpfer für unbegrenzte Zeit festgehalten oder vor ein Militärgericht gestellt werden können, haben die USA die Normen eines Rechtsstaates endgültig entsorgt und mittels Definitionstricks die Folter legalisiert. Der MCA definiert den Begriff Kriegsverbrechen, der früher durch Völkergewohnheitsrecht[369] bestimmt wurde, neu: zwar sind die Verwertung von unter Folter erzwungenen Aussagen sowie »grausame Behandlung« laut dem MCA der Form nach untersagt,[370] doch da die USA eine eigene Definition sogenannter scharfer Verhörtechniken geschaffen haben, die offiziell nicht als Folter gelten, ist die Wirksamkeit dieses Verbots mitnichten garantiert. So legt der *Military Commissions Act* die extrem enge Auslegung des Folterbegriffs zugrunde, für die der UN-Antifolterausschuss die USA bereits im Mai 2006 »gerügt« und darauf hingewiesen hatte, dass diese Definition nicht im Einklang mit dem Völkerrecht stehe.[371]

Ferner werden zwar Folter und grausame und unmenschliche Misshandlung als »schwerwiegende Verletzung« klassifiziert – entwürdigende, menschenunwürdige und demütigende Handlungen sowie »spezielle Verhörtechniken« jedoch nicht;[372] Letztere sind nach dem MCA im Gegenteil sogar explizit erlaubt. Damit werden Misshandlungen und Folter legalisiert und eine effektive Verteidigung unmöglich gemacht.[373]

»Anfang vom Ende Amerikas«

Indem der *Military Commissions Act* zudem den *Detainee Treatment Act of 2005*[374] rückwirkend für anwendbar erklärt, verschafft er US-Angestellten, die wegen eines Verbrechens im Sinne des gemeinsamen Artikels 3 der Genfer Konventionen angeklagt sind, das sie zwischen dem 11. September 2001 und dem 30. Dezember 2005 begangen haben, einen besonderen Verteidigungsschutz. US-Angestellte, die sich in diesem Zeitraum an Folterverhören beteiligt oder solche angeordnet haben, können sich demnach einer strafrechtlichen Verurteilung entziehen, wenn es ihnen gelingt, darzulegen, sie hätten geglaubt, im Einklang mit Recht und Gesetz zu handeln.[375] Das US-Büro von Amnesty International kommentierte folgerichtig, eine der wesentlichen Funktionen des Gesetzes sei es, hohe Mitglieder der Bush-Regierung vor Anklagen wegen Kriegsverbrechen zu schützen.[376] Aus verschiedenen Dokumenten geht zudem hervor, dass die US-Regierung Vernehmungsbeamte gegen die Zusicherung der Immunität vor Strafverfolgung regelrecht ermutigt hat, Verhörtechniken anzuwenden, die einen Verstoß gegen Artikel 3 der Genfer Konventionen darstellen.[377]

Die Verabschiedung des *Military Commissions Act* wurde in weiten Teilen der US-amerikanischen Öffentlichkeit mit Empörung aufgenommen und vielfach als Verfassungsbruch bezeichnet: So hieß es in einem Kommentar des Fernsehsenders MSNBC, das Gesetz bilde den »Anfang vom Ende Amerikas«.[378] Die *New York Times* schrieb: »Und es [das Gesetz] fegt die Grundpfeiler des Justizsystems auf eine Weise beiseite, die jeder Amerikaner bedrohlich finden sollte.«[379]

Nach Erlass des MCA teilte das US-Justizministerium den Bundesgerichten unverzüglich mit, dass sie jetzt keine Befugnis mehr hätten, Guantánamo-Gefangenen rechtliches Gehör zu verschaffen.[380] Zur konkreten Umsetzung des MCA legte das Pentagon im Januar 2007 ein Handbuch vor, das den Umgang mit Beweisen in den Sondertribunalen gegen Guantánamo-Häftlinge regelt. Neben Gerüchten und Informationen vom Hörensagen sollen laut dem Handbuch ausdrücklich auch Aussagen als gerichtsverwertbare Beweise gelten, die unter Zwang bei der Anwendung sogenannter »harscher Verhörmethoden«, also durch Prügel oder Elektroschock etc., zustande gekommen sind. Voraussetzung dafür ist, dass der Richter die Aussagen für glaubhaft hält. Damit fand Folter offiziell Eingang in das US-Justizsystem. Die Militärsondertribunale haben zudem ausdrücklich das Recht, die Todesstrafe zu verhängen. Verteidiger erhalten nach diesen Vorgaben lediglich Einblick in Zusammenfassungen von geheimen Informationen, die jedoch nur nach Zustimmung der Behörden als Beweismittel in das Verfahren eingebracht werden dürfen.

Der alte und neue US-Verteidigungsminister Robert Gates, Herausgeber des Handbuchs, schrieb in einem Vorwort, mit dem Handbuch sollten den Angeklagten alle juristischen Garantien zugesichert werden, »die von der zivilisierten Welt als unverzichtbar betrachtet werden«. Das Regelwerk werde einen historischen Einfluss auf die Armee und das Land haben, so der Minister.[381]

Per Dekret ordnete Präsident Bush daraufhin im Februar 2007 die Einrichtung der militärischen Sondertribunale für »feindliche ausländische Kämpfer« an.[382] Am 20. Februar legalisierte nach der gesetzgebenden auch die rechtsprechende Gewalt der Vereinigten Staaten das Präsidentendekret. Ein Bundesgericht in Washington befand, dass ausländischen Inhaftierten des US-Lagers auf Kuba weiterhin der »ordentliche Rechtsweg« für eine Anfechtung ihrer Gefangenschaft verschlossen bleibe, weil Guantánamo außerhalb der USA liege.[383]

Am 20. Juli 2007 unterzeichnete Präsident Bush einen Präsidentenerlass,[384] der festlegt, welche »verbesserten Verhörtechniken« die CIA gegen festgenommene Terrorverdächtige anwenden darf. Das Dekret schließt zwar im Einzelnen Mord, Folter, grausame und inhumane Behandlung, Verstümmelung, absichtlich herbeigeführte Verletzungen, Vergewaltigung, sexuellen Missbrauch und biologische Experimente an Gefangenen aus.[385] Auch typische SERE-Methoden wie »empörende persönliche Misshandlung mit dem Ziel der Erniedrigung jenseits menschlichen Anstands« und die Verhöhnung von Religion und religiösen Praktiken wurden nun erstmals verboten. Die Order enthielt jedoch keine Einschränkungen für Techniken wie die Anwendung von Stresspositionen, Schlafentzug, extremen Temperaturen und das sogenannte Waterboarding. Dem US-Militär sind diese Techniken ausdrücklich verboten. Für die Armee gilt seit September 2006 die aktualisierte Version ihres Feldhandbuchs für Verhöre: FM 2–22.3.[386] Scheint hartes Durchgreifen geboten, kann der Präsident aber eine »Sondererlaubnis« erteilen.[387] Gleichzeitig gab Bush mit dem Dekret grünes Licht für die Wiederaufnahme geheimer CIA-Verhörprogramme für Terrorverdächtige, die der Kongress im Herbst 2006 gestoppt hatte. In dem Erlass, der den bezeichnenden Titel »Interpretation der Genfer Konventionen« über die Behandlung von Gefangenen trägt, betonte Bush wie schon in der Vergangenheit, dass die von ihm verfügten Regeln wie auch das *Central Intelligence Agency Detention and Interrogation Program* mit den Genfer Konventionen im Einklang stünden, »feindliche Kämpfer« aber nicht unter den Schutz der Genfer Konventionen fielen. Regierungsbeamte räumten ein, es sei außerdem nicht beabsichtigt, dem Roten Kreuz den Besuch von CIA-Einrichtungen zu erlauben, genauso wenig, wie man Gefangenen erlauben werde, Kontakt mit ihren Familien aufzunehmen.

Khaled Scheich Mohammed galt bis zu seiner Festnahme am 1. März 2003 als Nummer drei in der Al-Qaida-Hierarchie, hinter Osama bin Laden und Aiman al-Sawahiri. Er soll der Onkel von Ramzi Yousef sein, der 1993 einen Anschlag auf das World Trade Center verübt hatte. Nach seiner Auslieferung an die US-Streitkräfte wurde Scheich Mohammed zunächst in der US-Militärbasis Bagram bei Kabul in Einzelhaft interniert und von US-Geheimdiensten sogenannten »stress and duress«-Verhörtechniken unterzogen. In einem im Juni 2007 veröffentlichten Bericht[388] vermutete der Sonderermittler des Europarats, Dick Marty, dass Khaled möglicherweise am 7. März 2003 in einem geheimen CIA-Flug von Kabul nach Szymany in Polen transportiert worden sei. Die folgenden Jahre verbrachte der Gefangene vermutlich in verschiedenen geheimen CIA-Gefängnissen unter anderem in Afghanistan,[389] bevor er im September 2006[390] nach Guantánamo verlegt wurde.

Am 14. März 2007 veröffentlichte das Pentagon ein Dokument[391], demzufolge eine Person namens Khaled Scheich Mohammed am 10. März 2007 gestanden haben soll, für die Anschläge vom 11. September 2001 verantwortlich zu sein und zwischen 1993 und 2003 sage und schreibe weitere 30 Attentate und Mordanschläge durchgeführt oder geplant zu haben. Darunter waren fehlgeschlagene Attentate auf den verstorbenen Papst Johannes Paul II. und die ehemaligen US-Präsidenten Bill Clinton und Jimmy Carter, aber auch die tödlichen Bombenanschläge von Bali sowie auf eine Touristenanlage in Kenia.

Dieses »Geständnis« wurde von US-Regierungsstellen als Beweis dafür ins Feld geführt, dass Folter – oder, wie es in Washington heißt, »verbesserte Verhörtechniken« – eine effektive und legitime Methode im »Krieg gegen den Terror« sei. Der als »Mastermind« der Anschläge vom 11. September 2001 bezeichnete Gefangene soll dem Pentagon-Papier zufolge bekannt haben: »Ich war der ausführende Direktor für Scheich Osama Bin Laden, was die Organisation, die Planung, das Nachfassen und die Ausführung der Operation 11. September anging, die unter dem Militärkommando von Scheich Abu Hafs Al-Masri Subhi Abu Sittah stand.« Und: »Ich war verantwortlich für die Operation des 11. September, von A bis Z.« Auch die »Vorbereitung und das Training« der Attentäter in Kandahar (Afghanistan), wird Scheich Mohammed in dem Protokoll weiter zitiert, habe unter seinem Kommando gestanden.

Dem »Geständnis« zufolge will Scheich Mohammed darüber hinaus nicht nur Mitglied des Al-Qaida-Rates und Direktor der Medienoperationen von Al-Sahab (»Die Wolken«), also eine Art Marketingdirektor der Terrororganisation, gewesen sein: Er nimmt in dem »Geständnis« außerdem für sich in Anspruch, er sei der ausführende militärische Befehlshaber aller ausländischen Militäroperationen weltweit gewesen, die unter dem Kommando von Scheich Osama bin Laden und dessen Stellvertreter Dr. Ayman Al-Zawahiri standen. Nach dem Tod von Scheich Abu Hafs Al-Masri Subhi Abu Sittah will er zudem die Zelle aufgebaut und angeleitet haben, die sich mit der »Produktion biologischer Waffen, wie Anthrax und anderer« beschäftigt und »Operationen mit schmutzigen Bomben auf amerikanischem Boden« geplant bzw. durchgeführt habe.[382]

Schließlich soll Khaled Scheich Mohammed auch noch gestanden haben, er persönlich sei für die Enthauptung des 2002 in Pakistan entführten und brutal ermordeten US-Journalisten Daniel Pearl verantwortlich. Nicht nur Menschenrechtsorganisationen, selbst Daniel Pearls Eltern und seine Witwe bezweifeln diese Geschichte. Special Agent Randall Bennett, der Leiter des Sicherheitsdienstes im US-Konsulat in Karatschi, wo Pearl getötet wurde, sagte, er habe alle überführten Komplizen des Verbrechens interviewt. Keiner der Verschwörer, die sich allesamt in pakistanischem Gewahrsam befinden, habe Scheich Mohammed als Mittäter genannt.[393]

Das abenteuerlich-umfassende, ja geradezu irrwitzige Geständnis Scheich Mohammeds, das sich liest wie eine terroristische Weltverschwörung im Stile eines James-Bond-Films, wirft mehr Fragen auf, als es beantwortet. Falls Khaled Scheich Mohammed dies wirklich alles zugegeben hat, wofür es keine, jedenfalls keine öffentlich zugänglichen, Beweise gibt, so ist die Erklärung hierfür wohl kaum in der Renommiersucht des Beschuldigten zu suchen, wie manche Medien[394] unterstellten. Viel näher liegt die Vermutung, dass man ihm diese Aussagen unter Folter abgepresst hat. Bezeichnenderweise sind in der vom Pentagon publizierten Mitschrift der angeblichen Anhörung ausgerechnet jene Passagen aus »Sicherheitsgründen« geschwärzt, in denen der Gefangene auf die Frage nach Folter oder Misshandlung während seiner Haftzeit antwortet. Die Menschenrechtsorganisation Human Rights Watch forderte das US-Verteidigungsministerium auf, auch diese Teile des Geständnisses offenzulegen.[395]

Feststeht: Scheich Mohammeds abenteuerliches »Geständnis« wurde zumindest teilweise unter Folter abgelegt, wobei mehrfach auch »Waterboarding« zur Anwendung kam. Davon setzten CIA-Beamte US-Journalisten bereits im Jahr 2005 in Kenntnis.[396] In einem vertraulichen Bericht bezeichnete das Internationale Komitee vom Roten Kreuz die von der CIA gegen Khaled Scheich Mohammed und andere mutmaßliche Al-Qaida-Gefangene angewandten Verhörmethoden als »gleichzusetzen mit Folter«.

CIA-Affäre um vernichtete Folter-Videos

Nachdem ihm die *New York Times*[397] einen entsprechenden Bericht angekündigt hatte, gab CIA-Direktor Michael Hayden am 6. Dezember 2007 in einem internen Memo[398] zu, dass die CIA im November 2005 Videoaufnahmen von Verhören vernichtet hatte, angeblich um die Ermittler, die auf den Bändern zu identifizieren gewesen seien, vor möglichen Racheakten zu schützen. Naheliegender ist jedoch der Verdacht, die CIA habe mit den Aufnahmen mögliche Beweise für die Misshandlung oder gar Folterung von Gefangenen beseitigen wollen.

Über die Vernichtung der Bänder im November 2005 hatte die *New York Times* erstmals am 7. Dezember 2007 berichtet und damit eine Lawine ins Rollen gebracht. Die Bänder wurden zerstört, während noch eine Reihe wichtiger Verfahren anhängig war, einschließlich des Prozesses gegen Zacharias Moussaoui, den sogenannten zwanzigsten Hijacker vom 11. September 2001. Die Existenz der Bänder wurde vor den Gerichten, den Angeklagten und ihren Verteidigern geheim gehalten. Auch die 11.-September-Kommission des Kongresses bekam sie nie zu Gesicht, wie der frühere Leiter der Untersuchungskommission, Philip Zelikow, in einem internen Memorandum[399] verlauten ließ. Darin beschuldigte Zelikow die CIA, die Ermittlungen der Kommission systematisch blockiert zu haben.[400] Laut Memo waren in die Verhandlungen neben dem damaligen CIA-Direktor George Tenet, seinem Stellvertreter John McLaughlin und dem Chefberater des Geheimdienstes Scott Muller auch drei führende Regierungsmitglieder eingeschaltet: der damalige Verteidigungsminister Donald Rumsfeld, sein Unterstaatssekretär Stephen Cambone und der Bush-Intimus Alberto Gonzales, vor seiner Zeit als US-Justizminister Rechtsberater des Präsidenten.

Im Zuge der Enthüllungen über die Vernichtung der Videobänder sah sich Ex-CIA-Chef John Negroponte Ende Januar 2008 genötigt, gegenüber dem Politikmagazin *National Journal* die Anwendung von »Waterboarding« vor seiner Amtszeit (2005–2007) einzuräumen. Getreu dem Motto, nur das zuzugeben, was ohnehin schon bekannt ist, beschränkte er seine Offenbarung auf die nicht zu leugnenden Fälle der mutmaßlichen Al-Qaida-Mitglieder Khaled Scheich Mohammed, Abu Zubaydah und Abd el Rahim el Nashiri. Negroponte befleißigte sich hinzuzufügen: »Es wurde nicht angewandt, als ich Direktor der nationalen Geheimdienste war, und in den Jahren davor auch nicht.« Die US-Geheimdienste, so der Ex-CIA-Chef, hätten mittlerweile Schritte unternommen, um die Probleme bei Verhören anzugehen.[401] Im darauffolgenden Monat erteilte der amtierende CIA-Direktor Michael Hayden der

Beichte seines Vorgängers den amtlichen Segen der Agency, indem er offiziell zugab, was Negroponte inoffiziell eingeräumt hatte: »Waterboarding« war in den Jahren 2002–2003 Bestandteil geheimdienstlicher Verhöre, aber lediglich in den drei bekannt gewordenen Fällen. Ein Schuft, wer Schlechtes dabei denkt.

Die Bush-Regierung reagierte auf die Enthüllungen mit bemerkenswerter Nervosität. Präsident Bush gab an, erst vor Kurzem sowohl von der Existenz der Bänder als auch von ihrer Vernichtung erfahren zu haben. Es ist allerdings mehr als unwahrscheinlich, dass Bush und Cheney über die zwischen ihren Mitarbeitern und der CIA diskutierten kriminellen Machenschaften im Dunkeln gelassen wurden. US-Medien zufolge haben von der Existenz der Verhörvideos und den Plänen der CIA, diese zu vernichten, frühzeitig auch führende Mitglieder der Geheimdienstausschüsse von Senat und Repräsentantenhaus gewusst. Demnach haben die für die Überwachung der Geheimdienste zuständigen Abgeordneten dem CIA-Folterprogramm nicht nur zugestimmt, einige von ihnen sollen die CIA sogar zu einem noch härteren Vorgehen angespornt haben.[402] Die Betreffenden waren also frühzeitig über die Anwendung von mit Gewalt und Zwang verbundenen Verhörtechniken informiert – ohne dass sie dagegen ein Wort des Protestes erhoben, geschweige denn die amerikanische Öffentlichkeit darüber informiert hätten. Ganz im Gegenteil stimmten die Kongressabgeordneten, darunter auch führende Mitglieder der Demokratischen Partei, diesen Praktiken explizit zu.[403]

Zwei Schritte vor – und drei zurück

Am 13. Dezember 2007 verabschiedete das US-Repräsentantenhaus das Haushaltsgesetz 2008 für die Geheimdienste und das darin enthaltene Anti-Folter-Gesetz. Laut Abschnitt 327 des *Intelligence Authorization Act for Fiscal Year 2008* (H.R. 2082) sollte für alle US-Dienste, die Gefangene verhören, also auch für den Auslandsgeheimdienst CIA, zukünftig ausschließlich das Feldhandbuch für die Armee FM 2–22.3[404] gelten, das im September 2006 FM 34–52 abgelöst hatte. Dieses Gesetz hätte die US-Geheimdienste verpflichtet, ausschließlich die von diesem autorisierten 19 Verhörmethoden anzuwenden. Die Anwendung einer Reihe von »harten«

bzw. »verbesserten«[405] Verhörtechniken wäre den Geheimdiensten damit zukünftig verboten gewesen. Das Feldhandbuch untersagt den US-Streitkräften sowohl die Anwendung von »Waterboarding« als auch den Einsatz von Elektroschocks und Hunden. Ausdrücklich verboten sind außerdem Scheinhinrichtungen, erzwungene Nacktheit und sexuelle Misshandlungen, aber auch sensorische Deprivation und Schlafentzug.

Nach der Abstimmung im Repräsentantenhaus kündigte Bush direkt sein Veto gegen das neue Gesetz an, von dem er zunächst jedoch keinen Gebrauch machen musste: Mit ihrer Mehrheit im Senat stoppten Bushs Republikaner die Gesetzesinitiative im ersten Anlauf, indem sie einen Formfehler im Gesetzgebungsverfahren geltend machten und so eine Abstimmung verhinderten.[406] Auch im zweiten Anlauf gelang es den Foltergegnern im Senat nicht, die notwendige Mehrheit hinter sich zu bringen, die zur Abwehr eines Präsidentenvetos notwendig gewesen wäre.

Wie bereits im Rahmen der Kongressanhörungen zu seiner Nominierung lehnte es Ex-Bundesrichter Michael Mukasey auch nach seiner Ernennung zum US-Justizminister im November 2007 ab, zu der umstrittenen Verhörmethode des »Waterboarding« klar Stellung zu beziehen und sie als Folter einzustufen – obwohl selbst der Direktor der Nationalen Geheimdienste, Mike McConnell, diese Praxis – in persönlicher Einschätzung – als Folter einstufte.[407] Im Februar 2008 erklärte Mukasey vor dem Justiz-Ausschuss, man könne niemanden »für was auch immer er getan habe« verurteilen, da alles vom »Office of Legal Counsel« des Justizministeriums gedeckt gewesen sei. Deshalb werde er als Justizminister nicht wegen Folter ermitteln und darüber hinaus die Aussagen des »Office of Legal Counsel« als Immunitätsgarantie für Beschuldigte auslegen.[408] Strafrechtliche Ermittlungen in dieser Sache würden sich schon deshalb verbieten, so Mukasey, weil man den Menschen damit signalisieren würde: »Wer sich auf die Empfehlung des Justizministeriums verlässt, setzt sich einer strafrechtlichen Verfolgung aus, sobald die empfehlende Person ihre Meinung ändert oder gar eine politische Änderung eintritt«.[409] Auf die Idee, strafrechtliche Ermittlungen gegen die Personen im US-Justizministerium einzuleiten, die genau diese Empfehlungen ausgesprochen hatten, bzw. gegen ihre Auftraggeber in der Regierung, kam der US-Justizminister aus naheliegenden Gründen nicht.

Am 8. März 2008 legte Präsident George W. Bush wie angekündigt sein Veto[410] gegen das von den beiden Häusern des US-Kongresses verabschiedete Anti-Folter-Gesetz ein und verwies es an den Kongress zurück. Bei der Abstimmung im Repräsentantenhaus am 12. März votierten 225 Abgeordnete für das Verbot, 188 lehnten es ab. 188 Abgeordnete, und damit beinahe die Hälfte, stimmten also ausdrücklich für die Fortsetzung der Folter. Damit verfehlten die Demokraten klar die in beiden Kammern notwendige Zweidrittelmehrheit, um Bushs Veto zu überstimmen.[411]

In seiner wöchentlichen Radioansprache verteidigte Bush seine Entscheidung mit dem üblichen Mix aus Lügen und Panikmache. Er beharrte darauf, die CIA benötige zum »Schutz Amerikas« vor terroristischen Anschlägen eine große Bandbreite von Techniken.[412] Bush und mit ihm 188 Abgeordnete übersahen wohl, dass die Politik der Regierung zum »Schutz Amerikas« im Nahen und Mittleren Osten im Gegenteil entscheidend dazu beigetragen hat, ebendiese von Bush beschworene Gefahr zu vergrößern.

Menschenrechte nicht zwingend gültig

Vom Obersten Befehlshaber derart ermuntert und juristisch abgesichert, durften die CIA-Folterspezialisten in den geheimen Gefangenenlagern, die laut US-Berichten über die ganze Welt verteilt sind, weiter brutal agieren. Entsprechend bedeutsam ist die Tatsache, dass die US-Besatzer dem UN-Sonderberichterstatter über die Folter, dem Österreicher Manfred Nowak, den Zugang zu Gefängnissen im Irak verweigerten. Die britischen Besatzer und die von Washington gestützte Regierung in Bagdad hatten ihm dagegen die Erlaubnis erteilt, die von ihnen verwalteten Gefängnisse und Lager zu besichtigen.[413] Obwohl Nowak nach eigenem Bekunden glaubwürdige Berichte erhalten hatte, dass sich die Haftbedingungen in US-Gefängnissen im Irak infolge der weltweiten Kritik an den Misshandlungen von Gefangenen durch US-Soldaten in dem berüchtigten Gefängnis Abu Ghraib verbessert hätten, blieb die Bush-Regierung hart. Ihre Besuchsverweigerung für Nowak begründete sie mit dem unverhohlenen »Argument«, Menschenrechte seien in bewaffneten Auseinandersetzungen wie im Irak nicht zwingend gültig. Wegen des »laufenden Konfliktes« würden die

US-Gefängnisse im Irak – so die Rechtsauffassung in Washington – »nicht unter das internationale Menschenrecht fallen«, und folglich fielen sie auch nicht in den Zuständigkeitsbereich des UN-Sonderberichterstatters.[414]

Wenn die Bush-Regierung darauf insistierte, der CIA-Verhörpraxis dürften keinerlei Beschränkungen auferlegt werden, so hat das mehrere Gründe. Zum einen ist es die reale Befürchtung, dass jeder Schritt zum Verbot gewisser Methoden die öffentliche Diskussion über deren frühere Legalität entfachen könnte. »Wenn jemals festgestellt werden wird, das es sich [beim ›Waterboarding‹] um Folter handelt, wird damit eine sehr große Strafe verbunden sein, die jeder zahlen muss, der darin verwickelt ist«, sagte Mike McConnell gegenüber dem *New Yorker* vom 13. Januar 2008.[415] Zum anderen hoffte die Republikanische Partei, die Präsidentschaftswahlen im November 2008 mit den Themen »nationale Sicherheit« und Terrorismus für sich zu entscheiden. Der »Gesinnungswandel« des republikanischen Präsidentschaftskandidaten John McCain erklärt sich zu einem Großteil aus diesem Grund.

Die Offensive der US-Regierung hatte aber noch eine grundsätzlichere Dimension. Wenn sie darauf insistierte, das US-Militär und die Geheimdienste müssten von der Bindung an geltende Gesetze befreit werden, verteidigte die Bush-Regierung das von ihr von Beginn an verfochtene Prinzip der unbeschränkten Macht der Exekutive – das letztlich auf eine Präsidialdiktatur und die vollständige Abschaffung demokratischer Prinzipien hinausläuft.[416]

Die Zustimmung zu Folter reichte bis in den Obersten Gerichtshof der USA. Verfassungsrichter Antonin Scalia, einer der neun Obersten Richter des U.S. Supreme Court, betonte in einem Interview mit der britischen BBC,[417] die US-Gerichte hätten kein Recht, Folter zu verbieten.

Oberster Gerichtshof der USA spricht »feindlichen Kämpfern« Rechte zu

Am 12. Juni 2008 sprach derselbe Oberste Gerichtshof in Washington, dem Richter Scalia angehört – und gegen dessen Votum –, in einer Grundsatzentscheidung den Gefangenen in Guantánamo das Recht zu, ihre Gefangenschaft vor ordentlichen US-Zivilgerichten anzufechten.[418] Genau das war den Insassen des Gefangenenlagers bisher verweigert worden.

Mit der Entscheidung im Fall Boumediene et al. v. Bush et al.[419] verwarfen die Richter die bisherige Praxis der US-Regierung im Umgang mit den seit Jahren ohne rechtliche Grundlage Inhaftierten. Selbst wenn Guantánamo auf Kuba liege, müssten die dortigen Militärgerichte so vorgehen, als ob sie sich auf US-Territorium befänden, urteilten die Richter. Die Gefangenen hätten folglich dieselben Verfassungsrechte wie alle Bürger der USA. Danach müssen die teilweise seit mehr als sechs Jahren in dem Lager festgehaltenen »ungesetzlichen feindlichen Kämpfer« faktisch wie Untersuchungshäftlinge auf amerikanischem Boden behandelt werden.

Die Entscheidung des Obersten Gerichts fiel mit fünf gegen vier Stimmen allerdings sehr knapp aus. Für die Richtermehrheit legte der liberale Richter Anthony Kennedy in der Urteilsbegründung fest, die Terrorverdächtigen hätten das Recht, ihre Fälle unverzüglich vor einem zivilen Bundesgericht zur Anhörung zu bringen. Kennedy schrieb, »die Gesetze und die Verfassung sind so ausgelegt, dass sie auch in außergewöhnlichen Zeiten überleben und in Kraft bleiben«.[420] Deshalb dürften den Guantánamo-Häftlingen keine verfassungsmäßigen Rechte vorenthalten werden. Die Minderheitsmeinung vertraten die konservativen Richter Roberts, Alito, Scalia und Thomas. Der konservative Oberrichter John Roberts kritisierte die Mehrheitsentscheidung: Die Inhaftierten genössen bereits weitreichenden Schutz, behauptete er.

Es war das dritte Mal in vier Jahren, dass die höchste gerichtliche Instanz den Häftlingen das Recht einräumte, vor Zivilgerichte zu ziehen. Jedes Mal hatte die US-Regierung mit Hilfe des Kongresses Gesetze geändert, um die bisherigen Regeln beibehalten zu können. Mit dieser Entscheidung des Obersten Gerichtshofs, dass Guantánamo-Häftlinge vor zivilen US-Bundesgerichten klagen dürfen, sahen viele das von der Bush-Regierung etablierte System von Militärkommissionen zur Aburteilung »feindlicher Kämpfer« schon so gut wie am Ende. Führende Repräsentanten der US-Regierung, darunter Justizminister Mukasey und Präsident Bush selbst, ließen aber keinen Zweifel daran, dass Washington an dem Zeitplan für die Militärtribunale wie geplant festhalten werde.[421]

Der Prozess gegen die »Guantánamo Five«

Eine Woche, bevor der Oberste Gerichtshof in Washington sein Urteil verkündete, und nach monatelangem Tauziehen, hatten die Anhörungen zum geplanten Schauprozess gegen Khaled Scheich Mohammed sowie gegen vier weitere mutmaßliche Al-Qaida-Mitglieder und Drahtzieher der Terroranschläge vom 11. September vor einem militärischen Sondertribunal in Guantánamo begonnen. Sie wurden auf der Basis des vom Kongress im Oktober 2006 verabschiedeten Military Commissions Act angeklagt.[422] Ihre Anklage war Teil einer großangelegten Inszenierung.

»In einem durchsichtigen Versuch, die Guantánamo-Tribunale zu bereinigen, haben das Justizministerium und das Pentagon ein ausgedehntes Programm zur Wiederbefragung von Gefangenen entwickelt, die missbräuchlichen Befragungsmethoden ausgesetzt worden waren, dieses Mal mit ›sauberen‹ Teams. Wenn beispielsweise ein Gefangener einen der Beklagten mit der Anwendung von Waterboarding während der Befragung in Zusammenhang bringt, wird die Regierung diesen Gefangenen nun erneut befragen – ohne die Anwendung von Waterboarding – und die gleichen Informationen erhalten. Dann werden sie sagen, die Informationen seien auf humane Weise bestätigt worden. Dieser Versuch, sich die Weste weißzuwaschen, ist eine Farce und eine Schande«, schrieb Majorie Cohn, Rechtsprofessorin der Thomas Jefferson School of Law und Präsidentin der National Lawyers Guild, in einem Internet-Kommentar im Februar 2008.[423]

Die hier beschriebene Praxis, Folter-Geständnisse nachträglich vom Opfer von »sauberen« Verhörteams bestätigen zu lassen, erinnert wie so vieles in dem neu-mittelalterlichen Procedere an die Vorgehensweise der Inquisition, deren verquere Logik in den Hexenprozessen des späten Mittelalters und der frühen Neuzeit noch auf die Spitze getrieben wurde. Gemäß der kirchlichen Forderung, ein Geständnis müsse »freiwillig« erfolgen, wurden die Inquisiten genötigt, die von ihnen erfolterten »Geständnisse« nach beendeter Marter nochmals in Anwesenheit eines Richters zu bestätigen, so dass die Inquisitionsbehörde verkünden konnte, es handle sich um ein »freiwillig« abgelegtes Geständnis, das ohne die Anwendung jedweder Gewalt erlangt worden sei. Da die Opfer in der Regel wussten, dass ihnen im Falle eines Widerrufs nur noch schlimmere

Folter drohte, bestätigten sie in den meisten Fällen wunschgemäß das ihnen unter der Folter abgepresste Geständnis.

Sowohl das Timing dieser Militärjustizfarce als auch die hierbei angewandten Methoden waren politisch motiviert. Weniger als ein halbes Jahr vor den Präsidentschaftswahlen hatte die US-Regierung ein gesteigertes Interesse daran, Medien und Öffentlichkeit mit sorgsam ausgewählten Details über die Terroranschläge vom 11. September zu füttern. Auf diese Weise hoffte sie, jede Kritik an ihrem »Krieg gegen den Terror« zum Verstummen zu bringen. Hatte ihr dieser doch jahrelang als zentrale Rechtfertigung sowohl für ihren aggressiven Kriegskurs nach außen als auch für die Errichtung eines weitreichenden Überwachungsapparates im Inneren gedient.

Im Vorfeld des Verfahrens hatte die Bush-Regierung eine Reihe von empfindlichen juristischen Niederlagen einstecken müssen.[424] Zunächst hatte der frühere Chefankläger der von der US-Regierung auf Guantánamo Bay eingerichteten Militärkommissionen, der Oberst der Luftwaffe Morris Davis, aus Protest gegen den vom Pentagon ausgeübten politischen Druck am 4. Oktober 2007 sein Amt niedergelegt.[425] Eine weitere Niederlage erlitt die Bush-Regierung im Fall des angeblichen »20. Flugzeugentführers« vom 11. September, des saudi-arabischen Staatsbürgers Mohammed al Qahtani. Mitte Mai 2008 gab die Richterin Susan Crawford bekannt, sie habe alle Anklagen gegen Qahtani abgewiesen.[426] Zugleich bestätigte Crawford die Anklagen gegen die fünf anderen der ursprünglichen »Gitmo Six«, darunter Khaled Scheich Mohammed, in aller Form. Trotz der Klageabweisung wurde Qahtani nicht etwa aus der Haft entlassen. Laut dem Military Commission Act kann er weiter unbegrenzte Zeit in Haft behalten werden, und die Militär-Ankläger können jederzeit erneut Anklage gegen ihn erheben.

Als Farce wurden die Verfahren vor den Militärkommissionen durch weitere Zwischenfälle entlarvt. Im November 2008 trat Oberstleutnant Darrel Vandeveld, Ankläger im Prozess gegen Afghani Mohamed Jawad, zurück, nachdem seinen Mandanten entlastende Beweise unterdrückt worden waren. Um weiteren Vorwürfen Vandevelds zuvorzukommen, ließ die Regierung daraufhin die Anklagen gegen fünf andere Gefangene fallen, gegen die Vandeveld die Anklage vertrat. Im Fall des kanadischen Kindersoldaten Omar Khadr löste das Pentagon den Richter ab, weil er für die Verteidigung günstige Entscheidungen gefällt hatte.

US-Regierung von geringem Strafmaß schockiert

Am 21. Juli 2008 wurde in Guantánamo vor einer sogenannten Militärkommission im eigens errichteten »Camp Justice« das Verfahren gegen den ehemaligen »Fahrer« Osama bin Ladens, den Jemeniten Salim Achmed Hamdan, eröffnet. Es handelte sich um den ersten »Kriegsverbrecherprozess« der USA seit dem Zweiten Weltkrieg – allerdings saßen nicht etwa George W. Bush und seine Komplizen aus der US-Regierung auf der Anklagebank, sondern ein einfacher Kurier. Im Falle einer Verurteilung durch die Militärkommission drohte dem Jemeniten eine lebenslängliche Haftstrafe. Hamdans Prozess war zwar das erste Verfahren in Guantánamo, nicht jedoch das erste Urteil: Der Australier David Hicks hatte sich nach jahrelanger Einkerkerung – ohne dass sich die australische Regierung um seine Freilassung bemüht hätte –, darunter acht Monaten absoluter Isolation, Misshandlung und Folterung, im Jahr 2007 schließlich für schuldig erklärt und war danach ohne Prozess an sein Heimatland überstellt worden. Er ist inzwischen wieder auf freiem Fuß.

Eine Militärkommission besteht aus einem vorsitzenden Militärrichter und zwischen fünf und dreizehn Geschworenen, ebenfalls US-Offizieren, die im Falle einer Verhängung der Todesstrafe einstimmig entscheiden müssen. Für ein Strafmaß von mehr als zehn Jahren ist eine Dreiviertelmehrheit der Militär-Geschworenen notwendig, die sich gemäß dem »Military Commissions Act« mit einer Zweidrittelmehrheit auf einen Schuldspruch einigen muss.

Nach dreitägigen Beratungen befand die aus sechs US-Offizieren bestehende Geschworenen-Jury im Gefangenenlager Guantánamo Salim Achmed Hamdan für schuldig, »wesentliche Unterstützung für den Terrorismus« geleistet zu haben.[427] Die Jury verurteilte den Guantánamo-Häftling zu fünfeinhalb Jahren Gefängnis. Damit blieb die Militärjury deutlich unter dem Antrag der Anklage, die ein Strafmaß von mindestens 30 Jahren für den Jemeniten gefordert hatte.

Die Jury sah den Vorwurf der Anklage nicht als erwiesen an, dass der 37-Jährige an der Planung oder Ausführung von Attentaten beteiligt war, und sprach ihn deshalb in zwei Punkten von dem schwerwiegenderen Vorwurf der »Verschwörung« frei. Damit brüskierte die Jury die US-Regierung, indem sie Hamdan nur dessen schuldig befand, was er vor Gericht zugegeben hatte, nämlich schon mehrere Jahre vor den Terroranschlägen vom 11. September als Fahrer für Osama bin Laden gearbeitet zu haben. Konkret wurde Hamdan wegen Unterstützung des Terrorismus in fünf von acht Anklagepunkten schuldig gesprochen. Da ihm 61 Monate seiner bisherigen Gefangenschaft auf die Strafe angerechnet wurden, musste Hamdan laut Richter Keith Allred nur noch eine Reststrafe von fünf Monaten verbüßen. Die Militärankläger wie auch die US-Regierung waren von der Entscheidung sichtlich schockiert. Die US-Presse bewertete die Strafe für Hamdan als »schallende Ohrfeige für die Ankläger« *(Washington Post)*.[428]

Das Pentagon drohte umgehend nach der Urteilsverkündung, Hamdan nach Verbüßung seiner Haftstrafe als »feindlichen Kämpfer« weiter festzuhalten. Selbst bei einem Freispruch könnten einzelne Terrorverdächtige bis auf Weiteres als »feindliche Kämpfer« in US-Gewahrsam festgehalten werden, so Pentagon-Sprecher Geoff Morrell.[429] Im November 2008 wurde Hamdan schließlich in den Jemen ausgeflogen, wo er den Rest seiner Strafe abzusitzen hat.[430]

Das scheinbar milde Strafmaß kann jedoch nicht darüber hinwegtäuschen, dass der gesamte Prozess mit einem rechtsstaatlichen Verfahren rein gar nichts zu tun hatte. Die Jury tagte im Geheimen, und das Verfahren in Guantánamo Bay fand praktisch unter Ausschluss der Öffentlichkeit statt. Lediglich eine Handvoll Medienvertreter waren anwesend. Die Beweisaufnahme fand überwiegend im Geheimen statt. Vier Zeugen blieben anonym, und zwei Zeugenaussagen, offensichtlich von Mitgliedern der Special Forces, wurden den Aussagen von Beobachtern entnommen. Die Erwähnung der CIA war mit einem Tabu belegt, obwohl CIA-Agenten an der Verhaftung, den Verhören, der Folterung und letztlichen Überstellung Hamdans nach Guantánamo beteiligt waren. Auch unter den anonymen Zeugen waren offensichtlich CIA-Agenten. Rund 600 Seiten Haftakten hatte die Regierung der Verteidigung zudem erst kurz vor Prozessbeginn bereitgestellt.[431] Darüber hinaus ließ der Vorsitzende Richter zwei Videos mit den ersten Verhören Hamdans zu, die Ende 2001 kurz nach seiner Festnahme in Afghanistan unter »höchst zwanghaften« Bedingungen (wie Allred selbst einräumte) stattgefunden hatten.[432] Die Videos waren von der Anklage als geheim eingestuft und der Verteidigung vorenthalten worden. Zugleich erlaubte Allred der Anklage, Aussagen zu verwenden, die

Hamdan in Guantánamo gemacht hatte, obwohl diese Hamdans Verteidigern zufolge unter Zwang wie Schlafentzug und Einzelhaft zustande gekommen waren.[433]

Der zweite Prozess gegen den angeblichen Leibwächter Bin Ladens und Video-Propagandisten Ali Hamza al-Bahlul endete Anfang November 2008. Das Militärgericht in Guantánamo verurteilte al-Bahlul nach nur einstündiger Beratung wegen Unterstützung des Terrorismus und Anstiftung zu Mord zu lebenslanger Haft. Der gesamte Fall beruhte ausschließlich auf Beweisen der Anklagevertretung, weil al-Bahlul aus Protest völliges Stillschweigen gewahrt hatte und der ihm zugewiesene Anwalt den Wünschen seines Mandanten folgen musste. Die Vorwürfe des Angeklagten, er sei gefoltert worden, wie auch die Behauptung seines Anwalts, al-Bahlul sei weder aktiver Kämpfer noch an der Planung oder Ausführung von Terroranschlägen beteiligt gewesen, ließ die Militärjury daher unberücksichtigt.[434]

Schauprozess gegen »Gitmo Five«

Bereits am 5. Juni 2008 hatten die Vorverhandlungen bzw. Anhörungen zu dem aus Sicht der Bush-Regierung wohl wichtigsten, als Schauprozess geplanten Verfahren gegen Khaled Scheich Mohammed und vier weitere mutmaßliche Al-Qaida-Mitglieder und angebliche Drahtzieher der Terroranschläge vom 11. September 2001, Ramzi Binalshibh, Mustafa Ahmad Al-Hawsawi, Ali Abd Al-Aziz Ali und Waleed bin Attash alias Khallad, in Guantánamo begonnen.[435] Die Anklage lautet auf Terrorismus, Verschwörung, Mord und Sachbeschädigung. Die US-Militärjustiz strebt für alle Angeklagten die Todesstrafe an.[436]

Alle Angeklagten befanden sich zu diesem Zeitpunkt seit mehr als fünf Jahren in US-Gewahrsam. Sie waren in den Jahren 2002 und 2003 von der CIA aufgespürt und jahrelang, von jedem Kontakt zur Außenwelt abgeschnitten, in CIA-Geheimgefängnissen im Ausland gefangen gehalten worden. Während dieser ganzen Zeit wurde ihnen alles verweigert, was ein rechtsstaatliches Verfahren ausmacht. Im Jahr 2006 wurden sie schließlich ins US-Gefangenenlager in Guantánamo überstellt.

Auch im Falle dieser »Gitmo Five« wurde bereits zu Beginn der

Anhörungen offenkundig, dass die nach der Rüge des obersten US-Gerichts geringfügig entschärfte militärische Sondergerichtsbarkeit immer noch meilenweit von einem ordentlichen rechtsstaatlichen Procedere entfernt ist. So hatten die Angeklagten beispielsweise bis kurz vor Prozessbeginn noch keinen Anwalt. Zudem werde die Öffentlichkeit, dies machte Pentagon-Rechtsberater Thomas Hartmann klar, nicht alle Beweise kennenlernen, die am Ende möglicherweise zur Exekution der Angeklagten führen werden. Vor allem aber blieb nach wie vor unklar, ob das Militärtribunal Beweise zulassen würde, die durch Folter bzw. durch sogenannte »harsche Verhörmethoden« erzwungen wurden. Das Sondergericht muss nach Anhören der Argumente von Anklage und Verteidigung entscheiden, ob und inwiefern derart erzwungene Aussagen als Beweise im Verfahren verwertet werden dürfen.[437]

Die Anwälte der Angeklagten beklagten zudem, dass ihnen die Militärjustiz weniger Zugang zu ihren Mandanten gewährte, als dies bei einem Zivilverfahren der Fall wäre. So hatten sie erstmals kurz vor Beginn der Anhörungen Gelegenheit bekommen, ihre Mandanten zu sprechen. Zudem hatten sie gerade einmal knappe drei Monate, um sich auf das Verfahren vorzubereiten, während sich die US-Regierung mehr als sechs Jahre Zeit genommen hatte, um den Fall aufzubauen.

Während Ankläger und Richter aus den Reihen der US-Armee sich aktiv daran beteiligten, schwerste Menschenrechtsverletzungen unter den Teppich zu kehren, weil sonst »Staatsgeheimnisse«, die im »Krieg gegen den Terror« geschützt bleiben müssen, preisgegeben werden könnten, brachte Khaled Scheich Mohammed den Charakter des Schauprozesses auf den Punkt: »Es ist eine Inquisition«, sagte er. »Nachdem sie uns gefoltert haben, überstellen sie uns ins Inquisitionsland in Guantánamo.«[438] Allerdings ließ Militärrichter Ralph Kohlmann es nicht zu, dass der Angeklagte detailliert über Folter und sonstige Brutalitäten während seiner fünfjährigen Haft berichtete.

Zwei Stunden nach einer weiteren Anhörung von Khaled Scheich Mohammed gab sein Verteidigerteam in der Mitte der zweiten Juliwoche 2008 eine bemerkenswerte Pressekonferenz. Captain Prescott L. Prince, der vom Pentagon bestellte Militäranwalt von Khaled Scheich Mohammed, und die ihm beigestellten Zivilverteidiger David Nevin und Scott McKay erklärten dort, sie glaubten nicht mehr daran, dass in dem anstehenden Prozess eine Verteidigung, die diesen Namen verdient, je vorgesehen war. Die Verteidiger erklärten, ihnen lägen 14 000 Blatt an Akten für den Prozess vor, aber kein einziges davon sei bisher ins Arabische übersetzt worden. Ihr Mandant habe ihnen im Mai dieses Jahres geschrieben, aber der Brief sei bei keinem der drei je angekommen. Sie könnten mit ihm nicht telefonieren, sie hätten keinen Zugang zu entscheidenden Dokumenten. Sie müssten ihre Notizen abgeben, nachdem sie ihn getroffen haben – alles, was Khaled Scheich Mohammed sage, würde als geheim gestempelt. »So kann man niemanden verteidigen«[439], erklärte Captain Prescott Prince. Und dann sagte er einen Satz, den man dem Anwalt, der in seiner blütenweißen, mit Militärauszeichnungen der Navy dekorierten Uniform, den kurzgeschorenen Haaren und dem sauber an den Seiten gestutzten Schnurrbart das Idealbild eines US-Offiziers abgibt, kaum zugetraut hätte: »Am Ende will die Regierung doch nur eines, sie will die Exekution von Mister Mohammed.«[440]

Unbegrenzte Haft bei »feindlichen Kämpfern« laut US-Bundesgericht »rechtens«

Fast gleichzeitig sprach ein US-Berufungsgericht in einer 5:4-Entscheidung[441] im Juli 2008 der US-Regierung das Recht zu, den als »feindlichen Kämpfer« eingestuften katarischen Staatsbürger Ali Saleh Kahlah Al-Marri ohne Anklage oder Gerichtsverfahren auf unbegrenzte Zeit festzuhalten.[442] Die politisch rechts stehende Mehrheit der Richter überstimmte mit ihrer Entscheidung das Urteil eines aus drei Richtern bestehenden Gremiums desselben Gerichts vom Jahr zuvor.

Al-Marri ist der letzte »feindliche Kämpfer«, der ohne Anklage in den USA in Militärhaft gehalten wird. Außer Al-Marri, der sich legal in den USA aufhielt und lebte, waren auch zwei US-Bürger von US-Präsident Bush zu feindlichen Kämpfern erklärt und in Militärhaft genommen worden: Yasser Esam Hamdi (festgenommen in Afghanistan und im Oktober 2004 nach Saudi-Arabien abgeschoben) und José Padilla. Bereits im September 2005 hatte ein aus drei Richtern bestehendes Gremium desselben Gerichtshofs im Fall Padilla entschieden, der Präsident habe tatsächlich die

Autorität, auch US-Bürger auf amerikanischem Grund und Boden zu arretieren und sie für unbegrenzte Zeit ohne Anklage wegsperren zu lassen. Der Oberste Gerichtshof der USA weigerte sich, diese Entscheidung des Berufungsgerichts zu überprüfen. Der US-Regierung gelang es, eine solche Überprüfung zu vermeiden, weil sie Padilla nach dreieinhalb Jahren ungesetzlicher Haft schließlich doch eines Verbrechens anklagte. Fatalerweise hat dadurch die Entscheidung des Berufungsgerichts vom September 2005 im Falle Padilla bis heute Bestand!

Die Anklageschrift gegen Padilla zitierend, führte das Gericht in seiner Padilla-Entscheidung vom September 2005 aus: »Der Präsident ist durch die AUMF [Authorization to Use Military Force] dazu autorisiert, Padilla als ein grundsätzliches Anhängsel der Kriegsführung gefangen zu nehmen«.[443] Das Gericht wies Padillas Klage ab, dass er – als ein US-Bürger, der auf dem Boden der Vereinigten Staaten »gefangen genommen« wurde – der amerikanischen Verfassung gemäß eines Verbrechens angeklagt und von einem zivilen Gericht abgeurteilt werden müsse. Dieser Entscheidung zufolge hat der Präsident demnach die Macht, sogar US-Bürger für unbegrenzte Zeit in einem Militärgefängnis festhalten zu lassen, sobald er ihnen nur vorwirft, sie seien »feindliche Kämpfer«, die die Waffen gegen die USA »erhoben« hätten.[444] So argumentierte nun auch das Berufungsgericht im Fall Al-Marri, dem die Bush-Regierung – anders als Hamdi und Padilla – noch nicht einmal vorwarf, er habe auf Seiten der Taliban gegen die US-Streitkräfte gekämpft oder sei auch nur in Afghanistan gewesen.[445] Mit anderen Worten: Der US-Präsident muss nur ein Papier unterschreiben, und jeder, egal ob Ausländer oder US-Bürger, kann in ein Militärgefängnis geworfen und ohne Anklage oder Recht auf einen Prozess für unbegrenzte Zeit festgehalten werden. Und zwar sogar dann, wenn er niemals auf einem Schlachtfeld oder an der Seite einer feindlichen Macht gegen die USA gekämpft hat. Es reicht die bloße Beschuldigung des »Terrorismus« und die Einstufung als »feindlicher Kämpfer« durch den US-Präsidenten, um seine unbegrenzte Einkerkerung und die Verweigerung grundlegendster bürgerlicher, ihm gemäß der US-Verfassung zustehender Rechte zu rechtfertigen.

Mit seiner Entscheidung stellte sich die Mehrheit des Berufungsgerichts vorbehaltlos hinter die von der Bush-Regierung vertretene Auffassung, die vom Kongress eine Woche nach den Terroranschlägen vom 11. September 2001 verabschiedete *Authorization to Use Military Force* ermächtige den Präsidenten zu derartigen Arretierungen. Zudem, so der verfassungsrechtlich unhaltbare Standpunkt der Bush-Regierung, habe der Präsident als Oberbefehlshaber in Kriegszeiten umfassende Befugnisse. Dazu gehöre selbst das Recht, Folter (die keine Folter sein soll) anzuordnen. Sollte diese Entscheidung des Gerichts Bestand haben, so würde dies das Ende jeder Form von Rechtsstaatlichkeit in den USA überhaupt bedeuten.

Das Spinnennetz der CIA

Nach dem 11. September 2001 waren die USA im Kampf gegen den Terror bereit, alle bis dahin offiziell geltenden Rechtsstandards über Bord zu werfen. Hinter den Kulissen begann die Bush-Regierung, ein globales Spinnenetz zu knüpfen. Ende 2001 legte der damalige Verteidigungsminister Donald Rumsfeld in Zusammenarbeit mit der CIA und verbündeten Geheimdiensten unter strengsten Sicherheitsvorkehrungen ein »Special Access Program« auf – ein Geheimprogramm zur Verfolgung mutmaßlicher Al-Qaida-Führer. Autorisiert durch Bushs geheimes *Presidential Finding* vom 17. September 2002 stellte Rumsfeld den Geheimdiensten ausgewählte Einheiten der Elitetruppen Navy SEALs und Army Delta Force zur Seite – mit der ausdrücklichen Genehmigung, zu morden und zu foltern –, und stattete diese mit einem Netz geheimer CIA-Gefängnisse aus. Laut Seymour M. Hersh war dieses vom Weißen Haus ausdrücklich genehmigte Programm weniger als 200 Mitarbeitern und Beamten bekannt und wurde von Rumsfelds Assistenten Stephen Cambone geleitet, der später zum Unterstaatssekretär für Nachrichtendienste aufstieg.[446]

Weltweit ließen CIA & Co. in der Folge Terrorverdächtige kidnappen und in Drittstaaten verschleppen, wo sie dann verhört und gefoltert wurden. Dabei bedienten sie sich der Hilfe von mit dem Westen verbündeten notorischen Folterstaaten wie Ägypten, Marokko und Jordanien ebenso wie der Unterstützung eifriger Verbündeter im »neuen Europa« wie Polen und Rumänien. Aber auch die Dienstleistungen eines sogenannten Schurkenstaates wie Syrien wurden von den USA nicht verschmäht. Nach den Terrorangriffen vom 11. September 2001 beteiligen sich diese Staaten beim Kampf gegen Al-Qaida auf eine ganz spezielle Art: Ihre Kerker wurden zu Folterkammern für den »zivilisierten« Westen.

Neben den bekannten und vermuteten »black sites« der CIA schloss bzw. schließt dieses Spinnennetz ein weitverzweigtes Geflecht von Verhörzentren anderer Geheimdienste der US-Regierung ein. Die Marinebasis auf Guantánamo Bay sowie die Militärgefängnisse wie Bagram und Kandahar in Afghanistan und Abu Ghraib im Irak sind nur die bekanntesten. Angebliche Al-Qaida- und Taliban-Mitglieder aus Afghanistan und anderen Ländern werden auch in den US-Einrichtungen auf Diego Garcia, einer von Großbritannien kontrollierten Insel im Indischen Ozean, sowie an anderen, geheim gehaltenen Orten festgehalten. Die Vernehmungszentren der CIA unterliegen keinerlei unabhängiger Aufsicht. Angehörigen des Roten Kreuzes wird der Zugang zu den Gefangenen nicht gestattet, sogar die Namen der Gefangenen werden geheim gehalten. Sie können nicht korrespondieren oder irgendwelchen Kontakt mit der Außenwelt aufnehmen. Sie sind praktisch »verschwunden«. Obwohl die Existenz derartiger Einrichtungen seit Langem, spätestens seit den Berichten des vom Europarat eingesetzten Sonderermittlers Dick Marty, bekannt ist, bleiben viele Aspekte ihrer Tätigkeit bis heute im Geheimen.

Bis ins Jahr 2007 hinein unterhielt darüber hinaus die US-Navy Geheimgefängnisse auf See, wie der britische *Guardian* am 2. Juni 2008 erstmals berichtete.[447] Auf mehreren Schiffen habe Washington Verliese zum »Verhör von Terrorverdächtigen« eingerichtet, erklärte die britische Menschenrechtsorganisation Reprieve, die sich für juristischen Beistand für Häftlinge insbesondere in Guantánamo einsetzt. Die Berichte wurden von der US-Navy umgehend dementiert: »Wir haben keine Gefängniseinrichtungen auf operativen Kriegsschiffen«, sagte der Sprecher der US-Kriegsmarine Jeffrey Gordon.[448] Allerdings hatte die Navy in der Vergangenheit bereits zwei Fälle eingestanden, bei denen Terrorverdächtige über längere Zeit auf Schiffen festgehalten worden waren. Im ersten Fall handelt es sich um den jungen David Walker Lindh, der als »amerikanischer Taliban« bekannt wurde: er war zuerst auf der »USS Bataan« und dann auf der »USS Peleliu« festgehalten worden.[449] Im zweiten Fall hatte ein US-Kreuzer im Jahr 2005 auf See vor dem Horn von Afrika so lange mutmaßliche Piraten an Bord festgehalten, bis Kenia einwilligte, diese aufzunehmen und Anklage zu erheben. Sowohl die »USS Peleliu« als auch die »USS Bataan« seien zudem in der Nähe der Insel Diego Garcia im Indischen Ozean gesichtet worden, berichtete der juristische Direktor von Reprieve, Clive Stafford Smith, am 3. Juni 2008 auf der Website des *Guardian*.[450]

Einem Bericht des US-Kongresses zufolge könnten seit 2001 bis zu 14 000 Menschen Opfer von »Überstellungen« und geheimen Inhaftierungen geworden sein. Manche Berichte schätzen die Zahl der »Rendition«-Opfer doppelt so hoch ein. Die Bush-Regierung selbst räumte ein, im »Krieg gegen den Terror« mehr als 80 000 Gefangene gemacht zu haben.[451] Eine ganze Reihe von Gefangenen, einschließlich derjenigen, die in Drittländer »überstellt« und dort unter CIA-Aufsicht gefoltert wurden, ist bis heute verschwunden geblieben. Im Juni 2007 präsentierten Amnesty International, Human Rights Watch und vier andere Menschenrechtsorganisationen eine Liste von 39 Personen, die zum damaligen Zeitpunkt vermisst wurden.[452]

Aus der Erklärung von Reprieve geht hervor, dass allein Hunderte Gefangene auf den US-Kriegsschiffen untergebracht waren.[453] Nach Informationen des US-Fernsehsenders *ABC* soll das erste Geheimgefängnis der CIA im März 2002 in Thailand eingerichtet worden sein. Zwei weitere geheime CIA-Gefängnisse in Polen und Rumänien wurden laut *ABC* erst wenige Tage vor der Europa-Reise von Außenministerin Condoleezza Rice Anfang Dezember 2005 geschlossen.[454] Der Sender berief sich auf Berichte ehemaliger und aktiver CIA-Mitarbeiter.

Anfang November 2005 hatte Dana Priest in der *Washington Post* erstmals über hochgeheime Haftanstalten der USA für angebliche »Al-Qaida-Terroristen« berichtet.[455] Besonders die Behauptung der US-Tageszeitung, mindestens eines der Geheimgefängnisse befinde sich in Osteuropa, löste eine Flut von Erklärungen und Dementis aus. Infolge dieser und weiterer Berichte über geheime CIA-Gefängnisse in Polen und Rumänien sowie über die Beteiligung europäischer Staaten an der Entführung und Verschleppung von Terrorverdächtigen in Folterstaaten wurde der Europarat aktiv. Das Gremium, das die Einhaltung der Menschenrechte in 46 europäischen Staaten beobachtet, beauftragte den Tessiner Ständerat Dick Marty mit der Ausarbeitung eines Berichts über Geheimgefängnisse und illegale Gefangenentransporte in Europa. Da der Europarat nicht die Vollmacht hat, Beweise zu sammeln und Zeugen unter Eid zu vernehmen, mussten Marty und sein Team sich vorwiegend auf vorhandenes, öffentlich zugängliches Beweismaterial stützen.

Als Dick Marty und sein Team ihre Arbeit im November 2005 aufnahmen, lieferten ihnen einige regierungsunabhängige Personen und Organisationen, insbesondere investigative Journalisten und NGOs, Listen von Flugzeugen, die entweder der CIA gehörten oder von Scheinunternehmen im Auftrag der CIA geführt wurden. Sie sind das Ergebnis mühevoller Anstrengungen, die einzelnen Teile des Puzzles – im Internet zugängliche Informationen, Beobachtungen von »Planespotters«, die Berichte von ehemaligen Gefangenen über ihre Entführung, Aussagen von Augenzeugen, darunter aktive und ehemalige Geheimdienstmitarbeiter in Europa und den USA, unter dem *Freedom of Information Act* erhaltene Informationen, Interviews mit Vertretern juristischer Behörden und Insider-Quellen sowie Beweisstücke aus gerichtlichen und parlamentarischen Untersuchungen – zu einem Ganzen zusammenzufügen.

Auf dieser Grundlage forderten Marty und seine Mitarbeiter bei der Flugüberwachungsbehörde Eurocontrol unter anderem die Flugpläne dieser Flugzeuge für den Zeitraum von Ende 2001 bis Anfang 2005, zumindest für den europäischen Flugraum, sowie ergänzend Informationen von über zwanzig nationalen Flugbehörden an, die diese auf Anfrage zur Verfügung stellten.[456] In zwei Berichten, die im Juni 2006[457] sowie im Juni 2007[458] öffentlich vorgestellt wurden, beschrieb Dick Marty ein »globales Spinnennetz« der CIA, an dem europäische Staaten tatkräftig mitgestrickt hatten und weiter mitstrickten. Bereits in seinem ersten Bericht kamen Marty und seine Mitarbeiter zu dem Ergebnis, dass es übereinstimmende Hinweise für die Existenz von CIA-Geheimgefängnissen in Europa gebe.[459] Deutschland und 13 weitere europäische Staaten hätten Gefangenentransporte der CIA geduldet. Mehrere Regierungen hätten zugelassen, dass die CIA Bürger ihres Landes entführt, während andere dem US-Auslandsgeheimdienst erlaubt hätten, ihren Luftraum für Gefangenentransporte zu nutzen. »Europäische Regierungen waren schlicht bereit, das wissentlich zu ignorieren«, sagte Marty bei der Präsentation des Berichts in Paris. Länder wie Polen, Rumänien und die ehemaligen jugoslawischen Republiken Mazedonien und Bosnien-Herzegowina haben demnach für die

CIA eine besonders wichtige Rolle gespielt. Polen und Rumänien sprachen von »Verleumdung«. In Deutschland sollen insbesondere der Flughafen Frankfurt am Main und der Militärflughafen Ramstein von den USA für Gefangenentransporte genutzt worden sein.

In dem untersuchten Zeitraum müssen, allein Europa betreffend, Hunderte derartiger »Rendition«-Flüge stattgefunden haben.[460] Die Recherchen des Teams ergaben zehn Fallstudien mutmaßlicher länderübergreifender Transfers, in die insgesamt 17 Häftlinge involviert waren.[461] Aufgrund der 17 gut dokumentierten Einzelschicksale konnte Marty das typische Muster nachzeichnen, nach welchem die CIA-Greiftrupps auf europäischem Boden vorgehen: Das Entführungsopfer wird in einen kleinen Raum geschafft, wo es von mindestens vier schwarz gekleideten, vermummten CIA-Agenten durchsucht wird und ihm die Augen verbunden werden. Das Opfer ist gefesselt, und seine Kleider werden ihm vom Körper geschnitten. Mehrere Personen wurden in dieser Situation geschlagen. Anschließend wird das Opfer nackt einer Untersuchung aller Körperöffnungen unterzogen und fotografiert. Danach wird dem Opfer eine Windel angelegt und ein Overall angezogen, es wird an Händen und Füßen gefesselt, seine Ohren werden verstopft und ein Stoffsack wird über seinen Kopf gezogen. Im Flugzeug wird die Person auf eine Matte oder einen Stuhl gebunden: »In einigen Fällen werden die Männer unter Drogen gesetzt, so dass sie von dem Entführungsflug kaum etwas oder gar nichts mitbekommen; in anderen Fällen machen schmerzende Fesseln und die Verweigerung von Trinkwasser und eines Toilettenbesuchs den Flug unerträglich.«

In seinem zweiten Bericht vom Juni 2007 untermauerte und präzisierte der Sonderberichterstatter des Europarats die bereits im Bericht vom Vorjahr erhobenen Anschuldigungen und Vorwürfe: »Was bisher nur Vorwürfe waren, ist jetzt bewiesen«.[462] Marty legte eine detaillierte Beschreibung des geheimen Programms vor. Das Ziel des HVD[463]-Programms der CIA sei gewesen, »Terrorverdächtige zu töten, zu fangen und unter Verschluss zu halten«. Dies sei ohne konkrete Vorwürfe gegen die Verdächtigen und ohne jegliche Kontrolle durch die Justiz geschehen. Einige der Betroffenen seien Tausende von Kilometern weit transportiert und physisch und psychisch misshandelt worden, um dann kommentarlos freigelassen zu werden, weil die CIA die Falschen erwischt habe. Die

Betroffenen hätten bis heute weder Kompensationen noch eine Entschuldigung erhalten. Die geheimen Straflager in Europa seien ausschließlich und direkt von der CIA betrieben worden. Lokale Angestellte hätten keinen Kontakt zu den Gefangenen, und lokale Verantwortungsträger seien nicht informiert gewesen. Daraus schloss Marty, dass in den betroffenen Ländern nur jeweils die höchsten Amtsträger von den Aktivitäten der CIA wussten.

In ihrem »Anti-Terror-Kampf« arbeiteten die USA laut Marty auf unterschiedlichen institutionellen Ebenen mit ihren Partnerländern zusammen, auch mit vielen Mitgliedern des Europarats. Die für die Errichtung der Gefangenenlager und die Entführung von Tatverdächtigen notwendigen Absprachen wurden dem Bericht zufolge sehr wahrscheinlich am Rande eines NATO-Treffens am 4. Oktober 2001 in Brüssel getroffen.[464] Lord Robertson, der frühere britische Verteidigungsminister und spätere NATO-Generalsekretär, soll diesen Tag als denjenigen beschrieben haben, an dem die NATO »einen generellen Freibrief zum Überflug für alle Flüge der USA und ihrer Alliierten ausgestellt hat, die im Zusammenhang mit dem Kampf gegen den Terror stattfinden«.[465] Viele der Vereinbarungen würden immer noch geheim gehalten. Kaum einer der betroffenen Staaten stehe bisher zu seiner Verantwortung. Eine Reihe europäischer Regierungen, so Marty, habe sein Team bei der Wahrheitssuche systematisch behindert und blockiere auch weiterhin entsprechende Bemühungen.

Der Europarat segnete den brisanten Bericht des Sonderermittlers mit großer Mehrheit ab.[466] Nur zwei Länder enthielten sich: Polen und Rumänien. Nicht ohne Grund, lieferte der Bericht doch genügend Beweise für den bereits im Vorgängerbericht geäußerten Verdacht, dass die CIA von 2003 bis 2005 in Europa geheime Gefängnisse unterhalten hatte, »speziell in Polen und Rumänien«. Für die geheimen Gefängnisse, die in Polen und Rumänien von 2003 bis 2005 existiert haben, liegen nun genügend Beweise vor. Die damaligen Präsidenten beider Länder, Aleksander Kwasniewski und Ion Iliescu, hätten diese Geheimgefängnisse erlaubt, heißt es darin weiter.[467] Polen und Rumänien wiesen die Vorwürfe umgehend zurück.

In Polen seien die »wichtigsten black sites der CIA eingerichtet worden«, berichtete die *New York Times* im Juni 2008.[468] James L. Pavitt, der ehemalige Direktor des geheimen Dienstes der CIA, bezeichnete Polen sogar als den »51. [US-Bundes-]Staat«. Ende August 2008 leitete die Abteilung X (Bekämpfung der organisierten Kriminalität) der Landesstaatsanwaltschaft Warschau schließlich Ermittlungen zu den geheimen CIA-Gefängnissen in Polen ein.[469] Diese Entscheidung stellt eine Kehrtwende im Umgang polnischer Behörden mit dem Thema dar. Seit 2004 ermitteln unter anderem Staatsanwaltschaften in Deutschland, Italien und Spanien im Zusammenhang mit den Aktivitäten der CIA.

Dick Marty erhob gleichzeitig schwere Vorwürfe gegen mehrere Mitgliedsländer des Europarates, insbesondere gegen Deutschland und Italien. Deren Regierungen beriefen sich – und berufen sich nach wie vor – auf den Vorwand von »Staatsgeheimnissen«, um die Geheimhaltung bestimmter Informationen sogar vor Parlament und Justiz zu gewährleisten und damit eine strafrechtliche Verfolgung der Verantwortlichen zu verhindern. Die von Dick Marty und seinem Team gesammelten Daten und Informationen liefern den unwiderlegbaren Beweis, dass europäische Regierungen den USA aktive Beihilfe zu Menschenrechtsverletzungen geleistet haben, wie sie normalerweise für faschistische und stalinistische Diktaturen kennzeichnend sind.

Ergänzend zu den Marty-Berichten des Europarats und diese untermauernd, brachte eine von Ana Gomes, portugiesisches Mitglied des Europäischen Parlaments, durchgeführte Untersuchung nicht nur die CIA-Flugdaten ans Tageslicht, sondern auch die Flugpläne von Militärmaschinen, die bis dahin ein ein gut gehütetes Geheimnis waren.[470] Die geheimen Flugaufzeichnungen der amerikanischen Militärmaschinen haben zum ersten Mal gezeigt, wie europäische Länder aktiv dabei geholfen haben, die Gefangenen in das Foltergefängnis Guantánamo zu entführen.

Der Fall Khaled El-Masri

Die Kritik des vom Europarat eingesetzten Sonderberichterstatters Dick Marty richtete sich in besonderer Weise gegen die Regierungen von Deutschland und Italien.[471] Im Falle Italiens betraf dies vor allem den Fall des ausgebürgerten ägyptischen Imams Hassan Mustafa Osama Nasr alias Abu Omar, der im Februar 2003, noch unter der ersten Berlusconi-Regierung, auf offener Straße von CIA-Agenten in Mailand entführt und über Aviano nach Ägypten verschleppt wurde, obwohl er legal in Italien lebte. In einem ägyptischen Gefängnis wurde er fast vier Jahre eingekerkert und brutal gefoltert. Gegen großen politischen Widerstand, auch der damaligen »sozialistischen« Regierung unter Ministerpräsident Romano Prodi,[472] erwirkte die Mailänder Staatsanwaltschaft einen Strafbefehl gegen 26 CIA-Agenten und einen Oberstleutnant der amerikanischen Luftwaffe sowie gegen sieben italienische Geheimdienstagenten, darunter den ehemaligen Chef des Geheimdienstes SISMI, Nicolo Pollari, die an der Entführung mitgewirkt hatten. Seit Juni 2007 wird gegen die Betreffenden verhandelt.[473] Der Oberstaatsanwalt von Mailand stellte im Juli 2007 einen formellen Auslieferungsantrag gegen die per Haftbefehl gesuchten 26 US-Bürger an die USA. Unter den Gesuchten befinden sich die mutmaßlichen CIA-Agenten Eric Robert Hume, Harry Kirk Elarbee und James Kovalesky.[474] Die Prodi-Regierung lehnte es jedoch ab, das Gesuch an die USA weiterzuleiten, und teilte im Oktober 2007 einem parlamentarischen Ermittlungsausschuss mit, »dass der mögliche Kontakt zwischen der amerikanischen und italienischen Regierung in diesem Fall durch staatliche Geheimhaltung geschützt würde«.[475]

Martys Kritik an Deutschland betraf vorrangig dessen Umgang mit seinem Staatsbürger Khaled El-Masri. »Es gibt nun auch keinen Zweifel mehr an der Verschleppung von Khaled El-Masri, der lange Zeit als Lügner bezeichnet wurde«,[476] sagte Marty bei der Vorstellung des Berichts auf einer Pressekonferenz am 8. Juni 2007. Über acht Seiten des 72-Seiten-Berichts sind dem Fall von Khaled El-Masri gewidmet. Unter der Kapitelüberschrift »Geheimhaltung und Vertuschung: Wie die Vereinigten Staaten und ihre europäischen Partner der Verantwortung für die geheimen CIA-Operationen ausweichen« heißt es: »Wir glauben, dass wir nun in der Lage waren, Herrn El-Masris Odyssee im Detail nachzuvollziehen und Licht auf seine Rückkehr nach Europa zu werfen: Wenn wir, ohne Vollmachten und Ressourcen, in der Lage waren, das zu tun, warum waren die zuständigen Behörden nicht in der Lage, das zu bewerkstelligen? Es gibt nur eine mögliche Erklärung dafür: Sie haben kein Interesse daran, dass die Wahrheit ans Licht kommt.«

Bereits in dem ersten Bericht, den Dick Marty im Juni 2006[477] vorgelegt hatte, waren die Umstände der Entführung Khaled El-Masris beschrieben worden. El-Masri, ein in Neu-Ulm lebender deutscher Staatsbürger libanesischer Abstammung, war am 31. Dezember 2003 während einer Reise nach Mazedonien an der serbisch-mazedonischen Grenze von mazedonischen Sicherheitsbeamten aus einem Reisebus heraus verhaftet und in ein Hotel nach Skopje gebracht worden. Dort wurde er seinen Angaben zufolge 23 Tage festgehalten, immer wieder verhört und misshandelt. Er sei beschuldigt worden, Mitglied der Terrororganisation Al-Qaida zu sein. Mitarbeiter der CIA hätten ihn mit Fäusten und Stöcken geschlagen. Sie hätten ihm die Kleidung vom Leib geschnitten und eine Augenbinde angelegt. Dann hätten sie ihm einen Gegenstand in den Anus eingeführt, eine Windel angelegt und ihn mit einer Spritze ruhig gestellt. Schließlich sei er Ende Januar 2004 mit einem Flugzeug über Bagdad nach Kabul ausgeflogen worden, wo er vier Monate in dem berüchtigten Geheimgefängnis »Saltpit« (Salzgrube) inhaftiert war. Dort wurde er weiter verhört, immer wieder misshandelt, heftig geschlagen und mit Tritten traktiert, gedemütigt und mit Drohungen eingeschüchtert. Seine Frau und seine Kinder erfuhren nichts über seinen Verbleib.

Während seiner Haft in Afghanistan wurde El-Masri fast ausschließlich mit Fragen konfrontiert, die sein persönliches Lebensumfeld in Ulm oder Neu-Ulm betrafen, über das die vernehmenden Beamten außergewöhnlich gut informiert waren – eine Tatsache, die für die Verstrickung deutscher Dienststellen in den Fall spricht. »Woher hätten sie die Informationen haben sollen, wenn nicht durch eine Kooperation mit den deutschen Behörden?«, fragt der Journalist und Buchautor Stephen Grey zu Recht.[478] Nach endlosen Verhören, einem Hungerstreik und ständigen Beteuerungen seiner Unschuld und nachdem sich die CIA davon überzeugt hatte, dass sie einen falschen, offensichtlich völlig unschuldigen Menschen gefangen hielt, wurde er schließlich am 28. Mai 2004 nach Albanien gebracht und kehrte von dort nach Deutschland zurück. Ein Mann, der sich »Sam« nannte und perfektes Deutsch sprach, begleitete El-Masri im Flugzeug, das ihn nach Albanien brachte.[479] Die Fragen, ob er von einer deutschen Behörde sei und ob die deutschen Behörden Kenntnis von seiner, El-Masris, Gefangenschaft in Afghanistan hätten, beantwortete der Mann nicht.

Die genauen Umstände von El-Masris Rückkehr konnten zunächst nicht geklärt werden. In seinem 2007 vorgelegten Bericht schreibt Marty dazu: »Heute bin ich, glaube ich, in der Lage, die

Umstände der Rückkehr von Herrn El-Masri aus Afghanistan zu rekonstruieren: Er wurde am 28. Mai 2004 an Bord des von der CIA gecharterten Gulfstream-Flugzeugs mit der Hecknummer N982RK zu einem Militärstützpunkt in Albanien, genannt Bezat-Kucova Aerodrome, ausgeflogen. Wir haben die Originaldaten zu dieser außergewöhnlichen Zurücküberstellung von drei voneinander unabhängigen Quellen erhalten, und wir sind in der Lage, die relevanten Flugdaten von der Marty Database als Anhang zu diesem Bericht zu veröffentlichen.« Marty schildert dann, wie er von der Luftfahrtbehörde von Bosnien-Herzegowina auf einen »ungewöhnlichen Luftverkehr« im europäischen Luftraum während dieses Tages aufmerksam gemacht wurde. Die Aussage zitiert drei »diplomatische Genehmigungen für staatliche Flugzeuge«, die für »Flüge im Interesse der CIA, USA« erlassen wurden.

El-Masri, der nicht wusste, wo das Flugzeug, das ihn nach Europa zurückbrachte, gelandet war, wurde im Anschluss in einem geschlossenen Kastenwagen und mit verbundenen Augen stundenlang durch hügeliges Gelände gefahren und im mazedonisch-albanischen Grenzgebiet nachts auf einer Straße mitten im Wald ausgesetzt. Bei seiner Freilassung sei er »wie ein Stück Gepäck in einem Wald in Albanien« fallen gelassen worden, sagte El-Masri. »Sie sagten, sie wollten nichts mehr wissen und nichts mehr davon hören.«[480] Dann sagte man ihm, er solle immer geradeaus gehen. El-Masri befürchtete zunächst, von hinten erschossen zu werden, gelangte dann aber an einen Grenzposten zwischen der ehemaligen jugoslawischen Rebublik Mazedonien und Albanien. Von dort wurde er in einer etwa sechsstündigen Fahrt in die albanische Hauptstadt Tirana gebracht, erhielt ein Flugticket und seinen Pass mit dem albanischen Ausreisestempel vom 29. Mai 2004.

Zurück in Deutschland, versuchte El-Masri, trotz der traumatischen Erlebnisse, sofort die Umstände seiner widerrechtlichen Entführung und brutalen Behandlung aufzuklären. Er stieß aber bei den deutschen Behörden auf eine Mauer des Schweigens. Obwohl der damalige Innenminister Otto Schily am 31. Mai 2004 persönlich vom damaligen US-Botschafter in Deutschland Daniel Coats darüber informiert worden war, dass man einen Deutschen namens El-Masri irrtümlich gefangen genommen hatte, schwieg Schily. Gegenüber den Bemühungen von El-Masris Anwalt Manfred Gnjidic und der Staatsanwaltschaft in München, die sich um eine Aufklärung von El-Masris Schicksal bemühten, stellte sich Schily taub. Ebenso schwiegen alle anderen angefragten Stellen der damaligen Schröder-Regierung einschließlich des vom amtierenden Außenminister Frank-Walter Steinmeier geführten Bundeskanzleramts. Die von den US-Behörden in die Welt gesetzte und von den deutschen Medien kolportierte Behauptung, El-Masri sei ein Schweigegeld gezahlt worden, und dieser habe sich zum »Stillhalten« verpflichtet, wird von El-Masri und seinem Rechtsanwalt Manfred Gnjidic mit Nachdruck bestritten. El-Masri zufolge haben die Amerikaner ihm weder eine Entschädigung gezahlt noch sich bei ihm entschuldigt.

Die Bundesanwaltschaft in Karlsruhe sah im Juni 2004 keine Veranlassung, sich des Vorgangs anzunehmen. In seinem Bescheid vom 29.06.2004, mit dem er es ablehnte, ein Ermittlungsverfahren wegen »Verschleppung« einzuleiten, argumentierte der Generalbundesanwalt, der Straftatbestand der »Verschleppung« müsse historisch als eine Straftat angesehen werden, die nur von »totalitären Systemen« wie dem der DDR ausgehen könne. El-Masri sei nicht aus politischen Gründen verfolgt worden. Der Begriff der politischen Verfolgung sei in Art. 16a des Grundgesetzes definiert. Sie umfasse rassische, religiöse oder weltanschauliche Gründe sowie die Zugehörigkeit zu einer politischen Partei oder Gruppierung, ethnischen oder religiösen Bevölkerungsgruppe. Im vorliegenden Fall gebe es keine Hinweise, dass die Internierung auf eines dieser Merkmale abgezielt habe. Auch in der Folge bestritt die Bundesanwaltschaft in Karlsruhe, in diesem Fall zuständig zu sein. Zwar werde der Begriff der Verschleppung in den Medien genutzt, so eine Behördensprecherin in Dezember 2005 gegenüber der *Tageszeitung,*[481] mit dem Straftatbestand der Verschleppung habe dies aber »nichts zu tun«. Nur weil ein Staat sich nicht ganz rechtsstaatlich verhalte, »ist das noch keine politisch motivierte Straftat.«

Die Staatsanwaltschaft München leitete schließlich im Juli 2004 ein Ermittlungsverfahren wegen der im Verhältnis zur politischen und juristischen Relevanz des Falles relativ harmlosen Delikte »Entführung, Freiheitsberaubung und Körperverletzung« ein – gegen Unbekannt. In einer vom Autor unterstützten Strafanzeige wurde demgegenüber richtiggestellt: »Die These des Generalbundesanwalts, ›verschleppen‹ könnten nur Diktaturen, ist schlicht abwegig. Richtig ist, dass die Strafvorschrift der ›Verschleppung‹

im Jahre 1951 in das [deutsche] Strafgesetzbuch [§ 234a] eingeführt worden ist, um Verschleppungsfälle aus der Bundesrepublik Deutschland in die DDR strafrechtlich ahnden zu können. Das bedeutet aber nicht, dass sie nur auf diese Fälle, in denen die DDR involviert war, angewendet werden könnte. Wäre das gewollt gewesen, hätte der Gesetzgeber es ausdrücklich so regeln müssen.«[482]

Tatsächlich ist unter Verfolgung aus politischen Gründen jede Verfolgung zu verstehen, die entweder durch kein Gesetz erlaubt ist oder deren Rechtsgrundlage zu rechtsstaatlichen Grundsätzen in Widerspruch steht, weshalb der Tatbestand des § 234a StGB im Fall El-Masri eindeutig gegeben ist. § 5 StGB schreibt zudem vor: »Das deutsche Strafrecht gilt, unabhängig vom Recht des Tatorts, für folgende Taten, die im Ausland begangen werden: »[...] 6. Verschleppung und politische Verdächtigung (§ 234a, 241a [StGB]), wenn die Tat sich gegen einen Deutschen richtet, der im Inland seinen Wohnsitz oder gewöhnlichen Aufenthalt hat.«

Wer auf US-amerikanischer Seite unmittelbar an der Verschleppung El-Masris beteiligt war, steht seit einiger Zeit fest. Im Rahmen ihrer Ermittlungen konnte die Staatsanwaltschaft München die Namen von 13 CIA-Agenten (elf Männer und zwei Frauen) ermitteln, die an El-Masris Entführung beteiligt gewesen waren, zögerte jedoch lange Zeit, die Strafverfolgung aufzunehmen. Erst am 31. Januar 2007, nach monatelangen Ermittlungen, erwirkte sie beim Amtsgericht München Haftbefehle gegen die mutmaßlichen Mitarbeiter des US-Geheimdienstes wegen des dringenden Verdachts der Freiheitsberaubung und der gefährlichen Körperverletzung – weltweit, wie der zuständige Staatsanwalt August Stern damals erklärte.[483] Doch wochenlang galt dieser Haftbefehl nur innerhalb der deutschen Grenzen. Erst »nachdem *Panorama* recherchiert und nachgefasst hat«, so jedenfalls das Nachrichtenmagazin,[484] wurden die Betreffenden bei Interpol zur weltweiten Fahndung ausgeschrieben. Bei den 13 Personen handelt es sich nach Angaben aus Justizkreisen um die Piloten des Boeing-Jets, mit dem El-Masri Anfang 2004 von Mazedonien nach Afghanistan verschleppt worden war, sowie um einen Arzt und Mitglieder des Kommandos, das an der Entführung beteiligt war. Sie arbeiteten für die Firma Aero Contractors, deren Vorgängerunternehmen als geheime Fluggesellschaft der CIA operiert habe, so *Panorama*.[485] Zumindest die Namen der Piloten waren der Justiz seit längerer

Zeit bekannt. Den Verdächtigen kamen die Ermittler anhand einer Namensliste auf die Spur, die El-Masris Anwalt im Dezember 2005 der Münchner Staatsanwaltschaft geschickt hatte. Die Liste soll ein spanischer Journalist unter Berufung auf Informationen der Sicherheitsbehörden zusammengestellt haben. Mithilfe der spanischen Behörden seien 2006 erstmals konkrete Personen ermittelt worden, die mit der Entführung in Zusammenhang gebracht werden konnten. Zusätzliche Hinweise zu diesen Personen kamen von der Mailänder Staatsanwaltschaft und dem Berichterstatter des Europarates, Dick Marty.

Die deutsche Bundesregierung aber verzichtete darauf, einen Antrag auf Auslieferung zu stellen.[486] Das zuständige Bundesjustizministerium leitete die Auslieferungsanträge einfach nicht weiter. Die Behörden in den USA hätten deutlich gemacht, dass sie die Verdächtigen nicht ausliefern würden, hieß es zur Begründung in vorauseilendem Gehorsam. Der Entscheidung vorausgegangen war ein Streit zwischen Justizministerin Brigitte Zypries und Bundesinnenminister Wolfgang Schäuble. Schäuble hatte dem *Spiegel* zufolge für den Fall einer Übermittlung der Inhaftnahmeersuchen offen mit seinem Veto gedroht – er fürchtete eine Belastung der bilateralen Beziehungen. Die US-Regierung hatte wiederholt gegen die Verfolgung der Agenten protestiert.[487]

Anfang Juni 2008 reichte Khaled El-Masri daraufhin über seine Anwälte Klage beim Berliner Verwaltungsgericht gegen das Bundesjustizministerium ein. Mit der Klage will El-Masri erreichen, dass die deutsche Bundesregierung von den USA die Auslieferung seiner mutmaßlichen CIA-Entführer verlangt.[488] Unterstützt wird El-Masri vom »European Center For Constitutional And Human Rights« (ECCHR), einem Zusammenschluss von mehreren europäischen Juristen, die sich in Menschenrechtsfragen engagieren.[489] In den USA selbst war Khaled El-Masri mit einer von der Bürgerrechtsorganisation »American Civil Liberties Union« unterstützten Klage gegen den damaligen CIA-Direktor George Tenet und 20 Angestellte der CIA sowie der Unternehmen, die an den Geheimflügen beteiligt waren, gescheitert. Ein US-Bundesgericht wies El-Masris Klage auf Schadensersatz gegen den Geheimdienst CIA im Mai 2006 mit der Begründung ab, »der Fall berühre Staatsgeheimnisse«. Die Berufung wurde Anfang März 2007 abgewiesen. Dem Urteil des Gerichts schloss sich am 9. Oktober 2007 auch der

Oberste Gerichtshof der USA an, der ohne Kommentar entschied, El-Masris Antrag auf ein Schadensersatzverfahren (»El-Masri v. Tenet«) noch nicht einmal zuzulassen.[490]

Obwohl auch im BND-Untersuchungsausschuss des Bundestags, vor dem Khaled El-Masri ausführlich ausgesagt hat, kein Zweifel daran besteht, dass dessen Aussage der Wahrheit entspricht, gibt es bis zum heutigen Tag von Seiten der Bundesregierung und der zuständigen Behörden keine Erklärung, dass El-Masri Unrecht geschehen ist, geschweige denn eine Entschuldigung oder gar Entschädigung für die von ihm erlittenen Qualen. Auch das genaue Ausmaß der Verwicklung deutscher Politiker und Behörden und was sie wann über sein Schicksal wussten, konnte bis heute nicht endgültig aufgeklärt werden. Alle diesbezüglichen Akten und Unterlagen wurden mit dem Vermerk »Staatsgeheimnis« versehen und sollen selbst Jahre nach dem Ereignis nicht freigegeben werden. Selbst der Parlamentarischen Kontrollkommission zur Überwachung der Geheimdienste wurden Informationen verweigert.

Während die deutsche Regierung (sowohl unter Gerhard Schröder als auch unter Angela Merkel) alles tut, um ihre eigene Verwicklung in die schmutzigen Aktivitäten der CIA und der eigenen Geheimdienste zu verbergen, sind die deutschen Behörden umso aktiver, wenn es darum geht, die Opfer dieser Machenschaften unglaubwürdig zu machen oder zu kriminalisieren. So wurde bekannt, dass die Telefone von El-Masris Anwalt Manfred Gnjidic von Januar bis Mai 2006 abgehört wurden, angeblich, um herauszufinden, ob sich die Entführer von El-Masri eventuell dort meldeten.[491]

»Dieser Fall soll offenbar außerhalb jeder Gerichtsbarkeit stattfinden und das ist ein Skandal«, empörte sich Manfred Gnjidic. »Es ist ein riesiger Müllhaufen, der über einem deutschen Staatsbürger ausgeschüttet wurde.« Sein Mandant habe noch heute unter den Folgen der Entführung zu leiden. Freunde hätten sich von ihm abgewendet, er finde keine Arbeit, lebe von Hartz IV und müsse für die Bezahlung seiner Therapie kämpfen. »Es gibt keinen Zweifel daran, dass Herrn Masri Unrecht geschehen ist. Es wäre an der Zeit, dass man ihm die Hand reicht.« Khaled El-Masri sagte, bis heute habe sich von offizieller Seite niemand bei ihm gemeldet.[492]

Guantánamo wäre ohne Europa nicht möglich

Der EU-Kommissar für Menschenrechte, Thomas Hammarberg, erklärte Ende November 2007, europäische Länder hätten die UN-Antifolterkonvention verletzt, indem sie den USA ihren Luftraum für Entführungsflüge (»Renditions«) zur Verfügung stellten. Das Verhalten der europäischen Regierungen sei »Beihilfe« zur Folter. Die Abgeordnete des Europäischen Parlaments Ana Gomez ergänzte: »Für mich ist klar, Guantánamo hätte man nicht schaffen können ohne die Beteiligung der europäischen Länder.«[493]

Die Folterdebatte in Deutschland

Seit Clint Eastwood 1971 als Polizist Harry Callahan alias Dirty Harry einen mutmaßlichen Täter »ein bisschen« folterte, indem er auf dessen angeschossenem Bein herumtrampelte, um das Leben eines entführten und lebendig begrabenen Mädchens zu retten, hat sich in der Realität wie im Film vieles verändert. Was damals noch ansatzweise problematisiert und als Tabubruch inszeniert wurde, wird heute allzu oft – einflussreiches Beispiel: die US-Serie *24* – als scheinbar so unumgängliche wie entschuldbare alltägliche Regelverletzung zelebriert. Mögen Filme auch Scheinwelten entwerfen, so spiegeln sie doch, mehr oder minder gebrochen und verzerrt, gesellschaftliche Realität. Das gilt auch, ja noch mehr, für im öffentlichen Raum ausgetragene Debatten. Über ein Jahr, bevor die Bilder von Abu Ghraib weltweit das »obszöne Gesicht der Demokratie« (Jacques Vergès)[1] enthüllten, hatte in Deutschland ein vergleichsweise harmloser, hausgemachter Fall für öffentlichen Wirbel und eine anhaltende Debatte gesorgt. Die Frage »Dürfen deutsche Polizeibeamte foltern oder mit der Anwendung von Folter drohen?« beschäftigte in der Folge monatelang die Gemüter.

»Not kennt kein Gebot« – ein Kriminalbeamter sieht rot

Im Februar 2003 war bekannt geworden, dass der Vizepräsident der Polizei von Frankfurt am Main, Wolfgang Daschner, am 1. Oktober 2002 während einer Vernehmung des dringend der Kindesentführung Verdächtigen Magnus Gäfgen angeordnet hatte, diesen durch »unmittelbaren Zwang« zum Sprechen zu bringen, konkret: ihn »nach vorheriger Androhung, unter ärztlicher Aufsicht, durch Zufügung von Schmerzen (keine Verletzungen) erneut zu befragen«.[2] Als Beispiel für die Zufügung von Schmerzen ohne Verletzungen nannte Daschner später das Überdehnen des Daumens und Handgelenks oder Druck auf die Ohrläppchen.[3] Ziel der Befragung war, den Aufenthaltsort des entführten Bankierssohnes Jakob von Metzler zu ermitteln, um dessen Leben zu retten.

Gäfgen war am 30. September 2002 auf dem Frankfurter Flughafen festgenommen worden und stand in dringendem Verdacht, am 27. September den Elfjährigen entführt und eine Million Euro Lösegeld von dessen Familie, den Inhabern des traditionsreichen Bankhauses Metzler, erpresst zu haben. Zahlreiche Indizien sprachen gegen Gäfgen. Doch obwohl er nach seiner Verhaftung bereits stundenlang verhört worden war, hatte er weder ein Geständnis abgelegt noch verraten, wo er den Jungen, falls noch am Leben, versteckt hielt. Gegen Mitternacht nannte Gäfgen plötzlich das Versteck und zwei Komplizen, die den Auftrag hätten, sich um das Kind zu kümmern. An dem angegebenen Ort war jedoch nichts zu finden, und die Komplizen entpuppten sich als völlig ahnungslose Bekannte Gäfgens, denen er übel mitspielen wollte.

»Bei der Befragung [am folgenden Tag] ist noch mal an Magnus G[äfgen] appelliert worden, er werde sein Leben lang mit Gewissensbissen leben müssen«, schilderte Daschner sein Vorgehen später gegenüber dem *Spiegel.* »Und dabei ist auch gesagt worden, wenn er den Aufenthaltsort nicht preisgibt, werde man ihn zwingen müssen, ihm Schmerzen zufügen müssen.« Danach habe »es nur etwa zehn Minuten gedauert, bis er den Aufenthaltsort des Kindes genannt hat«. Daschner vermerkte seine Tat in den Akten und informierte noch am selben Tag den zuständigen Staatsanwalt.[4]

Seine Anordnung, Gäfgen Gewalt anzudrohen, begründete Daschner später mit einem angeblichen übergesetzlichen Notstand. »In dieser Situation«, so erklärte er, »gibt es zwei Möglichkeiten: Die Hände in den Schoß zu legen ist eine – mit der Folge, dass quasi unter den Augen der Polizei das Kind stirbt oder schwere gesundheitliche Schäden eintreten. [...] Den Fall würde ich als unterlassene Hilfeleistung einstufen, wenn nicht sogar als Tötung durch Unterlassen. Der Staat hat das Gewaltmonopol, und er hat die Verpflichtung, von seinen Bürgern Unrecht abzuwehren.«[5]

Der aus dem Urlaub zurückgekehrte damalige Polizeipräsident Harald Weiss-Bollandt sicherte Daschner »volle Rückendeckung«[6] zu, und auch Hessens Ministerpräsident Roland Koch reihte sich in die Reihe der Beschützer und Versteher ein. Das verfehlte seine Wirkung nicht: Der hessische Innenminister Volker Bouffier sah auch nach Zulassung der Anklage der Staatsanwaltschaft vor dem Frankfurter Landgericht keinen Grund, den einstweilen in das Landespolizeipräsidium in Wiesbaden versetzten Daschner vom

Dienst zu suspendieren. Ein Disziplinarverfahren gegen Weiss-Bollandt steht bis heute aus.

Vom 18. November bis 20. Dezember 2004 mussten sich Daschner und der mitangeklagte Kriminalhauptkommissar Ennigkeit vor dem Landgericht Frankfurt für ihre Tat verantworten. Im Vorfeld des Verfahrens hatte Daschner gegenüber dem *Spiegel* behauptet,[7] er habe seine Entscheidung vorab dem hessischen Innenministerium mitgeteilt, wo man ihm grünes Licht gegeben habe (»Machen Sie das. Instrumente zeigen!«). Vor Gericht sagte er dann aber aus, es habe »diese Rückendeckung überhaupt nicht gegeben«.[8] Ermittelt wurde in dieser Sache jedenfalls nie.[9] In seinem Urteilsspruch[10] vollzog das Gerichts einen Drahtseilakt zwischen den »ehrenwerten Motiven« und dem rechtswidrigen Handeln der Angeklagten: Ennigkeit wurde der Nötigung für schuldig befunden, Daschner der Verleitung eines Untergebenen zur Nötigung; beide erhielten aber nur eine »eher symbolische Strafe«[11] – eine Verwarnung mit Strafvorbehalt, d. h. im Wiederholungsfall droht ihnen eine Geldstrafe.[12] Das Gericht stellte fest, Daschner sei sich bei seiner Anordnung bewusst gewesen, dass er die Rechtslage nicht angemessen geprüft und es versäumt hatte, bei der Staatsanwaltschaft um Rat zu fragen; zudem sei ihm und Ennigkeit als »erfahrenen Kriminalisten« klar gewesen, dass »weder die Beweislage so eindeutig noch die Ermittlungsmöglichkeiten so ausgeschöpft waren, dass nur noch das Zwangsmittel als einzig denkbares, erfolgversprechendes Mittel zur Verfügung gestanden hätte«.[13] Das Gericht erkannte aber »massive mildernde Umstände« in dem Ziel, das Leben eines Kindes zu retten, in der ungewöhnlichen Last der Verantwortung, der die beiden Angeklagten – die jeweils nur als Stellvertreter ihrer Vorgesetzten handelten – ausgesetzt waren, der Hektik des Einsatzes, dem »provozierenden und skrupellosen Ausssageverhalten« Gäfgens, dem tadellosen Vorleben und der Selbstanzeige Daschners durch seine Aktennotiz. Ein internes Disziplinarverfahren gegen Daschner stellte Innenminister Volker Bouffier 2005 ein. Daschner wurde in der Folge Leiter des Präsidiums für Technik, Logistik und Verwaltung, am 1. Mai 2008 ging er in den Ruhestand.[14]

Nachdem der Bundesgerichtshof die von Gäfgens Anwalt beantragte Revision gegen das Urteil als unbegründet verworfen hatte, lehnte im Dezember 2004 auch das Bundesverfassungsgericht eine von Gäfgens Anwalt eingebrachte Verfassungsbeschwerde als

»nicht genügend begründet« ab.[15] Im Juni 2008 scheiterte Gäfgen mit einer Beschwerde vor dem Europäischen Gerichtshof für Menschenrechte in Straßburg. Allerdings machten die Straßburger Richter nochmals klar, dass Gäfgen durch die Androhung von Folter in seiner Menschenwürde verletzt wurde. Dessen Verurteilung wegen Mord durch das Landgericht Frankfurt am Main habe nur deshalb Bestand, weil das Gericht das unter Folterandrohung abgelegte Geständnis nicht verwendet und sich ausschließlich auf Gäfgens spätere, freiwillig gemachten Aussagen bezogen hat.[16]

Der Fall Daschner und das Urteil fanden breiten öffentlichen Widerhall. Während »liberale« Medien von einem »Folterverbot light« (Ursula Knapp in der *Frankfurter Rundschau*) und einer »richterlichen Bewusstseinstrübung, einhergehend mit verwirrter Logik« (Heribert Prantl in der *Süddeutschen Zeitung*)[17] sprachen, titelte *Bild* in bekannter Manier: »Warum hat er keinen Freispruch verdient?«[18]. In vielen Zuschriften brachten Leser ihr Unverständnis über die Verurteilung Daschners zum Ausdruck. Hätte die Frankfurter Polizei das Leben des Bankierssohnes gerettet, wären die Proteste sehr wahrscheinlich noch viel massiver ausgefallen. »Wenn man in der Bevölkerung eine Abstimmung machen würde«, prognostizierte Daschner, »hätte ich damit sicher kein Problem: Wir haben, mit einer einzigen Ausnahme, überaus positive Reaktionen bekommen.«[19] Eine drei Tage später veröffentliche Umfrage des Meinungsforschungsinstituts Forsa vom Januar 2003 gab Daschner Recht. Im Auftrag des Magazins *Stern* sollen die Meinungsforscher herausgefunden haben, dass 63 Prozent der Befragten der Meinung seien, Daschner solle für die Gewaltandrohung nicht bestraft werden, 32 Prozent sprachen sich demgegenüber für eine Strafe aus.[20]

Wie dünn der zivilisatorische Firnis der bundesdeutschen Gesellschaft ist, zeigte sich auch darin, dass Amnesty International und andere Menschenrechtsorganisationen von empörten Bürgern beschimpft wurden, sie stellten sich mit ihrer Kritik an der Folter auf die Seite der Verbrecher.[21] Doch auch die von Journalisten und Rechtsgelehrten zum Besten gegebenen Kommentare offenbarten ein erhebliches Maß an Verwirrung darüber, wie die Folterandrohung des Frankfurter Polizei-Vizepräsidenten rechtlich und moralisch zu beurteilen sei. Die Bewertungen des Verhaltens Daschners reichten dabei von der Forderung nach Verhängung einer Freiheitsstrafe bis zum Vorschlag, ihn mit dem Bundesverdienstkreuz auszuzeichnen.[22] Nicht nur der damalige Vorsitzende des Deutschen Richterbundes und derzeitige sächsische Justizminister Geert Mackenroth äußerte im Verlauf der Debatte zeitweilig, es seien durchaus »Fälle vorstellbar, in denen auch Folter oder ihre Androhung erlaubt sein können, nämlich dann, wenn dadurch ein Rechtsgut verletzt wird, um ein höherwertiges Rechtsgut zu retten«.[23] Auch Bundesjustizministerin Brigitte Zypries hielt es zumindest für möglich, dass das Vorgehen Daschners durch einen »rechtfertigenden Notstand« legitimiert gewesen sein könnte.[24] Selbst der amtierende *Linke*-Chef und Vorsitzende der *Linke*-Bundestagsfraktion Oskar Lafontaine, damals noch SPD, reihte sich in die Front derjenigen ein, die öffentlich für Daschner Partei ergriffen und für das »Recht« des Staates eintraten, in Ausnahmesituationen Folter anzuwenden.[25]

Mittlerweile lässt sich sogar in wichtigen juristischen Kommentaren ein Stimmungswandel feststellen, der anzeigt: Das Tabu der Folter ist gebrochen.[26] Für Aufsehen sorgte vor allem der Bonner Rechtsprofessor Matthias Herdegen mit seiner Kommentierung zu Art. 1 Grundgesetz in dem maßgeblichen Grundgesetzkommentar Maunz/Dürig (2003).[27] Herdegen hält es »im Einzelfall« für möglich, »dass die Androhung oder Zufügung körperlichen Übels, die sonstige Überwindung willentlicher Steuerung oder die Ausforschung unwillkürlicher Vorgänge wegen der auf Lebensrettung gerichteten Finalität eben nicht den Würdeanspruch verletzen.«[28] Der Autor wird in seiner Einschätzung unterstützt von Hans Hofmann, seines Zeichens Ministerialrat im Bundesinnenministerium. Der führt in einem anderen Grundgesetz-Kommentar aus, dass in Fällen wie der Entführung Jakob von Metzlers »den bedrohten Rechtsgütern des entführten Kindes unter besonderer Berücksichtigung seines Lebensrechts ein Vorrang vor dem Recht auf körperliche Unversehrtheit des Tatverdächtigen gegeben werden«[29] könne. (Vor Folter schützt allerdings nicht das Grundrecht auf körperliche Unversehrtheit, sondern die Unantastbarkeit der Menschenwürde!) Schützenhilfe kam auch vom Tübinger Rechtsprofessor Kristian Kühl, der in seinem Kommentar des deutschen Strafgesetzbuchs aus dem Jahr 2004 schrieb: »Im Hinblick auf polizeilich-präventive Foltermaßnahmen zum Lebensschutz Entführter wird man eine Rechtfertigung [wegen Notwehr oder Notstand] nicht kategorisch ausschließen können.«[30] Fast hätte es ein Folterbefürworter sogar ins Bundesverfassungsgericht geschafft. Im April 2008 musste der von der SPD als Kandidat für die Nachfolge Winfried Hassemers als Richter und Vizepräsident des obersten deutschen Gerichts vorgeschlagene Würzburger Rechtsprofessor Horst Dreier seine Kandidatur zurückziehen. Die CDU im Bundesrat hatte angekündigt, die Wahl Dreiers zu blockieren, allerdings weniger wegen dessen Position zum Thema Folter – in einem Grundgesetzkommentar[31] hatte Dreier »Folter in Extremsituationen« als rechtlich zulässig bezeichnet – als vielmehr aufgrund seiner Vorstellungen zur Stammzellenforschung. Die »herrschende Auffassung«, wonach die Menschenwürde nie gegen andere Rechtsgüter abgewogen werden kann, hält Dreier in seinem Grundgesetzkommentar für »anfechtbar«, wo sie die Folter auch in Extremsituationen untersagen will. Das »Unabwägbarkeitsdogma« solle nur für die Folter in Normalsituationen gelten.[32] Dreier bezieht sich dabei auf einen Aufsatz seines Schülers, des Münsteraner Rechtswissenschaftlers Prof. Dr. Fabian Wittreck, in dem dieser »präventivpolizeiliche Folter« zur Rettung von Entführungsopfern befürwortet.[33]

Als Wegbereiter und Stichwortgeber für die in der juristischen Fachliteratur und anlässlich des Frankfurter Falls auch in den Feuilletons geführte Debatte über die vermeintliche Rechtmäßigkeit einer »präventiven Folter« gilt gemeinhin der Heidelberger Rechtsphilosoph Winfried Brugger, der diese Ansicht seit 1995 in mehreren Aufsätzen vertreten hat. Brugger konstruierte ein scheinbar unumgängliches Rechtserfordernis für das, was nach den Buchstaben des Gesetzes verboten ist: zu foltern! Während er noch 1996 fragte, ob der Staat »ausnahmsweise foltern«[34] dürfe, konstatierte er vier Jahre später: »Die Polizei darf […] nicht nur foltern, sie muss es aus verfassungsrechtlichen Gründen auch.«[35]

International ist das von Brugger gebildete Beispiel des »ticking bomb terrorist« in ähnlicher Form schon mehrfach aufgegriffen worden, so im Jahr 1982 von dem amerikanischen Philosophieprofessor Michael Levin[36] – in Deutschland hatte bereits 1976 der damalige niedersächsische Ministerpräsidenten Ernst Albrecht ähnlich argumentiert.[37] In Levins Beispiel hat ein Terrorist eine Atombombe auf Manhattan Island versteckt, die nachmittags detonieren werde, wenn nicht bestimmte Forderungen erfüllt würden. Am Vormittag des besagten Tages aufgegriffen, weigert sich der Terrorist, das Bombenversteck preiszugeben. Darf man ihn foltern? Brugger hat Levins Beispielfall lediglich um weitere Details bereichert, effektvoll emotionalisiert und »in der Heimatstadt des Lesers«[38] angesiedelt.

Brugger beantwortet diese Frage, indem er detailliert nachweist, dass sowohl das deutsche Polizei- und Verfassungsrecht als auch das internationale Recht die Anwendung von Gewalt in einem solchen Fall verbieten. Allerdings kollidiere das Grundrecht des Terroristen auf Achtung seiner Würde in Art. 1 Abs. 1 GG mit dem ebenfalls aus Art. 1. Abs. 1 GG resultierenden Gebot, die Würde aller Menschen, hier der bedrohten Bürger, zu schützen. Zudem sei auch unter dem Grundgesetz trotz Art. 104 Abs. 1 Satz 2 GG – dem Verbot der seelischen und körperlichen Misshandlung von Gefangenen – die Zulässigkeit eines polizeilichen Todesschusses in besonderen Situationen anerkannt. Ebenso erlaube Art 2 Nr. 2 a der Europäischen Menschenrechtskonvention (EMRK) ausnahmsweise die Tötung, »um die Verteidigung eines Menschen gegenüber rechtswidriger Gewaltanwendung sicherzustellen«.

Wenn das Recht zwar einerseits die staatliche Tötung eines Menschen unter bestimmten Umständen zulasse (polizeilicher Todesschuss), sich aber andererseits im Falle des »ticking bomb terrorist« »auf die Seite des Rechtsbrechers« stelle,[39] liege, so Brugger, eine sogenannte Wertungslücke vor. Dieses Ergebnis müsse bei jedem, der darüber nachdenkt, »ein Unbehagen« auslösen und als »ungerecht und nicht akzeptabel, ja geradezu monströs« empfunden werden. Immerhin stelle sich hier die Staatsgewalt »in einer Situation, in der Recht und Unrecht zwischen Opfern und Erpresser klar verteilt sind, auf die Seite des Rechtsbrechers«, beklagt Brugger. In einem solchen Fall sei es »legitim und grundsätzlich auch geboten, Gesichtspunkte von rechtmäßigem und rechtswidrigem Bürgerverhalten zur Entscheidung der Prioritätsfrage heranzuziehen«. Eine präventive Folterung ist nach Brugger dann ausnahmsweise gerechtfertigt und sogar geboten.[40] Der Staat müsse in solchen Fällen über die gleichen Notwehrrechte verfügen wie der Bürger.

Blieben Bruggers Thesen zunächst fast ohne jedes Echo, hat seine Ansicht inzwischen eine Reihe von Anhängern in der Fachliteratur gefunden.[41] Rolf Rainer Jaeger zum Beispiel, der stellvertretende Vorsitzende des Bundes Deutscher Kriminalbeamter, hält es für »geradezu perfide«, dass die deutsche Polizei mit dem sogenannten finalen Rettungsschuss im Fall einer Geiselnahme zwar

Menschen töten darf, dass ihr aber gleichzeitig das Androhen oder Zufügen von Schmerzen verboten sein soll, auch wenn sie damit nur eine Aussage erzwingen will, um ein Menschenleben zu retten.[42] Er befürwortet daher ausdrücklich, wie die Frankfurter Polizei mit dem Metzler-Entführer umgegangen ist.[43] »[...] Unter Berufung auf das Nothilferecht des § 32 StGB oder auch den rechtfertigenden Notstand des § 34 StGB«[44] richtete Jaeger an Legislative und Politik die Forderung, »ob nicht in besonderen Gefahrenlagen eine Rechtfertigungs- und Schuldausschließungsnorm geschaffen wird, die nicht nur die Körperverletzung unfriedlicher Demonstranten ermöglicht und den Todesschuss auf Geiselnehmer, sondern die Anwendung kontrollierter Gewalt unter ärztlicher und justizieller Aufsicht gegenüber Gefährdern [...]«[45] Hierbei sei lediglich »in eine Abwägung der Rechtsgüter einzutreten, wie es auch der § 34 und der § 32 erfordert. Dies wäre dann überhaupt keine Folter, sehr wohl aber Anwendung von Gewalt zur Beseitigung einer lebensbedrohlichen Gefahrenlage, wie in vielen anderen polizeilichen Lagen üblich«.[46]

Zeigt schon allein die Liste dieser Forderungen an, dass es dem Autor ganz offensichtlich um eine generelle Ausweitung des staatlichen Repressionsarsenals auf Kosten bürgerlicher und demokratischer Grundrechte geht, so deckt sich seine Argumentation weitgehend mit der von Brugger und anderen – in intendierter Analogie zum »finalen Rettungsschuss« – euphemistisch so bezeichneten »Rettungsfolter«, »gewaltsamen lebensrettenden Kooperationserzwingung« oder »selbstverschuldeten finalen Rettungsbefragung«.[47]

Durchweg bedienen sich diese dabei mehr oder weniger konstruierter und hochgradig hypothetischer Varianten des »ticking bomb terrorist«-Szenarios. Auch Brugger gelangt bei der Abwägung der Rechtsgüter, Würde des Terroristen und Würde der potenziellen Opfer, zweier einschränkungslos garantierter Grundrechte, zu einer höheren Gewichtung zugunsten der Opfer nur, indem er in seinem Extrembeispiel einen »qualvollen Tod« der Bombenopfer prognostiziert.[48] Zwischen dem Fall des »ticking bomb terrorist« und der Konstellation, die zu einem polizeilichen Todesschuss berechtigt, bestehen zudem erhebliche Unterschiede. Abgesehen davon, dass die Polizeigesetze verschiedener Bundesländer dessen Zulässigkeit aus guten Gründen verneinen, kann bei einem polizeilichen Todesschuss die vom Angreifer ausgehende Gefahr unmittelbar beseitigt werden. Im Falle der Folter dagegen ist absolut unsicher, dass sie überhaupt zur Abwehr der drohenden Gefahr beitragen kann. Bei ihrer Androhung und Ausübung wäre zudem eine schnelle Entscheidung gefragt – die Gefahr, den »falschen« Verdächtigen zu foltern, daher erheblich. Unsicher ist darüber hinaus nicht nur, ob man denjenigen vor sich hat, der die Gefahr beeinflussen kann, sondern auch, ob die entsprechende Gefahr für die zu schützende(n) Person(en) überhaupt besteht. So war auch im Entführungsfall Metzler das Opfer bereits tot, als dem Verdächtigen Folter angedroht wurde. Last but not least kennzeichnet es einen Rechtsstaat, dass er gerade nicht alle Mittel anwenden darf, die z. B. einer angegriffenen Privatperson mit dem Notwehrrecht zur Verfügung stehen. Festzuhalten bleibt, so der Jurist Jörg Kinzig: »Da also das Folterverbot [...] auch im extremen Fall des ›ticking bomb terrorist‹ vorbehaltlos gilt, darf die Polizei selbst in dieser Situation Folter weder praktizieren noch androhen.«[49]

Die Zielrichtung all dieser Vorstöße zur Aufweichung des absoluten Folterverbots liegt auf der Hand: »Die Würde des Menschen soll in Zukunft nicht mehr zu den Rechtsgütern zählen, die das Grundgesetz bedingungslos schützt, sondern sie soll der Abwägung mit anderen Rechtsgütern zugänglich gemacht werden.«[50] All diejenigen, die am absoluten Folterverbot rütteln, stellen in Abrede, was der Verfassungsrichter Winfried Hassemer im Februar 2003 noch betonte: »Die Folter ist ein Angriff auf die Personalität, und das ist noch etwas viel Fundamentaleres als das Leben. Der Gefolterte ist nicht mehr als Person da, sondern nur noch als Bündel unter Schmerzen.« Und: »Die Menschenwürde ist so etwas wie das Grund-Grundrecht; es geht dabei nicht nur um die einzelne Person, sondern um einen Grundpfeiler jeden zivilisierten Rechts. Wenn man das zur Disposition stellt, gerät man auf eine schiefe Ebene, auf der es letztlich kein Halten mehr gibt. Wo dies enden kann, haben wir im Nationalsozialismus erfahren müssen.«[51]

Linksterrorismus und Folter

Erstmals öffentlich über Folter diskutiert wurde in der Bundesrepublik Deutschland anlässlich der Haftbedingungen der politischen Gefangenen aus den Reihen von RAF und Bewegung 2. Juni in den 1970er-Jahren. Die Protagonisten des Linksterrorismus in der Bundesrepublik, der aus einer Bewegung gegen Krieg, Folter, staatliche Unterdrückung und für individuelle Freiheitsrechte und soziale Gleichheit hervorgegangen war, hatten sich durch ihre gewaltsamen Aktionen in die Schusslinie des Staates gebracht, in dem sie – teilweise zu Recht – Geist und Personal des Nazi-Regimes weiterwirken sahen und den sie zu bekämpfen glaubten. Und der schlug mit dem ganzen polizei- und kriminaltechnischen Arsenal zurück, das ihm zur Verfügung stand, auch unter bewusster, ja vorsätzlicher Preisgabe rechtsstaatlicher Grundsätze. Wenn in der Rückschau die Opfer des RAF-Terrorismus beklagt werden müssen, so wird dabei allzu gern vergessen, dass ein erheblicher Teil der RAF-Mitglieder, die nicht eines natürlichen Todes starben, von der Polizei erschossen bzw. unter bis heute ungeklärten Umständen ums Leben kam.[52] Selbst die Vorgänge in der Stammheimer »Selbstmord«-Nacht können aufgrund zahlreicher Widersprüche und Ungereimtheiten in der offiziellen Darstellung (fehlende Schmauchspuren, Sand an den Schuhen von Andreas Baader, Waffen, die durch Wände gingen, die Aussage der Überlebenden Irmgard Möller etc.) und weil wichtige Akten bis heute geheim gehalten werden,[53] nicht als aufgeklärt gelten. Wie weit manche in der Exekutive der Bundesrepublik damals zu gehen bereit waren, ist andererseits den Äußerungen im sogenannten Kleinen Krisenstab zu entnehmen, wo sogar offen über die Hinrichtung der RAF-Gefangenen nachgedacht wurde.

Die von den RAF-Häftlingen und ihren Anwälten erhobenen Folter-Vorwürfe bezogen sich hauptsächlich auf die Isolierung von den Mitgefangenen, die strenge Reglementierung des Post- und Besuchsverkehrs (»Kontaktsperre«), schmerzhafte Zwangsernährung und Trinkwasserentzug während der Hungerstreiks und die sensorische Deprivation durch die Räumung von Nachbarzellen, die Unterbringung in sogenannten »Toten Trakten« und Hochsicherheitstrakten und die Anbringung von Sichtblenden und engmaschigen Fliegengittern an den Fenstern.

Isolation durch sensorische Deprivation, die nach international anerkannten Definitionen den Tatbestand der Folter erfüllt, wurde Anfang der 1970er-Jahre in der Bundesrepublik wissenschaftlich erforscht und entwickelt – namentlich im Rahmen einer Untersuchung an der Universitätsklinik Hamburg-Eppendorf, dem

Sonderforschungsbereich (SFB) 115 zum Thema Isolation und Aggression, der unter Leitung des 1967 aus Prag in die Bundesrepublik übergesiedelten Psychiaters Jan Gross stand. Der damalige Verteidiger von Ulrike Meinhof, Ulrich K. Preuß, schrieb am 10. August 1973 in einem Brief an den Präsidenten des Justizvollzugsamts Nordrhein-Westfalen:[54] »Die völlige Isolierung des Trakts in Verbindung mit seiner Leere bewirkten eine spezifische Form akustischer Isolation […]. Zu der räumlichen und akustischen Isolation trat hinzu, dass die Zellen meiner Mandantinnen sowie die gesamte Zimmereinrichtung – mit Ausnahme der Zellentür – vollständig in weißer Farbe geölt waren; dass sich das Zellenfester zunächst gar nicht, später nur einen winzigen Spalt öffnen ließ und mit einem feinmaschigen Fliegendraht verhängt war; dass die in der Zelle befindliche weiße Neon-Beleuchtung nachts bei Frau Meinhof nicht ausgeschaltet wurde; schließlich, dass die Zelle von Frau Meinhof in den Wintermonaten permanent unterkühlt war. In dieser akustischen und visuellen Isolierung hatten meine Mandantinnen lediglich den für die Essensversorgung unabdingbaren minimalen akustischen und sozialen Kontakt mit den Vollzugsbeamtinnen. Sie lebten praktisch 24 Stunden lang ohne eine unterscheidbare Umwelt. So war es beispielsweise meinen Mandantinnen sogar verboten, Plakate, Bilder, Tabellen o. ä. an die fahlweißen Wände zu hängen.«

Auch wenn es keine direkten Beweise dafür gibt, dass den RAF-Gefangenen auf diese Weise Geständnisse abgepresst werden sollten, so spricht doch vieles dafür, dass der systematische Reizentzug durch totale Isolation zu erhöhter Abhängigkeit und zu zwangsweisen Kontakten zu Verhörenden, Gefängniswärtern etc. führen musste. Daneben hatte er offensichtlich zum Ziel, den Gefangenen das Gefühl des Ausgeliefertseins zu vermitteln, wodurch sie physisch und psychisch und damit auch in ihrer politischen Identität gebrochen werden sollten. Sie sollten vor die Alternative gestellt werden, entweder »abzuschwören« – um dann in den Normalvollzug integriert zu werden – oder aber der Isolation und damit physischem und psychischem Zerfall unterworfen zu sein. Auch der Aspekt der Rache dürfte bei ihrer Behandlung kein unwesentliches Motiv gewesen sein: Man wollte sie die volle Gewalt des Staates spüren lassen.

In der völligen Überreaktion des Staates unter Bundeskanzler

Helmut Schmidt im Kampf gegen den Linksterrorismus erreichte eine Entwicklung ihren vorläufigen Höhepunkt, die mit den 1968 von der Großen Koalition verabschiedeten Notstandsgesetzen begonnen hatte und ausgerechnet unter der sozialliberalen Regierung Willy Brandts (»Demokratie wagen«) 1972 mit den verhängnisvollen Berufsverboten fortgesetzt worden war. Schon damals wurden die Grenzen des Rechtsstaates nach Auffassung namhafter Verfassungsjuristen beträchtlich überschritten. Jenseits der Verfassung wurden unkontrollierbare Krisenstäbe gebildet, gesetzlos wurden Kontakt- und Nachrichtensperren errichtet, Massenkontrollen und Abhöraktionen durchgeführt, die Verteidigungsmöglichkeiten der Angeklagten im Stammheimer RAF-Verfahren mittels Überwachung des Verkehrs zwischen Angeklagten und Anwälten, Trennscheiben, Verteidigerausschluss und Isolationshaftbedingungen sowie dem Verbot der Mehrfachverteidigung rigoros eingeschränkt. »Inzwischen ist das damalige Ausnahmerecht (›Stammheimer Landrecht‹) längst legalisiert und zum innenpolitischen Standard geronnen, auf den die jeweils herrschende Sicherheitspolitik durch die Jahrzehnte hinweg fleißig aufzubauen wusste.«[55]

Recht versus Folter in Deutschland

Im Grundgesetz der Bundesrepublik Deutschland ist das Verbot der Folter implizit in den folgenden Artikeln verankert:

Artikel 1 Abs. 1 Satz 1 (Menschenwürde)
Artikel 20 Abs. 3 (Rechtsstaatsprinzip)
Artikel 104 Abs. 1 Satz 2 (Verbot der seelischen und körperlichen Misshandlung von Gefangenen)

Da die Art. 104 Abs. 1 Satz 2 GG sowie Art 1 Abs. 1 GG ohne Einschränkungen garantiert sind, ist damit nach geltender Rechtsansicht auch die bloße Androhung von Folter erfasst. Das heißt: »Eine repressive wie präventive Folter, ja sogar deren Androhung ist staatlichen Organen ausnahmslos verboten.«[56]

Ein implizites Folterverbot findet sich daneben im Strafgesetzbuch (StGB) in:

§ 340 StGB (Körperverletzung im Amt)

§ 343 StGB (Aussageerpressung)
§ 240 (Nötigung)
sowie in der Strafprozessordnung (StPO) in:
§ 136a (Verbotene Vernehmungsmethoden)[57]
Dazu zählen nach Absatz 1 Methoden wie Misshandlung, Ermüdung, körperliche Eingriffe, Verabreichung von Mitteln, Quälerei, Täuschung und Hypnose.
Laut allgemeiner Rechtsansicht untersagen außer der Strafprozessordnung auch die landesrechtlichen Polizeigesetze »expressis verbis« die Anwendung unmittelbaren Zwanges zur Herbeiführung einer Aussage. Da die Polizeigesetze zudem auf § 136 a StPO verweisen, ist auch eine bloße Drohung mit Folter verboten.[58]
Allerdings kennt das deutsche Strafrecht keinen Tatbestand der »Folter« und enthält an keiner Stelle eine Definition dieses Begriffes. Da aber die Regeln des Völkerrechts gemäß Art. 25 GG Bestandteil des Bundesrechts sind, hat auch in Deutschland neben anderen internationalen Vereinbarungen zum Schutz vor Folter die UN-Antifolterkonvention vom 10. Dezember 1984 (in Kraft getreten am 26. Juni 1987) Geltung.
Die Bundesrepublik unterzeichnete die UN-Antifolterkonvention erst nach zwei Jahren, am 13. Oktober 1986, und weitere Jahre vergingen bis zur Ratifikation am 1. Oktober 1990.

Kein Asyl trotz Folter

Die auch im Vergleich zu vielen westeuropäischen Ländern zögerliche Ratifizierung der UN-Antifolterkonvention durch die Bundesrepublik hatte ihren hauptsächlichen Grund in der Asyldebatte in der zweiten Hälfte der 1980er-Jahre. Die UN-Konvention schien einer restriktiven Anwendung des Asylrechts Zügel anzulegen, darf doch gemäß ihres Artikels 3 ein Vertragsstaat keine Person in einen anderen Staat ausweisen, »wenn stichhaltige Gründe für die Annahme bestehen, dass sie dort Gefahr liefe, gefoltert zu werden«. Gegner der Konvention wie der damalige bayerische Ministerpräsident Franz Josef Strauß befürchteten einen wachsenden Zustrom von Ausländern, wenn man Flüchtlinge nicht mehr an der Grenze abweisen dürfe, weil sie sich auf die Foltergefahr in ihrer Heimat beriefen. Nach der damaligen Rechtsauslegung stand das Recht auf Asyl ausschließlich politisch Verfolgten zu; Folter aber wurde von den Gerichten keineswegs mit politischer Verfolgung gleichgesetzt. Einer derart engen Auslegung von politischer Verfolgung entzog die Antifolterkonvention die Grundlage, da nach ihrem Wortlaut jede Gefährdung durch Folter ein Recht auf Asyl begründet, unabhängig davon, ob sie aus politischen oder anderen Motiven erfolgt. Aber auch nach der Ratifizierung der Antifolterkonvention hat die Bundesrepublik Deutschland Menschen in Staaten abgeschoben, in denen Folter und menschenrechtswidrige Behandlung an der Tagesordnung sind. Nach seiner schleichenden Aushöhlung wurde das Grundrecht auf Asyl mit der Grundgesetzänderung von 1993 (»Asylkompromiss«) faktisch abgeschafft. Seither haben sich (bis Ende 2007) mindestens 149 Menschen angesichts ihrer drohenden Abschiebung – unter anderem aus begründeter Angst vor Folter – das Leben genommen.

Bekanntlich ist im Asylverfahren zu prüfen, ob der Antragsteller vorverfolgt war oder ob ihm im Falle seiner Abschiebung mit beachtlicher Wahrscheinlichkeit Folter droht. »Zur erlittenen Folter«, so Bernd Mesovic, rechtspolitischer Referent von Pro Asyl e. V., »haben wir häufig darauf aufmerksam gemacht, wie sehr in deutschen Asylentscheidungen erlittene Folter bagatellisiert und ausgeblendet wird, hinsichtlich der Foltergefahr nach einer Abschiebung, wie wenig sorgfältig die entsprechenden Prognosen des Bundesamtes [für Migration und Flüchtlinge] und der Gerichte sind.«[59] In den vergangenen Jahren wurden vermehrt Auslieferungsfälle bekannt. So wurde laut Pro Asyl teilweise sogar »bei anerkannten Asylberechtigten die Auslieferungshaft angeordnet – vor allem Türkeifälle«.[60] Die in den letzten Jahren festzustellende Verschärfung in der Abschiebepraxis der deutschen Behörden ist zum Teil Folge der Terroranschläge vom 11. September 2001. Obwohl die notorische Fortexistenz von Folter in der Türkei, von der neben der kurdischen Minderheit vor allem die politische Linke und Menschenrechtsaktivisten betroffen sind, im Rahmen der Beitrittsverhandlungen zur EU ein zentrales Politikum darstellt, betreffe die seither steigende Zahl von Auslieferungsverfahren »fast ausnahmslos türkische Staatsangehörige, was auf eine verstärkte Zusammenarbeit im Bereich der Terrorismusbekämpfung und die faktische

Entwicklung einer gemeinsamen Terrorismusdefinition im Zuge des Beitrittsprozesses zur EU zurückzuführen sein dürfte.«[61] Aber auch Tausenden von anerkannten Flüchtlingen, unter anderem aus dem Irak und Afghanistan, wurde und wird der Asylstatus entzogen, da »trotz allgemeiner Gewaltverhältnisse in den jeweiligen Ländern eine individuelle Verfolgungssituation nicht mehr bestünde«.[62] Die Entscheidung der EU, im Jahr 2009 10 000 (Deutschland: 2500) Flüchtlinge aus dem Irak aufzunehmen – aus dem infolge des Krieges ca. zwei Millionen Menschen geflohen sind –, ist da nicht mehr als ein Tropfen auf den heißen Stein.

Pro Asyl konstatiert aber auch »eine massive Verrohung vieler deutscher Gerichte in Sachen Menschenrechte. [...]. Im Asylrecht ist ja schon bereits durch die Ausgestaltung des Rechtsweges dafür gesorgt, dass Korrekturen in vielen Fallkonstellationen nicht mehr erfolgen. So ist über den Richtern im Flughafenasylverfahren auch bei haarsträubenden Entscheidungen nur noch der blaue Himmel der Rechtspflege. Die zuständigen Kammern beim Verwaltungsgericht Frankfurt sind kaum noch willens, ausführlich und sorgfältig zu begründen, und Karlsruhe hat seit den Grundsatzentscheidungen im Jahre 1996 beim Thema Flughafen nicht mehr eingegriffen.«[63] 1996 hatte das Bundesverfassungsgericht erstmals die Rechtmäßigkeit von Abschiebungen in Staaten anerkannt, die von den deutschen Behörden willkürlich als »sichere Herkunftsstaaten« bezeichnet werden. Die asylrechtlichen Grundsatzentscheidungen aus dem Jahr 1996 haben »die Verwaltungsgerichte letztendlich ermutigt, [...] so zu verfahren. Den Effekt sieht man an der Anzahl der o.u. [offensichtlich unbegründet]-Entscheidungen und der geringen Zahl der Entscheidungen auf Einreise im Flughafenverfahren.«[64]

Mit dem Inkrafttreten des Zuwanderungsgesetzes am 1. Januar 2005 in Deutschland und der EU-Richtlinie zur Abschiebung von Flüchtlingen[65] im Juni 2008 haben sich die Anerkennungsbedingungen für politisch Verfolgte – und unter anderem von Folter Bedrohte – in Deutschland und der EU weiter verschärft. Die weite Verbreitung von Folter in einem anderen Staat steht einer Auslieferung nicht im Wege – dies entschied das Bundesverfassungsgericht am 24. Juni 2003.[66]

Der Karlsruher Urteilsspruch ist bezeichnend für das Verhältnis der deutschen Justiz zum Folterverbot. Wer behauptet, jemandem drohe in einem Land keine Folter, nur weil sie staatlich verboten ist, der ist, sofern kein Heuchler, gleichermaßen autoritätsgläubig wie realitätsblind. »In der Logik des Gerichts ist ein Land dann sicher, wenn deutsche Behörden sagen, es ist sicher. Und wenn deutsche Behörden ein Auslieferungsabkommen schließen, haben deutsche Juristen nicht mehr danach zu fragen, ob es Auslieferungshindernisse gibt, sondern nur noch Vollzug zu melden. Da muss es nicht einmal mehr stören, dass selbst das Auswärtige Amt, das bisher nicht durch Asylfreundlichkeit aufgefallen ist, die weite Verbreitung von Misshandlungen und Folter in einem anderen Staat dokumentiert.«[67]

In diesem Zusammenhang sind auch die von Deutschland und anderen westlichen Staaten seit dem 11. September in zunehmendem Maß angewandten sogenannten Diplomatischen Zusicherungen scharf zu kritisieren – schriftliche Garantien gegen die Anwendung von Folter und grausamer Behandlung, die im Falle einer Übergabe einer inhaftierten Person an die Behörden eines Landes ausgehandelt werden, in dem die Anwendung von Folter erfahrungsgemäß nicht ausgeschlossen werden kann. »Die von westlichen Staaten im Kontext des Kampfes gegen den Terrorismus zunehmend praktizierten diplomatischen Zusicherungen führen zu einer Aushöhlung des Non-Refoulement-Prinzips[68] und schließlich zu einer Schwächung des absoluten Folterverbots.«[69]

Eine neue Runde in der Folterdebatte

Mit der von Politik und Medien nach dem 11. September 2001 geschürten Terrorhysterie ging die Debatte über Folter in eine neue Runde. Einer der ersten, die öffentlich über die mögliche Folterung von mutmaßlichen Terroristen »nachdachten«, war der brandenburgische Innenminister Jörg Schönbohm. In einer Fernseh-Talkshow antwortete er auf die Frage, ob man denn Maßnahmen wie im Fall von Gäfgen auch gegen potenzielle Terroristen anwenden dürfe: »Diese Frage kann ich nicht mit Ja oder Nein beantworten. Ich kann mir vorstellen, wenn eine unmittelbare Gefahr für Tausende bevorsteht, dass man über solche Maßnahmen nachdenkt.«[70]

Die Verbindung zum »Kampf gegen den Terrorismus« hatte bereits der Stellvertretende Bundesvorsitzende des Bundes Deutscher Kriminalbeamter, der Leitende Kriminaldirektor Rolf Rainer Jaeger, gezogen. »Eine treudeutsche Befragungstechnik selbst auf höchstem Niveau kriminalistischer Vernehmungskunst wird einem islamistischen Terroristen nur ein müdes Lächeln abgewinnen. Hier werden möglicherweise Schmerzen angedroht und realisiert werden müssen, die in einem vertretbaren Verhältnis zu der Gefährdung stehen müssen, wenn man nicht dem Tod vieler Menschen ins Auge sehen will.«[71]

Eine Verschärfung erfuhr die Debatte nach den Anschlägen von Madrid am 11. März 2004. Im Mai 2004 sagte (ebenfalls in einer Talkshow) der an der Münchner Bundeswehr-Universität lehrende Historiker Michael Wolffsohn: »Als eines der Mittel gegen Terroristen halte ich Folter oder die Androhung von Folter für legitim.«[72] Diese Äußerung rief einen Sturm der Entrüstung hervor, waren doch nur kurz zuvor die Bilder folternder US-Soldaten in irakischen Gefängnissen um die Welt gegangen, und der Verdacht lag nahe, Wolffsohn wolle das Vorgehen der USA entschuldigen. Auf Druck unter anderem des damaligen Verteidigungsministers Peter Struck stellte Wolffsohn später klar, dass er damit keinen offiziellen Lehrinhalt der Bundeswehr-Universität, sondern nur seine privaten »wissenschaftlich-theoretischen Überlegungen« zum Besten gegeben habe.

Analog zu den USA, Großbritannien, Australien und einer Reihe anderer Staaten hatten Regierung und Gesetzgeber auch in Deutschland die Terroranschläge vom 11. September 2001 als Vorwand genutzt, um eine Reihe von Gesetzen und Maßnahmen auf den Weg zu bringen, die angeblich der Sicherheit dienen sollten, tatsächlich jedoch vor allem die verfassungsmäßig garantierten Grundrechte der Bürger massiv beschnitten. Mit zwei von der SPD-Grünen-Regierung in aller Eile auf den Weg gebrachten »Antiterror«-Gesetzespaketen (»Otto-Kataloge«) vom 9. November und 14. Dezember 2001 wurde der schon seit längerer Zeit zu beobachtende Trend zum Ausverkauf an Freiheitsrechten im Namen der Sicherheit fortgesetzt: »die Erhöhung der Kontrolldichte in Staat und Gesellschaft sowie eine Entgrenzung rechtstaatlicher Prinzipien und damit staatlicher Gewalten und staatlicher Macht«.[73] Polizei- und Geheimdienste konnten sich über eine massive Ausweitung ihrer Befugnisse freuen, die Zusammenarbeit zwischen Polizei und Geheimdiensten wurde institutionalisiert, Sicherheitsüberprüfungen von Arbeitnehmern auf »lebens- und verteidigungswichtige Betriebe« ausgedehnt, »biometrische Daten« in Ausweispapieren erfasst, Migranten unter Generalverdacht gestellt und einer noch intensiveren Überwachung unterzogen. Ebenfalls in die Amtszeit der Schröder-Regierung fallen der Lauschangriff, Schleier- und Rasterfahndung, Ausweitung der Telefonüberwachung, Luftsicherheitsgesetz, biometrischer Pass, Anti-Terror-Datei und Anti-Terror-Zentrum, Zugriff des Geheimdienstes auf private Bankkonten. Selbst Online-Durchsuchungen privater PCs ohne eindeutige Rechtsgrundlage gab es bereits unter Schily, wie zwischenzeitlich bekannt wurde.

Als nach dem SPD-Hardliner Schily im Jahr 2005 der CDU-Hardliner Wolfgang Schäuble erneut das Amt des Bundesinnenministers übernahm, konnte die neue CDU-SPD-Bundesregierung unter Angela Merkel an die »Erfolge« der SPD-Grünen-Regierung beim Grundrechte-Abbau nahtlos anknüpfen. Mit dem »Terrorismusbekämpfungsergänzungsgesetz« – nicht nur ein Wort-Ungetüm –, das der Bundestag im November 2006 verabschiedete, wurden bis dahin befristete Quasi-Notstandsgesetze nicht nur um weitere fünf Jahre verlängert, sondern auch noch ausgeweitet.

Die Frage nach der rechtlichen Zulässigkeit, zwischen der Würde und dem Leben (in diesem Fall) einer Gruppe von Menschen und dem Leben anderer abzuwägen, hatte die Bundesregierung erstmals mit dem sogenannten Luftsicherheitsgesetz aufgeworfen. Das Gesetz, das vorsah, gekaperte Passagierflugzeuge im Bedrohungsfall abzuschießen – eine staatliche Lizenz zur gezielten Tötung von Unschuldigen –, wurde am 15. Februar 2006 vom Bundesverfassungsgericht für verfassungswidrig befunden. Dem Karlsruher Urteil zufolge darf es keine staatliche Ermächtigung geben, einen oder mehrere Menschen zu opfern, um so vielleicht noch mehr Menschen zu retten. Die Karlsruher Richter verboten konkret die Abwägung »Leben gegen Leben« als Verstoß gegen Artikel 1 Grundgesetz, nur eines von zahlreichen Gesetzen und Maßnahmen, die Bundesverfassungsgericht, Bundesgerichtshof und der Europäische Gerichtshof für Menschenrechte in den vergangenen Jahren für verfassungs- oder gesetzeswidrig erklären mussten, weil sie nicht im Einklang mit dem Grundgesetz standen.

Seither drängte und drängt insbesondere Bundesinnenminister Wolfgang Schäuble auf eine Militarisierung der Innenpolitik und eine Ausweitung von Bundeswehreinsätzen im Inland sowie auf zusätzliche Befugnisse für Polizei und Geheimdienste, wie sie die Ende 2008 von Bundestag und Bundesrat verabschiedete umstrittene Novelle des BKA-Gesetzes vorsieht.

Der Fall Kurnaz – Aufklärung nicht erwünscht

Symptomatisch für das Verhältnis der deutschen Politik bzw. des deutschen Staates zur Folter ist der Umgang mit den Folteropfern Murat Kurnaz, Mohammad Haydar Zammar und Khaled El-Masri.

Der damals 19-jährige Murat Kurnaz, ein in Bremen geborener und aufgewachsener türkischer Staatsbürger, wollte am 1. Dezember 2001 nach einer Pakistanreise seinen Heimflug nach Deutschland antreten. Auf dem Weg zum Flughafen wurde er in Peshawar an einem Checkpoint im Rahmen einer verdachtsunabhängigen Personenkontrolle von der pakistanischen Polizei aus dem Shuttlebus gezogen und verhaftet. Gegen ein Kopfgeld in Höhe von 3000 US-Dollar von den Pakistanis an die US-Streitkräfte verkauft,[74] wurde Kurnaz in der Folge nach Kandahar in eines der berüchtigten US-Geheimgefängnisse verschleppt und dort seinen Angaben zufolge von Angehörigen des US-Militärs gefoltert. Nach zwei Monaten in dem afghanischen Foltergefängnis wurde Kurnaz von US-Militärs nach Guantánamo ausgeflogen. Die US-Justiz stufte seine Haft 2005 als illegal ein. Doch erst im August 2006 kam Kurnaz nach diplomatischer Intervention durch Bundeskanzlerin Angela Merkel frei. Der Frage, ob die damalige SPD-Grünen-Bundesregierung eine frühere Freilassung von Murat Kurnaz verhindert hatte, ging auch der BND-Untersuchungsausschuss des Bundestags nach.

Verhörexperten des BND und des Bundesamtes für Verfassungsschutz, die Murat Kurnaz in Guantánamo mehrmals besucht und vernommen hatten,[75] gelangten zu der Überzeugung, dass Kurnaz unschuldig sei. Bei dem Deutsch-Türken deute »nichts« auf »Kontakte zu Taliban- oder Al-Qaida-Strukturen«, heißt es in einem geheimen Regierungsbericht. Die »US-Seite hat sich dieser Bewertung angeschlossen«.[76] Auch hätten die Vernehmungen ergeben, dass Murat Kurnaz nicht vorgehabt habe, nach Afghanistan zu fahren.[77] Trotzdem hatten die Beamten dem Mann aus Bremen die Zusage abgenommen, nach seiner Freilassung als Spitzel im Islamistenmilieu zu arbeiten. Die Amerikaner seien von der Idee,

Kurnaz als V-Mann zu nutzen, ebenfalls angetan gewesen und hätten zugesagt, den Bremer »bis November nach Deutschland zurückzubringen«.[78] Im Kanzleramt in Berlin beurteilte man diese Pläne jedoch »sehr kritisch«. Als die US-Behörden nachfragten, ob der türkische Staatsbürger nach Deutschland gebracht werden solle, plädierten die Chefs von BND, August Hanning, und Verfassungsschutz, Heinz Fromm, sowie das BKA am 29. Oktober 2002, wie aus Regierungsunterlagen hervorgeht, dafür, Kurnaz als »gefährlich« einzustufen und seine Wiedereinreise nach Deutschland nicht zuzulassen. Vertreter von Kanzleramt und Innenministerium »teilten diese Auffassung«.[79] Damit setzten sie sich über die Bewertungen ihrer eigenen Mitarbeiter hinweg.

Noch am 30. Oktober erteilte der damalige Staatssekretär im Bundesinnenministerium, Claus Henning Schapper, seinem für Ausländerrecht zuständigen Referatsleiter Hans-Georg Maaßen den Auftrag, zu prüfen, wie eine Rückkehr von Kurnaz verhindert werden könne. Unter Berufung auf ein Schreiben an Schapper vom gleichen Tag, das die *Frankfurter Rundschau*[80] veröffentlichte, wurde detailliert das rechtliche Vorgehen erörtert, mit dem Kurnaz die Aufenthaltsgenehmigung entzogen werden sollte. Es endet mit dem Hinweis: »Mit Blick auf die ND-Lage Unterrichtung von Chef BK [Bundeskanzleramt] und Staatssekretär im AA [Auswärtiges Amt].« Unter anderem heißt es in dem Schreiben: »Eine Rückkehr in die Bundesrepublik wird offenbar angestrebt. Zwischen Bundeskanzleramt und BMI [Bundesinnenministerium] besteht Einvernehmen, dass eine Wiedereinreise nicht erwünscht ist.« Hintergrund des Einvernehmens war die Sorge, Kurnaz könne bei einer Rückkehr nach Deutschland erfolgreich gegen eine Ausweisung klagen, weil ihm die deutschen Behörden keine extremistischen Bestrebungen hätten nachweisen können. Das belegt ein in zwei Arbeitsfassungen der Vorlage für Innenstaatssekretär Schapper auftauchender Satz, der in der endgültigen Fassung jedoch gestrichen ist: »Dünne Beweislage zum terroristischen Hintergrund würde jahrelange gerichtliche Auseinandersetzungen provozieren, während der Ausländer in Deutschland lebt.«[81]

»Die klare Mitteilung aus dem Staatssekretärsbüro war, dass die Wiedereinreise von Kurnaz aus sicherheitspolitischen Gründen nicht erwünscht war«, sagte Hans-Georg Maaßen am 26. Februar 2007 vor dem BND-Untersuchungsausschuss des Bundestages.[82]

Nach Auffassung der von Maaßen für Schapper erstellten Expertise hatte Kurnaz sein Aufenthaltsrecht für Deutschland verwirkt, weil er mehr als sechs Monate im Ausland geblieben sei. »Nicht entscheidend« sei dabei, »ob die Abwesenheit freiwillig war«, sagte Maaßen vor dem Ausschuss.[83] »Im Übrigen könnte mit einem Verschulden des Anwaltes argumentiert werden«, empfiehlt das Papier weiter, »wenn er innerhalb der sechsmonatigen Frist mit der Interessenvertretung betraut wurde und übersehen hat, dass ein entsprechender Verlängerungsantrag notwendig gewesen wäre.« (Tatsächlich hatte Kurnaz' Anwalt Bernhard Docke erst im Mai 2002 die Verteidigung von Murat Kurnaz übernommen[84] – Kurnaz war am 3. Oktober 2001 ausgereist. Die vorgeschlagene infame Strategie wäre also schon allein deshalb nicht aufgegangen, weil ein »Verschulden des Anwalts« – wie übrigens auch des unfreiwillig nach Guantánamo verschleppten Antragstellers – nicht vorlag.) Zugleich wurde empfohlen, die US-Behörden um den türkischen Pass von Kurnaz zu bitten, »damit die Aufenthaltsgenehmigung physikalisch ungültig gemacht werden kann (Vernichtung des Rechtsscheins)«.[85]

Wie ein Vermerk des Auswärtigen Amtes vom 26. Oktober 2005 belegt, war auch Frank-Walter Steinmeier, damals als Kanzleramtschef Beauftragter für die Nachrichtendienste, in die Angelegenheit involviert. Der Notiz zufolge sei zwischen Bundesinnenministerium, Auswärtigem Amt und dem Chef des Bundeskanzleramtes »Übereinstimmung erzielt worden, eine Wiedereinreise des K. nicht zuzulassen«.[86] Zu dem Zeitpunkt, als diese Notiz entstand, hatte eine US-Bundesrichterin der Einstufung Murat Kurnaz' als »feindlicher Kämpfer« durch ein Militärtribunal bereits deutlich widersprochen. Im Januar 2005 kritisierte Richterin Joyce Hens Green das Tribunal, weil es alle entlastenden Hinweise in den Unterlagen ignoriert und sich stattdessen auf die beweisarme Notiz eines nicht identifizierten Regierungsbeamten verlassen habe, berichtete die *Washington Post* am 27. März 2005.[87] Das gehe aus bislang geheimen Unterlagen hervor. Es gebe »keinen definitiven Beweis«, dass Kurnaz die USA bedrohe oder Verbindung zu Al-Qaida habe.

Alle entlastenden Erkenntnisse ausgeblendet

Maßgeblich geplant wurde das Vorgehen der Bundesregierung gegen Murat Kurnaz jedoch im Bundesinnenministerium unter Otto Schily. Dort hatte man frühzeitig einen Plan erarbeitet, die Stadt Bremen zum Entzug der Aufenthaltsgenehmigung von Kurnaz zu drängen, weil er nicht wie erforderlich nach einem halben Jahr nach Deutschland zurückgekehrt sei. Dabei hatte man sich auch auf belastende Erkenntnisse des Bremer Landesamtes für Verfassungsschutz gestützt.

Im November 2005 verfügte ein Bremer Verwaltungsgericht, dass Murat Kurnaz die Einreise nicht verweigert werden dürfe. Gleichzeitig ruhte ein strafrechtliches Verfahren gegen Kurnaz, in dem diesem die Mitgliedschaft in einer kriminellen Vereinigung vorgeworfen wurde. Die deutschen Behörden, das Innenministerium in Berlin und die Mitarbeiter des Innensenators in Bremen, suchten daher fieberhaft nach Indizien, die Kurnaz' mutmaßliche Nähe zur islamistischen Szene belegen und den ermittelnden Staatsanwalt veranlassen sollten, das Verfahren wieder aufzunehmen. Nur so, das war den Behörden klar, könne man Kurnaz' Einreise verhindern.

In dieser Situation war auch die Einschätzung des Bremer Verfassungsschutzes gefragt. Wie aus der Aussage des Chefs des Bremer Landesamts für Verfassungsschutz, Walter Wilhelm, vor dem Verteidigungsausschuss des Bundestages im Februar 2007 hervorgeht, beteiligten sich die Bremer Verfassungsschützer an diesem perfiden Spiel. Am 16. Dezember 2005 schrieb Wilhelm einen neuen Vermerk, in dem er die altbekannten Vorwürfe wiederholte, ja sogar manipulativ verschärfte. Die von seinem damaligen Stellvertreter Lothar Jachmann im Jahr 2002 formulierten vagen Erkenntnisse stellte Wilhelm in dem neuen Vermerk als Tatsachen dar, obwohl diese bereits im Herbst 2002 weitgehend ausgeräumt gewesen seien. Darauf wies Lothar Jachmann im Frühjahr 2007 vor dem BND-Untersuchungsausschuss hin.[88] Neue entlastende Erkenntnisse im Vergleich zum Februar 2002, die zwischenzeitlich allerdings vorlagen, seien in den Vermerk hingegen nicht eingeflossen, sagte Wilhelm dem Untersuchungsausschuss.[89] Die Bremer Verfassungsschützer blendeten demnach alle entlastenden Erkenntnisse aus, die seit dem Jahr 2002 über Kurnaz gewonnen wurden. Absicht, höhere Weisung oder schlicht bürokratisches Unvermögen?

Steinmeier weist jede Verantwortung zurück

Frank-Walter Steinmeier, damals Chef des Bundeskanzleramts, verteidigt das Vorgehen der Bundesregierung im Fall Kurnaz bis heute, wobei er auf die Gefahrenlage nach den Anschlägen vom 11. September 2001 verweist, wo es vor allem darum gegangen sei, »die Sicherheit von 82 Millionen Menschen in Deutschland zu garantieren«.[90] Jegliche Mitschuld der früheren SPD-Grünen-Regierung an der fast fünfjährigen Internierung von Murat Kurnaz in Guantánamo weist er fast beleidigt zurück. Die USA hätten sich in Entscheidungen über Freilassungen aus Guantánamo zu keiner Zeit und von niemandem reinreden lassen, behauptete Steinmeier vor dem BND-Untersuchungsausschuss des Bundestags.[91] Bis Anfang 2006 habe es weder ein formelles noch ein informelles Angebot der USA zur Freilassung von Kurnaz gegeben. Zuvor hatte Ex-Innenminister Otto Schily vor dem Ausschuss die »politische Verantwortung« für die 2002 von der damaligen Schröder-Regierung über Kurnaz verhängte Einreisesperre übernommen (»Das nehme ich auf meine Kappe«). Kurnaz möge »irregeleitet« worden sein, »harmlos war er nicht«, behauptete Schily. Es gebe nicht die »geringste Veranlassung«, die Bewertungen des Bundesamtes für Verfassungsschutz, des Bundeskriminalamtes und des Bundesnachrichtendienstes in Zweifel zu ziehen.[92]

Nachdem Steinmeier noch Ende März 2007 ausgesagt hatte, er habe 2005 keinen Anlass gehabt, daran zu zweifeln, dass die Türkei Murat Kurnaz aufnehmen würde, widersprach Kanzleramtsminister Thomas de Maizière am 10. Mai 2007 vor dem BND-Untersuchungsausschuss den Einlassungen seines Vorgängers. In der sogenannten Präsidentenrunde mit den Chefs der Geheimdienste und Staatssekretären der wichtigsten Bundesministerien sei ihm, de Maizière, im November 2005 mitgeteilt worden, dass die Türkei Kurnaz »wohl nicht aufnehmen werde«. Auch aus den Akten sei ihm klargeworden, dass sich die Türkei keinesfalls bei den USA um eine Freilassung ihres Staatsbürgers Kurnaz bemühte.[93]

Der Behauptung Steinmeiers, wonach die Bundesregierung »immer wieder« mit der US-Regierung über eine mögliche Freilassung von Kurnaz gesprochen und sich dafür eingesetzt habe, widersprach inzwischen auch der frühere US-Sonderbotschafter Pierre Prosper, zwischen 2002 und 2005 als Guantánamo-Beauftragter zuständig für die Rückführung von Hunderten von Häftlingen. »Hätte die deutsche Regierung gesagt, wir wollen Kurnaz haben«, so Prosper im Interview mit *Monitor,*[94] »hätten wir uns sofort zu Verhandlungen zusammengesetzt, um eine Verständigung darüber zu erreichen, die es ihm ermöglicht hätte, nach Hause zurückzukehren«. Während seiner Amtszeit sei Kurnaz »zur Freilassung vorgesehen« gewesen. Die USA seien bereit gewesen, »jederzeit darüber zu verhandeln, ihn nach Hause zu schicken.«

Nach Einschätzung von Amnesty International trägt die frühere SPD-Grünen-Regierung eine »klare Mitverantwortung« an der langen Internierung von Murat Kurnaz. »Die damalige Regierung hat sich nicht dafür eingesetzt, dass der erwiesenermaßen unschuldige Kurnaz früher aus der fast fünfjährigen, menschenrechtswidrigen Haft entlassen wurde«, sagte die Generalsekretärin von AI Deutschland, Barbara Lochbihler.[95] Nach Aussage des Anwalts von Murat Kurnaz, Bernhard Docke, hat sich weder die Bundesregierung noch die Stadt Bremen bislang bei seinem Mandaten für das ihm angetane Unrecht entschuldigt. Immerhin habe aber Bremens amtierender Regierender Bürgermeister Jens Böhrnsen (SPD) Murat Kurnaz mit einer persönlichen Geste in seiner Heimatstadt willkommen geheißen.[96] Der UN-Sonderberichterstatter zum Thema Folter, Manfred Nowak, forderte Deutschland auf, Kurnaz gemäß Artikel 14 der UNO-Konvention gegen die Folter Schmerzensgeld zu zahlen. Nowak zog einen Vergleich zu einem ähnlichen Fall in Kanada.[97]

Gefoltert und misshandelt – auch von deutschen Soldaten

Wie Murat Kurnaz erstmals in einem Interview mit dem Magazin *Stern* Anfang Oktober 2006 sowie in der Fernsehsendung »Beckmann« am 16. Oktober 2006 berichtete, wurde er in Kandahar offenbar auch von deutschen Elitesoldaten misshandelt.[98] Detailliert gab Kurnaz zu Protokoll, wie ihn die Amerikaner eines Abends (»ich war noch keine zwei Wochen da«) an einen Wachzaun gerufen hätten, zu zwei Soldaten aus Deutschland. Beide hätten Camouflage-Uniformen mit der deutschen Flagge am Ärmel getragen. Einer der beiden habe ihm zugerufen: »Du hast dir wohl die falsche Seite ausgesucht.« Die beiden Deutschen hätten ihn schon erwartet. »Ich musste mich hinlegen, die Hände auf dem Rücken gefesselt. Der eine zog mich an den Haaren hoch. ›Weißt Du, wer wir sind?‹ Der wollte angeben. ›Wir sind die deutsche Kraft, KSK‹«. Und weiter: »Er schlug dann meinen Kopf mit dem Gesicht auf den trockenen Wüstenboden.« Einen Fußtritt seitlich in den Oberkörper hätten ihm die Deutschen noch verpasst. Die Soldaten hätten gelacht, so Kurnaz: »Sie fanden das lustig.«[99] Beide Männer hätten perfekt Deutsch gesprochen.

Bei den deutschen Soldaten handelt es sich nach Recherchen des *Stern* aller Wahrscheinlichkeit nach um Angehörige der Elite-Einheit KSK, Kommando Spezialkräfte, damals die einzigen deutschen Soldaten im afghanischen Kandahar. Im Gegensatz zu den Bundeswehreinheiten, die im Rahmen der UN-sanktionierten ISAF-Truppe die Hauptstadt und den Norden des Landes sichern sollten, jagte das KSK als Teil der US-geführten Operation »Enduring Freedom« im ganzen Land nach Kämpfern von Al-Qaida und den Taliban. Dabei hat das Kommando Spezialkräfte den US-Streitkräften offenbar auch Gefangene übergeben und sie damit einer möglichen Todesstrafe in den USA ausgesetzt – dies räumte der frühere KSK-Kommandeur Reinhard Günzel im Mai 2007 vor dem Verteidigungsausschuss ein. Nach einem Schreiben der Rechtsabteilung des Verteidigungsministeriums vom 7. August 2002 zweifelten aus diesem Grund auch das Außenministerium und das Bundesjustizministerium an der »völkerrechtlichen Statthaftigkeit unserer gesamten Mitwirkung an Enduring Freedom«.[100]

Das Bundesverteidigungsministerium, das anfänglich behauptet hatte, die Bundeswehr sei Ende 2001 überhaupt noch nicht in Kandahar eingesetzt gewesen, wurde durch die Äußerungen seiner eigenen Soldaten Lügen gestraft.[101] Nach der erprobten Methode, nur das zuzugeben, was sich nach den Veröffentlichungen in den Medien schlichtweg nicht mehr bestreiten ließ, räumte man schließlich ein, dass das KSK in Kandahar bereits Ende 2001 Kontakt zu Murat Kurnaz gehabt hatte. Es habe sich hierbei jedoch nur um einen verbalen, nicht um einen körperlichen Kontakt gehandelt. Misshandelt hätten die Soldaten Murat Kurnaz nicht. Ein KSK-Offizier sagte dem *Stern*: »Wir haben schon gesehen, wie die Amerikaner die Gefangenen da im Lager getreten und geschlagen haben. Das war einfach schäbig.«[102] Indem sie das Lager der US-Armee bewachte, in dem die Gefangenen misshandelt wurden, leistete die Bundeswehr Zuträger- und Handlangerdienste für die in

Kandahar tätigen amerikanischen Folterer.[103] Die Tageszeitung *Die Welt* zitierte einen ehemaligen KSK-Angehörigen mit der Aussage, der Befehl an das KSK zur Bewachung von Gefangenen der US-Streitkräfte in Kandahar sei direkt vom Verteidigungsministerium in Berlin gekommen.[104] Die USA hätten die deutschen Elitesoldaten Anfang Januar 2002 gebeten, bei der Bewachung der Gefangenen der US-Streitkräfte auszuhelfen, bestätigte ein Sprecher des Bundesverteidigungsministeriums.[105] Innerhalb des Lagers hätten die Deutschen den »äußeren Ring« eines Gefangenentrakts bewacht, in dem auch Murat Kurnaz gefangen gehalten wurde. Einer dieser Soldaten habe sich daran erinnert, dass er auch Murat Kurnaz dort gesehen habe. Dabei soll es auch zu dem »verbalen Kontakt« zu dem Deutsch-Türken gekommen sein. Über diese Begegnung machten die Männer der KSK ganz nach Vorschrift Meldung.[106]

Im Klartext: Deutsche Soldaten haben das Lager bewacht, in dem die Gefangenen, vor allem von US-Soldaten, misshandelt und gefoltert wurden. Das wäre Beihilfe zur Folter, eine Beihilfe, die auf Anordnung des Bundesverteidigungsministeriums geschehen wäre. Es wäre daher zu prüfen, inwieweit leitende Beamte im Bundesverteidigungsministerium bzw. der damalige Bundesverteidigungsminister Rudolf Scharping selbst sich des Tatbestands der Beihilfe zur Folter schuldig gemacht haben. Der Verdacht auf Beihilfe zur Folter durch deutsche Dienststellen besteht aber auch hinsichtlich jener BND- und Verfassungsschutz-Beamten, die Murat Kurnaz im US-Gefangenenlager in Guantánamo in den Jahren 2002 und 2003 mehrmals verhört haben. Bekanntlich wurde Murat Kurnaz in Guantánamo unschuldig gefangen gehalten, misshandelt und gefoltert. Dies kann den deutschen Geheimdiensten kaum verborgen geblieben sein.[107]

Im Jahr 2007 leitete die Tübinger Staatsanwaltschaft nach entsprechenden Strafanzeigen[108] ein Ermittlungsverfahren gegen zwei Soldaten des KSK wegen des Verdachts der gefährlichen Körperverletzung ein. Die Ermittlungen wurden jedoch schon bald mangels Erfolg eingestellt. Der entscheidende Punkt war die Frage, ob es in dem Gefangenenlager in Kandahar Anfang 2002 Lastwagen gegeben hat. Kurnaz hatte angegeben, hinter einem solchen Fäkalien-Lkw hätten ihn zwei deutsche Soldaten getreten und seinen Kopf auf den Boden geschlagen. Die Tübinger Ermittler hielten Kurnaz' Schilderung für »glaubwürdig«. Verschiedene Details, etwa zu den Uniformen, stimmen ebenso wie das von Kurnaz beschriebene Interesse der amerikanischen GIs an den G-36-Gewehren der Deutschen. Selbst die Begegnung am Zaun und den Satz »Du hast dir wohl die falsche Seite ausgesucht« bestätigten einige KSKler. Zweifel, so Oberstaatsanwalt Michael Pfohl, gebe es indes bei der Schlüsselfrage des Verfahrens: der Existenz des Lastwagens, der laut Kurnaz einen Tank zum »Entleeren der Toiletten« hatte und hinter dem es zur Gewalttat gekommen sein soll. Die 21 von den Ermittlern befragten deutschen Elitesoldaten des KSK bestritten in ihren Aussagen fast durchweg die Anwesenheit eines solchen Lkw im Gefangenenlager und wiesen Kurnaz' Vorwürfe als »frei erfunden« zurück. Der KSK-Hauptfeldwebel, den Murat Kurnaz auf einem Foto als angeblichen Täter identifiziert haben will, machte auf die Staatsanwälte nach Angaben des Leitenden Oberstaatsanwalts Walter Vollmer bei seiner Vernehmung allerdings einen »außergewöhnlich unsicheren« und nervösen Eindruck.[109]

Amerikanische Soldaten stützen Aussagen von Murat Kurnaz

Zwar äußerten die Tübinger Ermittler ihre »Bedenken« gegen den kollektiv vorgetragenen Widerspruch der KSK-Truppe. Andererseits waren die Aussagen so übereinstimmend und eindeutig, dass die Staatsanwälte ihre Ermittlungen vorübergehend einstellten. Sie wurden indes wieder aufgenommen, nachdem Kurnaz' Anwalt Bernhard Docke Mitte 2007 dagegen Beschwerde eingelegt und der *Spiegel* Anfang September 2007 berichtet hatte, ihm lägen die Aussagen mehrerer amerikanischer Soldaten vor, die das Magazin in den USA befragt habe. Diese »stützen Murat Kurnaz' Angaben und belasten indirekt die KSK-Soldaten«.[110] Die vom *Spiegel* befragten und namentlich genannten US-Soldaten, die im Januar 2002 in Afghanistan eingesetzt waren, gaben an, die Fäkalien der Lagerinsassen seien regelmäßig »mit einem zweieinhalb Tonnen schweren Militärtruck« abgeholt worden. Belegt werden die Berichte aus den USA dem *Spiegel* zufolge auch durch private Fotos von GIs. Auch drei ehemalige Mithäftlinge Murat Kurnaz' aus Kandahar, die Briten Asif Iqbal und Ruhal Ahmed sowie der Bahrainer Abdullah al-Noami, bestätigten dessen Darstellung.[111]

Als die Tübinger Staatsanwälte Anfang 2008 öffentlich die schlechte Kooperation mit dem Bundesverteidigungsministerium beklagten und den Verdacht äußerten, die Aussagen von Zeugen seien zugunsten der Beschuldigten abgestimmt worden, intervenierte das Bundesverteidigungsministerium mit einer Beschwerde. Dabei hatten die Ermittler nur den Eindruck wiedergegeben, der sich auch Mitgliedern des Verteidigungsausschusses aufdrängte, wo der »Fall Kurnaz« ebenfalls Gegenstand einer Untersuchung war. »Ein aktives Aufklärungsinteresse haben wir beim Bundesministerium für Verteidigung zu keinem Zeitpunkt erkennen können«, kritisierte Kurnaz' Anwalt Bernhard Docke. Dieser Eindruck verdichtete sich noch, als bekannt wurde, dass es im Bundesverteidigungsministerium zu einem mysteriösen Datenverlust gekommen war.[112] »Versehentlich« gelöscht wurden sämtliche Geheimberichte zu Auslandseinsätzen der Bundeswehr aus den Jahren 1999–2003, darunter Berichte des Bundesnachrichtendienstes, von Militärattachés im Ausland sowie Mitteilungen ausländischer Nachrichtendienste insbesondere zur Beurteilung der Lage in Kosovo und Afghanistan. Auch die Datenträger seien vernichtet worden. Geschickterweise gingen dabei auch Protokolle von Vernehmungen Kurnaz' durch die CIA verloren. Laut Aussagen von BND-Mitarbeitern entlasteten die im Jahre 2002 gefertigten Protokolle den Bremer von dem Vorwurf, ein gefährlicher Islamist zu sein bzw. Beziehungen zu Taliban und Al-Qaida-Aktivisten unterhalten zu haben. Ein Schuft, wer Böses dabei denkt.

Dennoch wurde das Verfahren im März 2008 »mangels hinreichenden Tatverdachts« eingestellt. »Trotz verbleibenden Verdachts lässt sich nach Auffassung der Staatsanwaltschaft Tübingen ein Nachweis nicht führen«, sagte der Leitende Oberstaatsanwalt Walter Vollmer.[113] Die Streitkräfte der USA hätten entsprechende Fragen der deutschen Behörden nicht beantwortet. Gegenüber dem Autor berichtete Kurnaz' Verteidiger Bernhard Docke, die US-Botschaft in Berlin habe ein Rechtshilfeersuchen der Staatsanwaltschaft »nach sorgfältiger Erwägung aller Aspekte« kategorisch abgelehnt – so US-Botschafter William R. Timken in einem Schreiben vom 4. Dezember 2007. Man halte die deutschen Behörden für fähig, das alleine aufzuklären, so die zynische Begründung.

Eine von Bernhard Docke eingereichte Beschwerde gegen die Einstellung des Verfahrens wies die Generalstaatsanwaltschaft

Stuttgart im Mai 2008 zurück. Der Leitende Oberstaatsanwalt Rainer Christ sprach von einem »Freispruch zweiter Klasse«. Die Ermittlungen würden nicht wegen erwiesener Unschuld gestoppt, sondern weil die Verdachtsmomente gegen die Soldaten nicht ausreichten.[114] Bernhard Docke, der mit den Bewertungen der Staatsanwälte im Einzelnen nicht einverstanden ist, hält die Unschuld der zwei beschuldigten Soldaten auch mit der Entscheidung der Stuttgarter Generalstaatsanwaltschaft für keineswegs bewiesen: »Es bleibt ein bitterer Nachgeschmack.«[115] Für das Scheitern des Verfahrens machte Docke gegenüber dem Autor vor allem den fehlenden Aufklärungswillen sowohl auf Seiten der Amerikaner als auch des Bundesverteidigungsministeriums und der Bundeswehr verantwortlich. Aus diesem Grund, so der Anwalt, habe sein Mandant auch darauf verzichtet, ein mit hohen Kosten und Aufwand verbundenes Klageerzwingungsverfahren beim Stuttgarter Oberlandesgericht zu erwirken. Ein Erfolg sei aufgrund »diverser Aufklärungshindernisse« nicht zu erwarten gewesen.[116]

Der Fall Muhammad Haydar Zammar

Im Gegensatz zu Murat Kurnaz, der nach fünf Jahren illegaler Haft, Misshandlung und Folter freikam, befindet sich sein Leidensgenosse Muhammad Haydar Zammar nach wie vor in den Händen seiner Kerkermeister. Der im Alter von zehn Jahren nach Deutschland eingereiste und in Hamburg aufgewachsene Haydar Zammar soll sich in den 1990er-Jahren dem militanten Islamismus zugewandt und mehrmals Ausbildungscamps der Al-Qaida in Afghanistan besucht sowie 1995 als Freischärler in Bosnien gekämpft haben. Zu zwei der späteren mutmaßlichen Todespiloten vom 11. September 2001 soll er intensive Kontakte gepflegt haben. Der aus Syrien stammende deutsche Staatsbürger wurde offenbar jahrelang von deutschen Geheimdiensten und Ermittlern observiert, aber nie vor ein Gericht gestellt. Ende Oktober 2001 reiste er nach Marokko, wo er im Dezember von der dortigen Polizei festgenommen und an die CIA übergeben wurde. Die verschleppte Zammar in sein Herkunftsland Syrien, wo er im Foltergefängnis des syrischen Militärgeheimdienstes Far-Falistin in Damaskus verschwand. Mittlerweile wurde er in ein anderes Gefängnis verlegt. Vom 20. bis 23. November 2002 wurde er in syrischer Haft von Mitarbeitern des BKA, des BND und des Verfassungsschutzes befragt – offiziell bestätigt wurde dies allerdings erst drei Jahre später. Am 11. Februar 2007 wurde Zammar wegen Mitgliedschaft in der in Syrien verbotenen Muslimbruderschaft zunächst zum Tode verurteilt. Das Urteil wurde jedoch unmittelbar darauf in eine zwölfjährige Haftstrafe umgewandelt.[117] Zammar war fast fünf Jahre im Folterknast in Damaskus, als eine deutsche Diplomatin erstmals zu ihm durfte. Er sitzt noch immer in syrischer Haft. Das Auswärtige Amt strebt laut Außenminister Frank-Walter Steinmeier inzwischen eine Freilassung Zammars aus »humanitären Gründen« an.

Der damalige Generalbundesanwalt Kay Nehm hatte am 14. Oktober 2001 gegen Zammar ein Ermittlungsverfahren wegen Unterstützung einer terroristischen Vereinigung eingeleitet. Das BKA observierte ihn, Telefone der Familie wurden abgehört. Dem damals 40-Jährigen wurde vorgeworfen, als Rekrutierer für Al-Qaida gearbeitet und in engem Kontakt mit der Gruppe von Mohammed Atta gestanden zu haben. Dennoch ließen ihn die Ermittlungsbehörden am 27. Oktober nach Marokko fliegen. Für einen Haftbefehl habe man »nicht genug in der Hand« gehabt, erklärte Paul Kröschel, damals BKA-Einsatzleiter in Hamburg, vor dem BND-Untersuchungsausschuss.[118] Laut Medienberichten sollen Steimeier und BND-Chef Uhrlau über den bevorstehenden Abflug informiert gewesen sein und Zammars Ausreise in einer Runde mit den Chefs der deutschen Sicherheitsbehörden diskutiert haben.[119]

Allerdings spricht einiges dafür, dass man beim BKA mit einer Rückkehr Zammars nicht mehr rechnete. So wurde die Observation des Verdächtigen »eingestellt mit Abflug«, räumte Kröschels Mitarbeiter Dirk Schmanke ein. Für die Zeit nach seiner für den 8. Dezember geplanten Rückreise beantragte das BKA laut Kröschel keine neue Observation beim GBA. Auch was Zammar in Marokko so trieb, interessierte die Ermittler nicht sonderlich: »Wir wollten ihn im Ausland nicht beobachten lassen«, sagte Schmanke.[120] Drei Tage nach Zammars Abflug forderte die CIA über das US-Konsulat in Frankfurt vom BKA »zusätzliche Informationen über das Umfeld und die Aktivitäten von Mohammed Zammar«. Obwohl Generalbundesanwalt Kay Nehm das Verfahren gegen Zammar nach dessen Abflug »strafprozessual auf Eis« gelegt hatte, wurde jetzt in Hamburg für den US-Auslandsgeheimdienst mit Hochdruck ermittelt.

Nach einer am 20. November 2001 vom FBI übermittelten erneuten Anfrage der CIA an das BKA gab dieses nach Recherchen des *Stern* sämtliche Reisedaten des deutschen Staatsbürgers an die CIA weiter: Datum und Flugnummer für die geplante Rückreise von Zammar, die Erkenntnisse aus vier abgehörten Telefonaten zwischen Zammar in Marokko und seiner Familie in Hamburg, aber auch Details wie Nummer und Datum der deutschen Einbürgerungsurkunde von Zammar, Schulzeit und Berufsweg, Anschriften, Geburtsdaten, Handy- und Passnummern von Geschwistern und Verwandten in Hamburg und selbst in Syrien.[121] Im Gegenzug habe die Bundesregierung die Strafverfolgung syrischer Agenten in der Bundesrepublik ausgesetzt.[122] »Wir waren aufgefordert, tatsächlich alle uns vorliegenden Informationen zur Person des Zammar« mitzuteilen, sagte Paul Kröschel, damals BKA-Einsatzleiter in Hamburg, vor dem BND-Ausschuss im November 2007. Wer auf deutscher Seite die BKA-Beamten dazu aufgefordert hatte, sagte Kröschel nicht. Angeblich ahnte man nicht, dass man Zammar durch die Preisgabe dieser Informationen der CIA und später der syrischen Polizei auslieferte. Dabei eignete sich das Material »perfekt dazu, um ein Kidnapping vorzubereiten und Zammar dann bei Verhören unter Druck zu setzen – etwa mit konkretem Wissen über Familienangehörige im Folterstaat Syrien«.[123]

Auf Geheiß der Amerikaner wurde Zammar am 8. Dezember 2001 von marokkanischen Sicherheitskräften festgenommen. Die USA trugen dafür Sorge, dass er um den Jahreswechsel 2001/02 in einem Folterkeller des Militärgeheimdienstes in Damaskus landete. Am 21. Juni 2002 redeten die Spitzen der Sicherheitsbehörden im Kanzleramt erstmals über »die beabsichtigte Befragung von Zammar« in Syrien. Mit dem Segen Steinmeiers reisten vier deutsche Geheimdienstmitarbeiter und ein BKA-Mann im November 2002 nach Syrien. Sie nutzten die Gelegenheit, Zammar im Beisein syrischer Aufpasser über seine Terrorverbindungen zu verhören. Er sagte ihnen, dass er in syrischer Haft »geschlagen« worden sei, wie es in einem BND-Protokoll über die »Befragung« heißt. Um Zammars Haftbedingungen oder gar seine Freilassung ging es ihnen allerdings nicht.[124]

Am 6. März 2008 ließ Ex-BKA-Präsident Ulrich Kernten vor dem BND-Untersuchungsausschuss durchblicken, die Syrer seien vor dem Syrien-Besuch der deutschen Beamten im Fall Zammar offenbar zu einer »einvernehmlichen Lösung« bereit gewesen.[125] Man kann über die Bedeutung dieser Worte nur spekulieren. Sollte damit gemeint sein, die Syrer hätten Zammar nach Deutschland zurückschicken wollen, so wäre das eine Parallele zum Fall Kurnaz.

Haben deutsche Sicherheitsbehörden den Islamisten gezielt Syrien »zugeführt«, um von den dort üblichen Ermittlungsmethoden zu profitieren? Wolfgang Neskovic, lange Zeit Obmann der Die-Linke-Fraktion im BND-Untersuchungsausschuss, hält das systematische »Outsourcing von Folter« jedenfalls für einen festen Bestandteil der vom damaligen Kanzleramtschef und Beauftragten für die Geheimdienste Frank-Walter Steinmeier nach dem 11. September 2001 konstruierten »Sicherheitsarchitektur«.[126]

Was wusste Steinmeier?

Sowohl Frank-Walter Steinmeier als auch BND-Chef Ernst Uhrlau behaupten indessen bis heute, sie hätten erst 2004 (sic!) von Zammar davon erfahren, dass die USA Terrorverdächtige kidnappen und in Drittstaaten verschleppen.[127] Der von Anfang an wenig glaubwürdigen Darstellung Steinmeiers und Uhrlaus widersprach inzwischen auch der frühere Europa-Chef der CIA, Tyler Drumheller, gegenüber dem *Stern*.[128] Bereits im Herbst 2001 habe es zwischen Vertretern deutscher Sicherheitsbehörden und der CIA Gespräche über das CIA-Entführungsprogramm gegeben – also Wochen vor der Verhaftung von Zammar in Marokko. Tyler Drumheller, damals auch einer der Stellvertreter von CIA-Chef George Tenet, steuerte zwischen Juli 2001 und Februar 2005 vom CIA-Hauptquartier in Langley aus geheime Operationen in Europa. Nach dem 11. September war es sein Job als »Chef der Europa-Division« in der operativen Abteilung der CIA, die Verantwortlichen der EU-Partnerdienste auf die neue Gangart gegen Terrorverdächtige einzuschwören. Der damalige BND-Chef August Hanning sei Ende September 2001 nach Langley gekommen, er selbst, Drumheller, sei im Oktober in Europa gewesen. Auch mit Uhrlau und Steinmeier habe er Kontakt gepflegt. Die Deutschen wie überhaupt die Europäer seien zunächst wenig von den US-Praktiken angetan gewesen, weltweit Terrorverdächtige zu kidnappen und in Drittstaaten zu verschleppen, wo sie dann unter Folter verhört wurden. »Das war die Hauptsorge unserer Verbündeten: unilaterale US-Aktionen auf europäischem Boden, Terroristen abfischen ohne ihre Genehmigung, um die dann in einen Drittstaat zu schicken.« Diese Sorge hätten die Europäer in den Wochen nach dem 11. September den Chefs der CIA-Stationen an den US-Botschaften in der EU mitgeteilt. »Unser Station-Chief in Deutschland war deswegen im Herbst 2001 sehr besorgt«, die CIA habe dann »versprochen, unsere Verbündeten bei Operationen einzubeziehen«, so Drumheller. Schließlich habe man sich auf »eine Zusammenarbeit im Stillen« verständigt.[129]

Auch nach den Enthüllungen des *Stern* bestritt Außenminister Frank-Walter Steinmeier vor dem BND-Untersuchungsausschuss, von der Verschleppung Mohammed Haydar Zammars nach Syrien gewusst oder sie auch nur toleriert zu haben: Man habe sich »immer in den Grenzen des Rechtsstaates« bewegt. Von der Datenweitergabe will Steinmeier nichts gewusst haben, halte sie aber noch heute für richtig. »Völligen Unsinn« nannte Steinmeier den Vorwurf, die Bundesregierung habe »augenzwinkernd« zugelassen, dass die USA den deutschen Staatsbürger Zammar gekidnappt und unter Folter befragt hätten. Man habe um die »Probleme in syrischen Gefängnissen« gewusst. Zum Vorwurf, die deutschen Behörden hätten von der Entführung Zammars, gegen den in Deutschland nichts vorlag, profitiert, erklärte der Außenminister: »Ich weise die Unterstellung, dass deutsche Behörden sich Folterbedingungen zunutze gemacht haben, um Informationen zu erlangen, entschieden zurück.« Steinmeiers Interpretation zufolge waren die deutschen Behörden – trotz der Datenweitergabe – weder direkt noch indirekt an der Entführung beteiligt. Auch BND-Präsident Ernst Uhrlau bestritt jedwede Beteiligung deutscher Behörden.[130]

Nutzte der BND Folter-Aussagen aus Usbekistan?

Dem Verdacht, dass der BND Aussagen nutzte, die im Ausland unter Folter erpresst wurden, war auch der Sonderausschuss des Europaparlamentes zu illegalen CIA-Aktivitäten in Europa nachgegangen. Bei den Anhörungen am 20. April 2006 sagte der ehemalige britische Botschafter in Usbekistan, Craig Murray, gegenüber dem Ausschuss, die CIA habe gezielt Gefangene von Afghanistan nach Usbekistan gebracht, »weil man Aussagen haben wollte, die durch Folter erwirkt wurden«.[131] Bei den Folterungen seien zwar keine Amerikaner oder Europäer direkt beteiligt gewesen, aber die Erkenntnisse seien immer postwendend an die CIA und den britischen Geheimdienst MI6 übermittelt worden. Auf die Frage, welche anderen Mitgliedsstaaten der EU unter Folter gewonnene Informationen erhalten und benutzt hätten, erklärte Murray, »dass insbesondere der deutsche Geheimdienst sehr enge Verbindungen mit den usbekischen Sicherheitsdiensten unterhielt«. Beamte des deutschen Bundesnachrichtendienstes BND hätten, so Murray, »sicherlich auch Erkenntnisse von den Usbeken bekommen, auch unter Folter gewonnene«. Die Bundesregierung lehnte jede offizielle Stellungnahme zu den Aussagen Murrays ab und wollte sich nur vor dem geheim tagenden Parlamentarischen Kontrollgremium zu den Vorwürfen äußern, da es sich um »Fragen der operativen Tätigkeit« von Geheimdiensten handle, wie Regierungssprecher Ulrich Wilhelm erklärte.

Usbekistan ist kein Einzelfall. Deutsche Sicherheitsbehörden kooperieren mit mindestens 106 Staaten, die Menschen foltern lassen oder misshandeln. Zu diesem Ergebnis kommt Dieter Schenk, ehemaliger Kriminaldirektor des Bundeskriminalamtes und Honorarprofessor der Universität Lodz, in seinem neuen Buch.[132] Die Einhaltung menschenrechtlicher Standards spiele bei der Planung und Durchführung der deutschen Polizeientwicklungshilfe in Millionenhöhe keine Rolle, so Schenk – eine »Demokratisierung« in den Partnerstaaten sei nicht zu erwarten.

In einem demokratischen und rechtsstaatlichen Gemeinwesen hätten die ans Licht gekommenen Indizien, die eine Mitverantwortung hochrangiger Mitglieder der jetzigen und früheren Bundesregierung nahelegen, schon längst zum Rücktritt der Betreffenden bzw. zu strafrechtlichen Ermittlungen gegen diese führen müssen. In diesem Zusammenhang sei auch auf die fatale Rolle des Generalbundesanwalts – eines weisungsgebundenen politischen Beamten – und seiner Behörde hingewiesen.[133] Alle Strafanzeigen in den Fällen El-Masri, Kurnaz und Zammar ebenso wie zum Irakkrieg wurden von Kay Nehm und seiner Nachfolgerin Monika Harms bislang konsequent abgeschmettert.

Die Früchte der Folter nutzen

Nachdem die Bundesregierung öffentlich klargestellt hatte, dass deutsche Ermittler auch im Anti-Terror-Kampf niemanden mehr vernehmen dürften, der mutmaßlich gefoltert werde, bestanden sowohl Bundesinnenminister Wolfgang Schäuble als auch kurz darauf Verfassungsschutzpräsident Heinz Fromm darauf, wenigstens Erkenntnisse nutzen zu dürfen, die durch Folter im Ausland gewonnen wurden.[134] In Übereinstimmung mit Schäuble hält es der Verfassungsschutzchef für vereinbar mit menschenrechtlichen Grundsätzen, wenn deutsche Sicherheitsbehörden solche »Erkenntnisse« für die Gefahrenabwehr verwenden. »Die Folterdebatte ist wieder eröffnet«, bemerkte hierzu der Geheimdienstexperte und langjährige Vorsitzende der Internationalen Liga für Menschenrechte Rolf Gössner in *Ossietzky*.[135] Dass es Schäuble in Wahrheit besser weiß, stellte er am 27. September des darauffolgenden Jahres mit seiner Äußerung anlässlich der Absetzung einer umstrittenen »Idomeneo«-Inszenierung an der Deutschen Oper in Berlin auf der Pressekonferenz zur ersten deutschen Islamkonferenz unter Beweis: »Mit der Kunstfreiheit und der Pressefreiheit ist es wie mit dem Folterverbot – man darf gar nicht erst anfangen, da auch nur mit den Augen zu zwinkern.«[136]

Im Frühjahr 2007 sorgte Schäuble dann selbst beim Koalitionspartner für helle Empörung, als er am 19. April in einem Interview mit der Zeitschrift *Stern* mit der Unschuldsvermutung bei der Gefahrenabwehr erneut auch das Folterverbot zur Disposition stellte.[137] Zwar lehne er Folter strikt ab, so der Bundesinnenminister, und nehme sie »auch nicht augenzwinkernd« hin. Wenn jedoch Nachrichtendienste von anderen Diensten Informationen über einen Anschlag erhielten, wäre es »absurd«, die Informationen nicht zu nutzen, weil »nicht ganz so zuverlässig wie bei uns garantiert ist, dass sie rechtsstaatlich einwandfrei erlangt wurden«.

Deutlicher als mit solchen Äußerungen kann man den Staaten und Regierungen, die Folter aktiv praktizieren, nicht signalisieren, dass man diese Praktiken begrüßt. Von hier ist es kein allzu großer Schritt, Verdächtige in solche Staaten zu entführen, um sie dort foltern zu lassen. Selbst der Bundesgerichtshof wollte es in einer Entscheidung vom 5. August 2008 »offen lassen, ob Fälle denkbar sind, in denen entgegen dem klaren Wortlaut des Gesetzes [§ 136 a III 2

StPO] aus übergeordneten verfassungs- oder menschenrechtlichen Prinzipien [sic!] die Verwertung derartiger Erkenntnisse dennoch in Betracht kommen könnte [...].«[138]

»Abgesehen davon, dass die Gefahrenabwehr – und dazu gehört die Verhinderung von Terroranschlägen – nach geltender Rechtslage Sache der Polizei und nicht des kaum kontrollierbaren Inlandsgeheimdienstes ist«, warnte Rolf Gössner im Dezember 2006, »abgesehen auch davon, dass erfolterte Angaben selten der Wahrheit oder Wirklichkeit entsprechen: Die Verwertung von Informationen, die mit Wahrscheinlichkeit oder – wie im Fall Guantánamo – mit Gewissheit unter Folter zustande gekommen sind, ist und bleibt unvereinbar mit dem absolut und universell geltenden Folterverbot der internationalen Menschenrechtskonventionen.[139] Dieses unbedingte Verbot ist Ausdruck der Achtung der Menschenwürde, bindet alle staatliche Gewalt und gilt auch in Notstandsfällen. Wegen seiner Absolutheit kann und darf es nicht mit anderen Rechtsgütern abgewogen werden – das gilt prinzipiell für Strafverfolgung und Gefahrenabwehr gleichermaßen.«[140] Für mutmaßlich erfolterte Informationen müsse »schon deshalb ein umfassendes Verwertungsverbot gelten, weil Folter sonst nachträglich legitimiert und das Verbot relativiert würde. Außerdem ergäbe sich daraus mittelbar eine Rechtfertigung für zukünftige Folter – als Ausnahmefolter zur Rettung von Leben. Im Übrigen ist die Gefahrenabwehr bekanntlich ein weites Feld und im Fall des Verfassungsschutzes gar ein uferloses Vorfeld. Das heißt: Dürften erfolterte Informationen verwertet werden, dann fänden sie auch rasch Eingang in Präventivdateien und in die gerade beschlossene ›Antiterrordatei‹, wo sie im Netzwerk von Geheimdiensten und Polizei eine Eigendynamik entfalten könnten – mit weiteren Eingriffen in die Grundrechte«.[141]

Die Perpetuierung des Ausnahmezustandes

Die Aufweichung des Folterverbots geht Hand in Hand mit einer beschleunigten Erosion bürgerlicher Grundrechte und dem zunehmenden Verfall rechtsstaatlicher Prinzipien. In diesem Prozess spielt Bundesinnenminister Schäuble die Rolle eines keineswegs unerwünschten Kettenhundes und Antreibers, der knurrend und bellend an der Kette reißt und in Sachen »innere Sicherheit« nahezu täglich eine neue Sau durchs Dorf und den Rest der Regierung vor sich her treibt. Schäubles »Denkanstöße« (Bundeskanzlerin Angela Merkel) folgen dabei der Logik des bereits von seinem sozialdemokratischen Amtsvorgänger Otto Schily entfesselten und seit dem Regierungsantritt Merkels von Schäuble selbst vehement forcierten Abbaus von Grund- und Bürgerrechten. Schäuble prescht voran, und der Rest trollt kreuzbrav hinterher. Die SPD tut erst entsetzt und brüstet sich am Ende damit, sie habe die schlimmsten Exzesse gerade noch verhindert. So auch bei der Infragestellung der Unschuldsvermutung, ein elementares verfassungsrechtliches Prinzip, nach dem ein Verdächtiger so lange als unschuldig gilt, bis seine Schuld zweifelsfrei bewiesen ist, die aber tatsächlich in weiten Teilen längst entsorgt wurde. Umgehend sprangen dem bedrängten Bundesinnenminister nicht nur Kollegen aus den eigenen Reihen wie der innenpolitische Sprecher der Unions-Fraktion, Wolfgang Bosbach, bei, sondern auch des Koalitionspartners SPD: vom innenpolitischen Sprecher der SPD-Bundestagsfraktion, Dieter Wiefelspütz, über den damaligen Vorsitzenden der Innenministerkonferenz, Berlins Innensenator Ehrhart Körting, bis hin zu Bundesjustizministerin Brigitte Zypries.[142] Sie alle argumentierten, der Innenminister rüttle gar nicht an der Unschuldsvermutung bei der Strafverfolgung, sondern beziehe sich nur auf das Gebiet der Gefahrenabwehr, wo die Unschuldsvermutung nicht gelte. Tatsächlich ging und geht es jedoch darum, dass Schäuble und mit ihm alle, die bereit sind, bürgerliche Grundrechte auf dem Altar vermeintlicher »Sicherheit« zu opfern, die Grenze zwischen Gefahrenabwehr und Strafrecht systematisch verwischen und so die rechtsstaatlichen Garantien beseitigen, die einen Unschuldigen vor staatlicher Willkür schützen.

Wie die Bush-Regierung in den USA rechtfertigen auch Schäuble und die deutsche Bundesregierung ihre Angriffe auf elementare Grundrechte mit einer allgegenwärtigen Terrorgefahr. Heribert Prantl, leitender Redakteur der *Süddeutschen Zeitung* und ehemaliger Staatsanwalt und Richter, brachte es auf den Punkt, als er feststellte: »Die Schäublesche Argumentation löst die Grenzen des rechtsstaatlichen Strafrechts auf. Strafrecht und Polizeirecht fließen dann zusammen in einem einheitlichen Recht der inneren Sicherheit, in dem die bisherigen Grundregeln (jedenfalls in bestimmten Bereichen wie dem Terrorismus) nicht mehr gelten […]. Was man im Strafrecht nicht darf, macht man dann einfach als polizeirechtliche Maßnahme – durchsuchen, belauschen, verhaften.«[143] Wird jemand des Terrorismus verdächtigt, verwirkt er nach Schäubles Vorstellung automatisch die Unschuldsvermutung und die damit verbundenen Rechtsgarantien. Er ist dann nicht mehr Gegenstand eines Ermittlungsverfahrens (bei dem die Unschuldsvermutung gilt), sondern der Gefahrenabwehr. Laut Prantl führt Schäuble auf diese Weise eine Art Feindstrafrecht ein: »Das normale Strafrecht mit seinen verfassungsrechtlichen Regeln ist für den ›normalen‹ Bürger da. Das andere, das radikale Recht, für alle Feinde des Staates.«[144] Wo aber verläuft die Grenze zwischen »normalen Bürgern« und »Staatsfeinden«? Schäubles Pläne für eine umfassende Überwachung der gesamten Bevölkerung lassen nur einen Schluss zu: Niemand ist unschuldig. Jeder gilt grundsätzlich als potenzieller »Gefahrenherd«, er ist nur »noch nicht« schuldig. Das Szenario für den möglichen Umgang mit mutmaßlichen Terroristen hat Schäuble bereits entworfen: »Die Bekämpfung des internationalen Terrorismus ist mit den klassischen Mitteln der Polizei jedenfalls nicht zu meistern.« Die rechtlichen Probleme reichten »bis hin zu Extremfällen wie dem sogenannten Targeted Killing«, sagte Schäuble im *Spiegel*-Interview.[145] Am Beispiel der möglichen gezielten Tötung Osama bin Ladens mit Hilfe deutscher Sicherheitskräfte bemühte der Bundesinnenminister unausgesprochen das Vorbild Israels, das bereits seit Jahren auf seinem »Recht« besteht, mutmaßliche Terroristen und Gegner der israelischen Besatzungspolitik mit gezielten Anschlägen vom Leben in den Tod zu befördern – und dabei sogenannte Kollateralschäden wissentlich in Kauf nimmt. Erst im Dezember 2006 hatte der Oberste Gerichtshof Israels die »präventive Exekution« möglicher Terrorattentäter für rechtmäßig erklärt.[146] »Wir sollten versuchen«, so Schäuble, »solche Fragen möglichst präzise verfassungsrechtlich zu klären, und Rechtsgrundlagen schaffen, die uns die nötigen Freiheiten im Kampf gegen den Terrorismus bieten.«[147] Auch die Freiheit, zu foltern und zu morden?

Schluss: Folter im 21. Jahrhundert

Nachdem die Folter im 19. Jahrhundert als ein weitgehend überwundenes Relikt barbarischer Zeiten galt, kehrte sie im 20. Jahrhundert in moderner, technisch perfektionierter Form zurück. Das Bürgertum, das zur herrschenden Klasse geworden war und sich zunehmend mit den Forderungen einer sich ihrer selbst bewusst werdenden Arbeiterklasse konfrontiert sah, wollte die Geister, die es einst gerufen hatte, wieder loswerden. Das Ergebnis war der europäische Faschismus; in den Folterkellern der Nazi-Diktatur wurden sowohl außerhalb des offiziellen Strafverfahrens, aber auch ganz legal im Rahmen der »verschärften Vernehmung« vor allem linke Gegner des Regimes von SA, SS und Gestapo zu Tode gemartert, ähnlich erging es den Regimegegner in den anderen europäischen Diktaturen.

Die verheerenden Erfahrungen mit der Nazi-Diktatur vor und während des Zweiten Weltkriegs, die faschistischen Regimes in Italien und Spanien sowie die Exzesse der Stalin-Ära haben die Forderungen nach einem wirksamen Schutz der Menschenrechte auf internationaler Ebene wieder aufleben lassen. Gern wird in diesem Zusammenhang darauf verwiesen, dass gerade die Idee der Abschaffung der Folter einen ungewöhnlichen Erfolg gehabt hat. In den Verfassungen nahezu aller zur westlichen Kultur gehörenden Staaten sind Folter und Misshandlung unter Strafandrohung explizit verboten – bis zum heutigen Tage. Noch eindrucksvoller belegt dies die Liste der internationalen Konventionen und Einrichtungen, die seit Ende des Zweiten Weltkriegs zur Wahrung der Menschenrechte und zum Schutz gegen Folter geschaffen wurde. (Siehe hierzu ausführlich Kapitel 2 »Das Verbot der Folter im Völkervertragsrecht«). Sie bezeugt, in welchem Maße die Ablehnung der Folter (noch) elementares Gemeingut nicht nur der europäischen Zivilisation ist, sondern inzwischen auch weltweit anerkannt wird. Verglichen etwa mit der anderen aufklärerischen Forderung – die nach Abschaffung der Todesstrafe, die heute bei Weitem nicht in allen europäischen Staaten, geschweige denn in den USA, abgeschafft ist – zeigt sich der spezifische Erfolg der

Idee, die Folter zu verbieten. Das gesetzliche Verbot der Folter ist damit ein Spezifikum der europäischen Kultur. Sie ist es allerdings in zunehmendem Maße nur auf dem Papier. Beim Blick auf die Realität zeigt sich eine wachsende Diskrepanz zwischen der weltweiten Ächtung der Folter durch internationale Konventionen und nationale Verfassungsgebote auf der einen und ihrer globalen Anwendung und stillschweigenden Duldung – gerade auch durch demokratisch verfasste Rechtsstaaten – auf der anderen Seite.

Dass es mit der Vorbildrolle der Vereinigten Staaten im Kampf gegen die Folter nicht weit her ist, haben spätestens die Bilder und Nachrichten von den Misshandlungen und Folterungen im Gefängnis von Abu Ghraib in Bagdad bewiesen, die im Mai 2004 um die Welt gingen. Allerspätestens von diesem Zeitpunkt an ist offenkundig, welch fürchterlichen Dämon die USA mit ihrem »globalen Krieg gegen den Terror« aus der Flasche gelassen haben. Heute wissen wir, dass es sich bei den erschreckenden Vorgängen in Abu Ghraib nur um die Spitze eines Eisbergs handelte, dessen wahres Ausmaß wir nach wie vor nur erahnen können.

Was in Abu Ghraib geschah, war weder das zufällige Werk von einigen kriegsverwirrten und verachtenswerten amerikanischen Soldaten, »faulen Äpfeln«, wie es Ex-Verteidigungsminister Donald Rumsfeld in unübertrefflicher Ignoranz formulierte, noch war es die Ausnahme. Was in Abu Ghraib geschah, das geschah – und geschieht aller Wahrscheinlichkeit noch immer – an vielen Plätzen der Welt, von denen die bekanntesten, Guantánamo und Bagram bei Kabul, vermutlich noch nicht einmal die schlimmsten sind; und es geschah mit dem Wissen und der ausdrücklichen Billigung höchster Kreise der US-Regierung und des US-Kongresses bzw. der dieses Gremium konstituierenden beiden Parteien. Und es konnte nur geschehen, weil die Verbündeten der Vereinigten Staaten, auch das von Donald Rumsfeld so gescholtene »Alte Europa«, den Amerikanern hierbei freie Hand ließen, sei es, weil sie glaubten, von diesen Praktiken selbst profitieren zu können, sei es, weil Washington sie dafür gut bezahlte und sie der Illusion anhingen, sie könnten durch besondere Dienste für die westliche Führungsmacht ihr politisches Gewicht erhöhen.

»Niemand unterstellt, dass die militärische Führung des Gefängnisses oder gar das Pentagon die grausamen Exzesse (mitsamt ihrer optischen Dokumentation) gebilligt oder gar angeordnet hat. Aber wohl nur in einer Atmosphäre der ›folterähnlichen Verhörmethoden‹ konnten sich untergeordnete Soldaten ihrer Sache sicher fühlen. Sie quälten mit gutem Gewissen, sie folterten für die Freiheit, für die Überlegenheit des Westens – oder was immer sie dafür hielten.« Dies schrieb *Der Spiegel* im Februar 2006, immer noch krampfhaft bemüht, das damals längst bekannte Ausmaß der Verantwortung der politischen Führung der USA für diese »Exzesse« herunterzuspielen.[1] Richtig allerdings ist: Bis heute folgt »die rechtliche Bewältigung des Folterskandals von Abu Ghureibs« – zu ergänzen wäre: des gesamten Folter- und Rendition-Programms der Bush-Regierung – »stramm der These von den wenigen schlechten Äpfeln im großen Korb der guten Früchte. Kein Politiker wurde bislang zur Rechenschaft gezogen.« Gerichtlich verurteilt für die schockierenden Misshandlungen und Folterungen im irakischen Gefängnis wurden durch die Bank nur untere Ränge. Von den im Rahmen der Ermittlungen insgesamt verurteilten elf Soldaten hatte keiner einen Rang höher als »staff sergeant«, was in etwa dem deutschen Feldwebel/Oberfeldwebel-Rang entspricht. Im Januar 2008 wurde der letzte amerikanische Offizier, der sich in dieser Angelegenheit vor Gericht verantworten musste, von einem amerikanischen Militärgericht freigesprochen[2] – in diesem Fall ironischerweise nur vom Vorwurf des Verstoßes gegen die Schweigepflicht (Lieutenant Colonel Steven L. Jordan hatte während der Untersuchungen E-Mails an Soldaten geschickt). Von der ungleich schwerwiegenderen Anklage, wonach er die Aufsichtspflicht gegenüber den elf Soldaten, welche die Gefängnisinsassen gepeinigt hatten, verletzt habe, hatte ihn das Militärgericht bereits im August 2007 freigesprochen.

Laut der Nachrichtenagentur *Associated Press* wurde mit diesem Urteil ein Schlussstrich gezogen.[3] Es ist demnach davon auszugehen, dass auch künftig kein Offizier oder ziviler Vorgesetzter für den Missbrauch und die Folterung von Gefangenen strafrechtlich zur Verantwortung gezogen wird. Das bestätigt jene Kritiker und Rechtsexperten, die bereits seit Langem argwöhnen, dass das amerikanische Rechtssystem zu einer juristischen Aufarbeitung der Folterexesse weder fähig noch willens ist. Aus diesem Grund hatten amerikanische Bürgerrechtsorganisationen bereits in den Jahren 2004 und 2006 über den Republikanischen Anwältinnen- und Anwälteverein Klage gegen Ex-Verteidigungsminister Donald Rumsfeld und andere Mitglieder der US-Regierung nach dem Völkerstrafgesetzbuch bei der deutschen Bundesanwaltschaft in Karlsruhe eingereicht. Von der Verantwortung Rumsfelds für die Folter-Verbrechen in Guantánamo, Afghanistan und dem Irak zeigt sich mittlerweile sogar der Verteidigungsausschuss des US-Senats überzeugt.

Die Strafanzeige gegen ihn und andere hochrangige Mitglieder der ehemaligen Bush-Regierung »bezieht sich [...] auf Regierungskriminalität, die unter dem Deckmantel selbst hergestellter Rechtsförmigkeit begangen wurde«[4], schreiben die Anzeigenerstatter. Mit dem Begriff der »selbst hergestellten Rechtsförmigkeit« sind in erster Linie die von den Juristen der Bush-Regierung verfassten Memoranden, die sogenannten *Torture Papers*, und hier insbesondere das berüchtigte »Foltermemorandum«[5] von John Yoo und Jay Bybee, gemeint, in dem diese die »Rechtsförmigkeit« der Folter behaupteten und die Legalisierung ihrer Anwendung durch die Exekutive betrieben haben.

Am Anfang des Weges nach Guantánamo und Abu Ghraib stehen informelle Briefings der Spitzen der beteiligten Regierungsstellen.[6] Davor bereits hatte Präsident Bush »der CIA vor dem FBI und dem Pentagon den Vorzug bei der Behandlung wichtiger Al-Quaida-Gefangener«[7] eingeräumt und dieser grünes Licht für ein umfassendes »Anti-Terror«-Programm gegeben, das die Verfolgung, Gefangennahme, Verschleppung, Folterung und gegebenenfalls auch Tötung sogenannter »High Value Targets« sowie den Aufbau eines Netzes geheimer Gefängnisse rund um den Globus einschloss. Genau dies war es, was CIA-Anti-Terror-Chef Cofer Black meinte, als er nach den Anschlägen vom 11. September 2001 sagte, nun würden »die Handschuhe ausgezogen«. In der Folge des 11. September versetzten die USA die Welt in einen permanenten Kriegs- und Ausnahmezustand – einen Krieg ohne Ende.

Bei der juristischen Umsetzung des von Bush und seinen Ministern bzw. Mitarbeitern unmittelbar nach den Anschlägen vom 11. September 2001 verkündeten »neuen Paradigmas« im globalen »Krieg gegen den Terrorismus« spielten neben den Geheimdiensten vor allem die Rechtsexperten der Bush-Regierung eine zentrale Rolle. Sie waren die Schreibtischtäter, die in zahlreichen juristischen Memoranden kritik- und vorbehaltlos die Vorgaben ihrer Bosse umsetzten und diesen scheinlegale Mittel und Wege aufzeigten, um amerikanisches und internationales Recht möglichst effektiv zu brechen. Dabei setzten sie sich weder mit grundlegenden ethischen noch mit fundamentalen rechtlichen Fragen auseinander. Bei der Lektüre der inzwischen zu einem großen Teil veröffentlichten Memoranden[8] drängt sich der Eindruck einer »systematischen Entscheidung zum Gebrauch von Methoden des Zwangs und der Folter auf, die außerhalb der akzeptierten und rechtlichen Norm liegen, eines Prozesses, der Anfang 2002 begann und der bis zum Ende des Jahres klar definiert war, Monate bevor die Invasion im Irak begann«.[9] Die wichtigsten dieser Memoranden, mit denen die Regierung eine juristische Grundlage für die Anwendung von Folter schaffen wollte, wurden auf Anordnung des damaligen Präsidentenberaters – und späteren US-Justizministers – Alberto Gonzales verfasst. Maßgebliche Unterstützung erhielt dieser unter anderem von David Addington, Chefjustitiar des Vizepräsidenten Dick Cheney, sowie von William Haynes II, Rechtsberater Donald Rumsfelds. Eine Schlüsselrolle spielte daneben das Office of Legal Counsel (OLC)im Justizministerium.[10]

Von Anfang an war sich die Bush-Regierung der rechtlichen Unzulässigkeit der von ihr geforderten »scharfen« oder »harschen« Verhörtechniken bewusst. In diesem Wissen argumentierten die Verfasser der Memos ausschließlich mit dem »Recht« der Regierung, insbesondere des Präsidenten, im »Krieg gegen den Terror« verfassungsmäßige Rechte und internationale Verträge im Interesse der »nationalen Sicherheit« nach Gutdünken zu ignorieren und selbst Folter zu befehlen.

Wer annimmt, die für diese Politik Verantwortlichen hätten in gutem Glauben gehandelt und wären angesichts einer unbestreitbaren terroristischen Gefahr nur von ihrem Bestreben nach Sicherheit geleitet worden, wird durch die inzwischen vorliegende Dokumentation und Selbst-Anerkenntnis ihrer gesetzeswidrigen Absichten Lügen gestraft. »Selten, wenn überhaupt jemals, ist das Bewusstsein einer Regierung, das Recht zu brechen, schon im Vorfeld [ihrer Verbrechen] derart offen zu Tage getreten. […] Die Botschaft […] ist unmissverständlich: Diese Politiker mögen unser Justiz-System mit seinen checks and balances, seinen Rechten und Grenzen nicht, das zu verteidigen sie geschworen haben.«[11]

Die Politik, die in der zügellosen Misshandlung und Folterung von Gefangenen gipfelte, zuerst in Afghanistan, dann in Guantánamo Bay und später im Irak, war das Resultat von drei Zielen, die allesamt dem Zweck der einseitigen und unbeschränkten Gefangennahme, Befragung, Misshandlung, Aburteilung und Bestrafung von Gefangenen dienten: 1. dem Wunsch, diese an einen Ort außerhalb der Reichweite irgendeines Gerichts oder Gesetzes zu bringen; 2. dem Wunsch, die Genfer Konventionen hinsichtlich der Behandlung von in bewaffneten Konflikten festgenommenen Personen außer Kraft zu setzen; und 3. dem Wunsch, die für diese Politik Verantwortlichen von jeder Haftung für Kriegsverbrechen nach amerikanischem und internationalem Recht freizusprechen. Die Suche nach einer »legalen« Grundlage für die Erreichung dieser Ziele begann mit der Behauptung, die Gefangenen der Taliban und von Al-Qaida seien nicht von den Genfer Konventionen geschützt, zunächst mit der Begründung, dass Afghanistan ein gescheiterter Staat (»failed state«) sei, später dann, Al-Qaida sei kein staatlicher Akteur und daher auch keine Vertragspartei im Sinne der Genfer Konventionen.

Die Geisteshaltung, aus der diese juristischen Memoranden entstanden, ist offenkundig. Nach den Terroranschlägen vom 11. September 2001 postulierte die Bush-Regierung, die Vereinigten Staaten würden von einem Feind bedroht, dessen Heimtücke und Gefährlichkeit alles übertreffe, womit das Land bis dahin konfrontiert worden war. Im Kampf gegen diesen Feind durfte, ja musste jedes Mittel erlaubt sein. So war es nur folgerichtig, dass sie diesem Feind mit dem Schutz durch die Genfer Konventionen auch die Menschlichkeit entzog.

Die Terroranschläge vom 11. September wurden und werden von der US-Regierung, aber auch von ihren Bündnispartnern und -rivalen weltweit als Vorwand benutzt, demokratische Grundrechte verschärft abzubauen und auszuhöhlen. Mehr und mehr setzen sich im Umgang mit politischen Gegnern polizeistaatliche Methoden durch. Dafür stehen nicht allein die Konzentrationslager in Guantánamo, Abu Ghraib und Bagram, sondern auch die Praxis der sogenannten »extraordinay rendition« (»Sonderüberstellungen«). Die feige und verlogene Komplizenschaft der Behörden und Regierungen etlicher europäischer Staaten bei der Verschleppung von potenziellen Terroristen haben die Berichte des Europarats-Sonderermittlers Dick Marty[12] in dankenswerter Offenheit enthüllt. Parallel zur frühzeitigen Planung der völkerrechtswidrigen Angriffskriege gegen Afghanistan und den Irak entwickelte die Bush-Regierung ein umfassendes Konzept zur Verschleppung und

Gefangennahme mutmaßlicher islamistischer Kämpfer, das die physische und psychische Misshandlung bis hin zur offenkundigen Folter explizit einbezog. Dabei stützte sie sich auf frühere Folter- und »Rendition«-Programme, wie sie insbesondere von der CIA bereits zur Zeit des Kalten Krieges in Vietnam und Lateinamerika sowie während der neunziger Jahre gegen islamische Extremisten angewandt wurden.[13]

Ideologisch bediente sich die Bush-Regierung dabei eines Feindbildes, das in den Jahren vor dem 11. September systematisch entwickelt worden war. Hierbei handelt es sich um einen Feind, der seine Existenz bezeichnenderweise den amerikanischen Machenschaften im Nahen und Mittleren Osten zu verdanken hat. War die islamische Revolution im Iran 1979 noch eine von den USA weder gewollte noch vorhergesehene Reaktion auf die massive politische und militärische amerikanische Unterstützung des US-Marionettenregimes in dem ölreichen Land, so förderte sie kurz darauf zunächst in Afghanistan und später auch im ehemaligen Jugoslawien selbst die extremistischen Kräfte, die sich später gegen das US-Imperium kehren sollten. Die propagandistische Verteufelung und Entmenschlichung des Gegners führte dabei, unterstützt durch den sinkenden Respekt der politischen Klasse in den USA vor den Errungenschaften der Aufklärung und einem zunehmend instrumentellen Verhältnis zu den aus dem Naturrecht abgeleiteten Menschenrechten, in der Folge zu einem eskalierenden Verlust moralischer Hemmungen. Dies belegt auch eine interne Untersuchung der US-Armee. Demnach hält ein Drittel der Soldaten Folter für gerechtfertigt, wenn dadurch das Leben eines Kameraden gerettet werden könne. Zehn Prozent haben schon Zivilisten misshandelt oder deren Eigentum zerstört.[14]

Die Prämisse der Bush-Regierung nach dem 11. September 2001 lautete, dass der Zweck, den Terrorismus zu bekämpfen, alle gewählten Mittel heilige. Unterlag das Mittel, für das sie sich entschieden hatte, einer rechtlichen Beschränkung, so musste eben auch diese beseitigt werden. »Die Gerichte zu umgehen war ein zentrales Element in verschiedenen Programmen«[15], das bereits für das unter der Vorgängerregierung Bill Clintons ins Leben gerufene »Rendition«-Programm konstitutiv war.

Unterstützt von der NATO und der sogenannten internationalen Gemeinschaft, hatten sich die USA bereits unter den Vorgängerregierungen der Präsidenten Reagan, Bush sen. und Clinton weitgehend von den Normen des internationalen Rechts verabschiedet – exemplarisch hierfür genannt seien die Verminung nicaraguanischer Häfen 1984, die Invasionen in Grenada 1983 und Panama 1989, die völkerrechtswidrigen Angriffskriege gegen den Irak 1991 sowie die von der NATO bzw. ihrer Führungsmacht betriebene Zerschlagung Jugoslawiens bis hin zum Angriffskrieg gegen Rest-Jugoslawien 1999 (»Kosovokrieg«) und der völkerrechtswidrigen Abspaltung des Kosovo und seiner De-facto-Verwandlung in ein mafiöses EU- bzw. NATO-Protektorat.[16]

Bei all diesen Kriegen, vor allem aber in den Jugoslawienkriegen, spielte die Kriegspropaganda zur gezielten Desinformation der Öffentlichkeit via bezahlter PR-Kampagnen eine wachsende, bis heute weitgehend unterschätzte Rolle. Selbst Menschenrechtsorganisationen wie Amnesty International gingen der »private diplomacy« der Kriegsbefürworter und ihrer Menschenrechtsrhetorik (Ruf nach »humanitären Interventionen«) auf den Leim.[17]

Mit dem Amtsantritt der zweiten Bush-Regierung trat dieser Erosionsprozess der internationalen Normen, der sich auf der Basis eines zunächst schleichenden, mittlerweile grassierenden wirtschaftlichen Niedergangs der USA vollzog und vollzieht und von einem zunehmenden Verfall der demokratischen Institutionen begleitet wird, in ein neues Stadium ein. Mit der Regierung des unter zweifelhaften Umständen ins Amt gewählten Präsidenten George W. Bush waren gesellschaftliche Kräfte an die Macht gelangt, die sich nicht mehr, auch nur scheinbar, von der Verfolgung langfristiger, irgendwie gesamtgesellschaftlicher Ziele leiten ließen, sondern die sich die rücksichtslose, unilaterale Durchsetzung ihrer unmittelbaren, kurz- und mittelfristigen Partikularinteressen auf die neokonservativen Fahnen geschrieben hatten.

Der Untersuchungsausschuss des US-Kongresses über die Anschläge vom 11. September 2001 hat zwar nur wenig Licht in das Dunkel um dieses Jahrhundertverbrechen gebracht, ja, man muss sich fragen, ob seine Arbeit, insbesondere angesichts des ihm von der CIA vorenthaltenen Beweismaterials[18], nicht mehr im Vernebeln als im Beleuchten bestand. Immerhin konnte er aber so viel ermitteln, dass die neokonservative Washingtoner Kriegspartei um Vizepräsident Dick Cheney, Ex-Verteidigungsminister Donald Rumsfeld und seinen Stellvertreter Paul Wolfowitz schon lange vor dem 11. September auf den präventiven Angriffskrieg gegen den Irak hingearbeitet hatte – als schockierende Demonstration der von ihnen ausgebrüteten neuen US-Sicherheitsdoktrin, die sich ganz bewusst über jedes Völkerrecht hinwegsetzt. Nach der unter Cheney und Rumsfeld eingeführten Präventiv- oder Präemptivdoktrin wird der Konfliktfall zeitlich nach Belieben vorverlegt und definiert. Gegebenfalls hilft man bei der Schaffung eines Kriegsvorwandes eben einfach etwas nach.[19]

Was ein solches Alptraumweltbild für die faktischen US-Besatzungsregime im Irak und in Afghanistan bedeutet, kann man sich leicht ausmalen. Für die Besatzer ist jeder unbekannte Iraker ein möglicher Feind, und jeder Kriegsgefangene ganz sicher einer. »Terroristen« seien durch die Genfer Konventionen nicht geschützt, haben Bush und seine Mitarbeiter, gestützt auf die Rechtsgutachten ihrer Juristen zur Rechtfertigung der Folterrichtlinien für Guantánamo und den Irak, verkündet. Auch wenn die Bush-Regierung aufgrund nationaler wie internationaler Proteste inzwischen verbal etwas zurückrudern musste, blieb sie im Grundsatz bei dieser Haltung. Man herrscht durch Einschüchterung, Drohung mit Gewalt und Tod, »shock and awe«. Anschließend kommen die Experten für Psychologische Kriegsführung (in Orwell'schem Neusprech auch »Operative Information« genannt) mit der grandiosen Erkenntnis, noch wirksamer als die Drohung mit Tod und Gewalt sei die psychologische Erniedrigung und Entwürdigung. Das Resultat sind dann solche Bilder, wie sie im Frühjahr 2004 um die Welt gingen.

Nicht nur vom Militär und der Politik, auch von den amerikanischen Medien, die schon die illegale und völkerrechtswidrige Invasion im Irak gutgeheißen hatten, wurde der Einsatz sogenannter scharfer oder harscher Verhörtechniken zunächst heruntergespielt. Noch als die ersten Memoranden und Berichte über Misshandlungen und Folter enthüllt wurden, insistierte die amerikanische Öffentlichkeit darauf, diese Praktiken könnten unmöglich systematisch, geplant oder beabsichtigt sein. »Der allgemeine Konsens war, dass Amerikaner unmöglich in solche Praktiken verwickelt sein könnten.«[20]

Wer sich mit den Vorgängen in Abu Ghraib und anderswo beschäftigt und analysiert, wie es dazu kommen konnte, für den kehrt sich die These von den wenigen faulen Äpfeln im großen Korb der guten Früchte, zumindest hinsichtlich der Verantwortlichen in der

Bush-Regierung, geradezu um. Umgekehrt wird ein Schuh daraus: in einem Korb fauler Äpfel muss man die »guten« mit der Lupe suchen. Sicher, es gab und gibt Ausnahmen. So gingen der Entscheidung zur Einführung der Verhörfolter langwierige Diskussionen unter den Verantwortlichen voraus, doch schließlich unterwarfen sich die Kritiker, wie etwa der frühere US-Außenpolitiker Colin Powell und sein Rechtsberater William H. Taft IV. dem stärkeren Willen und der geschlossenen Front der Folter-Befürworter.[21]

Hier liegen die Parallelen zu dem Fall des Frankfurter Polizeivizepräsidenten Wolfgang Daschner, der im Oktober 2002 im Zuge der Ermittlungen im Fall der Kindesentführung Jakob von Metzlers dem mutmaßlichen Täter mit Folterdrohungen Aussagen abgepresst hat. Daraufhin wurde in Politik und Medien eine Debatte losgetreten, in der einige – von einflussreichen Juristen, allen voran dem Heidelberger Juraprofessor Winfried Brugger, über die CDU-Spitzenpolitiker Jörg Schönbohm und Roland Koch bis hin zum derzeitigen Vorsitzenden der Partei Die Linke Oskar Lafontaine – versuchten, Folter (bzw. die Androhung von Folter) als legitimes Mittel der Strafverfolgung zu rehabilitieren. Und wenn man nicht selbst foltern darf, so will man mindestens – wie Bundesinnenminister Wolfgang Schäuble, Verfassungsschutzpräsident Heinz Fromm, Vize-Generalbundesanwalt Rainer Griesbaum und andere – von der Folterpraxis des großen Bruders profitieren. Nicht nur diese Debatte, die bis heute anhält und ihre Wirkung zeigt,[22] sondern auch die zunehmende Bereitschaft von Behörden und Gerichten, Asylsuchende und Migranten selbst in solche Staaten abzuschieben, in denen ihnen nachweislich Folter droht, belegen: Das Grundrecht der körperlichen Unversehrtheit und der Schutz des Lebens jedes einzelnen Menschen rangiert weit hinter den Interessen staatlicher Behörden. Spätestens am Fall des von der CIA entführten Deutschtürken Murat Kurnaz, dessen Folterung und Misshandlung in CIA-Folterlagern man nicht nur billigend in Kauf nahm, sondern dessen Rückkehr nach Deutschland von der SPD-Grünen-Regierung systematisch hintertrieben wurde, zeigt sich, wie dünn der Firnis des Rechtsstaates tatsächlich ist. Die tragischen Terroranschläge vom 11. September 2001 wurden auch in Deutschland dazu benutzt, demokratische Rechte der Bevölkerung drastisch einzuschränken. Dabei steht auch das Folterverbot mehr und mehr zur Disposition. Im vorgeblichen »Kampf gegen den Terrorismus« werden von Teilen der herrschenden Elite autoritäre Herrschaftsformen als Mittel der Zeit angesehen. In diesem Zusammenhang erfüllen die Bilder von den Misshandlungen in Guantánamo und Abu Ghraib, die um die Welt gingen und für Erschütterung und Abscheu sorgten, sowie immer neue Enthüllungen über das Spinnenetz der CIA auch eine herrschaftssichernde Funktion: Sie gewöhnen die Menschen an die Normalität der Folter und wirken zugleich wie eine Schere im Kopf, nach dem Motto: »Nur nicht aufmucken! Als nächstes könnte es dich treffen!« Vor Illusionen in Bezug auf die neue US-Regierung unter Präsident Barack Obama sei indes gewarnt. Obamas Äußerungen zur Fortsetzung und Intensivierung des Krieges in Afghanistan und seine ersten Personalentscheidungen sollten jedem eine Warnung sein, der bisher noch glaubte, dem Mantra des »Yes, we can« entspreche der Wille zu einem wirklichen demokratischen Neuanfang.

Die schleichende bis offene Aufweichung des Folterverbots, wie sie spätestens seit den Terroranschlägen vom 11. September 2001 in der westlichen Welt festzustellen ist, kann als eine Art Indikator für den generellen Zerfall der Demokratie im globalisierten Kapitalismus gelten. Sie steht untrennbar im Zusammenhang mit der wachsenden Kluft zwischen Arm und Reich und dem forcierten Abbau elementarer Grund- und Bürgerrechte, wie er derzeit vor allem unter dem Vorwand des »Kampfes gegen den Terror« betrieben wird und bereits schwindelerregende Ausmaße angenommen hat. Bemäntelt mit der Phrase von der Verteidigung der Menschenrechte, vollzieht sich derzeit im Gegenteil der größte Angriff auf die Errungenschaften der Aufklärung und der Französischen Revolution – auf Bürger- und Menschenrechte wie auch auf das Allgemeine und Humanitäre Völkerrecht – seit dem europäischen Faschismus. Die Prognose sei erlaubt: Sollte es nicht gelingen, diesen Angriff zurückzuschlagen (und gelingen kann dies nur durch die Rückbesinnung auf die authentische Tradition der europäischen Aufklärung und ihrer Erben), werden sich bald nicht mehr »nur« tatsächliche und vermeintliche Islamisten in den Folterkellern der einzig verbliebenen Weltmacht bzw. ihrer Henkersknechte wiederfinden, sondern auch ganz »normale Bürger«, deren einziges Verbrechen darin bestehen könnte, die verbrecherische und illegale Kriegsführung des Westens im Irak und in Afghanistan sowie mittelbar in Palästina und vielleicht auch bald im Iran angeprangert zu haben.

Anmerkungen

Einleitung: Auf dem Weg in ein neues Mittelalter?

1 *Amnesty International Report 2008. Zur weltweiten Lage der Menschenrechte*, Frankfurt a. M. 2008 [http://www.amnesty.de/amnesty-international-report-2008].
2 Zit. nach *Süddeutsche Zeitung*, 05.12.2005.
3 Uli Rauss und Oliver Schröm, »Die Syrien-Connection«, *Stern* 12/2008, 13.03.2008, S. 66ff.; dies.: »US-Entführungsprogramm: Ex-CIA-Mann belastet deutsche Kollegen«, *stern.de*, 12.03.2008 [http://www.stern.de/politik/deutschland/613825.html].

Kurze Geschichte der Folter

1 Michel Foucault, *Überwachen und Strafen*, Frankfurt a.M. 1989, S. 46f.
2 Vgl. auch Karlheinz Deschner, *Kriminalgeschichte des Christentums. Bd. 1, Die Frühzeit*, Reinbek 1988, S. 469ff.
3 J.R. Grigulevič, *Ketzer – Hexen – Inquisitoren, Geschichte der Inquisition (13.-20. Jahrhundert)*, Teil 1, (West-)Berlin 1987, S. 57. Vgl. auch Karlheinz Deschner, *Kriminalgeschichte des Christentums (Bd. 1: Die Frühzeit)*, Reinbek bei Hamburg 1986, S. 485.
4 Vgl. Grigulevič, S. 60.
5 Edward Peters, *Folter. Geschichte der Peinlichen Befragung*, Hamburg 2003, S. 82.
6 Vgl. ebd., S. 77.
7 Franz Helbing, *Die Tortur*, Erftstadt 2004, S. 107f.
8 Ebd., S. 107.
9 Vgl. Edward Peters, *Folter. Geschichte der Peinlichen Befragung*, S. 94.
10 *Über die notwendige Verbannung der Folter aus der christlichen Gerichtsbarkeit.*
11 Pierre Lepape, *Voltaire oder die Geburt der Intellektuellen im Zeitalter der Aufklärung*, Frankfurt a. M.; New York 1996. Voltaire lehnte die Folter zwar ab, allerdings mit Einschränkungen. Diese ambivalente Haltung kam insbesondere im Fall des Robert François Damiens zum Ausdruck, der am 5. Januar 1757 ein Attentat auf Ludwig XV. verübt hatte und dafür bestialisch gefoltert und hingerichtet wurde. Vgl. hierzu u.a.: Alexander Bahar, »Rache vor Gnade«, *junge Welt*, 28.03.2007.
12 Cesare Beccaria, *Über Verbrechen und Strafen*, Frankfurt a.M. 2001.
13 Allerdings gab es auch »Rückfälle«, so 1848, als für die Einheit Italiens kämpfende sizilianische Revolutionäre unter neapolitanischem Gesetz gefoltert wurden. Auch im Vatikanstaat erstand die Inquisition wieder auf, und im Norden führten die Österreicher die Folter wieder ein.
14 Zur Rolle der Folter im Algerien-Krieg vgl. insbesondere Pierre Vidal-Naquet, *La torture dans la république (1954–1962)*, Paris 1972.

Verbot der Folter im Völkervertragsrecht

1 Zit. nach Markus Raess, *Der Schutz vor Folter im Völkerrecht*, Zürich 1989, S. 50.
2 Statut für den Internationalen Militärgerichtshof vom 1. August 1945 [http://www.icwc.de/fileadmin/media/IMTC_dt.pdf].
3 Charta der Vereinten Nationen (vom 26. Juni 1945) [http://www.documentarchiv.de/in/1945/un-charta.html].
4 Allgemeine Erklärung der Menschenrechte (AMR) in der von der Generalversammlung der Vereinten Nationen am 10. Dezember 1948 beschlossenen Fassung. Internationale Quelle: Resolution 217 (III) Universal Declaration of Human Rights, in: United Nations, General Assembly, Official Records third Session (part I) Resolutions (Doc. A/810), S. 71. [http://www.uno.de/menschen/index.cfm?ctg=udhr].
5 International Covenant on Civil and Political Rights (ICCPR), abgedruckt in deutscher Übersetzung in BGBl. 1973 II, S. 1533.
6 Bereits 1949 war in den Genfer Rotkreuz-Konventionen ein Folterverbot für bewaffnete Konflikte verankert worden.
7 Noch bis 1999 regelten in Israel detaillierte Vorschriften den Ablauf der Verhöre und erlaubten »maßvollen physischen Druck«. Laut Menschenrechtsorganisationen wurde Folter in Gefängnissen praktiziert, in denen Palästinenser inhaftiert waren. In einem Urteil vom September 1999 bezeichnete der Oberste Gerichtshof Israels die Praxis der »maßvollen« physischen Gewaltanwendung, die bis dahin als legal galt, erstmals als Folter. Mit Beginn der zweiten Intifada im Herbst 2000 kehrte der israelische Geheimdienst zu diesen Praktiken zurück.
8 So u. a. wegen der Versuche islamischer Staaten, die Diskussion über religiös begründete Gewalt (Schari'a, Fatwas) aus dem Gremium zu verbannen.
9 Abgedruckt in deutscher Übersetzung in BGBl. 1952 II, S. 685 ff. u. S. 953 ff.; 1954 II, S. 14 ff. Im Internet abrufbar unter: http://www.admin.ch/ch/d/sr/i1/0101.de.pdf
10 Anlage zum IV. Haager Übereinkommen von 1907; SR. 0515112.
11 Haager Landkriegsordnung. Ordnung der Gesetze und Gebräuche des Landkrieges vom 18. Oktober 1907, Reichsgesetzblatt 1910, Nr. 2, S. 132 ff. [http://www.geschichtsthemen.de/index_geschi-deutsch.htm]; [http://rk19-bielefeld-mitte.de/info/Recht/Haager_Landkriegsordnung/inhalt.htm].
12 Abgedruckt in deutscher Übersetzung in BGBl. 1954 II 783, 813, 838 und 917; vgl. auch: Die Genfer Konventionen [http://rk19-bielefeld-mitte.de/info/Recht/Genfer_Konventionen/inhalt.htm].
13 Die Bundesrepublik Deutschland unterzeichnete die Protokolle am 23. Dezember 1977, ratifizierte sie aber erst rund 13 Jahre später am 14. Februar 1991.
14 Die III. und IV. Genfer Konvention sowie Art. 5 des 1. Zusatzprotokolls erkennen dem *International Council of the Red Cross* (ICRC) die Rolle einer Schutzmacht bei zwischenstaatlichen bewaffneten Konflikten zu.
15 Erik Holst, »International Efforts on the Rehabilitation of Tortur Victims«, in: June C. Pagaduan Lopez und Elizabeth Protacio Marcelino (Hg.), *Torture Survivors and Caregivers: Proceedings of the International Work-*

shop on Therapy and Research Issues, Quezon City 1995, S. 8ff., 190f., 291ff., 356f.

16 Declaration on the Protection of All Persons from Being Subjected to Torture and Other Cruel, Inhuman or Degrading Treatment or Punishment (Declaration against Torture); UN-Doc. A/Res. 3452 (XXX) vom 9. Dezember 1975 [http://www.unhchr.ch/html/menu3/b/h_comp38.htm].

17 Convention against Torture and Other Cruel, Inhuman or Degrading Treatment or Punishment (Convention against Torture). Abgedruckt in deutscher Übersetzung in BGBl. 1990 II, S. 246. [http://www.admin.ch/ch/d/sr/i1/0105.de.pdf].

18 European Convention for the Prevention of Torture and Inhuman or Degrading Treatment or Punishment (ECPT). Abgedruckt in deutscher Übersetzung in BGBl. 1989 II, S. 946f. [http://www.admin.ch/ch/d/sr/i1/0106.de.pdf].

19 »Während die spätere Einrichtung des Internationalen Strafgerichtshofs (IStGH) von den Unterstützerstaaten jeweils ratifiziert wurde und der Gerichtshof deswegen auch ohne die Unterstützung der USA völkerrechtliches Gewicht hat, hielt der Weltsicherheitsrat ein solches Verfahren beim ICTY für lässlich«. Jürgen Elsässer, *Kriegslügen. Vom Kosovokonflikt zum Milosevic-Prozess.* Berlin 2004, S. 255.

20 Eine von Rechtsanwalt Kaleck gegen den Bescheid eingelegte Gegenvorstellung lehnte die Bundesanwaltschaft ohne inhaltliche Stellungnahme mit wenigen Sätzen ab, einen Antrag Kalecks auf gerichtliche Entscheidung verwarf das OLG Stuttgart am 13. September 2005.

21 Deren erneute Ablehnung durch die Bundesanwaltschaft lag bei Redaktionsschluss des vorliegenden Buches dem Oberlandesgericht Frankfurt zur Entscheidung vor.

22 Wolfgang Kaleck, »Strafanzeige gegen den ehemaligen US-Verteidigungsminister Donald Rumsfeld u.a.«, Infobrief 98 [http://www.rav.de/infobrief98/Kaleck.html].

23 »Abu Ghureib und Guantánamo. US-Senat gibt Rumsfeld Mitschuld an Folter«, *Spiegel Online*, 12.12.2008 [http://www.spiegel.de/politik/ausland/0,1518,595963,00.html].

Folter im Kalten Krieg

1 Vgl. hierzu wie im Folgenden auch Michaela Haibl, »Baumhängen«, in: *Dachauer Hefte*, 1998.

2 Cofer Black, der damalige Chef des Counterterrorist Center der CIA, sagte bei einer Kongressanhörung am 26. September 2002 den berühmten Satz: »Nach 9/11 wurden die Handschuhe ausgezogen«. *Joint Investigation Into September 11th: Hearing Before the Joint House-Senate Intelligence Comm.*, 109th Cong. (2002) (Stellungnahme von Cofer Black, Former Chief of the Counterterrorist Center, Central Intelligence Agency). Einem Bericht von *Vanity Fair* zufolge wies William Haynes, damals Chefberater im US-Verteidigungsministerium Department of Defense, den »Admiral in charge of detainees in Afghanistan« an, »die Handschuhe auszuziehen« und im Rahmen des Verhörs von John Walker Lindh »zu erfragen, was auch immer

er wolle«. Katherine Eban, *Rorschach and Awe*, *Vanity Fair*. 17. Juli 2007 [http://www.vanityfair.com/politics/features/2007/07/torture200707].

3 Vgl. Egmont R. Koch, *Die CIA-Lüge. Folter im Namen der Demokratie*, Berlin 2008, S. 12.

4 Vgl. *Enzyklopädie des Holocaust*, München 1995.

5 Vgl. Egmont R. Koch. *Die CIA-Lüge*, S. 101 ff.

6 Vgl. Randy Herschaft, »AP: U.S. Allowed Korean Massacre In 1950«, The Associated Press, 05.07.2008, [http://www.cbsnews.com/stories/2008/07/05/national/main4234885.shtml].

7 Christopher Simpson, *Science of Coercion: Communication Research and Psychological Warfare 1945–1960*, New York 1994, S. 8 f.

8 Simpson, *Science of Coercion*, S. 38 f.

9 US Senate, *Foreign and Military Intelligence, Book I: Final Report*, S. 387 f.

10 Vgl. Marks, *The Search for the »Manchurian Candidate«*, S. 58 ff. Und: Alfred McCoy, *Foltern und foltern lassen*, Frankfurt a. M. 2005, S. 38.

11 Allen W. Dulles, »Brain Warfare – Summary Remarks At The National Alumni Conference«, Princeton University, 10.04.1953.

12 Alfred McCoy, *Foltern und foltern lassen*, S. 40.

13 Alfred McCoy, *Foltern und foltern lassen*, S. 42.

14 Alfred McCoy, *A Question of Torture*, New York 2006; Donald O. Hebb, »Drives and the CNS«, *Psychological Review* 62, 4, 1955.

15 James Meek, »Nobody Is Talking«, *The Guardian*, 18.02.2005.

16 Egmont R. Koch, *Die CIA-Lüge*, S. 143.

17 Allen W. Dulles, Memorandum for J. Edgar Hoover, Subject: Brainwashing, CIA Headquarters, v. 25.04.1956, CIA-Case Number F-1982–00423; Communist Control Techniques – An Analysis of the Methods Used by Communist State Police, 02.04.1956; Brainwashing from a Physiological Viewpoint, Central Intelligence Agency, Februar 1956, Case Number F-1982-00423.

18 Elizabeth Nickson, »Mind Control. My Mother, the CIA and LSD«, *The Observer*, 16.10.1994, S. 48 ff.; Weinstein, *Psychiatry and the CIA*, S. 110 ff., 140 f.; Gordon Thomas, *Journey Into Madness: Medical Torture and the Mind Controllers*, London 1988, S. 176 f.; Marks, *The Search for the »Manchurian Candidate«*, S. 135 ff.

19 Vgl. Stanley Milgram, *Das Milgram-Experiment. Zur Gehorsamsbereitschaft gegenüber Autorität*, Reinbek bei Hamburg 1982.

20 Stanley Milgram, *Obedience to Authority: An Experimental View*, New York 1974, S. 123.

21 Harald Welzer, *Täter. Wie aus ganz normalen Menschen Massenmörder werden*, Frankfurt a. M. 2005, S. 112.

22 Alfred McCoy, *Foltern und foltern lassen*.

23 Vgl. Craig Haney, W. Curtis Banks und Philip G. Zimbardo, »Interpersonal Dynamics in a Simulated Prison«, in: *International Journal of Criminology and Penology*. I. Vgl. auch Craig Haney, W. Curtis Banks und David Jaffe, »Psychologie der Gefangenschaft – Deprivation, Macht und Pathologie«, in: Frank Neubacher, Michael Walter (Hg.), *Sozialpsychologische Experimente in der Kriminologie. Milgram, Zimbardo und Rosenhan kriminologisch gedeutet, mit einem Seitenblick auf Dürrenmatt*, Münster 1973, S. 69–93; Michael Zander, »System der Folter«, *junge Welt*, 13.08.2008.

24 Peter Watson, *Psycho-Krieg. Möglichkeiten, Macht und Missbrauch der Militärpsychologie*, Frankfurt/M. 1985, S. 239f.
25 Brainwashing from a Physiological Viewpoint, Central Intelligence Agency, Februar 1956, Case Number F-1982–00423.
26 Ebd.
27 Ebd.
28 Das Akronym steht für »Survival, Evasion, Resistance, and Escape«.
29 Scott Shane, »China Inspired Interrogations at Guantánamo«, *The New York Times*, 02.07.2008 [http://www.nytimes.com/2008/07/02/us/02detain.html?ref=us].
30 KUBARK Counterintelligence Interrogation, Juli 1963 [http://www.gwu.edu/~nsarchiv/NSAEBB/NSAEBB27/01–01.htm]. Deutsche Übersetzung [http://ulla-jelpke.de/news_detail.php?newsid=636].
31 »VII. Planung einer nachrichtendienstlichen Vernehmung. A. Das Wesen einer nachrichtendienstlichen Vernehmung«.
32 Naomi Klein, »The US psychological torture system is finally on trial«, *The Guardian*, 23.02.2007. [http://www.guardian.co.uk/commentisfree/2007/feb/23/comment.terrorism].
33 *The New York Times*, 11.06.1979.
34 Klare, *War Without End*, S. 241ff., 260ff. und: Valentine, *The Phoenix Program*, S. 63, 77ff. sowie: Langguth, *Hidden Terrors*, S. 138ff.
35 Vgl. US House of Representatives, *US Assistance Programs in Vietnam*, S. 319ff., 327, 349; US Senate, Committee on Armed Services, Hearings on July 2, 20, 25, 1973, *Nomination of William E. Colby to be Head of Central Intelligence*, 93rd Congress, 1st Session, Washington, D.C.: Government Printing Office, 1973, S. 101ff.; Dale Andradé, »Pacification«, in: Stanley Kutter (Hg.), *Encyclopedia of the Vietnam War*, New York 1996, S. 423.
36 »Vietnam: Policy and Prospects 1970«, Statement Barton Osborne, Hearings Senate Committee On Foreign Relations, Subj: CIA/DoD Phoenix Program, 17.02.1970 bis 19.03.1970; Ralph McGehee, »CIA and Operation Phoenix Program«, 19.02.1996 [http://chss.montclair.edu/english/furr/phoenixmcg.html].
37 John Pilger, *Heroes*, New York 1986.
38 Bereits 1947 hatte ein US-Gericht »Waterboarding« als Kriegsverbrechen verurteilt. Walter Pincus, »Waterboarding Historically Controversial«, *The Washington Post*, 05.10.2006 [http://www.washingtonpost.com/wp-dyn/content/article/2006/10/04/AR2006100402005html].
39 A.J. Langguth, *Hidden Terrors*, S. 125ff., 138ff., 251f. Alfred McCoy, *Foltern und foltern lassen*, S. 56.
40 James Hodge und Linda Cooper, *Disturbing the Peace,* S. 157 ff.
41 Amnesty International, »Bericht über die Folter«, Frankfurt a.M. 1973.
42 Alfred McCoy, *Foltern und foltern lassen*, S. 66.
43 CIA, *Human Resource Exploitation Training Manual – 1983*, 08.06.1988 (Box 1 CIA Training Manuals, Folder: »Resources Exploitation Training Manual«, National Security Archives).
44 Alfred McCoy, *Foltern und foltern lassen*, S. 67.

Vom 11. September nach Guantánamo und Abu Ghraib

1 Die Mordanschläge gelten inzwischen als aufgeklärt. Im Gegensatz zu der anfänglich lancierten Behauptung, dass Al Qaida hinter den Anschlägen stecke, soll es sich bei dem alleinigen Täter um den US-Biowissenschaftler Bruce Ivins handeln, der fast zwei Jahrzehnte lang in einem Regierungslabor in Fort Detrick (Maryland) als Experte für die Abwehr von Biowaffen gearbeitet hatte. (»Anthrax-Anschläge in den USA aufgeklärt«, *N24*, 08.08.2008) [http://www.n24.de/news/newsitem_1210677.html].

2 Die wesentlichen Bestimmungen: Art. 206 erlaubt der US-Bundespolizei FBI weiträumige Abhöroperationen bis weit ins Umfeld einer verdächtigen Person, wobei eine Verbindung zu terroristischen oder kriminellen Aktivitäten weder belegt noch auch nur behauptet werden muss. Art. 213 erlaubt, die Wohnung oder das Büro eines Verdächtigen auch in dessen Abwesenheit mit neuesten technischen Mitteln zu durchschnüffeln. Legalisiert ist auch die Installation einer Computerwanze, die über den Internetverkehr hinaus alle auf dem PC vollzogenen Operationen aufzeichnet und nach außen überträgt. Nach Art. 214 braucht das FBI keine richterliche Ermächtigung mehr, um die Daten aller Telefonverbindungen einer des Terrorismus verdächtigten Person zu erlangen. Für die Überwachung des E-Mail-Verkehrs gewährt Art. 216 dem FBI praktisch carte blanche. Nach Art. 215 darf das FBI – lediglich auf Grundlage eines geheimen gerichtlichen Beschlusses, ohne richterliche Überwachung und ohne Mitteilung an die Betroffenen – zum Beispiel bei Internet-Providern, Telefongesellschaften, Krankenhäusern und öffentlichen Bibliotheken »alle habhaften Daten« von US-amerikanischen Bürgern einholen. Nach Artikel 505 kann das FBI bei Vorlage eines *National Security Letter* (NSL), eines »Datenhaftbefehls«, bei allen öffentlichen und privaten Institutionen Angaben über die bezeichnete Person einfordern, ohne auch nur ein Verdachtsmoment vorweisen zu müssen. Seit dem 11. September 2001 hat die Bush-Regierung pro Jahr etwa 30 000 dieser *National Security Letters* ausgestellt. Am 26.01.2004 hatte zum ersten Mal ein US-Bundesrichter Teile des Gesetzes für verfassungswidrig erklärt. Im September 2007 urteilte erneut ein US-Richter, dass Bestimmungen des Patriot Act nicht mit der amerikanischen Verfassung im Einklang stehen (»US-Richter hält erneut Teile des Patriot Act für verfassungswidrig«, *Telepolis*, 07.09.2007 [http://www.heise.de/newsticker/meldung/95634]). Zudem wurde die Gültigkeit der umstrittensten Bestimmungen des Gesetzes zunächst nur um vier Jahre verlängert.

3 Human Rights Watch, *The Road to Abu Ghraib*, Juni 2004.

4 Karen S. Greenberg/Joshua L. Dratel (Hg.) *The Torture Papers. The Road to Abu Ghraib*, New York 2005.

5 Parliamentary Assembly, Council of Europe, 07.06.2006, restricted, AS/Jur (2006) 16 Part II, Committee on Legal Affairs and Human Rights: Alleged secret detentions and unlawful inter-state transfers involving Council of Europe member states, Draft report – Part II (Explanatory memorandum) Rapporteur: Mr Dick Marty, Switzerland, ALDE (Marty-Bericht 2006).

6 Parliamentary Assembly, Council of Europe, 07.06.2007, Committee on Legal Affairs and Human Rights: Secret detentions and illegal transfers of

detainees involving Council of Europe member states: second report. Explanatory memorandum, Rapporteur: Mr Dick Marty, Switzerland, ALDE (Marty-Bericht, Juni 2007).
7 Amnesty International Deutschland, *Amnesty Report 2008,* Vorwort.
8 Interviews mit ehemaligen CIA-Mitarbeitern (Stephen Grey, *Das Schattenreich der CIA*, S. 202).
9 Douglas Jehl und David Johnston, »Rule Change Lets CIA Freely Send Suspects Abroad to Jail«, *The New York Times*, 06.03.2005
10 Seymour M. Hersh, *Die Befehlskette. Vom 11. September bis Abu Ghraib*, Reinbek bei Hamburg 2004, S. 35.
11 Ebd.
12 Ebd., S. 36.
13 Pub.L. 107–40, 115 Stat. 224 (2001) [http://news.findlaw.com/wp/docs/terrorism/sjres23.es.html].
14 Vgl. Marty-Bericht, Juni 2006, S. 9.
15 Stephen Grey, *Das Schattenreich der CIA*, S. 190.
16 Aussage des CIA-Direktors George J. Tenet vor der Kommission zur Untersuchung der Anschläge vom 11. September, 24. März 2004.
17 Erklärung Tenets vor dem Geheimdienstausschuss des US-Senats (SSCI), »The Worldwide Threat in 2000: Global Realities of Our National Security«, 2.2.2000.
18 Marty-Bericht, Juni 2007, S. 12.
19 Marty-Bericht, Juni 2006, S. 11.
20 Michael Scheuer im Interview mit einem Vertreter von Dick Marty (Marty-Bericht, Juni 2006, S. 11, FN 33).
21 Marty-Bericht, Juni 2006, S. 12.
22 Marty-Bericht, Juni 2007, S. 4, Nr. 10.
23 Die Anwendung dieser Techniken wird durch etliche Zeugenaussagen von in Afghanistan festgenommenen Häftlingen belegt. Siehe W. Kaleck u.a., Strafanzeige gegen Donald Rumsfeld et al. vom 14.11.2006, S. 107.
24 James Risen, *State of War. Die geheime Geschichte der CIA und der Bush-Administration*, Hamburg 2006, S. 28.
25 Human Rights Watch, *The Road to Abu Ghraib*, Juni 2004, S. 5.
26 Secretary of Defense [Donald Rumsfeld], Memorandum for Chairman of the Joint Chiefs of Staff, Subject: Status of Taliban and Al Qaeda, 19.01.2002, in: *The Torture Papers*, S. 80 (Memo 5).
27 »Memorandum for William J. Haynes II, General Counsel, Department of Defense, from John Yoo, Deputy Assistant Attorney General, Robert J. Delahunty, Special Counsel, re: Application of Treaties and Laws to al Qaeda and Taliban Detainees«, in: *The Torture Papers*, S. 38 ff. (Memo 4).
28 Jay S. Bybee, Assistant Attorney General, Office of Legal Counsel, U.S. Department of Justice, Memorandum for Alberto R. Gonzales, Counsel to the President, and William J. Haynes II, General Counsel of the Department of Defense, 22.01.2002, Re: Application of Treaties and Laws to al Qaeda and Taliban Detainees (http://www.washingtonpost.com/wp-srv/nation/documents/012202bybee.pdf); in: *The Torture Papers*, S. 81 ff. (Memo 6).
29 Zit. nach Colonel Ann Wright, Retired, »Five Years of Infamy: Close Guantanamo!«, *truthout*, 23. Dezember 2006 [http://www.truthout.org/docs_2006/printer_122306A.shtml.

30 Wolfgang Kaleck u.a., Strafanzeige gegen Donald Rumsfeld et al. vom 14.11.2006, S. 24f.
31 Alfred W. McCoy, *Foltern und foltern lassen*, S. 97.
32 Memorandum to the Counsel to the President, Assistant to the President for National Security Affairs, from Colin L. Powell, U.S. Department of State, Subject: Draft Decision Memorandum for the President on the Applicability of the Geneva Convention to the Conflict in Afghanistan, 26. Januar 2002, in: *The Torture Papers*, S. 122 ff. (Memo 8).
33 »Memorandum for the President from Alberto R. Gonzales, Subject: Decision Re Application of the Geneva Convention on Prisoners of War to the Conflict with Al Qaeda and the Taliban«, 25. Januar 2002, DRAFT 1/25/2002–3:30 pm; in: *The Torture Papers*, S. 118 ff. (Memo 7).
34 Ebd., S. 119.
35 Ebd.
36 Wolfgang Kaleck u.a., Strafanzeige gegen Donald Rumsfeld et al. vom 14.11.2006, S. 25.
37 The White House [George W. Bush], »Memorandum for The Vice President, The Secretary of State, The Secretary of Defense, The Attorney General, Chief of Staff to the President, Director of CIA, Assistant to the President for National Security Affairs, Chairman of the Joint Chiefs of Staff, Subject: Humane Treatment of al Qaeda and Taliban Detainees«, 07.02.2002, in: *The Torture Papers*, S. 134f. (Memo 11).
38 http://www.washingtonpost.com/wp-srv/nation/documents/012202bybee.pdf
39 Bereits bei dieser Pressekonferenz benutzte Bush die Formulierung »feindliche Kombattanten«. Dabei lobte Bush die tapferen Bemühungen der US-Truppen, »dafür zu sorgen, dass diese Mörder – und es sind Mörder – in sichere Verwahrung kommen«. Zit. nach Stephen Grey, *Das Schattenreich der CIA*, S. 223.
40 Amnesty International: »Sechs Jahre Guantánamo. Eine Chronologie«, Februar 2008, S. 16.
41 Vgl. Katja Gelinski: »Die Folter-Debatte in der amerikanischen Regierung«, *FAZ*, 09.07.2004.
42 Secretary of Defense [Donald Rumsfeld], »Memorandum for the Chairman of the Joint Chiefs of Staff, Subject: Status of Taliban and Al Qaeda«, 19. Januar 2002, in: Greenberg und Dratel, *The Torture Papers*, S. 80 (Memo 5).
43 Zbigniew Brzezinski, *Die einzige Weltmacht. Amerikas Strategie der Vorherrschaft*, Berlin 1997, S. 57.
44 http://www.phrusa.org/research/afghanistan/report_graves.html#1
45 http://www.phrusa.org/research/afghanistan/karzai_letter.html
46 Vgl. Ulrich Ladurner/Giuliana Sgrena, »Was man in Masar alles findet«, *Die Zeit* 27/2002
[http://www.zeit.de/2002/27/Was_man_in_Masar_alles_findet].
47 Vgl. Human Rights Watch, *The Road to Abu Ghraib*, S. 57; Seymour Hersh, *Die Befehlskette*, S. 4; Richard Serrano, »Prison Interrogators' Gloves Off Before Abu Ghraib«, *The Los Angeles Times*, 09.06.2004. Zit. nach Wolfgang Kaleck u.a., Strafanzeige gegen Donald Rumsfeld et al. vom 14.11.2006, S. 107.

48 Scott Shane, »Inside a 9/11 Mastermind's Interrogation«, *The New York Times*, 22.06.2008 [http://www.nytimes.com/2008/06/22/washington/22ksm.html].
49 Siegfried Buschlüter, »Bush gesteht Existenz verborgener CIA-Gefängnisse ein«, *dradio.de*, 07.09.2006 [http://www.dradio.de/aktuell/540155].
50 Scott Shane, »Inside a 9/11 Mastermind's Interrogation«, *The New York Times*, 22.06.2008 [http://www.nytimes.com/2008/06/22/washington/22ksm.html].
51 James Risen, *State of War*, S. 39. Vgl. auch Wolfgang Kaleck u. a., Strafanzeige gegen Donald Rumsfeld et al. vom 14.11.2006, S. 309.
52 Die nachfolgende Darstellung beruht im Wesentlichen auf dem Beitrag von Katherine Eban, »Rorschach and Awe«, *Vanity Fair*, 17.07.2007 [http://www.vanityfair.com/politics/features/2007/07/torture200707].
53 Ron Suskind, *The One Percent Doctrine. Deep Inside America's Pursuit of Its Enemies Since 9/11*, New York 2006, S. 100.
54 Scott Shane, »Inside a 9/11 Mastermind's Interrogation«, *The New York Times*, 22.06.2008 [http://www.nytimes.com/2008/06/22/washington/22ksm.html].
55 Malcolm Nance, »I know waterboarding is tortue – because I dit it myself«, *New York Daily News*, 31.10.2007 [http://www.nydailynews.com/opinions/2007/10/31/2007-10-31_i_know_waterboarding_is_tortue_because.html].
56 Jane Mayer, »The Black Sites. A rare look inside the C. I. A.'s secret interrogation program«, *The New Yorker*, 13.08.2007 [http://www.newyorker.com/reporting/2007/08/13/070813fa_fact_mayer].
57 Katherine Eban, »Rorschach and Awe«, *Vanity Fair*, 17.07.2007 [http://www.vanityfair.com/politics/features/2007/07/torture200707.
58 Ebd.
59 Ebd.
60 Ron Suskind, *The One Percent Doctrine. Deep Inside America's Pursuit of Its Enemies Since 9/11*, New York 2006. Vgl. auch Barton Gellman. »The Shadow War, In a Surprising New Light«, *The Washington Post*, 20.06.2006 [http://www.washingtonpost.com/wp-dyn/content/article/2006/06/19/AR2006061901211_pf.html].
61 Ebd.
62 Philippe Sands, »The Green Light«, *Vanity Fair*, Mai 2008 [http://www.vanityfair.com/politics/features/2008/05/guantanamo200805].
63 Jan Crawford Greenburg, Howard L. Rosenberg und Ariane de Vogue, »Sources: Top Bush Advisors Approved ›Enhanced Interrogation‹ Detailed Discussions Were Held About Techniques to Use on al Qaeda Suspects«, *ABC News*, 09.04.2008 [http://abcnews.go.com/TheLaw/LawPolitics/story?id=4583256]; vgl. auch: Alexander Bahar, »Warum im Weißen Haus darüber sprechen?«, *junge Welt*, 16.04.2008 [http://www.jungewelt.de/2008/04–16/010.php]; Martin Kilian, »Rice erlaubte der CIA zu foltern«, 11.04.2008, *Der Tagesanzeiger* [http://www.tagesanzeiger.ch/dyn/news/ausland/860448.html].
64 Dana Priest und Barton Gellman, »U. S. Decries Abuse but Defends Interrogations«, *The Washington Post*, 26.12.2002, p. A01.

65 http://hrw.org/reports/2004/afghanistan0304/
66 http://www.mcclatchydc.com/detainees/
67 Die verschiedenen Interviews sind im Internet abrufbar unter: http://www.mcclatchydc.com/259/story/40334.html.
68 Tom Lasseter, »America's prison for terrorists often held the wrong men«, *McClatchy Newspapers*, 15.06.2008 [http://www.mcclatchydc.com/staff/tom_lasseter/story/38773.html].
69 Tom Lasseter, »Documents undercut Pentagon's denial of routine abuse«, *McClatchy Newspapers*, 16.06.2008 [http://www.mcclatchydc.com/homepage/story/38776.html].
70 Tom Lasseter, »Pentagon declined to answer questions about detainees«, *McClatchy Newspapers*, 15.06.2008 [http://www.mcclatchydc.com/staff/tom_lasseter/story/38771.html].
71 Tom Lasseter, »U.S. abuse of detainees was routine at Afghanistan bases«, *McClatchy Newspapers*, 16.06.2008 [http://www.mcclatchydc.com/detainees/story/38775.html].
72 Ebd.
73 Tom Lasseter, »Pentagon declined to answer questions about detainees«, *McClatchy Newspapers*, 15.06.2008 [http://www.mcclatchydc.com/staff/tom_lasseter/story/38771.html].
74 Physicians for Human Rights, *Broken Laws, Broken Lives: Medical Evidence of Torture by US Personnel and Its Impact*, New York, Juni 2008 [http://brokenlives.info/?page_id=69].
75 Physicians for Human Rights, *Broken Laws, Broken Lives*, Preface, S. VIII.
76 Vgl. hierzu die Dokumente zum Militärgerichtsverfahren gegen den US-Soldaten Willie Brand: http://media.mcclatchydc.com/smedia/2008/06/04/14/Brand-5.source.prod_affiliate.91.pdf
http://media.mcclatchydc.com/smedia/2008/06/04/14/Brand-10.source.prod_affiliate.91.pdf
http://media.mcclatchydc.com/smedia/2008/06/04/14/Brand-9a.source.prod_affiliate.91.pdf
77 James Pastouna (Hg.), *Guantanamo Bay. Gefangen im rechtsfreien Raum*, Hamburg 2005, S. 23.
78 Vgl. Eric Leser, »Folterpraxis der US-Armee weitverbreitet in Afghanistan«, *Znet*, 19.03.2005 [http://zmag.de/artikel/Folterpraxis-der-US-Armee-weitverbreitet-in-Afghanistan].
79 Von »perǫne« (giechisch »Wadenbein«), den Nervus perǫnaeus betreffend.
80 Wolfgang Kaleck u.a., Strafanzeige gegen Donald Rumsfeld et al. vom 14.11.2006, S. 134.
81 Ebd.
82 Ebd.
83 James Pastouna (Hg.), *Guantanamo Bay. Gefangen im rechtsfreien Raum*, S. 23. Wolfgang Kaleck u.a., Strafanzeige gegen Donald Rumsfeld et al. vom 14.11.2006, S. 134.
84 Tom Lasseter, »U.S. abuse of detainees was routine at Afghanistan bases«, *McClatchy Newspapers*, 16.06.2008 [http://www.mcclatchydc.com/detainees/story/38775.html]. http://www.mcclatchydc.com/homepage/story/38774.html].

85 Ebd.
86 Ebd.
87 Ebd.
88 Ebd.
89 Mutmaßliche Aussage eines US-Ermittlers gegenüber Mohamed al-Gharani, einem in Camp 5 internierten tschadischen Gefangenen. Zit. nach Amnesty International: »Sechs Jahre Guantánamo. Eine Chronologie«, Februar 2008, S. 16 [http://www.amnesty.de/download/Guantanamo_250108.pdf].
90 Zit. nach Wolfgang Kaleck u. a., Strafanzeige gegen Donald Rumsfeld et al. vom 14.11.2006, S. 124.
91 Marjorie Cohn, »The Concentration Camp At Guantanamo: Wrong Treatment In the Wrong Place«, *Jurist*, 15.01.2004 [http://jurist.law.pitt.edu/forum/forumnew135.php].
92 Fausto Giudice, »Guantánamo, eine weltweite Herausforderung, ein planetärer Einsatz«.
93 Knut Ipsen, »Die Guantanamo-Gefangenen und das Völkerrecht«, in: James Pastouna (Hg.), *Guantanamo Bay. Gefangen im rechtsfreien Raum*, S. 141.
94 Zit. nach Fausto Giudice, »Guantánamo, eine weltweite Herausforderung, ein planetärer Einsatz«.
95 »Sechs Guantanamo-Häftlinge an Heimatländer überstellt«, *AFP*, 18.01.2009 [http://de.news.yahoo.com/2/20090118/tpl-sechs-guantanamo-haeftlinge-an-heima-ee974b3.html].
96 Barbara Jentzsch, »Gulag Guantanamo. Foltern mit Methode«, *Freitag*, Nr.30, 29.07.2005 [http://www.freitag.de/2005/30/05300603.php].
97 Linn Washington, »Folter exportiert«, *junge Welt*, 21.02.2006.
98 »Guantanamo. Inhaftierte bekommen Namen«, *Stern*, 04.03.2006.
99 Wolfgang Kaleck u. a., Strafanzeige gegen Donald Rumsfeld et al. vom 14.11.2006, S. 25, S. 112.
100 »Report on Guantánamo Detainees: A Profile of 517 Detainees through Analysis of Department of Defense Data« [http://law.shu.edu/aaafinal.pdf]
101 Brian Ross und Richard Esposito, »CIA's Harsh Interrogation Techniques Described Sources Say Agency's Tactics Lead to Questionable Confessions, Sometimes to Death«, *ABC News*, 18.11.2005 [http://abcnews.go.com/WNT/Investigation/story?id=1322866].
102 Demnach wurden Gefangene gezwungen, über 40 Stunden lang bis zur völligen Erschöpfung in Handschellen und mit an den Boden gefesselten Füßen zu stehen, sie wurden systematisch am Schlafen gehindert, nackt in einer Kältezelle Temperaturen von zehn Grad Celsius ausgesetzt und dabei mit kaltem Wasser begossen sowie mit »Waterboarding« gefoltert.
103 Katja Gelinsky, »Die Folter-Debatte in der amerikanischen Regierung«, *FAZ*, 09.07.2004.
104 Zit. nach Wolfgang Kaleck u. a., Strafanzeige gegen Donald Rumsfeld et al. vom 14.11.2006, S. 118.
105 U. S. Department of Justice, Office of Legal Counsel, Office of the Assistant Attorney General [Jay S. Bybee], Memorandum for Alberto R. Gonzales to the President, re: *Standards of Conduct for Interrogation under 18 U. S. C. §§ 2340–2340A* (»Betreffs: Standards für die Durchführung von

Befragungen nach USC Paragraph 2340–2340A«), vom 1. August 2002, in: *The Torture Papers*, S. 172 ff. (Memo 14). Die *Washington Post*, der ein Entwurf des Memos zugespielt wurde, veröffentliche diesen am 13. Juni 2004 auf ihrer Internetseite [http://www.washingtonpost.com/wp-dyn/articles/A38894–2004Jun13.html]. Erstmals zitiert wurde das Memo von Dana Priest und R. Jeffrey Smith, »Memo Offered Justification for Use of Torture«, *The Washington Post*, 08.06.2004.

106 Diese Rechtsgrundlage für eine Entlastung von CIA-Folterern hatten die Verfasser in einer alten Vorbehaltsklausel der Reagan-Regierung gegen die UN-Antifolterkonvention ausfindig gemacht.

107 Zit. nach Stjepan Gabriel Mestrovic, *The trials of Abu Ghraib*, S. 74.

108 Jane Mayer, »Outsourcing Torture: The secret history of America's ›extraordinary rendition‹ program«, *The New Yorker*, 14.02.2005 [http://www.newyorker.com/archive/2005/02/14/050214fa_fact6]. Hierbei handelt es sich um ein telefonisches Interview der Autorin mit John Yoo.

109 Wolfgang Kaleck u.a., Strafanzeige gegen Donald Rumsfeld et al. vom 14.11.2006, S. 362f. Vgl. auch Harris, in: *Journal of National Security Law & Policy*, Vol. 1 [2006], S. 409 (418ff.).

110 Adam Liptak, »The Reach of War: Penal Law; Legal Scholars Criticize Memos on Torture«, *The New York Times*, 25.06.2004 [http://www.nytimes.com/2004/06/25/politics/25LEGA.html].

111 *The New York Times*, 19.03.2005; Jane Mayer, »Outsourcing Torture«, *The New Yorker*, 14.02.2005 [http://www.newyorker.com/archive/2005/02/14/050214fa_fact6].

112 Joby Warrick, »CIA Tactics Endorsed In Secret Memos Waterboarding Got White House Nod«, *The Washington Post*, 15.10.2008 [http://www.washingtonpost.com/wp-dyn/content/article/2008/10/14/AR2008101403331.html]. Vgl. auch: Dan Froomkin, »Torture's Smoking Guns«, *The Washington Post*, 15.10.2008 [http://www.washingtonpost.com/wp-dyn/content/blog/2008/10/15/BL2008101501527.html].

113 Vgl. »U.S. Senate Committee on Armed Services« [http://armed-services.senate.gov/]. Und: Mark Mazzetti und Scott Shane, »Note Shows Confusion on Interrogation Methods«, *The New York Times*, 18.06.2008 [http://www.nytimes.com/2008/06/18/washington/18detain.html]. Vgl. auch: http://armed-services.senate.gov/testimony.cfm?wit_id=7224&id=3413

114 Vgl. etwa die Aussage des früheren Chefberaters der Navy, Aberto Mora [http://armed-services.senate.gov/statemnt/2008/June/Mora%20 06–17–08.pdf; Warren P. Strobel, »General who probed Abu Ghraib says Bush officials committed war crimes«, *McClatchy Newspapers*, 19.06.2008 [http://www.mcclatchydc.com/251/story/41514.html].

115 Auch John Yoo sowie ein oberster Bundesrichter und der Heimatschutzminister Michael Chertoff sollen sich positiv auf »24« bezogen haben. »›24‹-Star Kiefer Sutherland: ›Wir haben nie Waterboarding gezeigt‹«, *Spiegel Online*, 29.11.2008 [http://www.spiegel.de/kultur/gesellschaft/0,1518,593050,00.html].

116 Philippe Sands, »The Green Light«, *Vanity Fair*, Mai 2008 [http://www.vanityfair.com/politics/features/2008/05/guantanamo200805].

117 Ebd.

118 Department of the Army, »FM [Field Manual] 34–52. Intelligence Inter-

rogation«, 1992 [http://www.fas.org/irp/doddir/army/fm34-52.pdf]. FM 34–52 wurde im September 2006 durch FM 2–22.3, »Human Intelligence Collector Operations«, ersetzt [www.globalsecurity.org/military/library/news/2006/09/mil-060906-army01htm].

119 Philippe Sands, »The Green Light«, *Vanity Fair*, Mai 2008 [http://www.vanityfair.com/politics/features/2008/05/guantanamo200805].

120 Wolfgang Kaleck u.a., Strafanzeige gegen Donald Rumsfeld et al. vom 14.11.2006, S. 116.

121 Ebd.

122 Es handelte sich um ein von Oberstleutnant Jerald Phifer unterzeichnetes Memorandum »Request for approval of Counter-Resistance Strategies«, das die Stabsjuristin Diane Beaver in einem eilig erstellten Gutachten (»Legal Brief on Proposed Counter-Resistance Strategies«) juristisch abgesegnet hatte; *The Torture Papers*, S. 226–235 (Memos 18, 19 und 20).

123 Greenberg/Dratel, *The Torture Papers*, S. 225 (Memo 17).

124 Wolfgang Kaleck u.a., Strafanzeige gegen Donald Rumsfeld et al. vom 14.11.2006, S. 118.

125 Greenberg/Dratel, *The Torture Papers*, S. 223 (Memo 16).

126 Zit. nach Fausto Giudice, »Guantánamo, eine weltweite Herausforderung, ein planetärer Einsatz«.

127 Philippe Sands, »The Green Light«, *Vanity Fair*, Mai 2008 [http://www.vanityfair.com/politics/features/2008/05/guantanamo200805].

128 Action Memo from William J. Haynes II, General Counsel of the Department of Defense, to Secretary of Defense Donald Rumsfeld, Re: Counter-Resistance Techniques, 27. November 2002 (genehmigt von Donald Rumsfeld am 2. Dezember 2002), in: *The Torture Papers*, S. 236 f. (Memo 21).

129 Vgl. Schlesinger-Bericht (»Final Report of the Independent Panel DoD Detention Operations Inspections«), S. 3f., Appendix E in: *The Torture Papers*, S. 908 ff.

130 Katherine Eban, »Rorschach and Awe«, *Vanity Fair*, 17.07.2007 [http://www.vanityfair.com/politics/features/2007/07/torture200707].

131 Ebd. Vgl. hierzu auch: Stephen Soldz, »Shrinks and the SERE Technique at Guantanamo«, *CounterPunch*, 29.05.2007 [http://www.counterpunch.org/soldz05292007.html];

132 Ebd.

133 »Memorandum For Commander USSouthcom, Subject: Connter-Resistance Techniques from Donald Rumsfeld, Secretary of Defense« vom 15.01.2003 in: *The Torture Papers*, S. 239 (Memo 23).

134 »Army-Regulation 15-6: Final Report. Investigation into FBI Allegations of Detainee Abuse at Guantánamo Bay, Cuba Detention Facility«, 01.04.2005, überarbeitet am 09.06.2005 (Schmidt-Report), S. 18 f. [http://www.defenselink.mil/news/Jul2005/d20050714report.pdf].

135 Schmidt-Report, S. 18f.

136 Vgl. Michael Scherer und Mark Benjamin, »What Rumsfeld knew«, *salon.com*, 14.06.2006 [»http://www.salon.com/news/feature/2006/04/14/rummy/]; Jana Simon, »Einer gegen Rumsfeld«, *Die Zeit* 46/2006, S. 17 [http://www.zeit.de/2006/46/Einer_gegen_Rumsfeld].

137 Zit. nach Wolfgang Kaleck u.a., Strafanzeige gegen Donald Rumsfeld et al. vom 14.11.2006, S. 200.

138 Interrogation log/Detainee 063 [http://www.time.com/time/2006/log/log.pdf]. Vgl. auch: Adam Zagorin/Michael Duffy, »Inside the Interrogation of Detainee 063«, *Time*, 12.06.2005 [http://www.time.com/time/magazine/article/0,9171,1071284,00.html].
139 Zit. nach Philippe Sands, »The Green Light«, *Vanity Fair*, Mai 2008 [http://www.vanityfair.com/politics/features/2008/05/guantanamo-200805].
140 Schmidt-Report, S. 17 f.
141 Interrogation log/Detainee 063, 20. Dezember 2002; 1115–1300.
142 Schmidt-Report.
143 Amnesty International: »Sechs Jahre Guantánamo. Eine Chronologie«, Februar 2008, S. 17.
144 Jess Bravin, »Charges dropped in 9/11 Case«, *The Wall Street Journal*, 14.05.2008 [http://online.wsj.com/article/SB121069284315488563.html].
145 Wolfgang Kaleck u.a., Strafanzeige gegen Donald Rumsfeld et al. vom 14.11.2006, S. 351 f.
146 »Working Group Report on Detainee Interrogations in the Global War on Terrorism: Assessment of Legal, Historical, Policy, and Operational Considerations, classified by Donald Rumsfeld, Secretary of Defense«, 04.04.2003, in: *The Torture Papers*, S. 286–359 (Memo 26) [http://www.defenselink.mil/news/Jun2004/d20040622doc8.pdf]. Ein Entwurf des Gutachtens wurde im Juni 2004 dem *Wall Street Journal* zugespielt [http://online.wsj.com/public/resources/documents/military_0604.pdf]. Vgl. auch: »Draft: Working Group Report on Detainee Interrogations in the Global War on Terrorism: Assessment of Legal, Historical, Policy, and Operational Considerations, classified by Donald Rumsfeld, Secretary of Defense«, 06.03.2003, in: *The Torture Papers*, S. 241 ff. (Memo 25). Vgl. auch: Jess Bravin, »Pentagon Report Set Framework for Use of Torture«, *The Wall Street Journal*, 07.06.2004.
147 Wolfgang Kaleck u.a., Strafanzeige gegen Donald Rumsfeld et al. vom 14.11.2006, S. 247.
148 Memorandum des Verteidigungsministers Donald Rumsfeld an den Befehlshaber des U.S. Southern Command [James T. Hill] vom 16.04.2003; in: *The Torture Papers*, S. 360 ff. (Memo 27).
149 Vgl. hierzu auch das Schreiben von Daniel Levin an William J. Haynes II vom 04.02.2005, [http://balkin.blogspot.com/Levin.Haynes.205.pdf].
150 Jane Mayer, »The Memo«, *The New Yorker*, 27.02.2006 [http://www.newyorker.com/fact/content/articles/060227fa_fact].
151 Center for Constitutional Rights, *Report of Former Guantánamo Detainees* [http://www.ccr-ny.org/v2/reports/docs/Gitmo-coMpositestament FINAL23july04.pdf].
152 Murat Kurnaz, *Fünf Jahre meines Lebens*, Berlin 2007, S. 185 ff.
153 Vgl. ebd., S. 189 f.
154 Vgl. Amnesty International: »Sechs Jahre Guantánamo. Eine Chronologie«, Februar 2008, S. 17.
155 Vgl. ebd.
156 Matthias Rüb, »Guantánamo: Die Guten der Bösen tragen weiße Gewänder«, *FAZ*, 01.06.2006, Nr.126, S. 3 [http://www.faz.net/s/RubDDBDABB9457A437BAA85A49C26FB23A0/Doc~E6A3F0AF0991D4FE4AA14FE3E0C0FF706~ATpl~Ecommon~Scontent.html].

157 Vgl. Jane Mayer, »The Experiment. The military trains people to withstand interrogation. Are those methods being misused at Guantánamo?«, *The New Yorker*, 11. Juli 2005 [http://www.newyorker.com/archive/2005/07/11/050711fa_fact4].
158 M. Gregg Bloche, M.D., J.D., and Jonathan H. Marks, M.A., B.C.L., »Doctors and Interrogators at Guantanamo Bay«, *New England Journal of Medicine*, Vol. 353, 07.07.2005, Nr 1, S. 6–8, S. 7 [http://content.nejm.org/cgi/content/full/353/1/6].
159 Vgl. Wolfgang Kaleck u.a., Strafanzeige gegen Donald Rumsfeld et al. vom 14.11.2006, S. 280.
160 Peter Gruber, »Guantanamo Bay. Gefangene systematisch misshandelt«, *Focus*, 25.02.06, [http://www.focus.de/politik/ausland/neue-fbi-beweise_aid_105416.html].
161 »Misshandlung in Guantánamo. FBI dokumentiert Fälle auf Kuba«, *Frankfurter Rundschau*, 04.01.2007 [http://www.fr-online.de/in_und_ausland/politik/aktuell/?em_cnt=1043096].
162 »A Review of the FBI's Involvement in and Observations of Detainee Interrogations in Guantanamo Bay, Afghanistan, and Iraq«, U.S. Department of Justice, Office of the Inspector General [http://www.usdoj.gov/oig/special/s0805/final.pdf].
163 Amnesty International: »Sechs Jahre Guantánamo. Eine Chronologie«, Februar 2008, S. 17.
164 »Declaration of Tokyo (1975). Guidelines for Medical Doctors concerning Torture and Other Cruel, Inhuman or Degrading Treatment or Punishment in relation to Detention and Imprisonment« [http://www.wma.net/e/policy/c18.htm].
165 Amnesty International: »Sechs Jahre Guantánamo. Eine Chronologie«, Februar 2008, S. 17 ff.
166 Marjorie Cohn, »The Concentration Camp At Cuantanamo: Wrong Treatment In the Wrong Place«, *Jurist*, 15.01.2004 [http://jurist.law.pitt.edu/forum/forumnew135.php].
167 »Abuse Of Iraqi POWs By GIs Probed«, *CBS News*, 28.04.2004 [http://www.cbsnews.com/stories/2004/04/27/60II/main614063.shtml]. »Abu-Ghuraib-Folterskandal«, Wikipedia [http://de.wikipedia.org/wiki/Abu-Ghuraib-Folterskandal#cite_note-2].
168 Chris Shumway, »Muster systematischer Vergewaltigungen durch US-Truppen«, *The New Standard/Znet*, 06.06.2004 [http://www.zmag.de/artikel/Muster-systematischer-Vergewaltigungen-durch-US-Truppen/?searchterm=Vergewaltigung].
169 Vgl. u.a. Florian Rötzer, »Sadistische KZ-Spiele«, *Telepolis*, 01.05.2004 [http://www.heise.de/tp/r4/artikel/17/17327/1.html].
170 Bushs *Presidential Finding* vom 17. September 2001 enthielt nebenbei – fast als Fußnote – eine Anweisung an das Pentagon, mit den Planungen für eine Invasion des Irak zu beginnen. Vgl. *Der Standard* [http://www.derStandard.at], 21.01.2003.
171 http://www.un.org/Docs/scres/2002/sc2002.htm
172 So der Völkerrechtler Prof. Dr. Bernhard Graefrath [http://www.uni-kassel.de/fb5/frieden/regionen/Irak/un-res-graefrath.html].
173 Das vollständige Urteil vom 22.06.2005 (Aktenzeichen: 2 WD 12.04) ist

auf der Website des Bundesverwaltungsgerichts [http://www.bverwg.de] abrufbar.

174 Vgl. hierzu u.a. »Neue Strafanzeige gegen Bundesregierung wegen deutscher Beteiligung am Irak-Krieg« [http://www.uni-kassel.de/fb5/frieden/regionen/Irak/klage-neu.html] sowie den vom Autor mit initiierten Aufruf »Kein Krieg gegen den Irak! – Kein Blut für Öl und Macht« [http://www.freidenker.de/aktuell/bund/antikrieg0103.htm].

175 »Iraq: Memorandum on concerns relating to law and order«, 23.07.2003 [http://www.amnesty.org/en/library/info/MDE14/157/2003].

176 »Iraq: One year on the human rights situation remains dire«, 18.03.2004 [http://www.amnesty.org/en/library/info/MDE14/006/2004].

177 David Walsh, »Die Photos aus Abu Ghraib und der Schwindel mit der ›Meinungsfreiheit‹«, World Socialist Web Site, 24.02.2006 [http://wsws.org/de/2006/feb2006/ghra-f24.shtml].

178 »Iraq: Memorandum on concerns relating to law and order«, 23.07.2003 [http://www.amnesty.org/en/library/info/MDE14/157/2003].

179 Vgl. *B.O.A.-Nachrichten*, 07.07.2004 [http://www.boa-muenchen.org/boa-archiv3/k0405070.htm], und: »IKRK legt seinen Standpunkt zum Bericht über die Haftbedingungen und die Behandlung von Gefangenen im Irak dar.«, *Zeit-Fragen* Nr. 20 vom 24.05.2004 [http://www.zeit-fragen.ch/ARCHIV/ZF_117c/T04.htm].

180 Seymour M. Hersh, »Torture at Abu Ghraib«, *The New Yorker*, 10.05.2004 [http://www.newyorker.com/archive/2004/05/10/040510fa_fact].

181 Ebd.

182 New York 2004 (deutsch: *Die Befehlskette. Vom 11. September bis Abu Ghraib,* Hamburg 2004).

183 »An investigation has been initiated into reported incidents of detainee abuse at a Coalition Forces detention facility. The release of specific information concerning the incidents could hinder the investigation, which is in its early stages. The investigation will be conducted in a thorough and professional manner.«

184 Der Untersuchungsbericht von Generalmajor Ryder vom 05.11.2003 bildete später die Grundlage des Taguba-Reports, dem er als Anhang beigefügt ist [http://news.findlaw.com/hdocs/docs/iraq/tagubarpt.html#FRother2.19].

185 Stjepan Gabriel Mestrovic, *The trials of Abu Ghraib: an expert witness account of shame and honor*, S. 49. Vgl. auch: Josh White, »U.S. Generals in Iraq Were Told of Abuse Early, Inquiry Finds«, *The Washington Post*, 01.12.2004 [http://www.washingtonpost.com/ac2/wp-dyn/A23372-2004-Nov30?language=printer]; Eric Schmitt, »Detention. Abuse Inquiry Finds Flaws«, *The New York Times*, 04.12.2004 [http://www.nytimes.com/2004/12/04/politics/04abuse.html].

186 Herrington-Report, S. 8; zit. nach Mestrovic, S. 50.

187 Herrington-Report, S. 3 f.-; zit. nach Mestrovic, S. 49f.

188 Herrington-Report, S. 9; zit. nach Mestrovic, S. 50 f.

189 Vgl. Herrington-Report, S. 9; zit. nach Mestrovic, S. 51.

190 Vgl. Herrington-Report, S. 11; zit. nach Mestrovic, S. 52.

191 »Report of the International Committee of the Red Cross (ICRC) on the treatment by the Coalition Forces of prisoners of war and other protected persons by the Geneva Conventions in Iraq during arrest, internment and

interrogation«, Februar 2004 [http://www.globalsecurity.org/military/library/report/2004/icrc_report_iraq_feb2004.pdf].

192 »The Taguba Report. Article 15–6 Investigation of the 800th Military Police Brigade«, März 2004, abgedruckt in: *The Torture Papers*, S. 405 ff. [http://www.npr.org/iraq/2004/prison_abuse_report.pdf].

193 Department of the Army, The Inspector General, »Detainee Operations Inspection« [http://www.washingtonpost.com/wp-srv/world/iraq/abughraib/detainee-report.pdf].

194 Vgl. Schlesinger-Bericht (»Final Report of the Independent Panel DoD Detention Operations Inspections«), S. 12f., Appendix E. Der Bericht ist abgedruckt in: *The Torture Papers*, S. 908 ff. [http://www.defenselink.mil/news/Aug2004/d20040824finalreport.pdf].

195 »AR 15–6 Investigation of the Abu Ghraib Detention Facility and 205th MI Brigade«, 23.08.2004 [http://www.defenselink.mil/news/Aug2004/d20040825fay.pdf].

196 Laura Sullivan und David Greene, »Fil-Am general praised for report«, *The Baltimore Sun. ABS-CBN news*, 08.05.2004 [http://web.archive.org/web/20041124041741/http://www.abs-cbnnews.com/NewsStory.aspx?section=NATIONAL&oid=50564].

197 Taguba-Report, S. 12.

198 Ebd.

199 Ebd., S. 14.

200 Tom Bowman, »Joint Chiefs chairman denies widespread abuse of prisoners. Myers says military team found no evidence, but probe ›ongoing‹«, *Baltimore Sun, Los Angeles Times*, 03.05.2004 [http://www.calendarlive.com/features/bal-te.soldiers03may03,0,2654786.story]. Vgl. auch: Scott Shane, »Inquiry targets Va. Contractor at Iraq jail. CACI hired interrogators to question prisoners; Probe by Interior Department«, *Baltimore Sun, Los Angeles Times*, 26.05.2004 [http://www.latimes.com/business/bal-te.contractor26may26,0,6038664.story].

201 Seymour Hersh, »The General's Report«, in: *The New Yorker*, 25.06.2007 [www.newyorker.com/reporting/2007/06/25/070625fa_fact_hersh?printable=true].

202 Ebd.

203 *The Washington Post*, 04.05.2004.

204 Vgl. Taguba-Bericht, S. 7.

205 Ebd., S. 8.

206 Vgl. Schlesinger-Bericht (»Final Report of the Independent Panel DoD Detention Operations Inspections«), S. 9 (Appendix E in: *The Torture Papers*, S. 908 ff.).

207 Zit. nach Mark Danner, *Torture and Truth: America, Abu Ghraib, and the War on Terror*, S. 207.

208 Ebd., S. 209.

209 Mestrovic, S. 87.

210 »The Torture Question: Interview with Janis Karpinski«, *Frontline*, 05.08.2005 [http://www.pbs.org/wgbh/pages/frontline/torture/interviews/karpinski.html.]; vgl. auch Evan Thomas und Michael Hirsh, »The Debate Over Torture«, Newsweek, 21.11.2005; Josh White, »General As-

serts Right on Self-Incrimination in Iraq Abuse Cases«, *The Washington Post*, 12.01.2006.

211 AR 15–6 Investigation of the Abu Ghraib Detention Facility and 205th Military Intelligence Brigade S. 152 – Findings [http://www4.army.mil/ocpa/reports/ar15–6/AR15–6.pdf].

212 »Sanchez says he never saw rules for interrogation«, *USA Today*, 20.05.2004 [http://www.usatoday.com/news/world/iraq/2004–05–20-interrogatin-rules_x.htm?POE=NEWISVA]; ISTF Final Report, The Church Report [http://www.defenselink.mil/news/Mar2005/d20050310exe.pdf]; »›They said this is America ... if a soldier orders you to take off your clothes, you must obey‹«, *The Guardian*, 23.06.2004 [http://www.guardian.co.uk/world/2004/jun/23/usa.Afghanistan].

213 Zeugenaussage von Janis Karpinski vom 26.10.2005 [http://www.democracynow.org/article.pl?sid=05/10/26/1423248].

214 Ebd.

215 Vgl. Taguba-Report und *The Wall Street Journal*, 02.06.2004.

216 »Memorandum from Ricardo S. Sanchez, Lieutenant General, to Combined Joint Staff Force Seven, Baghdad, Iraq, and Commander, 205th Military Intelligence Brigade, Baghdad, Iraq, ›CJTF-7 Interrogation and Counter-Resistance Policy‹« vom 14.09.2003 [http://www.aclu.org/SafeandFree/SafeandFree.cfm?ID=17851&c=206]; Human Rights Watch, »Getting Away With Torture?«, April 2005, S. 66.

217 (Army) Field Manual (FM) 34–52 (Fassung von 1992).

218 Vgl. Schlesinger-Bericht, S. 9; sowie »Memorandum from Ricardo S. Sanchez, Lieutenant General, to Combined Joint Staff Force Seven, Baghdad, Iraq, and Commander, 205th Military Intelligence Brigade, Baghdad, Iraq, ›CJTF-7 Interrogation and Counter-Resistance Policy‹«, 14.09.2003 [http://www.aclu.org/SafeandFree/SafeandFree.cfm?ID=17851&c=206], und: Human Rights Watch: »Getting Away with Torture?«, April 2005, S. 64; »Transcript: Senate Hearing on Prison Abuse«, *The Washington Post*, 19.05.2004 [http://www.washingtonpost.com/wp-dyn/articles/A39851-2004May19_3.html].

219 Memorandum von Ricardo S. Sanchez vom 14.09.2003, S. 13, (Hervorhebungen: A. B).

220 »Memorandum from Ricardo S. Sanchez, Lieutenant General, to Combined Joint Staff Force Seven, Baghdad, Iraq, and Commander, 205th Military Intelligence Brigade, Baghdad, Iraq, ›CJTF-7 Interrogation and Counter-Resistance Policy‹« vom 12.10.2003 [http://www.aclu.org/FilesPDFs/october%20sanchez%20memo.pdf].

221 Vgl. Human Rights Watch »The Road to Abu Ghraib«, Juni 2004, S. 33 f.

222 Human Rights Watch, »Getting Away With Torture?« April 2005, S. 69.

223 Human Rights Watch, »The Road to Abu Ghraib«, Juni 2004, S. 32.

224 Vgl. Schlesinger-Bericht, S. 14, 36; Fay-Jones-Bericht, S. 87 f. zur Verbreitung von Verhörtechniken von Guantánamo nach Afghanistan und Abu Ghraib.

225 Seymore Hersh, »The Grey Zone«, *The New Yorker* vom 25.05.2004.

226 Barton Gellman, »Secret Unit Expands Rumsfeld's Domain«, *The Washington Post*, 23.01.2005 [http://www.washingtonpost.com/wp-dyn/articles/A29414–2005Jan22.html].

227 Konkret nennt der Schlesinger-Bericht: »180 Verhörmethoden« der Combined Joint Task Force (CJTF) vom 24. Januar 2003, JTF 170 »Widerstandsbekämpfungsstrategien« vom 11. Oktober 2002 und CJTF-7 Interrogation and Counter-Resistance Policies (ICRP) vom 14. September 2003.
228 Janis Karpinski, *One Woman's Army: The Commanding General of Abu Ghraib Tells Her Story*, New York 2005, S. 226.
229 Zeugenaussage der ehemaligen Brigadegeneralin Janis Karpinski vom 26.10.2005 [http://www.democracynow.org/article.pl?sid=05/10/26/1423248].
230 »Abu Ghraib General Says Told Prisoners ›Like Dog‹«, *Reuters* vom 15.06.2004.
231 Human Rights Watch, »Getting Away With Torture?«, S. 75.
232 Zeugenaussage der ehemaligen Brigadegeneralin Janis Karpinski vom 26.10.2005 [http://www.democracynow.org/article.pl?sid=05/10/26/1423248].
233 »Iraq abuse ›ordered from the top‹«, *BBC News*, 15.06.2004 [http://news.bbc.co.uk/2/hi/americas/3806713.stm].
234 »Iraq update«, *The New York Times*, 22.06.2004, zit. nach Rainer Rupp, »Die legalisierte Folter«, *junge Welt*, 05.07.2004 [http://www.iraktribunal.de/hearing190604/rupp_folter.html].
235 Wolfgang Kaleck u.a., Strafanzeige gegen Donald Rumsfeld et al. vom 14.11.2006, S. 128.
236 Zit. nach Mestrovic, S. 90.
237 Mestrovic, S. 16
238 »Befehle von Rumsfeld«, Interview mit Janis Karpinski, *Stern* 49/2006.
239 Zeugenaussage Sergeant Javal S. Davis (Taguba-Report).
240 Fay/Jones-Report, S. 69, S. 87.
241 Human Rights Watch, »Leadership Failure: Firsthand Accounts of Torture of Iraqi Detainees by the U.S. Army's 82nd Airborne Division«, Vol. 17, Nr. 3G [http//hrw.org/reports/2005/us0905].
242 Human Rights First, »More Than 600 U.S. Personnel Implicated in Detainee Abuse«, 26.04.2006 [http://www.humanrightsfirst.org/media/2006_alerts/etn_0426_numbers.htm]; Human Rights Watch, »USA: Über 600 Personen an Misshandlungen Gefangener beteiligt«, 26.04.2006 [http://hrw.org/german/docs/2006/04/26/usint13271_txt.htm].
243 Eric Schmitt, »Pentagon Study Describes Abuse by Units in Iraq«, *The New York Times*, 17.06.2006 [http://www.nytimes.com/2006/06/17/washington/17formica.html].
244 »Defense Department Operational Update Briefing«, 04.05.2004 [http://www.globalsecurity.org/military/library/news/2004/05/mil-040504-dod02.htm].
245 Zum ersten Memorandum siehe Dana Priest und R. Jeffrey Smith »Memo Offered Justification for Use of Torture«, *The Washington Post*, 08.06.2004.
246 »US-Armee hebt Urteil gegen Abu-Ghraib-Offizier auf«, 11.01.2008 [http://www.spiegel.de/politik/ausland/0,1518,527965,00.html].
247 Vgl. »Abu Ghraib US colonel reprimanded«, *BBC*, 12.05.2005 [http://news.bbc.co.uk/2/hi/americas/4539033.stm]; »Thomas Pappas«, *Wikipedia* [http://en.wikipedia.org/wiki/Thomas_Pappas].

248 Josh White, »General Asserts Right On Self-Incrimination In Iraq Abuse Cases«, *The Washington Post*, 12.01.2006 [http://www.washingtonpost.com/wp-dyn/content/article/2006/01/11/AR2006011102502.html].

249 Josh White, »General Who Ran Guantanamo Bay Retires«, *The Washington Post*, 01.08.2006 [http://www.washingtonpost.com/wp-dyn/content/article/2006/07/31/AR2006073101183.html]. Und: J.D. Leipold, »Maj. Gen. Geoffrey D. Miller retires after 34 years; *Army News Service*, 01.08.2006 [http://www4.army.mil/ocpa/read.php?story_id_key=9365].

250 »Carolyn Wood«, *Wikipedia* [http://en.wikipedia.org/wiki/Carolyn_Wood]. Vgl. auch: »A Few Bad Apples«, *CBCNews*, 16.11.2005 [http://www.cbc.ca/fifth/badapples/chronology.html].

251 Siehe auch die Informationen zum Prozess gegen Welshofer im Internet unter: www.humanrightsfirst.org/us_law/etn/trial/welshofer-012006.asp

252 *Welt.de*, 24. Januar 2006; »US-Soldat erhält Tadel für Tötung eines Irakers«, *Netzzeitung*, 24.01.2006, [http://www.netzeitung.de/spezial/irak/378984.html]; »US-Soldaten töten irakische Militär / Verhörspezialist verurteilt«, *Frankfurter Rundschau*, 23.01.2006 [http://www.fr-aktuell.de/ressorts/nachrichten_und_politik/nachrichten/?cnt=792265].

253 Das Memorandum war durch ein geringfügig entschärftes Memorandum vom 12. Oktober 2003 ersetzt worden.

254 Vom Sommer 2005 bis Februar 2006 wurden allein in das Bagdader Leichenschauhaus monatlich 800 bis 1100 Tote eingeliefert. Im Mai und Juni 2005 kletterte die Zahl der Todesfälle auf 1375 bzw. 1595. »Bodies flood Baghdad mortuary«, *Al Jazeera*, 05.07.2006

255 Vgl. hierzu »Iraq's death squads: On the brink of civil war«, *The Independent*, 26.2.2006; Joachim Guilliard: »Der schmutzige Krieg gegen die Zukunft des Irak«, IMI-Analyse 2006/013 [http://www.imi-online.de/2006.php3?id=1379]; ders.:»Die Wiederkehr von Phoenix. Kolonialisierung und Aufstandsbekämpfung im Irak«, 08.01.2004, in: *Marxistische Blätter* 1/04. Vgl. auch »Kampf gegen Aufständische im Irak. Pentagon erwägt Salvador-Option«, *Spiegel Online*, 10.01.2005 [http://www.spiegel.de/politik/ausland/0,1518,336209,00.html].

256 Sean Rayment, »SAS kills hundreds of terrorists in ›secret war‹ against al-Qaeda in Iraq«, *Sunday Telegraph*, *Telegraph.co.uk*, 31.08.2008 [http://www.telegraph.co.uk/news/newstopics/onthefrontline/2652496/SAS-kill-hundreds-of-terrorists-in-secret-war-against-al-Qaeda-in-Iraq.html]. Vgl. auch: »Secret killing program is key in Iraq, Woodward says«, *CNN.com/world*, 09.09.2008 [http://edition.cnn.com/2008/WORLD/meast/09/09/iraq.secret/#cnnSTCText]; Steve Watson, »Who Are The Real Terrorists in Iraq?«, *Infowars.Net*, 05.02.2007 [http://infowars.net/articles/february2007/050207FRU.htm]; Chris Floyd, »Ulster on the Euphrates. The Anglo-American Dirty War in Iraq«, *Information Clearing House*, 13.02.2007 [http://www.informationclearinghouse.info/article17048.htm].

257 »›The Salvador Option‹ – The Pentagon may put Special-Forces-led assassination or kidnapping teams in Iraq«, *Newsweek*, 08.01.2005, http://www.msnbc.msn.com/id/6802629/site/newsweek/ Vgl. auch Peter Maass, »The Way of the Commandos«, *The New York Times*, 01.05.2005.

258 Stjepan Gabriel Mestrovic, *The trials of Abu Ghraib: an expert witness account of shame and honor*, Boulder (Colorado) 2007.
259 Ebd., S. 3 f.
260 »AR 15–6 Investigation – Allegation of Detainee Abuse at Abu Ghraib, Psychological Assessment« by Col. Henry Nelson, USAF Psychiatrist, undatiert, freigegeben am 19.10.2004. Abgedruckt in: *The Torture Papers*, S. 448 ff.
[http://www.aclu.org/torturefoia/released/101 904.html Records related to the Taguba Report, Taguba Annex #1]
261 *Mestrovic, The trials of Abu Ghraib*, S. 1.
262 Ebd.
263 Ebd., S. 24.
264 Ebd.
265 Ebd., S. 11 f.
266 Ebd., S. 14.
267 Debbie Stevenson, »Judge Will not Drop Any Charges against Reservist in Abuse Trial«, *Killeen Daily Herald*, 08.03.2005. Zit. nach Mestrovic, S. 14.
268 Mestrovic, S. 15.
269 Ebd., S. 17.
270 Ebd., S. 15.
271 Janis Karpinski, *One Woman's Army*, S. 202.
272 Mestrovic, S. 18.
273 Vgl. auch Fay/Jones-Report, S. 10, 71.
274 Taguba-Report, S. 26.
275 Philip Zimbardo: *Der Luzifer-Effekt – die Macht der Umstände und die Psychologie des Bösen*, Heidelberg 2008.
276 Ebd.
277 Taguba-Report, S. 15, 21, 24; Fay/Jones-Report, S. 50.
278 »Leadership Failure. Firsthand Accounts of Torture of Iraqi Detainees by the U.S. Army's 82nd Airborne Division«, September 2005, Vol. 17, Nr. 3(G) [http://hrw.org/reports/2005/us0905/].
279 Taguba-Report, S. 25.
280 Ebd., S. 26.
281 Mestrovic, S. 58. Formal war Brigadegeneralin Janis Karpinski die Kommandeurin der Militärpolizei im Irak und damit auch im Gefängnis von Abu Ghraib. In ihrem Buch beschreibt sie allerdings, wie ihre Rolle als Kommandeurin von ihren Vorgesetzten systematisch unterminiert wurde. (Janis Karpinski, *One Woman's Army*, S. 226.)
282 Taguba-Report, S. 26.
283 Fay/Jones-Report, S. 84.
284 Mestrovic, S. 60.
285 Ebd., S. 33.
286 »Leadership Failure. Firsthand Accounts of Torture of Iraqi Detainees by the U.S. Army's 82nd Airborne Division«, September 2005, Vol. 17, Nr. 3(G) [http://hrw.org/reports/2005/us0905/]. Die Seitenzahlen sind im Text in Klammern eingefügt.
287 Fay/Jones-Report, S. 88.
288 Ebd., S. 88.

289 Mestrovic, S. 67.
290 Fay/Jones-Report, S. 88 ff.
291 Mestrovic, S. 103.
292 »AR 15–6 Investigation – Allegation of Detainee Abuse at Abu Ghraib, Psychological Assessment« by Col. Henry Nelson, USAF Psychiatrist, undatiert, freigegeben am 19.10.2004. Abgedruckt in: *The Torture Papers*, S. 448 ff. Im Internet unter:
http://www.aclu.org/torturefoia/released/101904.html
Records related to the Taguba Report, Taguba Annex #1.
293 Werner E. Michel, Memo for Secretary of Defense, Subj: »Improper Material in Spanish-Language Intelligence Training Manuals« vom 19.03.1992, National Security Archives Washington. (Nach Egmont R. Koch, *Die CIA-Lüge*, S. 177).
294 Philip Zimbardo: *Der Luzifer-Effekt – die Macht der Umstände und die Psychologie des Bösen*, Zit. nach Michael Zander, »System der Folter«, *junge Welt*, 13.08.2008.
295 Schlesinger-Bericht, S. 5.
296 Mestrovic, S. 71.
297 Ebd.
298 Dario Azzellini, »Die Privatisierung des Krieges. Kolumbien als Labor und der Irak als Anwendung im großen Maßstab«, *junge Welt*, 26.10.2007.
299 PW Singer, *Foreign Affairs*, 03/04–2005.
300 [http://www.cpa-iraq.org/regulations/20040627_CPAORD_17_Status_of_Coalition__Rev__with_Annex_A.pdf]. Vgl. auch Reymer Klüver, »Sicherheitsfirmen im Irak. Wenn Rambos aufräumen«, *süddeutsche.de*, 18.09.2007 [http://www.sueddeutsche.de/ausland/artikel/766/133517/].
301 Michael Hirsh, »Blackwater and the Bush Legacy«, *Newsweek*, S. 2, *newsweek.com*, 20.09.2007 (aktualisiert 23.09.2007).
302 James Glanz, Sabrine Travernise, »Blackwater Case Will Go to Iraqi Criminal Courts«, *The New York Times*, 22.09.2007 [http://www.nytimes.com/2007/09/22/world/middleeast/22cnd-blackwater.html].
303 »Iraq to end contractor ›immunity‹«, *BBC News*, 25.09.2007 [http://news.bbc.co.uk/2/hi/middle_east/7012853.stm]; »Blackwater staff face charges«, CNN.com, 23.09.2007
[http://edition.cnn.com/2007/WORLD/meast/09/23/blackwater.probe/index.html]; Tim Reid, »Blackwater must go, says Iraq leader«, *Times Online, The Times*, 20.09.2007
[http://www.timesonline.co.uk/tol/news/world/iraq/article2489774.ece]; »Iraq sees security vacuum without Blackwater«, *U. S. Reuters*, 23.09.2007 [http://www.reuters.com/article/newsOne/idUSL1554475820070923].
304 »Blackwater-Skandal. US-Gesetz für private Sicherheitsfirmen verschärft«, *Die Welt*, 05.10.2007 [http://www.welt.de/politik/article1236599/US_Gesetz_fuer_private_Sicherheitsfirmen_verschaerft.html].
305 Joachim Guilliard, »Irak: Besatzungsende nicht in Sicht«, *IMI-Analyse* 2007/041, 05.12.2008 [http://www.imi-online.de/download/JG-Analyse2007–041.pdf].
306 »Broken Laws, Broken Lives. Medical Evidence of Torture by US Personnel and Its Impact«, *A Report by Physicians for Human Rights*, Juni 2008 [http://brokenlives.info/?page_id=69]; S.VIII.

307 Vgl. ebd.
308 Vgl. ebd., S. 8.
309 Vgl. ebd., S. 86.
310 Vgl. ebd., S. 8.
311 Ebd., S. 86.
312 Ebd., S. 8.
313 Neil A. Lewis, »Interrogators Cite Doctors's Aid At Guantánamo«, *The New York Times*, 24.06.2005 [http://www.nytimes.com/2005/06/24/politics/24gitmo.html].
314 Ebd.
315 Ebd. Das US-Militär erlaubte der *New York Times* auch nicht, medizinisches Personal in dem Gefangenenlager zu interviewen.
316 M. Gregg Bloche, M.D., J.D., und Jonathan H. Marks, M.A., B.C.L., »Doctors and Interrogators at Guantanamo Bay«, *New England Journal of Medicine*, Volume 353, S. 6–8, 07.07.005, Nr. 1 [http://content.nejm.org/cgi/content/full/353/1/6].
317 Ebd., S. 6.
318 Ebd.
319 »Huck RA. U.S. Southern Command confidentiality policy for interactions between health care providers and enemy persons under U.S. control, detained in conjunction with Operation Enduring Freedom«, Memorandum vom 06.08.2002 [http://www.southcom.mil/restrict/J1/new%20web%20page/New%20Web%20Pages/AG/Policy/Current%20SC%20Policies/SC%20Current_pols.htm].
320 M. Gregg Bloche/Jonathan H. Marks, »Doctors and Interrogators at Guantanamo Bay«, S. 6 f.
321 S.H. Miles, »The legacy of Abu Ghraib«, *The Lancet* 2004, S. 364, 725 [http://www.thelancet.com].
John Carvel, »Abu Ghraib doctors knew of torture, says Lancet report«, *The Guardian*, 20.08.2004
[http://www.guardian.co.uk/world/2004/aug/20/iraq.johncarvel/print].
Florian Rötzer, »Abu Ghraib, die Folter und die Mitverantwortung der Ärzte«, *Telepolis*, 10.08.2004
[http://www.heise.de/tp/r4/artikel/18/18077/1.html].
322 S.H. Miles, »The legacy of Abu Ghraib«, *The Lancet* 2004; 364: 725 [http://www.thelancet.com]. John Carvel, »Abu Ghraib doctors knew of torture, says Lancet report«, *The Guardian*, 20.08.2004
[http://www.guardian.co.uk/world/2004/aug/20/iraq.johncarvel/print].
323 Florian Rötzer, »Abu Ghraib, die Folter und die Mitverantwortung der Ärzte«.
324 Ebd.
325 Robert Jay Lifton, »Doctors and Torture«, *The New England Journal of Medicine*, Vol. 351, S. 415 f., 29.07.2004, Nr. 5 [http://content.nejm.org/cgi/content/full/351/5/415].
326 Vgl. auch »Washington weist UN-Vorwürfe wegen Guantanamo zurück«, *FAZ*, 25.06.2005, Nr. 145, S. 2.
327 Neil A. Lewis, »Interrogators Cite Doctors's Aid At Guantánamo«, *The New York Times*, 24.06.2005 [http://www.nytimes.com/2005/06/24/politics/24gitmo.html].

328 Neil A. Lewis, »Psychologists Warned on Role in Detentions«, *The New York Times*, 06.07.2005 [http://www.nytimes.com/2005/07/06/politics/06gitmo.html].
329 Ebd.
330 Katherine Eban, »Rorschach and Awe«, *Vanity Fair*, 17.07.2007 [http://www.vanityfair.com/politics/features/2007/07/torture200707].
331 Vgl. Hubertus Breuer, »Foltern fürs Vaterland«, *FAZ*, 20.08.2007 [http://www.faz.net/s/RubDDBDABB9457A437BAA85A49C26FB23A0/Doc~EE63A604BE864428820881F8501DA41F~ATpl~Ecommon~Scontent.html].
332 Physicians for Human Rights, »Leave No Marks. Enhanced Interrogation Techniques and the Risk of Criminality«, August 2007 [http://physiciansforhumanrights.org/library/documents/reports/leave-no-marks.pdf].
333 Hubertus Breuer, »Foltern fürs Vaterland«, *FAZ*, 20.08.2007.
334 Ebd.
335 Rainer Rupp, USA: »Bekenntnis zur Folter, Repräsentantenhaus stimmt für Gesetz zum ›Umgang mit Terrorverdächtigen‹, *junge Welt*, 29.09.2006.
336 »Legal Standards Applicable Under 18 U.S.C. §§ 2340–2340A. Memorandum Opinion for the Deputy Attorney General« vom 30. Dezember 2004 [http://www.usdoj.gov/olc/18usc23402340a2.htm].
337 William J. Haynes II, »Memorandum for the Judge Advocates General and the Staff Judge Advocate to the Commandant, Subject: Department of Defense Interrogation Policy« vom 17. März 2005 [http://balkin.blogspot.com/Haynes.Jag.305.pdf].
338 Scott Shane, David Johnston und James Risen, »Secret U.S. Endorsement of Severe Interrogations«, *The New York Times*, 04.10.2007 [http://www.nytimes.com/2007/10/04/washington/04interrogate.html].
339 The White House, »Fact Sheet. Status of Detainees at Guantanamo«, 07.02.2002 [http://www.whitehouse.gov/news/releases/2002/02/20020207–13.html].
340 Kodifiziert unter United States Code: U.S. Code Title 28 – Judiciary and Judicial Procedure Proceedings Part VI – Particular Proceedings, Chapter 153 – Habeas Corpus, Section 2241. Power To Grant Writ [http://caselaw.lp.findlaw.com/casecode/uscodes/28/parts/vi/chapters/153/toc.html].
341 U.S. Const. art 1 § 9, cl. 2 (»The privilege of the writ of habeas corpus shall not be suspended, unless when in cases of rebellion or invasion the public safety may require it.«); William Burnham, *Introduction to the law and legal system of the United States*, 3. Aufl., Eagan, Minnesota 2003, S. 273f.
342 »Authorization for Use of Military Force«, 18.09.2001, Public Law 107–40 [S.J. RES. 23], 107th Congress [http://news.findlaw.com/wp/docs/terrorism/sjres23.es.html].
343 The White House, »President Issues Military Order«, 13.11.2001 [http://www.whitehouse.gov/news/releases/2001/11/20011113–27.html].
344 Military Commission Order No. 1 [http://www.defenselink.mil/news/Mar2002/d20020321ord.pdf].
345 Frank Meyer, »*Plea bargaining* im Krieg gegen den Terror«, *HRRS*, Mai 2006, S. 178 ff., hier S. 179 [http://www.hrr-strafrecht.de/hrr/archiv/06–05/index.php?seite=6].
346 Joe Kay, »Ein Hohn auf die Gerechtigkeit: Jose Padilla schuldig ge-

sprochen«, *World Socialist Web Site*, 23.08.2007, aus dem Englischen (17.08.2007) [www.wsws.org/de/2007/aug2007/padi-a23.shtml].

347 Patrick Bahners,»11. September. Sicherheit gegen Freiheit?«, *Frankfurter Allgemeine Zeitung*, 11.09.2004, Nr. 212, S. 33.

348 Gerhard Strate, »Justiz und Terrorismus – am Beispiel der Fälle Padilla, Hamdi, Moussaoui und Motassadeq«, *HRRS*, Juli 2004, S. 239 ff. [http://www.hrr-strafrecht.de/hrr/archiv/04–07/index.php3?seite=6].

349 Hamdi v. Rumsfeld. 124 S. Ct. 2633, United States Supreme Court, June 28, 2004, *The American Journal of International Law*, Vol. 98, No 4 (Oct. 2004), S. 782 ff. [http://www.jstor.org/pss/3216700].

350 Bereits Anfang der neunziger Jahre hatte die erste Bush-Regierung HIV-infizierte Flüchtlinge aus Haiti auf Guantánamo festgehalten und geltend gemacht, dass sich das Recht der USA nicht bis dorthin erstrecke. Zu den damaligen Geschehnissen und den gerichtlichen Auseinandersetzungen vgl.: Brandt Goldstein, *Storming the Court. How a Band of Yale Law Sued the President – and Won*, New York 2005.

351 Rasul v. Bush, 124 S. Ct. 2686. United States Supreme Court, June 28, 2004, *The American Journal of International Law*, Vol. 98, No 4 (Oct. 2004), S. 788 ff. [http://www.jstor.org/pss/3216701].

352 Frank Meyer, »*Plea bargaining* im Krieg gegen den Terror«, a. a. O., S. 182.

353 »Rückkehr des Rechts«, *Der Tagesspiegel*, 29. Juni 2004. Vgl. auch »Supreme Court: Häftlinge in Guantánamo dürfen vor Gericht klagen«, *FAZ.Net*, 28.06.2004 [http://www.faz.net/s/RubA24ECD630CAE40E483841DB7-D16F4211/Doc~E1421FD7F4C8643AEAFC0FFA1CD87B5FF~ATpl~Ecommon~Scontent.html].

354 Vgl. u. a. Hamdan v. Rumsfeld, United States Court of Appeals for the District of Columbia Circuit, No. 04–5393 (15.07.2005).

355 »Combatant Status Review Tribunals/Administrative Review Boards«, U. S. Department of Defense [http://www.defenselink.mil/news/Combatant_Tribunals.html].

356 Marc Sherman, »Terror suspects can challenge detention: U. S. Supreme Court«, *globeandmail.com*, 12.06.2008 [http://www.theglobeandmail.com/servlet/story/RTGAM.20080612.wgitmo0612/BNStory/International/home].

357 »Detainee Treatment Act of 2005 [White House]«, *Jurist-Gazette*, 31.12.2005 [http://jurist.law.pitt.edu/gazette/2005/12/detainee-treatment-act-of-2005-white.php].

358 Department of Defense Appropriations Act, 2006 (H. R. 2863).

359 Editorial: »Ban Torture Period«, *The New York Times*, 16.12.2005 [http://www.nytimes.com/2005/12/16/opinion/16fri1.html].

360 Rainer Rupp/Norman Griebel, »Verbot erlaubt Folter«, *junge Welt*, 18.12.2005.

361 Frank Meyer, »*Plea bargaining* im Krieg gegen den Terror«, S. 182.

362 Zit. nach Alfred McCoy, »Why the McCain Torture Ban Won't Work. The Bush Legacy of Legalized Torture«, *TomDispatch*, 08.02.2006 [www.tomdispatch.com/index.mhtml?pid=57336].

363 Scott Shane, David Johnston und James Risen, »Secret U. S. Endorsement of Severe Interrogations«, *The New York Times*, 04.10.2007 [http://www.nytimes.com/2007/10/04/washington/04interrogate.html].

364 Thomas Spang, »US-Regierung erlaubt weiterhin Folter«, *Berliner Zeitung*, 06.10.2007.
365 Hamdan v. Rumsfeld et al. (No. 05–184)[http://www.supremecourtus.gov/opinions/05pdf/05-184.pdf]; [http://caselaw.lp.findlaw.com/scripts/getcase.pl?court=us&vol=000&invol=05-184].
366 Vgl. Katja Gelinsky, »Kein ›Blankoscheck‹ für Guantánamo«, *faz.net*, 30.06.2006 [http://www.faz.net/s/RubDDBDABB9457A437BAA85A49C26FB23A0/Doc~E5B626EB2DC324118A7A1F6A944FEB133~ATpl~Ecommon~Scontent.html].
367 [http://www.defenselink.mil/news/commissions.html].
368 The United States Military Commissions Act of 2006, Pub. L. No. 109–366, 120 Stat. 2600 (Oct. 17, 2006), enacting Chapter 47A of title 10 of the United States Code ist ein vom Kongress verabschiedetes Gesetz (Senate Bill 3930), das George W. Bush am 17.10.2006 unterzeichnet hat. [http://frwebgate.access.gpo.gov/cgi-bin/getdoc.cgi?dbname=109_cong_bills&docid=f:s3930enr.txt.pdf].
369 Joanne Mariner, »Remarks delivered at The Military Commissions Act of 2006: Executive Power, Interrogation and Detention in the War on Terror«, Rede, gehalten an der Benjamin N. Cardozo School of Law, New York (01.11.2006).
370 Scott Horton, »When Lawyers Are War Criminals« (*Remarks delivered at the ASIL Centennial Conference on The Nuremberg War Crimes Trial, Bowling Green, OH, Oct. 7, 2006*) [http://www.nimj.org/documents/Horton-When_Lawyers_Are_War_Criminals.pdf].
371 Amnesty International, »Justice At Last or More of the Same? Detentions and Trials After Hamdan v. Rumsfeld«, 18.09.2006 [http://www.amnesty.org/en/library/info/AMR51/146/2006].
372 Craig van Matre, »Hysteria, Politics and the Rule of Law«, *Published Sunday*, 05.11.2006 [http://www.columbiatribune.com/2006/Nov/20061105Feat006.asp].
373 Joanne Mariner, »The Military Commissions Act of 2006: A Short Primer. Part One«, *FindLaw*, 09.10.2006 [http://writ.news.findlaw.com/mariner/20061009.html]; Reymer Klüver, »USA lockern Folterverbot«, *Süddeutsche Zeitung*, 29.09.2006; Amnesty International, »USA: Congress rubber stamps torture and other abuses«, 29.09.2006 [http://www.amnesty.org/en/library/info/AMR51/157/2006]; Keith Olbermann, »Beginning of the end of America«, *msnbc.com*, 19.10.2006 [http://www.msnbc.msn.com/id/15321167/]; »Red Cross lambasts US terror law«, *BBC News*, 19.10.2006 [http://news.bbc.co.uk/2/hi/americas/6068394.stm].
374 »Detainee Treatment Act of 2005 [White House]«, *Jurist-Gazette*, 31.12.2005 [http://jurist.law.pitt.edu/gazette/2005/12/detainee-treatment-act-of-2005-white.php].
375 Michael C. Dorf, »Why the Military Commissions Act is No Moderate Compromise«, *FindLaw.com*, 11.10.2006 [http://writ.news.findlaw.com/dorf/20061011.html].
376 Patrick Martin, »Menschenrechtsgruppen verurteilen Einführung von Militärkommissionen«, *World Socialist Website*, 05.10.2006, aus dem Englischen (03.10.2006) [www.wsws.org/de/2006/okt2006/mca-o05.shtml].

377 John H. Richardson, »Acts of Conscience«, *Esquire Magazine*, Vol. 146, Issue 2, August 2006; zit. nach: Human Rights Watch, »Prepared Statement of Katherine Newell Bierman, Counterterrorism Counsel, U. S. Program« (To the Senate Committee on Armed Services), 19.07.2006 [http://hrw.org/pub/2006/usTestimony071906.pdf].
378 Keith Olbermann, »Beginning of the end of America«, *msnbc.com*, 19.10.2006 [http://www.msnbc.msn.com/id/15321167/].
379 Editorial: »A Dangerous New Order«, *New York Times*, 19.10.2006 [http://www.nytimes.com/2006/10/19/opinion/19thu1.html].
380 Ebd.
381 »Beweise aus ›harten Verhörmethoden‹ erlaubt. Neue Regeln für Guantánamo-Tribunale«, *NZZ Online*, 19.01.2007 [http://www.nzz.ch/2007/01/19/al/newzzEX4J7WEW-12.html].
382 Das Weiße Haus veröffentlichte am 14. Februar 2007 eine entsprechende Anordnung des Oberkommandierenden in Washington. Vgl. Rüdiger Göbel: »Folter per Bush-Dekret legal«, *junge Welt*, 16.02.2007.
383 »Streit um Sondertribunale. Guantanamo-Häftlingen bleibt normaler Rechtsweg versperrt«, *FAZ.NET*, 20.02.2007 [http://www.faz.net/s/RubF359F74E867B46C1A180E8E1E1197DEE/Doc~E8B037AE8B4CD4561BD179066017A074B~ATpl~Ecommon~Scontent.html]; Gloria Fernandez, »Freibrief für Folter und Willkür. US-Richter billigen Bushs Sondertribunale«, *junge Welt*, 22.02.2007.
384 Presseerklärung: »Executive Order: Interpretation of the Geneva Conventions Common Article 3 as Applied to a Program of Detention and Interrogation Operated by the Central Intelligence Agency«, *White House News*, 20.07.2007 [http://www.whitehouse.gov/news/releases/2007/07/20070720–4.html].
385 Scott Shane, David Johnston und James Risen, »Secret U. S. Endorsement of Severe Interrogations«, *The New York Times*, 04.10.2007 [http://www.nytimes.com/2007/10/04/washington/04interrogate.html].
386 Army Field Manual (FM) 2–22.3, »Human Intelligence Collector Operations« [www.globalsecurity.org/military/library/news/2006/09/mil-060906-army01htm].
387 Vgl. Florian Rötzer, »Die genehmigten harten Verhörtechniken der CIA«, *Telepolis*, 20.11.2005 [http://www.heise.de/tp/r4/artikel/21/21393/1.html]; Hubertus Breuer, »Amerikanische Verhörmethoden. Foltern fürs Vaterland«, *Frankfurter Allgemeine Sonntagszeitung*, 20.08.2007.
388 Secret detentions and illegal transfers of detainees involving Council of Europe member states: second report; Explanatory memorandum (Englisch) (PDF-Datei) [http://assembly.coe.int/CommitteeDocs/2007/ EMarty 20070608 NoEmbargo.pdf]. Zu den hier angeführten Aussagen siehe S. 37.
389 Scott Shane, »Inside a 9/11 Mastermind's Interrogation«, *New York Times*, 22.06.2008 [http://www.nytimes.com/2008/06/22/washington/22ksm.html].
390 »Verbatim Transcript of Combatant Status Review Tribunal Hearing for ISN 10024«, als PDF-Datei abrufbar unter http://www.defenselink.mil/news/transcript_ISN10024.pdf.

391 Ebd.

392 Danach übernahm Mohammed zusätzlich, vollständig oder in Teilen, die Verantwortung – (»responsible participant, principal planner, trainer, financier (via the Military Council Treasury), executor, and/or a personal participant« – für die folgenden Anschläge und Anschlagspläne:
- das Attentat auf das World Trade Center 1993
- die Anschläge auf Nachtclubs im indonesischen Bali 2002
- die Attentate im gleichen Jahr auf Urlauber und ein israelisches Flugzeug in Kenia
- den Flugzeug-Anschlagsversuch des »Schuhbombers« Richard Reid
- die Operation in Filka Island in Kuwait, bei der zwei US-Soldaten getötet wurden
- die Bombardierung eines von jüdischen Reisenden (El-Al-Passagieren) besuchten Hotels in Mombasa (Kenia)
- die Anschaffung einer russischen SA-7-Boden-Luft-Rakete zum geplanten Abschuss von El-Al- oder anderen jüdischen Flugzeugen, die in Mombasa starten
- die Planung und Finanzierung eines Anschlags auf eine über Thailand fliegende israelische El-Al-Maschine mit Start in Bangkok
- Attentatspläne auf Big Ben, Canary Wharf und den Flughafen Heathrow in London, außerdem auf die New York Stock Exchange und andere Finanzinstitutionen und den Panama-Kanal
- eine geplante »zweite Welle« von Flugzeuganschlägen auf US-Hochhäuser – den Library Tower in Los Angeles, den Sears Tower in Chicago, die Plaza Bank in Seattle und das Empire State Building in New York
- die geplante »Bojinka-Operation«, bei der zwölf amerikanische Zivilflugzeuge zum Absturz gebracht werden sollten
- einen Anschlagsversuch auf den damaligen Papst Johannes Paul II. beim Besuch auf den Philippinen
- Anschläge gegen den damaligen Präsidenten Pakistans, Pervez Musharraf
- Attentatspläne gegen verschiedene frühere US-Präsidenten, konkret Bill Clinton und Jimmy Carter
- Pläne für Angriffe auf US-Atomkraftwerke
- auf Brücken in New York
- und auf das europäische NATO-Hauptquartier in Mons (Belgien)
- Anschlagsvorbereitungen auf von US-Amerikanern und Briten frequentierte Nachtclubs in Thailand
- einen geplanten Luftangriff auf Gebäude im israelischen Elath mit Verkehrsmaschinen aus Saudi-Arabien
- sowie Anschläge auf nicht näher bezeichnete strategische Ziele in Israel
- die finanzielle Vorbereitung von Anschlägen gegen amerikanische, jüdische und britische Ziele in der Türkei
- geplante Anschläge auf amerikanische Ziele in Süd-Korea (wie US-Militärbasen und von US-Soldaten frequentierte Nachtclubs)
- die geplante Zerstörung von US-Botschaften in Indonesien, Australien und Japan
- sowie von israelischen Botschaften in Indien, Aserbaidschan, den Philippinen und Australien
- die ebenfalls geplante Sprengung amerikanischer Militärschiffe und

Öltanker in der Straße von Hormus, der Straße von Gibraltar und im Hafen von Singapur
- den versuchten Anschlag auf eine Ölfirma des früheren US-Außenministers Henry Kissinger auf Sumatra in Indonesien.

393 Vgl. Jane Meyer, »The Black Sites«.

394 »Zweifel an 9/11-Geständnis: Prahlerei oder gefolterte Aussagen?«, *Die Presse*, 16.03.2007 [http://diepresse.at/home/Politik/aussenpolitik/291353/index.do?vl backlink=/home/index.do].

395 Vgl. »Geständnis von Chalid Scheich Mohammed. Human Rights Watch fordert Aufklärung«, *Süddeutsche Zeitung*, 16.03.2007 [http://www.sueddeutsche.de/ausland/artikel/921/105816/].

396 Brian Ross und Richard Esposito, »CIA's Harsh Interrogation Techniques Described Sources Say Agency's Tactics Lead to Questionable Confessions, Sometimes to Death«, *ABC News*, 18.11.2005 [http://abcnews.go.com/WNT/Investigation/story?id=1322866]. Konrad Ege, »Würde auch Jesus foltern? Scheich Mohammeds Geständnis. Wahrheitsfindung und ›Waterboarding‹ in Guantánamo«, *Freitag*, 12–23.03.2007 [http://www.freitag.de/2007/12/07120102.php]. Scott Shane, »Inside a 9/11 Mastermind's Interrogation«, *The New York Times*, 22.06.2008 [http://www.nytimes.com/2008/06/22/washington/22ksm.html]. »Terror-Experte Suskind: ›Bush weiß mehr, als er zugibt‹«, *Spiegel online*, 26.10.2006 [http://www.spiegel.de/politik/ausland/0,1518,444077,00.html]. Olga Craig, »CIA holds young sons of captured al-Qa'eda chief«, *Telegraph*, 09.03.2003 [http://www.telegraph.co.uk/news/main.jhtml?xml=/news/2003/03/09/walqa09.xml].

397 Mark Mazzetti, »C.I.A. destroyed 2 Tapes Showing Interrogations«, *The New York Times*, 07.12.2007.

398 https://www.cia.gov/news-information/press-releases-statements/taping-of-early-detainee-interrogations.html

399 Vgl. »Interrogations and Recordings: Relevant 9/11 Commission Requests And CIA Responses«, Memorandum vom 13. Dezember 2007 von Philip Zelikow an Tom Kean und Lee Hamilton [http://graphics8.nytimes.com/packages/pdf/national/20071222-INTEL-MEMO.pdf].

400 Vgl. Mark Mazzetti, »9/11 Panel Study Finds That C.I.A. Withheld Tapes«, *The New York Times*, 22.12.2007 [http://www.nytimes.com/2007/12/22/washington/22intel.html].

401 »Negroponte gibt Waterboarding zu«, *Tagesschau*, 30.01.2008, www.tagesschau.de/ausland/negroponte2.html, »Negroponte bestätigt erstmals Scheinhinrichtungen«, *Der Standard*, 29.01.2008, http://derstandard.at/?url=/id=3202132.

402 Jobby Warrick und Dan Eggen, »Hill Briefed on Waterboarding in 2002«, *The Washington Post*, 09.12.2007 [http://www.washingtonpost.com/wp-dyn/content/article/2007/12/08/AR2007120801664.html].

403 Vgl. u.a. Alexander Bahar, »Was woll(t)en Bush-Regierung und CIA verheimlichen?«, *Telepolis*, 28.12.2007 (http://www.heise.de/tp/r4/artikel/26/26947/1.html); ders.: »Freibrief für CIA«, *junge Welt*, 16.01.2008.

404 Army Field Manual (FM) 2–22.3, »Human Intelligence Collector Operations« [http://www.army.mil/institution/armypublicaffairs/pdf/fm2–22–3.

pdf]. Vgl. auch »Army Publishes New Intelligence Manual«, *GlobalSecurity.org*, 06.09.2006 [http://www.globalsecurity.org/military/library/news/2006/09/mil-060906-arnews01.htm].

405 Brian Ross und Richard Esposito, »CIA's Harsh Interrogation Techniques Described«, *ABC News*, 18.11.2005, http://abcnews.go.com/WNT/print?id=1322866.

406 Rainer Rupp, »US-Kongreß verbietet Folter«, *junge Welt*, 15./16.12.2007; »US-Senat nimmt Folterverbot zurück«, *junge Welt*, 17.12.2007; Joe Kay, »Bush administration moves to block inquiries into CIA's destruction of torture tapes«, *World Socialist Website*, 17.12.2007 [http://www.wsws.org/articles/2007/dec2007/cia-d17.shtml].

407 Julia Raabe, »Bankrott des ›Demokratie-Exporteurs‹«, *Der Standard*, 14.02.2008.

408 »Mukasey: The Law Is What The Justice Department Says It Is«, *TPM-Muckraker*, 07.02.2008 [http://tpmmuckraker.talkingpointsmemo.com/2008/02/mukasey_the_law_is_what_the_ju.php].

409 Bill Van Auken, »Bush defends torture«, *World Socialist Web Site*, 16.02.2008, www.wsws.org/articles/2008/feb2008/bush-f16_prn.shtml.

410 George W. Bush, »Message to the House of Representatives«, *The White House*, 08.03.2008 [http://www.whitehouse.gov/news/releases/2008/03/20080308–1.html]; Alexander Bahar, »Bushs Veto und die Ambivalenz der Demokraten«, *Telepolis*, 13.03.2008 [http://www.heise.de/tp/r4/artikel/27/27488/1.html].

411 »Demokraten können Bush-Veto nicht kippen«, *NZZ Online*, 12.03.2008
[http://www.nzz.ch/nachrichten/wissenschaft/bush_veto_waterboarding_1687748.html].

412 George W. Bush, »Message to the House of Representatives«, *The White House*, 08.03.2008 [http://www.whitehouse.gov/news/releases/2008/03/20080308–1.html].

413 »USA verweigern UNO-Folterexperten Zugang zu Gefängnis«, *Basler Zeitung*, 11.03.2008 [http://www.baz.ch/news/rss.cfm?objectid=9FA9FF9A-1422–0CEF-705018F2711A68CB], Rainer Rupp, »CIA darf weiter foltern«, *junge Welt*, 13.03.2008. »USA verweigern UN-Experten Nowak Zugang zu Gefängnissen«, *Der Standard*, 11. März 2008
[http://derstandard.at/?url=/?id=3260720]

414 Rainer Rupp, »CIA darf weiter foltern«, *junge Welt*, 13.03.2008.

415 Zit. nach Pamela Hess, »National Intelligence Director Mike McConnell: Waterboarding Is Torture«, *The Huffington Post*, 13.01.2008
[http://www.huffingtonpost.com/2008/01/13/national-intelligence-dir_n_81257.html].

416 Vgl. hierzu auch: Florian Rötzer, »Das Gesetz bin ich«, *Telepolis*, 02.05.2006 [http://www.heise.de/tp/r4/artikel/22/22575/1.html].

417 »US judge steps in to torture row«, *BBC News*, 12.02.2008 [http://news.bbc.co.uk/2/hi/americas/7239748.stm]. Vgl. auch »US-Richter verteidigt Übergriffe bei Verhören«, *Reuters*, 13.02.2008
[http://de.reuters.com/article/worldNews/idDEBUC32263620080213]; »Oberstes Gericht der USA. US-Richter verteidigt Schläge bei Verhören», *Süddeutsche Zeitung*, 13.02.2008 [http://www.sueddeutsche.de/ausland/

artikel/942/162492/]; Nick Abbe, »Einige Schläge, um Los Angeles zu retten«, *Telepolis*, 20.02.2008 [http://www.heise.de/bin/tp/issue/r4/dl-artikel2.cgi?artikelnr=27317&mode=print].

418 »Supreme Court spricht Guantanamo-Häftlingen mehr Rechte zu«, *Focus online*, 12.06.2008 [http://www.focus.de/politik/diverses/usa-supreme-court-spricht-guantanamo-haeftlingen-mehr-rechte-zu_aid_310609.html].

419 Boumediene et al v. Bush et al. (No. 06–1195) [http://www.supremecourtus.gov/opinions/07pdf/06–1195.pdf].

420 Matthias Rüb, »Niederlage für amerikanische Regierung. Militärtribunale in Guantánamo verfassungswidrig«, *faz.net*, 12.06.2008 [http://www.faz.net/s/RubDDBDABB9457A437BAA85A49C26FB23A0/Doc~e997DD7C462C54B95A115775FD7259334~aTpl~ecommon~scontent.html].

421 »Guantánamo-Urteil. Bush kritisiert Supreme Court«, *Focus online*, 12.06.2008 [http://www.focus.de/politik/ausland/guantanamo-urteiL-bush-kritisiert-supreme-court_aid_310641.html]; »Guantanamo-Urteil. US-Regierung spielt Folgen herunter«, *stern.de*, 13.06.2008 [http://www.stern.de/politik/ausland/623717.html].

422 http://www.defenselink.mil/news/commissions.html

423 Majorie Cohn, »Injustice at Guantanamo. Torture Evidence and the military Commissions Act«, *Jurist-Forum*, 15.02.2008 [http://jurist.law.pitt.edu/forumy/2008/02/injustice-at-guantanamo-torture.php].

424 Vgl. auch: Alexander Bahar, *junge Welt*, »Anklagen gegen ›Gitmo Six‹«, 23.05.2008 [http://www.jungewelt.de/2008/05–23/042.php], ders., »Pentagon lässt Anklagen gegen Gitmo-Six zu«, *Telepolis*, 24.05.2008 [http://www.heise.de/tp/r4/artikel/27/27986/1.html].

425 Vgl. Morris D. Davis, »AWOL military justice. Why the former chief prosecutor for the Office of Military Commissions resigned his post«, *Los Angeles Times*, 10.12.2007; William Glaberson, »Claim of Pressure for Closed Guantánamo Trials«, *New York Times*, 20.10.2007 [http://www.nytimes.com/2007/10/20/us/nationalspecial3/20gitmo.html]; Paul Maley, »Cheney ›struck Hicks deal‹ with PM«, *The Australian*, 24.10.2007 [http://www.theaustralian.news.com.au/story/0,25197,22638958–601,00.html%3Ffrom%3Dmostpop]; Josh White, »Ex-Prosecutor Alleges Pentagon Plays Politics«, *Washington Post*, 20.10.2007 [http://www.washingtonpost.com/wp-dyn/content/article/2007/10/20/AR2007102000179.html].

426 William Glaberson, »Case Against 9/11 Detainee Is Dismissed«, *The New York Times*, 14.05.2008. [http://www.nytimes.com/2008/05/14/washington/14gitmo.html?_r=1&scp=4&sq=Guantanamo&st=nyt&oref=slogin].

427 »Guilty as Ordered« (Editorial), *The New York Times*, 07.08.2008 [http://www.nytimes.com/2008/08/07/opinion/07thu1.html?scp=2&sq=Hamdan&st=cse]; William Glaberson, »Panel Convicts bin Laden Driver in Split Verdict«, 07.08.2008 [http://www.nytimes.com/2008/08/07/washington/07gitmohtml?scp=3&sq=Hamdan&st=cse]; ders., »Bin Laden's Former Driver Is Convicted in Split Verdict«, 06.08.2008 [http://www.nytimes.com/2008/08/06/washington/07gitmo.html?scp=1&sq=Hamdan&st=cse]. »Fünfeinhalb Jahre Haft für Osama bin Ladens Fahrer«, *Focus Online*, 08.08.20008 [http://www.focus.de/panorama/diverses/terrorismus-fuenfeinhalb-jah-

re-haft-fuer-osama-bin-ladens-fahrer_aid_323201.html]; »Urteil im ersten Guantánamo-Prozess«, *Die Welt*, 07.08.2008 [http://www.welt.de/welt_print/arti2294997/Urteil_im_ersten_Guantanamo-Prozess.html]; Katja Gelinsky, »Urteil in erstem Guantánamo-Prozess. Fünfeinhalb Jahre für Bin Ladins Fahrer«, *faz.net*, 08.08.2008 [http://www.faz.net/s/RubDDBDABB9457A437BAA85A49C26FB23A0/Doc~EF74E14F6CBD84A34897A98C3BF9CE5B7~ATpl~Ecommon~Scontent.html?rss_googlefeed].

428 Zit. nach Patrick Martin, »Strafmaß in Guantánamo-Tribunal schockiert US-Regierung«, *World Socialist Web Site*, 12.08.2008, aus dem Englischen (11. August 2008) [www.wsws.org/de/2008/aug2008/guan-a12.shtml].

429 »Guantánamo-Prozess. US-Tribunal verurteilt Bin Ladens früheren Fahrer«, *Spiegel Online*, 06.08.2008 [http://www.spiegel.de/politik/ausland/0,1518,570464,00.html].

430 »Bin Laden driver arrives in Jemen«, *Al Jazeera*, 26.11.2008 [http://english.aljazeera.net/news/middleeast/2008/11/2008112618552599237 8.html]; *Frankfurter Rundschau*, 26.11.2008

431 »Prozess gegen Bin-Laden-Fahrer: Beweismittel abgewiesen«, *DiePresse.com*, 22.07.2008 [http://diepresse.com/home/politik/aussenpolitik/400297/index.do?from=rss].

432 Ebd.

433 Vgl. u. a.: William Glaberstone, »Detainee's Lawyers Make Claim on Sleep Deprivation«, *The New York Times*, 15.07.2008 [http://www.nytimes.com/2008/07/15/us/15gitmo.html?scp=5&sq=Hamdan&st=cse].

434 »Guantánamo. Lebenslang für Bin-Laden-Helfer«, *Frankfurter Rundschau*, 04.11.2008 [http://www.fr-online.de/in_und_ausland/politik/aktuell/?em_cnt=1624274&]; Don Knowland, »Obama und Guantánamo«, *World Socialist Web Site*, 29.11.2008, aus dem Englischen (21.11.2008) [http://www.wsws.org/de/2008/nov2008/obam-n29.shtml].

435 U.S. Department of Defense, »Commission Cases: Sept. 11 Co-Conspirators« [http://www.defenselink.mil/news/commissions.html].

436 »Anklage will Todesstrafe für sechs Guantánamo-Häftlinge, *Der Tagesspiegel*, 11.02.2008 [http://www.tagesspiegel.de/politik/international/Terror-Guant%E1namo-Todesstrafe;art123,2474746]; »Pentagon will Todesstrafe für sechs 9/11-Angeklagte«, *Deutsche Welle*, 11.02.2008 [http://www.dw-world.de/dw/article/0,2144,3120881,00.html].

437 *Die Welt*: »Anklage will Todesstrafe für sechs Guantànamo-Häftlinge« [http://newsticker.welt.de/Index.php?channel=pol&module=dpa&id=16890816] 11. Februar 2008; *Deutsche Welle*: »Pentagon will Todesstrafe für sechs 9/11-Angeklagte« [http://www.dw-world.de/dw/articlei0»3120881,OO.html?maca=de-netzzeitung_politik-130-rdf] 11. Februar 2008.

438 Vgl. auch: Alexander Bahar, »Schauprozess in Guantánamo«, *junge Welt*, 05.06.2008; ders., »Schauprozess gegen ›Guantánamo Five‹«, *Telepolis*, 06.06.2008 [http://www.heise.de/tp/r4/artikel/28/28080/1.html].

439 Britta Sandberg, »9/11-Planer. Pannenserie behindert Guantanamo-Prozesse«, *Spiegel Online*, 15.07.2008 [http://www.spiegel.de/politik/ausland/0,1518,566061,00.html].

440 Ebd.
441 Ali Saleh Kahlah Al-Marri v. Commander John Pucciarelli, 15. Juli [http://pacer.ca4.uscourts.gov/opinion.pdf/067427A.P.pdf].
442 Glenn Greenwald, »Al-Marri and the power to imprison U.S. citizens without charges«, salon.com, 16.07.2008 [http://www.salon.com/opinion/greenwald/2008/07/16/al_marri/print.html]
443 Jose Padilla v. C.T. Hanft, U.S. Commander, 09.09.2005 [http://pacer.ca4.uscourts.gov/opinion.pdf/056396.P.pdf].
444 Ebd.
445 Ali Saleh Kahlah Al-Marri v. Commander John Pucciarelli, 15.07. [http://pacer.ca4.uscourts.gov/opinion.pdf/067427A.P.pdf].
446 Seymour M. Hersh, *Die Befehlskette*, S. 35 ff.
447 Duncan/Norton-Taylor, »Prison ships, torture claims, and missing detainees: America may have held terror suspects in British territory, despite UK denials«, *The Guardian*, 02.06.2008 [http://www.guardian.co.uk/world/2008/jun/02/usa.humanrights]; dies.:, »US accused of holding terror suspects on prison ships«, *The Guardian*, 02.06.2008 [http://www.guardian.co.uk/world/2008/jun/02/terrorism.terrorism].
448 Campbell/Norton-Taylor, »US accused of holding terror suspects on prison ships«, *The Guardian*, 02.06.2008 [http://www.guardian.co.uk/world/2008/jun/02/terrorism.terrorism].
449 Campbell/Norton-Taylor, »Prison ships, torture claims, and missing detainees: America may have held terror suspects in British territory, despite UK denials«, *The Guardian*, 02.06.2008 [http://www.guardian.co.uk/world/2008/jun/02/usa.humanrights].
450 Clive Stafford Smith, »The incredible hulks«, *guardian.co.uk*, 03.06.2008 [http://www.guardian.co.uk/commentisfree/2008/jun/03/theincrediblehulks].
451 Campbell/Norton-Taylor, »Prison ships, torture claims, and missing detainees: America may have held terror suspects in British territory, despite UK denials«, *The Guardian*, 02.06.2008 [http://www.guardian.co.uk/world/2008/jun/02/usa.humanrights]; dies.:, »US accused of holding terror suspects on prison ships«, *The Guardian*, 02.06.2008. [http://www.guardian.co.uk/world/2008/jun/02/terrorism.terrorism].
452 »Off the Record. U.S. Responsibility for Enforced Disappearances in the ›War on Terror‹«, hg. von Amnesty International, Cageprisoners, Center for Constitutional Rights (CCR), Center for Human Rights and Global Justice an der juristischen Fakultät der New York University, Human Rights Watch und Reprieve, Juni 2007 [http://hrw.org/backgrounder/usa/ct0607/ct0607web.pdf].
453 Vgl. Campbell/Norton-Taylor, »US accused of holding terror suspects on prison ships«, *The Guardian*, 02.06.2008 [http://www.guardian.co.uk/world/2008/jun/02/terrorism.terrorism].
454 »CIA-Gefängnisse erst kürzlich geschlossen«, *sueddeutsche.de*, 06.12.2005 [http://www.sueddeutsche.de/ausland/artikel/680/65615/]; »Rice-Besuch: Zwei CIA-Gefängnisse sollen erst kürzlich geschlosen worden sein«, *Spiegel Online*, 06.12.2005 [http://www.spiegel.de/politik/deutschland/0,1518,388734,00.html].

455 Dana Priest, »CIA Holds Terror Suspects in Secret Prisons«, *The Washington Post*, 02.11.2005 [http://www.washingtonpost.com/wp-dyn/content/article/2005/11/01/AR2005110101644.html].
456 Vgl. Marty-Bericht 2006, S. 13, FN 38.
457 Parliamentary Assembly, Council of Europe, 07.06.2006, restricted, AS/Jur (2006) 16 Part II, Committee on Legal Affairs and Human Rights: Alleged secret detentions and unlawful inter-state transfers involving Council of Europe member states, Draft report – Part II (Explanatory memorandum), Rapporteur: Mr Dick Marty, Switzerland, ALDE (Marty-Bericht 2006).
458 Parliamentary Assembly, Council of Europe, 07.06.2007, Committee on Legal Affairs and Human Rights: Secret detentions and illegal transfers of detainees involving Council of Europe member states: second report. Explanatory memorandum, Rapporteur: Mr Dick Marty, Switzerland, ALDE (Marty-Bericht 2007), S. 11. [http://assembly.coe.int/CommitteeDocs/2007/EMarty_20070608_NoEmbargo.pdf].
459 Vgl. auch: »Folterflüge. Marty klagt Deutschland an, *Blick*, 07.06.2006.
460 Marty-Bericht 2006, S. 15.
461 Vgl. ebd., S. 14f.
462 Barbara Vorsamer, »Europarat: Bericht zur CIA. Die zehn Erkenntnisse des Dick Marty«, *sueddeutsche.de*, 08.06.2007 [www.sueddeutsche.de/ausland/artikel/665/117538/article.html].
463 HVD = High-Value Detainee, auf deutsch: äußerst wichtiger Gefangener.
464 Vgl. hierzu die Darstellung im Kapitel »Die Befehlskette«.
465 Stephen Grey, »Flight logs reveal secret rendition«, (*The Sunday Times*), *Times Online*, 25.11.2007 [http://www.timesonline.co.uk/tol/news/world/europe/article2936782.ece].
466 Oliver Das Gupta, »Marty-Bericht zu CIA-Flügen. ›Alle lechzen nach Beweisen‹«, *sueddeutsche.de*, 08.06.2007 [http://www.sueddeutsche.de/ausland/artikel/683/117556/].
467 »Bericht zu CIA-Gefängnissen: Berlin weist Vorwürfe zurück«, *N24.de*, 08.06.2007.
468 Scott Shane, »Inside a 9/11 Mastermind's Interrogation«, *The New York Times*, 22.06.2008 [http://www.nytimes.com/2008/06/22/washington/22ksm.html].
469 European Center for Constitutional and Human Rights, »Terrorismusbekämpfung und Menschenrechte: Erste Ermittlungen wegen CIA-Geheimgefängnissen in Polen«, *ECCHR! Newsletter*, Nr. 3/2008, S. 5f.
470 Vgl. Stephen Grey, »Flight logs reveal secret rendition«, (*The Sunday Times*), *Times Online*, 25.11.2007 [http://www.timesonline.co.uk/tol/news/world/europe/article2936782.ece].
471 Parliamentary Assembly, Council of Europe, 07.06.2007, Committee on Legal Affairs and Human Rights: Secret detentions and illegal transfers of detainees involving Council of Europe member states: second report. Explanatory memorandum, Rapporteur: Mr Dick Marty, Switzerland, ALDE (Marty-Bericht, Juni 2007), S. 11.
472 Marianne Arens und Peter Schwarz, »Entführungsfall Abu Omar. Regierung Prodi deckt Verschwörung der Geheimdienste«, *World Socialist Web Site*, 08.11.2006 [www.wsws.org/de/2006/nov2006/omar-n08.shtml].

473 »Abu Omar Trial Begins in Rome. CIA Kidnappers Accused by Italian Court«, *Spiegel Online International*, 08.06.2007 [http://www.spiegel.de/international/world/0,1518,487495,00.html].

474 Henry Habegger und Beat Kraushaar, »Die Liste«, *Blick*, 01.02.2007 [http://www.blick.ch/news/schweiz/artikel54973].

475 »Europäische Union«, Pressemitteilung von Human Rights Watch, 01.11.2007 [http://hrw.org/german/docs/2007/01/11/eu14976.htm].

476 »Bericht zu CIA-Gefängnissen: Berlin weist Vorwürfe zurück«, 08.06.2007, *N24.de.*

477 Parliamentary Assembly, Council of Europe, 07.06.2006, restricted, AS/Jur (2006) 16 Part II, Committee on Legal Affairs and Human Rights: Alleged secret detentions and unlawful inter-state transfers involving Council of Europe member states, Draft report – Part II (Explanatory memorandum), Rapporteur: Mr Dick Marty, Switzerland, ALDE (Marty-Bericht 2006).

478 Vgl. Stephen Grey, *Das Schattenreich der CIA*, S. 110 ff.

479 »CIA-Affäre: El-Masri von Deutschem in Kabul verhört?«, *RP Online*, 14.03.2006 [http://www.rp-online.de/public/article/politik/ausland/321612/El-Masri-von-Deutschem-in-Kabul-verhoert.html]. Nach wie vor ist unklar, um wen es sich bei »Sam« handelt. El-Masri hatte auf einem Foto der Internetausgabe des *Saar Echo* den Beamten des Bundeskriminalamtes (BKA) Gerhard Lehmann als »Sam« erkannt, wenngleich er bei einer späteren Gegenüberstellung »nur« noch zu neunzig Prozent sicher war. Lehmann und seine Behörde behaupten, Lehmann sei nicht in Afghanistan gewesen, als El-Masri dort gefangen gehalten wurde. Anderen Informationen zufolge soll »Sam« mit Thomas V., einem früheren US-Konsul und CIA-Resident in Hamburg identisch sein (»*stern* exklusiv zum Fall el Masri: ›Sind Sie Sam?‹«, *stern.de*, 19.04.2006 [http://www.stern.de/politik/deutschland/559702.html].)

480 »Fall el-Masri. Deutsche Justiz erlässt Haftbefehle gegen 13 CIA-Agenten«, *Spiegel Online*, 31.01.2007 [http://www.spiegel.de/politik/deutschland/0,1518,463415,00.html].

481 *Die Tageszeitung*, 15.12.2005.

482 Strafanzeige von Armin Fiand und Alexander Bahar wegen des Verdachts der Verschleppung, § 234 a StGB, des deutschen Staatsangehörigen Khaled El-Masri bei der Staatsanwaltschaft München 1 vom 24. Oktober 2006.

483 »Fall el-Masri. Deutsche Justiz erlässt Haftbefehle gegen 13 CIA-Agenten«, *Spiegel Online*, 31.01.2007 [http://www.spiegel.de/politik/deutschland/0,1518,463415,00.html].

484 »Meldung: El-Masri – Die seltsame Geschichte eines Haftbefehls«, *Panorama*-Meldung, 21.02.2007 [http://daserste.ndr.de/panorama/archiv/2007/erste5236.html].

485 »Al-Masri Entführung – Auf der Spur der CIA-Kidnapper«, *Panorama* Nr. 647 vom 21.09.2006 [http://daserste.ndr.de/panorama/almasri2.pdf].

486 »Bundesregierung verhindert Auslieferungsantrag für CIA-Agenten«, *Spiegel Online*, 22.09. 2007 [http://www.spiegel.de/spiegel/vorab/0,1518,507227,00.html].

487 Ebenda.

488 »CIA-Affäre: El Masri verklagt Bundesjustizministerium«, *stern.de*, 09.06.2008 [http://www.stern.de/politik/deutschland/623168.html].

489 »Entführung: El Masri verklagt Justizministerium«, *Focus Online*, 09.06.2008 [http://www.focus.de/politik/deutschland/entfuehrung-el-masri-verklagt-justizministerium_aid_307675.html].
490 »CIA-Entführungsopfer El-Masri scheitert vor Supreme Court«, *sueddeutsche.de*, 09.10.2007 [http://www.sueddeutsche.de/ausland/artikel/247/136973/]; Gregor Peter Schmitz, »El-Masri-Verfahren: Sicherheit schlägt Freiheit«, *Spiegel Online*, 10.10.2007 [https://www.spiegel.de/politik/ausland/0,1518,510500,00.html].
491 Jochen Bittner und Florian Klenk, »Pressefreiheit: Angriff auf den Rechtsstaat. Polizisten hörten den Anwalt eines CIA-Opfers ab und belauschten dabei auch Journalisten«, *Zeit Online*, 14.12.2006 [http://www.zeit.de/2006/51/Pressefreiheit?page=all].
492 Martin Knobbe, »CIA-Entführung: El Masri gegen die BRD«, *stern.de*, 09.06.2008 [http://www.stern.de/politik/deutschland/623181.html].
493 Stephen Grey, »Flight logs reveal secret rendition«, (*The Sunday Times*), *Times Online*, 25.11.2007 [http://www.timesonline.co.uk/tol/news/world/europe/article2936782.ece].

Die Folterdebatte in Deutschland

1 Jacques Vergès: *La démocratie à visage obscène. Le vrai catéchisme de George W. Bush*, Paris 2004.
2 »Schriftliche Urteilsgründe in der Strafsache gegen Wolfgang Daschner«, 15.02.2005, Presseinformation des Landgerichts Frankfurt am Main, der Präsident, S. 9f.
3 Wilfried Voigt, »Es gibt Dinge, die sehr wehtun«, Interview in: *Der Spiegel*, 9/2003, 24.02.2003, S. 24 [http://wissen.manager-magazin.de/wissen/dokument/dokument.html?id=26448530&top=SPIEGEL]. »Polizist drohte mit Gewalt«, *RP Online*, 30.06.2008 [http://nachrichten.rp-online.de/article/politik/Polizist-drohte-mit-Gewalt/7349].
4 Eine ausführliche Schilderung des Falles findet sich u.a. bei Nathusius, *unbequem 52* (Sept. 2003), S. 6ff.; Jan Philipp Reemtsma, *Folter im Rechtsstaat?*, sowie bei Robert Zagolla, *Im Namen der Wahrheit*, S. 186 ff.
5 Wilfried Voigt, »Es gibt Dinge, die sehr wehtun«, Interview in: *Der Spiegel*, 9/2003, 24.02.2003, S. 24.
6 *Frankfurter Rundschau*, 22.03.2003.
7 »Folterandrohung gegen Metzler-Entführer. Daschner will Rückendeckung aus Ministerium erhalten haben«, *Spiegel Online*, 13.11.2004 [http://www.spiegel.de/panorama/0,1518,327655,00.html].
8 Christian Bommarius, »Faustrecht oder Grundrecht«, *Berliner Zeitung*, 19.11.2004 [https://www.berlinonline.de/berliner-zeitung/archiv/.bin/dump.fcgi/2004/1119/politik/0004/index.html].
9 Der Sprecher der Frankfurter Staatsanwaltschaft, Jörg Claude, bestätigte dem Berliner *Tagesspiegel* am 1. Juli 2008, »wegen dieser Sache ist nie ermittelt worden. Man hat in der von Daschner zitierten Äußerung – ›Ma-

chen Sie das! Zeigen Sie die Instrumente‹ – keine Anhaltspunkte für strafwürdiges Verhalten gesehen. Jetzt ist die Tat verjährt.« Jost Müller-Neuhof, www.tagesspiegel.de, 01.07.2008 [http://www.tagesspiegel.de/politik/Folter-Urteil;art771,2562684].

10 »Schriftliche Urteilsgründe in der Strafsache gegen Wolfgang Daschner«, 15.02.2005, Presseinformation des Landgerichts Frankfurt am Main, der Präsident. Vgl. hierzu auch: Robert Weihmann, »Das Daschner-Urteil – die Rechtsunsicherheit und die Folgen«, *Kriminalistik* 2005, S. 342–345 [http://www.weihmann.net/kriminalistik/images/Aufsaetze/Daschner-Urteil,%2022.4.2005.pdf].

11 Jürgen Kühling, »Folterverbot und Rechtsstaat Deutschland«, in: *Rechtlos im Rechtsstaat?*, S. 69 ff., S. 80 ff., hier S. 82.

12 Schriftliche Urteilsgründe, S. 20 f.

13 Ebd., S. 15.

14 »Polizist drohte mit Gewalt«, *RP Online*, 30.06.2008 [http://nachrichten.rp-online.de/article/politik/Polizist-drohte-mit-Gewalt/7349].

15 »Bundesverfassungsgericht. Fall Daschner: Urteil gegen Gäfgen bekräftigt«, *RP Online*, 21.12.2004 [http://www.rp-online.de/public/article/panorama/deutschland/72686/Fall-Daschner-Urteil-gegen-Gaefgen-bekraeftigt.html]; »Daschner-Urteil: Karlsruhe verwirft Gäfgens Verfassungsbeschwerde«, *Spiegel Online*, 21.12.2004 [http://www.spiegel.de/panorama/0,1518,333874,00.html].

16 Christian Bommarius: »Nachricht für alle Staatsrechtler: Folter ist verboten«, *Berliner Zeitung*, 01.07.2008 [http://www.berlinonline.de/berliner-zeitung/archiv/.bin/dump.fcgi/2008/0701/meinung/0026/index.html].

17 »Die juristischen Qualitäten des Bundesverfassungsgerichts sind über jeden Zweifel erhaben; Ausnahmen bestätigen die Regel. – Zu diesen zählen seine Entscheidungen in Sachen Ausländer, Asyl und Abschiebung. Hier kann man den Eindruck richterlicher Bewusstseinstrübung haben, einhergehend mit verwirrter Logik.« (Heribert Prantl, »Die Fakire von Karlsruhe, *Süddeutsche Zeitung*, 23.7.2003; *sueddeutsche.de*, 22.07.2003 [http://www.sueddeutsche.de/deutschland/artikel/20/15005/].

18 *Bild*, 21.12.2004, S. 10.

19 Wilfried Voigt, »Es gibt Dinge, die sehr wehtun«, Interview in: *Der Spiegel*, 9/2003, 24.02.2003, S. 24.

20 »Mehrheit der Bundesbürger akzeptiert Folter-Androhung«, *Stern*, Heft 10/2003, 27. Februar 2003, (Datenbasis: 1003 Befragte, Fehlertoleranz +/-3%). Und: Dieter Schubert, »Dünne zivilisatorische Tünche. Knapp zwei Drittel der Deutschen angeblich für Folterandrohung. Diskussion rüttelt an Weltgesetzen«, *junge Welt*, 27. Februar 2003.

21 Dawid Danilo Bartelt, »Phantom Menschenrechte«, in: *ai-Journal*, 01.06.2003.

22 Jörg Kinzig, »Not kennt kein Gebot. Die strafrechtlichen Konsequenzen von Folterhandlungen an Tatverdächtigen durch Polizeibeamte mit präventiver Zielsetzung«, in: Günther Gehl (Hg.), *Folter – Zulässiges Instrument im Strafrecht? Ein internationaler Vergleich*, Weimar 2005, S. 11.

23 Interview mit Mackenroth in der Tagespresse vom 19.02.2003.

24 Der *Spiegel* 9/2003; Peter Franck, »Folterdebatte in Deutschland, Erlaubte Folter?«, in: *ai-Journal*, 01.06.2003.

25 Frank Diering, »Lafontaine: Im Notfall für Folter«, *Welt Online*, 18.05.2004 [http://www.welt.de/print-welt/article314473/Lafontaine_Im_Notfall_fuer_Folter.html].

26 Vgl. hierzu Matthias Jahn, *Gute Folter – schlechte Folter?*, a.a.O., S. 2ff.

27 Theodor Maunz/Günter Dürig u.a., *Grundgesetz. Kommentar*, München (Loseblatt), Stand 2003. Bd. 1, LfG. 42/Februar 2003, Rz. 46, S. 27ff. In der Neuauflage aus dem Jahr 2005 milderte Herdegen seine Ausführungen etwas ab und verwies aporetisch auf einen offenen Debattenstand.

28 Weitere Beispiele finden sich bei Heiner Bielefeldt, *Menschenwürde und Folterverbot. Eine Auseinandersetzung mit den jüngsten Vorstößen zur Aufweichung des Folterverbots*, Deutsches Institut für Menschenrechte, Essay No. 6, März 2007 [http://files.institut-fuer-menschenrechte.de/488/d62_v1_file_46122666028bc_IUS-028_E_Folter_RZ_WWW_ES.pdf]; ders.: *Das Folterverbot im Rechtsstaat*, Deutsches Institut für Menschenrechte, Policy Paper No. 4, Berlin, Juni 2004 [http://files.institut-fuer-menschenrechte.de/488/d29_v1_file_40d1763bd7509_Bielefeldt_2004_Folterverbot.pdf].

29 Hans Hofmann, in: Schmidt-Bleibtreu/Klein, *Kommentar zum Grundgesetz*, 10. Aufl. Köln 2004 (2006), Artikel 1, Rdnr. 17, zit. nach *Berliner Zeitung* vom 22.12.2004, S. 4.

30 Strafgesetzbuch. Kommentar bearb. v. Kristian Kühl, 25. Aufl., München 2004, S. 232.

31 Horst Dreier (Hg.): *Grundgesetz. Kommentar, Bd. 1* (Randziffer 132 und folgende), 2. Auflage, Tübingen 2004

32 Patrick Bahners, »Diffamiert? Richterkandidat Dreier rechtfertigt die Folter«, *Frankfurter Allgemeine Zeitung*, 11.02.2008, Nr. 35/Seite 31.; »Bundesverfassungsgericht: Pragmatiker wird neuer Vizepräsident«, *Spiegel Online*, 12.01.2008 [http://www.spiegel.de/politik/deutschland/0,1518,528244,00.html].

33 Fabian Witteck, »Menschenwürde und Folterverbot«, *Die öffentliche Verwaltung*, 2003. Zit. nach: Christian Rath, »Man sollte offen von Folter sprechen«, *taz.de*, 27.01.2008 [http://www.taz.de/1/politik/deutschland/artikel/1/man-sollte-offen-von-folter-sprechen/?src=SE&cHash=bcd30f03a2].

34 Winfried Brugger, »Darf der Staat ausnahmsweise foltern?«, *Der Staat* 35 (1996), S. 67.

35 Winfried Brugger, »Vom unbedingten Verbot der Folter zum bedingten Recht auf Folter?«, *Juristenzeitung* 55 (2000), S. 171.

36 Michael Levin, »The case for Torture«, *Newsweek*, 07.06.1982.

37 Ernst Albrecht, *Der Staat – Idee und Wirklichkeit. Grundzüge einer Staatsphilosophie*, Stuttgart 1976.

38 Winfried Brugger, »Vom unbedingten Verbot der Folter zum bedingten Recht auf Folter?«, *Juristenzeitung* 55 (2000), S.165 f.

39 Ebd., S. 167.

40 Winfried Brugger, »Vom unbedingten Verbot der Folter zum bedingten Recht auf Folter?«, *Juristenzeitung* 55 (2000), S. 167.

41 Vgl. hierzu u.a. Jörg Kinzig, »Not kennt kein Gebot. Die strafrechtlichen

Konsequenzen von Folterhandlungen an Tatverdächtigen durch Polizeibeamte mit präventiver Zielsetzung«, in: Günther Gehl (Hg.), *Folter – Zulässiges Instrument im Strafrecht? Ein internationaler Vergleich*, S. 21, Anm. 55; Mathias Hong, »Das grundgesetzliche Folterverbot und der Menschenwürdegehalt der Grundrechte – eine verfassungsjuristische Betrachtung«, in: Gerhard Bestermöller/Hauke Brunkhorst (Hg.), *Rückkehr der Folter. Der Rechtsstaat im Zwielicht*, S. 25, Anm. 14 (S. 162).

42 Rolf Rainer Jaeger, »Folterdebatte – es gibt kein schwarz oder weiß«, in: Günther Gehl (Hg.), *Folter – Zulässiges Instrument im Strafrecht? Ein internationaler Vergleich*, S. 33.

43 Ebd., S. 30.

44 Ebd., S. 34.

45 Ebd., S. 35.

46 Ebd.

47 »Die Advokaten der ›Rettungsfolter‹ heißen Otto Depenheuer oder Reinhard Merkel, Dieter Birnbacher und Rainer Trapp«. Ursula Rüssman, »Schmerzgrenze überschritten«, *Frankfurter Rundschau*, 10.10.2008 [http://www.fr-online.de/in_und_ausland/politik/aktuell/1643251_Schmerzgrenze-ueberschritten.html].

48 Winfried Brugger, »Vom unbedingten Verbot der Folter zum bedingten Recht auf Folter?«, *Juristenzeitung* 55 (2000), S. 169.

49 Ebd.

50 Robert Zagolla, *Im Namen der Wahrheit*, a. a. O., S. 205 f.

51 Zit. nach: »Der Gefolterte ist nur noch Bündel unter Schmerzen«, Interview mit Verfassungsrichter Winfried Hassemer, *Spiegel Online*, 27.02.2003 [http://www.spiegel.de/politik/deutschland/0,1518,237980,0.html].

52 Vgl. hierzu u. a.: *Der Tod Ulrike Meinhofs. Bericht der Internationalen Untersuchungskommission*, 2. überarbeitete Auflage, Paris/Tübingen 1979; Karl-Heinz Weidenhammer, *Selbstmord oder Mord? Das Todesermittlungsverfahren Baader/Ensslin/Raspe*, Kiel 1988.

53 Vgl. u. a.: Bernd Dörries, »Selbstmorde in Stammheim: Aktenzeichen RAF ungelöst«, *sueddeutsche.de*, 11.09.2008 [http://www.sueddeutsche.de/politik/909/309844/text/]; »Mordfall Buback: Brisante Akte soll für immer geheim bleiben«, *Focus Online*, 21.12.2007 [http://www.focus.de/politik/deutschland/raf/mordfall-buback_aid_230464.html]; »Terror-Aufklärung: Buback-Akte bleibt geheim«, *Focus Online*, 18.01.2008 [http://www.focus.de/politik/deutschland/raf/terror-aufklaerung_aid_234084.html].

54 Zit. nach Pieter Bakker Shut, Stammheim. Der Prozess gegen die Rote Armee Fraktion, Bonn 1997, S. 57.

55 Rolf Gössner: *Menschenrechte in Zeiten des Terrors – Kollateralschäden an der ›Heimatfront‹*, Hamburg 2007.

56 Jörg Kinzig, »Not kennt kein Gebot«, S. 20. Hier detailliert belegt.

57 »§ 136a StPO geht in der Defintion der verbotenen Vernehmungsmethoden sogar eindeutig über das hinaus, was nach der [UN-Antifolter-]Konvention unter ›Folter‹ fällt.« Edda Weßlau, »Die Nutzung der Früchte von Folter im Strafprozess«, in: *Rechtlos im Rechtsstaat?*, S. 69 ff.

58 Jörg Kinzig, »Not kennt kein Gebot«, S. 16 f.

59 E-Mail von Bernd Mesovic, Pro Asyl, vom 18.01.2007 an den Autor.
60 E-Mail von Marei Pelzer, Pro Asyl, vom 05.01.2007 an den Autor.
61 E-Mail von Bernd Mesovic, Pro Asyl, vom 18.01.2007 an den Autor.
62 Komitee für Grundrechte und Demokratie, *15 Jahre ohne Grundrecht auf Asyl* (Broschüre), Einhausen, Juni 2008, S. 13.
63 E-Mail von Bernd Mesovic, Pro Asyl e. V., vom 01.02.2007 an den Autor.
64 Ebd.
65 »Interview mit Pro Asyl: Massengrab EU-Grenze«, *ntv.de*, 20.06.2008 [http://www.n-tv.de/Interview_mit_Pro_Asyl_Massengrab_EUGrenze/200620084915/982750.html].
66 BVerfG, 2 BvR 685/03 vom 24.06.2003, Absatz-Nr. (1–70) [http://www.bverfg.de/entscheidungen/rs20030624_2bvr068503.html].
67 Martin Kreickenbaum, »Bundesverfassungsgericht billigt Auslieferung in Folterländer«, World Sonalist Website, 12.08.2003 [http://www.wsws.org/de/2003/any2003/bvg-a12.shtml].
68 Das Non-Refoulement-Gebot verbietet es Regierungen, Menschen in Staaten zurückzuschaffen, in denen sie von Folter und anderen gravierenden Menschenrechtsverletzungen betroffen sind. (Art. 3 der Konvention vom 4. November 1950 zum Schutze der Menschenrechte und Grundfreiheiten/Europäische Menschenrechtskonvention, EMRK).
69 http://www.humanrights.ch/home/de/Schweiz/Politik/Folterverbot/idart_5342-content.html?zur=836
70 Matthias Gebauer, »Vorstoß von Schönbohm: Terror-Fahnder sollen foltern dürfen«, *Spiegel Online*, 25.02.2003 [http://www.spiegel.de/politik/deutschland/0,1518,237727,00.html].
71 Rolf Rainer Jaeger, »Folterdebatte – es gibt kein schwarz oder weiß«, in Günther Gehl (Hg.), *Folter – Zulässiges Instrument im Strafrecht? Ein internationaler Vergleich*, S. 34.
72 Tom Levine, »Bundeswehr-Professor rechtfertigt Folter«, *Berliner Zeitung*, 13.05.2004, S. 6 [http://www.berlinonline.de/berliner-zeitung/archiv/.bin/dump.fcgi/2004/0513/politik/0020/index.html]; auch für die folgenden Zitate. Vgl. auch: Severine Weiland, »Menschenrechte: Bundeswehrprofessor räsoniert über Vorzüge der Folter«, *Spiegel Online*, 11.05.2004 [http://www.spiegel.de/politik/deutschland/0,1518,299381,00.html].
73 Rolf Gössner, *Menschenrechte in Zeiten des Terrors – Kollateralschäden an der ›Heimatfront‹*.
74 Dies erfuhr Murat Kurnaz später in Guantánamo.
75 Später (am 16. Oktober 2006 in der Fernsehsendung »Beckmann«) erinnerte sich Murat Kurnaz an zwei Vernehmungen durch deutsche Beamte, eine im Jahr 2002 sowie ein zweite im Jahr 2004, diesmal nur durch einen Beamten. Gegenüber der PKG, dem Geheimdienstkontrollgremium des Bundestags, räumten der damalige BND-Chef August Hanning, heute Sekretär im Bundesinnenministerium, sowie BfV-Präsident Heinz Fromm nur einen einzigen Guantánamo-Besuch ihrer Beamten bei Kurnaz ein, und zwar im September 2002.
76 »Guantánamo-Häftling: Kurnaz wirft Deutschen Folterung vor« [Original: »Kurnaz von deutschen Soldaten gefoltert«], *stern.de*, 04.10.2006 [http://www.stern.de/politik/deutschland/:Bremer-Taliban-Kurnaz-Soldaten/573096.html].

77 Dr. K., Leiter im Referat Ausländer-Fundamentalismus des Bundesamts für Verfassungsschutz, einer der Beamten, die Murat Kurnaz in Guantánamo vernommen hatten, hielt anschließend in einem Vermerk vom 8. Oktober 2002 fest, man müsse zur Person Kurnaz nur noch Detailfragen klären, »um letzte Zweifel am Wahrheitsgehalt seiner Angaben auszuräumen«. Diese Passage eines bis dahin als »geheim« eingestuften Vermerks hatte die damalige SPD-Grünen-Regierung auf Drängen der Opposition im Verteidigungsausschuss des Bundestags im Oktober 2007 freigegeben. Ulla Jelpke, »Fall Kurnaz: Regierung ignorierte Experten. Interner Vermerk belegt Glaubwürdigkeit des ehemaligen Guantánamo-Gefangenen«, *junge Welt*, 26.10.2007.

78 »Guantánamo-Häftling: Kurnaz wirft Deutschen Folterung vor« [Original: »Kurnaz von deutschen Soldaten gefoltert«, *stern.de*, 04.10.2006 [http://www.stern.de/politik/deutschland/:Bremer-Taliban-Kurnaz-Soldaten/573096.html].

79 Ulla Jelpke, »Fall Kurnaz: Regierung ignorierte Experten. Interner Vermerk belegt Glaubwürdigkeit des ehemaligen Guantánamo-Gefangenen«, *junge Welt*, 26.10.2007.

80 »Wiedereinreise nicht erwünscht«, *FR-Online*, 24.01.2007 [http://www.fr-online.de/in_und_ausland/politik/dokumentation/1058279_Wiedereinreise-nicht-erwuenscht.html].

81 Zit. nach Andreas Förster, »Wiedereinreise nicht erwünscht«, *Berliner Zeitung*, 26.01.2007 [https://www.berlinonline.de/berliner-zeitung/archiv/.bin/dump.fcgi/2007/0126/tagesthema/0006/index.html].

82 Joern Boewe, »›Sicherheitspolitisch unerwünscht.‹ Dokumente belegen: Innenministerium wollte Kurnaz' Rückkehr verhindern«, *junge Welt*, 27.02.2007 [http://www.jungewelt.de/2007/02–27/046.php].

83 Ebd.

84 Vgl. die telefonische Auskunft von Bernhard Docke vom 21.10.2008 sowie die E-Mail an den Autor vom 27.11.2008.

85 »Wiedereinreise nicht erwünscht«, *FR-Online*, 24.01.2007 [http://www.fr-online.de/in_und_ausland/politik/dokumentation/1058279_Wiedereinreise-nicht-erwuenscht.html].

86 Vgl. auch: »Fall Kurnaz: Vorwürfe gegen den Außenminister. Steinmeier gerät in Erklärungsnot«, *sueddeutsche.de*, 19.01.2007 [http://www.sueddeutsche.de/deutschland/artikel/852/98754/?page=3]

87 Carol D. Leonnig, »Panel Ignored Evidence on Detainee. U.S. Military Intelligence, German Authorities Found No Ties to Terrorists«, *The Washington Post*, 27.03.2005, Seite A01 [http://www.washingtonpost.com/wp-dyn/articles/A3868–2005Mar26.htmlwashingtonpost.com]. Vgl. auch: »US-Richterin kritisiert Militärtribunal«, *Der Tagesspiegel*, 29.03.2005 [http://www.tagesspiegel.de/politik/; art771,2257979].

88 »Gegen Kurnaz nur vage Verdachtsmomente«, Öffentliche Sitzung des 1. Untersuchungsausschusses am 14.06.2007 [http://www.bundestag.de/aktuell/archiv/2007/1ua_kw24/index.html].

89 Florian Güßgen, Uli Raus und Oliver Schröm, »Fall Kurnaz: Verbannt aufgrund ›Hörensagens‹«, *stern.de*, 22.02.2007

[http://www.stern.de/politik/deutschland/:Fall-Kurnaz-/583228.html?q=Kurnaz%2010.%20Oktober%202006].

90 »Fall Kurnaz: Steinmeier soll direkt in Planungen einbezogen gewesen sein«, *Zeit Online*, 26.01.2007 [http://www.zeit.de/online/2007/05/89722.xml].

91 »Kurnaz: Steinmeier mauert«, *Zeit Online*, 29.03.2007 [http://www.zeit.de/online/2007/14/steinmeier-aussage].

92 Ebd.

93 Jörn Boewe, »Hat Steinmeier gelogen?«, *junge Welt*, 11.05.2007.

94 »Der Fall Kurnaz: Steinmeier unter Druck«, Bericht von Georg Markus Schmidt, John Goetz, *Monitor* 560 vom 1. März 2007 [http://www.wdr.de/tv/monitor/beitrag.phtml?bid=868&sid=160].

95 »Guantanamo-Haft. Schmerzensgeld für Kurnaz?«, *sueddeutsche.de*, 29.03. 2007 [http://www.sueddeutsche.de/deutschland/artikel/858/107751/].

96 Bernhard Docke im Telefongespräch mit dem Autor, 10.10.2008.

97 Dem unschuldig nach Syrien verschleppten und brutal gefolterten syrischstämmigen Kanadier Mahar Arar hatte Kanada umgerechnet 6,9 Millionen Euro Schmerzensgeld bezahlt. »Falscher Terrorverdacht. Kanada zahlt Folteropfer 10,5 Millionen Entschädigung«, *RP Online*, [www.rp-online.de/public/article/politik/ausland/401131/Kanada-zahlt-Folteropfer-105-Millionen-Entschaedigung.html].

98 »Guantánamo-Häftling Kurnaz von deutschen Soldaten gefoltert«, *stern.de*, 04.10.2006.

99 John Goetz und Holger Stark, »Bundeswehr: Die Nacht von Kandahar«, *Der Spiegel* 36/2007 vom 03.09.2007, S. 60 [http://wissen.spiegel.de/wissen/dokument/38/29/dokument.html?titel=Die+Nacht+von+Kandahar&id=52809283&top=SPIEGEL&suchbegriff=kurnaz&quellen=&vl=0&qcrubrik=recht].

100 »Afghanistan-Mission. KSK-Soldaten operierten in rechtlicher Grauzone«, 30. Juni 2007, *Spiegel Online*, 30.06.2007 [http://www.spiegel.de/politik/deutschland/0,1518,491550,00.html].

101 Vgl. *Stern* vom 11. Oktober 2006.

102 Oliver Schröm, »Afghanistan: Deutsche Soldaten bewachten US-Foltergefängnis«, *stern.de*, 18.10.2006 [http://www.stern.de/politik/ausland/574223.html]. Vgl. auch: »Elitetruppe KSK. Bundeswehr soll Misshandlungen in US-Lager zugesehen haben«, *Spiegel Online*, 11.10.2006 [http://www.spiegel.de/politik/deutschland/0,1518,442039,00.html].

103 Oliver Schröm, »Afghanistan: Deutsche Soldaten bewachten US-Foltergefängnis«, *stern.de*, 18.10.2006 [http://www.stern.de/politik/ausland/574223.html]. »Bundeswehrsoldaten bewachten in Afghanistan Gefangene der USA«, *Spiegel Online*, 18.10.2006.

104 *Die Welt*, 20.10.2006.

105 Vgl. auch *Die Tageszeitung*, 19.10.2006.

106 Oliver Schröm, »Afghanistan: Deutsche Soldaten bewachten US-Foltergefängnis«, *stern.de*, 18.10.2006 [http://www.stern.de/politik/ausland/574223.html]. »Bundeswehrsoldaten bewachten in Afghanistan Gefangene der USA«, *Spiegel Online*, 18.10.2006.

107 Vgl. hierzu u.a.: Strafanzeige von Armin Fiand vom 05.10.2006 bei der

Staatsanwaltschaft Berlin; Strafanzeige von Alexander Bahar vom 12. Januar 2007 bei der Staatsanwaltschaft Tübingen im Ermittlungsverfahren wegen gefährlicher Körperverletzung z. N. Murat Kurnaz – Az. 11 UJs 1513/06.

108 Ebd.

109 »Fall Kurnaz: Ermittlungen gegen KSK-Soldaten eingestellt«, *tagesspiegel.de*, 25.09.2007 [http://www.tagesspiegel.de/politik/deutschland/Kurnaz-KSK-Afghanistan;art122,1857335].

110 »Misshandlungsvorwurf. Amerikaner belasten Deutsche in Kurnaz-Affäre«, *Spiegel Online*, 01.09.2007 [http://www.spiegel.de/politik/ausland/0,1518,503315,00.html].

111 John Goetz und Holger Stark, »Bundeswehr: Die Nacht von Kandahar«, *Der Spiegel* 36/2007 vom 03.09.2007, S. 60 [http://wissen.spiegel.de/wissen/dokument/38/29/dokument.html?titel=Die+Nacht+von+Kandahar&id=52809283&top=SPIEGEL&suchbegriff=kurnaz&quellen=&vl=0&qcrubrik=recht].

112 Geheiminformationen über Auslandseinsätze der Bundeswehr wuden mit dem Computersystem »Jasmin« gespeichert. »Doch auf Nachfrage bekommt der Untersuchungsausschuss eine überraschende Antwort. Sämtliche Daten von 1999 bis 2003 seien gelöscht, die Datenträger vernichtet. Nur eine peinliche Panne oder steckt eine Vertuschungsaktion des Geheimdienstes dahinter?« (»Die verschwundenen Geheimdienstakten«, *Nachgefragt* vom 27.11.2007: *SWR.de*, [http://www.swr.de/report/-/id=233454/nid=233454/did=2869978/1o19z4t/index.html]). Vgl. auch: »Untersuchungsbericht zur Datenschutzaffäre«, *SWR.de* [http://www.swr.de/report/presse/-/id=2869490/property=download/nid=1197424/1sakjot/index.pdf]; »Bundeswehr. Geheimberichte auch auf zwei Laptops gespeichert«, Presseinformation *Report Mainz*, 04.07.2007 [http://www.swr.de/report/presse/-/id=1197424/nid=1197424/did=2321962/1aeg05/index.html]; »Fall Kurnaz: Geheime Bundeswehrdaten angeblich vernichtet«, *Welt Online*, 25.06.2007 [http://www.welt.de/politik/article974001/Geheime_Bundeswehrdaten_angeblich_vernichtet.html] »Fall Kurnaz: Kurnaz-Akten verschwunden«, *Zeit Online*, 20.02.2007 [http://www.zeit.de/online/2007/08/kurnaz].

113 »Fall Kurnaz: Ermittlungen gegen KSK-Soldaten eingestellt«, *tagesspiegel.de*, 25.09.2007 [http://www.tagesspiegel.de/politik/deutschland/Kurnaz-KSK-Afghanistan;art122,1857335].

114 »Fall Kurnaz abgeschlossen. Keine Anklage gegen KSK-Soldaten«, *Stuttgarter Nachrichten*, 18.06.2008 [http://www.stuttgarter-nachrichten.de/stn/page/1737241_0_2147_fall-kurnaz-abgeschlossen-keine-anklage-gegen-ksk-soldaten.html].

115 Ebenda.

116 Telefonisches Gespräch mit Bernhard Docke vom 10.10.2008.

117 Jörn Boewe, »Berlin behindert Aufklärung«, *junge Welt*, 12.10.2007.

118 Jörn Boewe, »BKA hält Reisefreiheit hoch. Fall Zammar vor dem BND-Untersuchungsausschuss«, *junge Welt*, 09.11.2007.

119 Uli Rauss und Oliver Schröm, »Die Syrien-Connection«, *Stern* 12/2008, 13.03.2008, S. 66 ff. Vgl. auch: Uli Rauss und Oliver Schröm, »US-Ent-

führungsprogramm: Ex-CIA-Mann belastet deutsche Kollegen«, *stern.de,* 12.03.2008 [http://www.stern.de/politik/deutschland/613825.html].

120 Jörn Boewe, »BKA hält Reisefreiheit hoch. Fall Zammar vor dem BND-Untersuchungsausschuss«, *junge Welt*, 09.11.2007.

121 Uli Rauss und Oliver Schröm, »Die Syrien-Connection«, *Stern* 12/2008, 13.03.2003, S. 66 ff. Vgl. auch: Uli Rauss und Oliver Schröm, »US-Entführungsprogramm: Ex-CIA-Mann belastet deutsche Kollegen«, *stern.de,* 12.03.2008 [http://www.stern.de/politik/deutschland/613825.html].

122 Vgl. Erich Schmidt-Eenboom, *BND – Der deutsche Geheimdienst im Nahen Osten. Geheime Hintergründe und Fakten,* München 2006. Und: Uli Rauss und Oliver Schröm, »Die Syrien-Connection«, *Stern* 12/2008, 13.03.2003, S. 66ff.

123 Uli Rauss und Oliver Schröm, »Die Syrien-Connection«, *Stern* 12/2008, 13.03.2008, S. 66 ff. Vgl. auch: Uli Rauss und Oliver Schröm, »US-Entführungsprogramm: Ex-CIA-Mann belastet deutsche Kollegen«, *stern.de,* 12.03.2008 [http://www.stern.de/politik/deutschland/613825.html].

124 Ebd.

125 Ebd.

126 Jörn Boewe, »BKA hält Reisefreiheit hoch. Fall Zammar vor dem BND-Untersuchungsausschuss«, *junge Welt*, 09.11.2007.

127 Im BND-Ausschuss sagte Steinmeier 2006, von den Verschleppungen durch die Amerikaner habe er erst im Juni 2004 erfahren. Ernst Uhrlau, Präsident des Bundesnachrichtendienstes (BND) und damals Geheimdienstkoordinator im Kanzleramt, will gar erst Ende 2004 aus den Medien von US-Entführungsprogramm erfahren haben.

128 Uli Rauss und Oliver Schröm, »Die Syrien-Connection«, *Stern* 12/2008, 13.03.2008, S. 66 ff.; dies.: »US-Entführungsprogramm: Ex-CIA-Mann belastet deutsche Kollegen«, *stern.de,* 12.3.2008 [http://www.stern.de/politik/deutschland/613825.html].

129 Ebd. Vgl. auch: Uli Rauss und Oliver Schröm, »US-Entführungsprogramm: Ex-CIA-Mann belastet deutsche Kollegen«, *stern.de,* 12.3.2008 [http://www.stern.de/politik/deutschland/613825.html].

130 »BND-Untersuchungsausschuss: Steinmeier weist Vorwürfe zurück«, *stern.de*, 14.03.2008 [http://www.stern.de/politik/deutschland/614112.html].

131 »Die Praxis der Folter hält unverändert an«, heißt es in der Londoner Zentrale von Amnesty International über das Regime von Islam Karimow. Vgl. auch »Befleckte Freundschaft«, *Die Zeit* Nr. 50, 04.12.2008, S. 10f.

132 Dieter Schenk, *BKA – Polizeihilfe für Folterregime,* Bonn 2008.

133 Vgl. hierzu: Alexander Bahar/Armin Fiand, »Erfüllungsgehilfe. Die juristischen Phantome des Generalbundesanwalts«, *junge Welt,* 19.04.2003.

134 Vgl. »Schäuble verteidigt Verhöre: ›Wenn wir Infos bekommen, müssen sie genutzt werden‹«, *Stuttgarter Zeitung,* 15.12.2005 [http://www.presseportal.de/story.htx?nr=762885&ressort=2]. Vgl. auch: Florian Rötzer, »Alles in Ordnung?«, *Telepolis*, 16.12.2005 [http://www.heise.de/tp/r4/artikel/21/21590/1.html] und: Yassin Musharbash, »Terrorabwehr: Fromm verteidigt Nutzung von Folter-Informationen«, *Spiegel Online*, 04.12.2006 [http://www.spiegel.de/politik/deutschland/0,1518,452411,00.html].

Vgl. auch: Rolf Gössner, »Fromms giftige Früchte der Folter«, *Ossietzky*, 16.12.2006 – Nr. 25/2006.

135 Rolf Gössner, »Fromms giftige Früchte der Folter«, *Ossietzky*, 16.12.2006 – Nr. 25/2006.

136 Zit. nach Armin Käfer, »›Es wäre unehrlich gewesen, hätte es nicht geknirscht‹«, *Stuttgarter Zeitung*, 28.09.2006.

137 *Stern* 17/2007, 19.04.2007 [http://www.bmi.bund.de/nn_662984/Internet/Content/Nachrichten/Medienspiegel/2007/04/BM__Stern.html]. Vgl. auch: »Wolfgang Schäuble: Im Zweifel gegen den Angeklagten«, *stern.de* [http://www.stern.de/politik/deutschland/:Wolfgang-Sch%E4uble-Im-Zweifel-Angeklagten/587226.html].

138 BGH, Beschl. v. 05.08.2008 – 3 StR 45/08. Zit nach »Verwertung wegen verbotener Vernehmungsmethoden gesperrter Beweise«, *Neue Zeitschrift für Strafrecht*, Heft 12, 15.12.2008, S. 706f.

139 »Verfassungsgerichts-Präsident Papier gegen Auswertung von Folter-Geständnissen«, *Handelsblatt*, 26.12.2005 [http://www.handelsblatt.com/politik/deutschland/papier-gegen-auswertung-von-folter-gestaendnissen].

140 Gössner, »Fromms giftige Früchte der Folter«.

141 Ebd.

142 »Terrorabwehr: Empörung über Schäubles Abkehr von Unschuldsvermutung«, *Spiegel Online*, 18.04.2007 [http://www.spiegel.de/politik/deutschland/0,1518,477975,00.html]; »Körting unterstützt Schäuble in Sicherheitsdebatte«, *Ad Hoc News*, 19.04.2007 [http://www.ad-hoc-news.de/drucken--/de/Wirtschaft-Boerse/Marktberichte/11504570].

143 »Streit um Aufgabe der Unschuldsvermutung: ›Schäubles Äußerungen erinnern an das alte Rom‹«, *sueddeutsche.de*, 18.04.2007 [http://www.sueddeutsche.de/,tt3m4/deutschland/artikel/548/110438/].

144 Ebd.

145 »Neuer Schäuble-Vorschlag: Gezielte Tötung im Kampf gegen den Terror?«, *tagesschau.de*, 07.07.2007 [http://www.tagesschau.de/inland/meldung15422.html].

146 Susanne Knaul, »Israel: Gericht vergibt Lizenz zum Töten«, *Die Tageszeitung*, 15.12.2006 [http://www.taz.de/index.php?id=archivseite&dig=2006/12/15/a0141]; dies., »Wenn Soldaten zu Richtern werden«, *Die Tageszeitung*, 15.12.2006 [http://www.taz.de/pt/2006/12/15/a0208.1/text]; »Israelische Lizenz zum Killen. Oberster Gerichtshof in Jerusalem billigt der Armee zu, jederzeit Palästinenser gezielt zu töten«, *junge Welt*, 15.12.2006 [http://www.jungewelt.de/2006/12-15/061.php].

147 »Spiegel-Interview: Schäuble fordert Handy- und Internet-Verbot für Terrorverdächtige«, *Spiegel Online*, 07.07.2007 [http://www.spiegel.de/politik/deutschland/0,1518,493094,00.html]; »Terrorabwehr: Schäuble diskutiert gezielte Tötung«, *stern.de*, 07.07.2007 [http://www.stern.de/politik/deutschland/:Terrorabwehr-Sch%E4uble-T%F6tung/592627.html]; »Kampf gegen Terrorismus. Schäuble will gezielte Tötung«, *tagesschau.de*, 07.07.2007 [http://www.tagesschau.de/inland/meldung14706.html].

Schluss: Folter im 21. Jahrhundert

1 »Der Krieg der Bilder«, *Der Spiegel*, Nr. 8, 20.02.2006, S. 97.
2 Thomas Pany, »Eine Frage der Ehre. Abu Ghraib: Kein Schuldspruch für höhere Ränge«, *Telepolis*, 12.01.2008 [http://www.heise.de/tp/r4/artikel/27/27047/1.html].
3 Ebd.
4 Wolfgang Kaleck, Strafanzeige gegen Donald Rumsfeld et al. vom 14.11.2006, S. 356f.
5 U.S. Department of Justice, Office of Legal Counsel, Office of the Assistant Attorney General [Jay S. Bybee], Memorandum for Alberto R. Gonzales to the President, re: *Standards of Conduct for Interrogation under 18 U.S.C. §§ 2340–2340A* (»Betreffs: Standards für die Durchführung von Befragungen nach USC Paragraph 2340–2340A«) vom 01.08.2002, in: *The Torture Papers*, S. 172 ff. (Memo 14).
6 Vgl. James Risen, *State of War.* S. 28.
7 Ebd.
8 Vgl. hierzu insbesondere Greenberg/Dratel (Hg.), *The Torture Papers. The Road to Abu Ghraib*, Cambridge 2005 sowie Karen J. Greenberg (Hg.), *The Torture Debate in America*, Cambridge 2006.
9 Karen Greenberg, »From Fear to Torture«, in: *The Torture Papers*, S. XIX.
10 Vgl. Harris, in: *Journal of National Security Law & Policy*, Vol. 1 [2006], S. 409 (424); Jane Mayer, »The Memo. How an internal effort to ban the abuse and torture of detainees was thwarted«, *The New Yorker*, 27.02.2006 [http://www.newyorker.com/fact/content/articles/060227fa_fact]. Und: David Luban, *Legal Ethics and Human Dignity*, Cambridge University Press, forthcoming, Chapter 6, 59; Scott Horton, »Military Necessity, Torture and the Criminality of Lawyers«, in: Kaleck, Ratner, Singelnstein, Weiss (Hg.), *International Prosecution of Human Rights*, Berlin 2006, sowie: Wolfgang Kaleck, Strafanzeige gegen Donald Rumsfeld et al. vom 14.11.2006, S. 308.
11 Joshua L. Dratel, »The Legal Narrative«, in: *The Torture Papers*, S. XXI.
12 Parliamentary Assembly, Council of Europe, Committee on Legal Affairs and Human Rights, »Alleged secret detentions and unlawful inter-state transfers involving Council of Europe member states Draft report – Part II (Explanatory memorandum)«, 07.06.2006; Parliamentary Assembly, Council of Europe, Committee on Legal Affairs and Human Rights, »Secret detentions and illegal transfers of detainees involving Council of Europe member states: second report. Explanatory memorandum«, 07.06.2007.
13 Siehe hierzu das Kapitel »Folter im Kalten Krieg«.
14 *derStandard.at*, 04.05.2007.
15 Anthony Lewis, »Introduction«, in: *The Torture Papers*, S. XIV.
16 Vgl. hierzu insbesondere Jürgen Elsässer, *Kriegslügen. Vom Kosovokonflikt zum Milosevic-Prozess*, Berlin 2004; Alexander Dorin, *In unseren Himmeln kreuzt der fremde Gott. Verheimlichte Fakten der Kriege in Ex-Jugoslawien (Kroatien, Bosnien, Kosovo)*. Freiburg i. Br. 2001.
17 Vgl. hierzu die wichtige Studie von Jörg Becker und Mira Beham, *Operation Balkan: Werbung für Krieg und Tod*, Baden-Baden 2008.

18 Vgl. hierzu u. a. Alexander Bahar, »Was woll(t)en Bush-Regierung und CIA verheimlichen?«, *Telepolis*, 28.12.2007 (http://www.heise.de/tp/r4/artikel/26/26947/1.html); ders.: »Freibrief für CIA«, *junge Welt*, 16.01.2008.

19 Das gilt im Übrigen nicht nur für die Bush-Regierung, wie eine aktuelle Studie belegt: Jürgen Elsässer, *Terrorziel Europa. Das gefährliche Doppelspiel der Geheimdienste*, St. Pölten/Wien 2008.

20 Karen Greenberg, »From Fear to Torture«, in: *The Torture Papers*, S. XVII-XX, Zit. S. XIX.

21 Vgl. u. a. Alexander Bahar, »Was woll(t)en Bush-Regierung und CIA verheimlichen?«, *Telepolis*, 28.12.2007 (http://www.heise.de/tp/r4/artikel/26/26947/1.html); ders.: »Freibrief für CIA«, *junge Welt*, 16.01.2008.

22 So zeigte eine große Mehrheit der Deutschen angeblich Verständnis für die Folterandrohung der Polizei im Entführungsfall Jakob von Metzler, so eine Forsa-Umfrage vom Januar 2003. Im Auftrag des Magazins *Stern* sollen die Meinungsforscher herausgefunden haben, dass 63 Prozent der Befragten der Meinung seien, Daschner solle für die Gewaltandrohung nicht bestraft werden. 32 Prozent der Befragten sprachen sich für eine Strafe aus (Datenbasis: 1003 Befragte, 24. Februar, Fehlertoleranz +/- 3%). »Mehrheit der Bundesbürger akzeptiert Folter-Androhung«, *Stern*, Heft 10/2003, 27.02.2003. Dieter Schubert, »Dünne zivilisatorische Tünche. Knapp zwei Drittel der Deutschen angeblich für Folterandrohung. Diskussion rüttelt an Weltgesetzen«, *junge Welt*, 27.02.2003.

Danksagung

Ich danke allen Freunden und Bekannten, die mich bei der Arbeit an diesem Buch unterstützt haben. Mein Dank gilt namentlich Michaela Adick (Heilbronn), Prof. Dr. Heiner Bielefeldt vom Deutschen Institut für Menschenrechte (Berlin), RA Bernhard Docke (Bremen), Kevin Ellis (Berlin), Sheherazade Elyazidi (Heilbronn), Sibylle Fischer (Ludwigsburg), Dr. Joachim Guilliard (Heidelberg), RA Dr. Gerhard Grüner (Wiesbaden), Barbara Lochbihler und Amnesty International Deutschland (Bonn), RA Wolfgang Kaleck und dem European Center for Constitutional and Human Rights (Berlin), Bernd Mesovic und dem Förderverein Pro Asyl e.V. (Frankfurt/M.) sowie Gabriele Röwer (Mainz), Harald Schmautz (Melbourne), Walter Steinmetz (Langen-Oberlinden) und RA Dr. Klaus Wasserburg (Mainz). Nicht zuletzt danke ich den Mitarbeitern des Deutschen Taschenbuch Verlags in München: Dr. Andrea Wörle, die das Projekt von Anfang an vorbehaltlos unterstützt hat, meiner Lektorin Nina Krause, die es mit Geduld und Umsicht betreut hat, und Mathias Gross, meinem guten Freund seit Jugendtagen, der es durch seinen Einsatz überhaupt erst möglich gemacht hat.

Literatur

Amnesty International (1975): Bericht über die Folter. Frankfurt a. M. 1975.
Amnesty International (Sektion der Bundesrepublik Deutschland e. V.): Amnesty International Report 2008. Zur weltweiten Lage der Menschenrechte, Frankfurt a. M. 2008.
Amnesty International: Combating Torture: a manual for action. London 2003.
Bakker Shut, Pieter: Stammheim. Der Prozess gegen die Rote Armee Fraktion, Bonn 1997.
Bank, Roland: Die internationale Bekämpfung von Folter und unmenschlicher Behandlung auf den Ebenen der Vereinten Nationen und des Europarats. Eine vergleichende Analyse von Implementation und Effektivität der neueren Kontrollmechanismen. (In: Kriminologische Forschungsberichte aus dem Max-Planck-Institut für ausländisches und internationales Strafrecht, Band 75, hg. von Prof. Dr. Günther Kaiser). Freiburg i. Br. 1996.
Beccaria, Cesare: Über Verbrechen und Strafen. Nach der Ausgabe von 1766 übersetzt und hg. von Wilhelm Alff. Frankfurt a. M. 1988.
Bestermöller, Gerhard / Hauke Brunkhorst (Hg.): Rückkehr der Folter. Der Rechtsstaat im Zwielicht. München 2006.
Bloch, Ernst: Naturrecht und menschliche Würde, Frankfurt a. M. 1961 (Gesamtausgabe, Bd. 6. 1972).
Blom, Philipp: Das vernünftige Ungeheuer. Diderot, d'Alembert, de Jaucourt und die Große Enzyklopädie, Frankfurt am Main 2005.
Brisard, Jean-Charles / Guillaume Dasquié: Die verbotene Wahrheit. Die Verstrickungen der USA mit Osama bin Laden. Reinbek bei Hamburg 2002.
Bruha, Thomas / Dominik Steiger: Das Folterverbot im Völkerrecht, Beiträge zur Friedensethik Bd. 39, Stuttgart 2006.
Brzezinski, Zbigniew: Die einzige Weltmacht. Amerikas Strategie der Vorherrschaft, Berlin 1997.
Bugliosi, Vincent: Anklage wegen Mordes gegen George W. Bush, München 2008.
Burschel, Peter/Götz Distelrath/Sven Lembke (Hg.): Das Quälen des Körpers. Eine historische Anthropologie der Folter, Köln/Weimar 2000.
Chomsky, Noam: War Against People. Menschenrechte und Schurkenstaaten. Hamburg 2001.
Cockburn, Alexander/Jeffrey St. Clair: Whiteout. The CIA, Drugs, and the Press, New York 1998.
Conrad, Hermann: Deutsche Rechtsgeschichte, Band I, Frühzeit und Mittelalter. Karlsruhe 1962.
Conrad, Hermann: Deutsche Rechtsgeschichte, Band II, Neuzeit bis 1806. Karlsruhe 1966.
Der Tod Ulrike Meinhofs. Bericht der Internationalen Untersuchungskommission, 2. überarbeitete Auflage, Paris/Tübingen 1979.
Deschner, Karlheinz (Hg.): Das Jahrhundert der Barbarei. München 1966.
Deschner, Karlheinz: Kriminalgeschichte des Christentums, Bd. 1: Die Frühzeit, Reinbek bei Hamburg 1986.
Deschner, Karlheinz: Kriminalgeschichte des Christentums, Bd. 6: 11. und 12. Jahrhundert, Reinbek bei Hamburg 1999.

Dorin, Alexander: In unseren Himmeln kreuzt der fremde Gott. Verheimlichte Fakten der Kriege in Ex-Jugoslawien (Kroatien, Bosnien, Kosovo). Freiburg i. Br. 2001.

Enzensberger, Hans Magnus/Karl Markus Michel (Hg.): Kursbuch 32: Folter in der BRD. Zur Situation der Politischen Gefangenen. Kursbuch/Rotbuch Verlag, Berlin (August) 1973.

Ermacora, Felix: Menschenrechte in der sich wandelnden Welt, 3 Bände, Wien 1974–1994.

Fiorelli, Piero: La tortura giudiziaria nel diritto commune (2 Bände), Mailand 1953.

Foucault, Michel: Verbrechen und Strafen. Die Geburt des Gefängnisses. Frankfurt a. M. 1977.

Fromm, Erich: Anatomie der menschlichen Destruktivität. Reinbek bei Hamburg 1977.

Gehl, Günther (Hg.): Folter – Zulässiges Instrument im Strafrecht? Ein internationaler Vergleich. (Hg. im Auftrag der Katholischen Akademie Trier). Weimar 2005.

Gössner, Rolf: Menschenrechte in Zeiten des Terrors. Kollateralschäden an der »Heimatfront«. Hamburg 2007.

Greenberg, Karen J. (Hg.): The Torture Debate in America. New York 2006.

Greenberg, Karen J./Joshua L. Dratel (Hg.): The Torture Papers. The Road to Abu Ghraib. New York 2005.

Grey, Stephen: Das Schattenreich der CIA, München 2006.

Griffin, David Ray: Christian Faith and the Truth Behind 9/11. A Call to Reflection and Action. Louisville, London 2006.

Grigulevič, J. R.: Ketzer – Hexen – Inquisitoren. 2 Bände. Berlin 1987 (Neuauflage, hg. von Fritz Erik Hoevels), Freiburg i. Br. 2000.

Haechler, Jean: L'encyclopédie de Diderot et de Jaucourt: essai biographique sur le chevalier Louis de Jaucourt, Paris, Champion, 1995.

Hankel, Gerd (Hg.): Die Macht und das Recht. Beiträge zum Völkerrecht und Völkerstrafrecht am Beginn des 21. Jahrhunderts. Hamburg 2008.

Hansen, Joseph: Zauberwahn, Inquisition und Hexenprozess im Mittelalter und die Entstehung der großen Hexenverfolgung (Historische Bibliothek/hg. von der Redaktion der Historischen Zeitschrift, 12. Band). 2. Neudruck der Ausgabe München 1900. Aalen 1983.

Hattenhauer, Hans: Europäische Rechtsgeschichte, 3. erweiterte Auflage. Heidelberg 1999.

Hegeler, Hartmut: Anton Praetorius. Kämpfer gegen Hexenprozesse und Folter. Zum 400 jährigen Gedenken an das Lebenswerk eines protestantischen Pfarrers, Eigenverlag, Unna 2002.

Helbing, Franz [Pseudonym für David Haek]: Die Tortur. Geschichte der Folter im Kriminalverfahren aller Völker und Zeiten, Ost-Lichterfelde 1910. 1926 überarbeitet und neu hg. von Max Bauer.

Hentig, Hans von: Die Strafe, Berlin, Göttingen, Heidelberg 1954, 2 Bände.

Herrmann, Horst: Die Tortur. Eine Enzyklopädie des Grauens. Frankfurt a. M. 2004.

Herrmann, Horst: Passion der Grausamkeit. 2000 Jahre Folter im Namen Gottes. München 1994.

Hersh, Seymour M.: Die Befehlskette. Vom 11. September bis Abu Ghraib. Reinbek bei Hamburg 2004.

Innes, Brian: Die Folter. Ein dunkles Kapitel in der Geschichte der Menschheit. Erlangen 1998.
Karpinski, Janis: One Woman's Army: The Commanding General of Abu Ghraib Tells Her Story, New York 2005.
Koch, Egmont R./Michael Wech: Deckname Artischocke. Die geheimen Menschenversuche der CIA. München 2002.
Koch, Egmont R.: Die CIA-Lüge. Folter im Namen der Demokratie. Berlin 2008.
Kramer, Heinrich (Institoris): Der Hexenhammer (Malleus Maleficarum). Kommentierte Neuübersetzung. Hg. und eingeleitet von Günter Jerouschek und Wolfgang Behringer. München 2000.
Kühnel, Martin: Das politische Denken von Christian Thomasius. Staat, Gesellschaft, Bürger, (Beiträge zur Politischen Wissenschaft, Band 120). Berlin 1999. Zugl.: Halle, Univ., Diss., 1999.
Kurnaz, Murat: Fünf Jahre meines Lebens. Ein Bericht aus Guantanamo. Berlin 2007.
Langbein, John H.: Torture and the Law of Proof. Chicago/London 1976/1977.
Laurent, Eric: Die Kriege der Familie Bush. Die wahren Hintergründe des Irak-Konflikts. Frankfurt am Main 2003.
Lea, Henry Charles: Geschichte der Inquisition im Mittelalter in 3 Bänden. Autorisierte Übersetzung, bearbeitet von Heinz Wieck und Max Rachel. Revidiert und hg. von Joseph Hansen, Köln 1905. Neuauflage Frankfurt a. M. 1997.
Lemm, Robert: Die spanische Inquisition. Geschichte und Legende. Köln 2005.
Lepape, Pierre: Voltaire oder die Geburt der Intellektuellen im Zeitalter der Aufklärung, Frankfurt a. M., New York 1996.
Leyendecker, Hans: Die Lügen des Weißen Hauses. Warum Amerika einen Neuanfang braucht. Reinbek bei Hamburg 2004.
MacArthur, John R.: Die Schlacht der Lügen. Wie die USA den Golfkrieg verkauften, München 1993.
Maestro, Marcello T.: Voltaire and Beccaria As Reformers of Criminal Law. London 1972.
Mailer, Norman: Heiliger Krieg: Amerikas Kreuzzug. Reinbek bei Hamburg 2003.
Marks, John D.: The Search for the Manchurian Candidate: The CIA and Mind Control. New York 1991 (Erstauflage 1979).
McCoy, Alfred W.: A Question of Torture. CIA Interrogation, From the Cold War to the War on Terror, New York 2006.
McCoy, Alfred W.: Foltern und Foltern lassen. 50 Jahre Folter-Forschung und -praxis von CIA und US-Militär, Frankfurt a. M. 2005.
Mellor, Alec: La torture. Son histoire – son abolition – sa réapparition au XXe siècle, Paris 1961.
Mestrovic, Stjepan Gabriel: The trials of Abu Ghraib: An Expert Witness Account of Shame and Honor, Boulder, Colorado 2007.
Milgram, Stanley: Das Milgram-Experiment. Zur Gehorsamsbereitschaft gegenüber Autorität, Reinbek 1982.
Millet, Kate: Entmenschlicht. Versuch über die Folter. Hamburg 1993.
Mittmann, Beate/Peter Priskil: Kriegsverbrechen der Amerikaner und ihrer Vasallen gegen den Irak und 6000 Jahre Menschheitsgeschichte, Freiburg i. Br. 1992.

Morgan, Rod/Malcom Evans: Bekämpfung der Folter in Europa. Die Tätigkeit und Standards des Europäischen Ausschusses zur Verhütung von Folter, Berlin, Heidelberg, New York 2003.

Nigg, Walter: Friedrich von Spee. Ein Jesuit kämpft gegen den Hexenwahn. Paderborn 1991.

Otterman, Michael: American Torture. From the Cold War to Abu Ghraib And Beyond. Melbourne 2007.

Pastouna, James (Hg.): Guantanamo Bay. Gefangen im rechtsfreien Raum, Hamburg 2005.

Peters, Edward: Folter. Geschichte der Peinlichen Befragung, Hamburg 1991.

Pilger, John: Heroes, New York 1986.

Pinter, Harold: Krieg, Hamburg 2003.

Pitt, William Rivers mit Scott Ritter: Krieg gegen den Irak. Was die Bush-Regierung verschweigt. Köln 2002.

Raess, Markus: Der Schutz vor Folter im Völkerrecht. Zürich 1989 (Diss., Rechts- und staatswissenschaftlichen Fakultät der Universität Zürich).

Ranelagh, John: The Agency. The Rise and Decline of the CIA, New York 1986.

Rashid, Ahmed: Taliban. Afghanistans Gotteskrieger und der Dschihad. München 2001.

Rauter, E. A.: Folter in Geschichte und Gegenwart von Nero bis Pinochet. Frankfurt a. M. 1988.

Reemtsma, Jan Philipp: Folter im Rechtsstaat?, Hamburg 2005.

Rejali, Darius: Torture and Democracy, Princeton 2007.

Republikanischer Anwältinnen- und Anwälteverein e. V. (Hg.): Rechtsanwältinnen und Rechtsanwälte für Demokratie und Menschenrechte. Informationsbrief #98, März 2007. Berlin 2007.

Republikanischer Anwältinnen- und Anwälteverein e. V./Holtfort-Stiftung (Hg.): Strafanzeige/Rumsfeld. u. a. Berlin 2005.

Richter, L.: Die Geschichte der Folter und Hinrichtungen. Vom Altertum bis zur Jetztzeit, Wien 2001.

Riezler, Sigmund: Geschichte der Hexenprozesse in Bayern, Stuttgart 1896.

Risen, James: State of War. Die geheime Geschichte und der CIA und der Bush-Administration, Hamburg 2006.

Roggan, Fredrik: Auf legalem Weg in einen Polizeistaat? Bonn 2000.

Sands, Philippe: Torture Team – Rumsfeld's Memo and the Betrayal of American Values, Palmgrave 2008.

Sassi, Nizar (in Zusammenarbeit mit Guy Benhamou): »Ich war gefangen in Guantanamo«. Ein Ex-Häftling erzählt. München 2006.

Schenk, Dieter: BKA – Polizeihilfe für Folterregime, Bonn 2008.

Schmoeckel, Mathias: Humanität und Staatsraison. Die Abschaffung der Folter in Europa und die Entwicklung des gemeinen Strafprozess- und Beweisrechts seit dem hohen Mittelalter, Norm und Struktur. Studien zum sozialen Wandel in Mittelalter und früher Neuzeit Bd. 14, Köln, Weimar 2000.

Schormann, Gerhard: Hexenprozesse in Deutschland. Göttingen 1981.

Segl, Peter (Hg.): Der Hexenhammer. Entstehung und Umfeld des Malleus maleficarum von 1487. Köln 1988.

Soldan-Heppe: Geschichte der Hexenprozesse. Neu bearbeitet und herausgegeben von Max Bauer (2. Bde.). Reprint der Originalausgabe München 1911.

Solomon, Norman/Reese Erlich: Angriffsziel Irak. Wie die Medien uns den Krieg verkaufen, München 2003.

Spee, Friedrich von: Cautio Criminalis oder Rechtliches Bedenken wegen der Hexenprozesse. Mit acht Kupferstichen aus der »Bilder-Cautio«. Aus dem Lateinischen übertragen und eingeleitet von Joachim-Friedrich Ritter. München 2000.

Spirakos, D.: Folter als Problem des Strafrechts. Frankfurt a. M. 1990.

Sponeck, Hans von/Andreas Zumach: Irak. Chronik eines gewollten Krieges. Köln 2003.

Über die Folter: Untersuchungen zur Geschichte der Folter / Christian Thomasius. [Uebers.] Rolf Lieberwirth. [Resp.: Martin Bernhardt]. Weimar 1960. (Original: Dissertatio de tortura ex foris christinanorum proscirbenda). Zugl.: Halle, Univ., Diss., 1705.

Vergès, Jacques: La démocratie à visage obscène. Le vrai catéchisme de George W. Bush. Paris 2004.

Vidal-Naquet, Pierre: La torture dans la république (1954–1962). Paris 1972.

Watson, Peter: Psycho-Krieg. Möglichkeiten, Macht und Missbrauch der Militärpsychologie, Frankfurt a. M. 1985.

Weidenhammer, Karl-Heinz: Selbstmord oder Mord? Das Todesermittlungsverfahren Baader/Ensslin/Raspe, Kiel 1988.

Weinstein, Harvey M.: Psychiatry and the CIA: Victims of Mind Control. Washington, D. C., 1990.

Welzer, Harald: Täter. Wie aus ganz normalen Menschen Massenmörder werden, Frankfurt a. M. 2005.

Willemsen, Roger: Hier spricht Guantánamo. Roger Willemsen interviewt Ex-Häftlinge. Frankfurt a. M. 2006.

Xiros, Savvas: Guantánamo auf griechisch. Zeitgenössische Folter im Rechtsstaat, Bonn 2008.

Zagolla, Robert: Im Namen der Wahrheit. Folter in Deutschland vom Mittelalter bis heute, be.bra Verlag, Berlin 2006.

Zimbardo, Philip: Der Luzifer-Effekt – Die Macht der Umstände und die Psychologie des Bösen (Untertitel im amerikanischen Original: »Understanding how good people turn evil«, etwa: »verstehen, wie gute Menschen zu bösen werden«). Heidelberg 2008.

Zwetsloot, Hugo: Friedrich Spee und die Hexenprozesse. Die Stellung und Bedeutung der Cautio Criminalis. Trier 1954.